Geschichte, Aufbau und Systematik unserer geschriebenen und – immer noch in großer Vielfalt – gesprochenen Sprache werden gemeinhin nur in Darstellungen großen Umfangs behandelt. Zum ersten Mal wird hier versucht, dieses Thema vom Bild her zu gliedern und, neben Sprach- und Mundartkarten, durch anschauliche Graphiken auch komplizierte Sprachbeziehungen zu erklären.
Die Einführung erläutert Grundsätzliches über Sprache, Wort, Lautbildung, Schrift usw. Der historische Teil leitet von der Entstehung der Schrift, der Entwicklung der Schreibmaterialien und des Drucks über zur Geschichte der Bildung verschiedener Sprachfamilien. Die Entwicklung des Germanischen aus dem Indogermanischen, die Gliederung der germanischen Dialekte, die Vermittlung von Lehnwörtern führen weiter zur Entstehung des Althochdeutschen und bis zur heutigen Hochsprache.
Übersichten über grammatische Unterschiede, die Herkunft von Orts- und Flußnamen, Statistiken über die Häufigkeit von Satzlänge, Kasusgebrauch u. ä. in Literatur, Tageszeitung und Filmdialog erhellen unsere heutige Sprachsituation.
In über 165 Einzelkarten werden die geographischen und Dialektunterschiede in der Benennung von Gegenständen und Tätigkeiten des alltäglichen Lebens behandelt. So bietet dieser Atlas Sprach- und Kulturgeschichte zugleich.

Für die 10. Auflage wurde der Band um zahlreiche Karten zur deutschen Umgangssprache erweitert. Außerdem wurde die deutschsprachige Schweiz bei' den Mundartkarten stärker als bisher berücksichtigt.

Bisher sind in dieser Reihe erschienen:

dtv-Atlas der Anatomie, 3 Bände, 3017, 3018, 3019
dtv-Atlas zur Astronomie, 3006
dtv-Atlas zur Atomphysik, 3009
dtv-Atlas zur Baukunst, 2 Bände, 3020, 3021
dtv-Atlas zur Biologie, 3 Bände, 3221, 3222, 3223
dtv-Atlas zur Chemie, 2 Bände, 3217, 3218
dtv-Atlas zur deutschen Literatur, 3219
dtv-Atlas zur deutschen Sprache, 3025
dtv-Atlas zur Informatik, 3230
dtv-Atlas zur Mathematik, 2 Bände, 3007, 3008
dtv-Atlas zur Musik, 2 Bände, 3022, 3023
dtv-Atlas zur Ökologie, 3228
dtv-Atlas zur Philosophie, 3229
dtv-Atlas zur Physik, 2 Bände, 3226, 3227
dtv-Atlas der Physiologie, 3182
dtv-Atlas zur Psychologie, 2 Bände, 3224, 3225
dtv-Atlas zur Stadt, 3231
dtv-Atlas zur Weltgeschichte, 2 Bände, 3001, 3002

Weitere dtv-Atlanten sind in Vorbereitung

Werner König:

dtv-Atlas zur deutschen Sprache
Tafeln und Texte

Mit 155 farbigen Abbildungsseiten
Graphiker: Hans-Joachim Paul

Deutscher
Taschenbuch
Verlag

Originalausgabe
1. Auflage April 1978
10., überarbeitete Auflage Oktober 1994: 181. bis 196. Tausend
11. Auflage August 1996: 199. bis 213. Tausend
© 1978, 1994 Deutscher Taschenbuch Verlag GmbH & Co. KG,
München
Umschlaggestaltung: Celestino Piatti
Gesamtherstellung: C. H. Beck'sche Buchdruckerei,
Nördlingen
Offsetreproduktionen: Lorenz Schönberger, Garching;
Werner Menrath, Oberhausen/Obb.
Printed in Germany · ISBN 3-423-03025-9

Aus dem Vorwort zur 1. Auflage

Dieses Buch hat das Ziel, eine Auswahl von Ergebnissen und Problemen sprachwissenschaftlicher, germanistischer und dialektologischer Forschung außerhalb von Kreisen, die mit der etablierten Wissenschaft in Verbindung stehen, bekannter zu machen. Die Reihe der dtv-Atlanten eignet sich dazu in bester Weise, vor allem durch das Prinzip, einen Großteil der Information in farbigen Graphiken und Karten darzustellen und diese mit dem ergänzenden und weiterführenden Text zu doppelseitigen, möglichst in sich abgeschlossenen Einheiten zu verbinden. Dieses Prinzip ist dem Leser freundlich und dem Verfasser feindlich: Die nach Zeilen und Anschlägen festliegende Normalseite, die trotz ausgezähltem Manuskript auch nach dem Satz vielfach neu eingerichtet werden mußte, forderte von ihm mehr als einmal Entscheidungen – besonders im Verkürzen –, die bis an den Rand des Möglichen gingen.

Die neu gestalteten Mundartkarten aus dem Deutschen Wortatlas und dem Deutschen Sprachatlas bieten nicht mehr als einen typisierten Überblick. Die Vereinfachung konnte bei den großen Unterschieden in der Kompliziertheit der Vorlagen (oft auch innerhalb einer Karte) nicht nach einem einheitlichen Prinzip erfolgen. Die Mundartkarten gewähren also (von Ausnahmen kleineren Maßstabs abgesehen) nicht mehr als einen sehr schematischen Überblick. Wo Mundartformen in Text und Karte nicht übereinstimmen, handelt es sich im Text in der Regel um eine dem Hochdeutschen angenäherte Form. Die Mundartkarten zeigen den gleichen geographischen Umfang wie die Quellen, aus denen geschöpft wurde (also meist ohne die Schweiz und die Niederlande, aber mit den ehemaligen Sprachgebieten im Osten).

Für die Druckvorlage des Ausschnitts aus einer Originalkarte des Deutschen Wortatlasses danke ich dem Forschungsinstitut für deutsche Sprache, Deutscher Sprachatlas, Marburg/Lahn.

Augsburg, im Frühjahr 1978   Werner König

Vorwort zur 10. Auflage

Von der 2. Auflage an wurden in diesem Buch immer wieder kleinere Korrekturen angebracht, in der 4. Auflage kam die große Einteilungskarte der deutschen Mundarten dazu. Zur 10. Auflage wurde mir vom Verlag dankenswerterweise erlaubt, das Buch vor allem durch Karten aus dem Wortatlas der deutschen Umgangssprachen zu erweitern und einer Überarbeitung zu unterziehen. Wieder habe ich Hinweise und Anregungen bekommen, viele auch durch Leserzuschriften, wieder haben viele mitgewirkt, bis das Werk in dieser Form erscheinen konnte. Ihnen allen sei hier gedankt.

Augsburg, im Frühjahr 1993   Werner König

Inhalt

Verzeichnis der Abkürzungen und Symbole

abulg.	altbulgarisch	Hfte.	Hälfte
Adj.	Adjektiv	hist.	historisch
Adv.	Adverb	Hs., Hss.	Handschrift, Handschriften
aengl.	altenglisch		
afränk.	altfränkisch	idg.	indogermanisch
afries.	altfriesisch	ind.	indisch
afrz.	altfranzösisch	Ind.	Indikativ
ags.	angelsächsisch	Inf.	Infinitiv
ahd.	althochdeutsch	isl.	isländisch
aind.	altindisch	it.	italienisch
air.	altirisch		
Akk., A.	Akkusativ	kelt.	keltisch
alban.	albanisch	klass.	klassisch
alem.	alemannisch	Konj.	Konjunktiv
altis.	altisländisch	Kons.	Konsonant
amerikan.	amerikanisch		
anl.	altniederländisch	langobard.	langobardisch
anord.	altnordisch	lat.	lateinisch
aobd.	altoberdeutsch	lautl.	lautlich
apreuß.	altpreußisch	lit.	litauisch
arab.	arabisch	LV., LV	Lautverschiebung
aram.	aramäisch		
armen.	armenisch	MA.	Mittelalter
asächs., as.	altsächsisch	mask.	maskulin
aslaw.	altslawisch	md.	mitteldeutsch
awest.	awestisch	mengl.	mittelenglisch
		mhd.	mittelhochdeutsch
bair.	bairisch	mir.	mittelirisch
balt.	baltisch	mlat.	mittellateinisch
Bed.	Bedeutung	mnl.	mittelniederländisch
		mundartl.	mundartlich
dän.	dänisch		
Dat.	Dativ	nd.	niederdeutsch
Dim.	Diminutiv	nhd.	neuhochdeutsch
dor.	dorisch	nl.	niederländisch
DSA	Deutscher Sprachatlas	nn.	neuniederländisch
dt.	deutsch	Nom., N.	Nominativ
DWA	Deutscher Wortatlas	nord.	nordisch
		norddt.	norddeutsch
engl.	englisch	norw.	norwegisch
fem.	feminin		
fränk.	fränkisch	obd.	oberdeutsch
fragm.	fragmentarisch	omd.	ostmitteldeutsch
fries.	friesisch	ON.	Ortsnamen
frnhd., fnhd.	frühneuhochdeutsch	ostfränk.	ostfränkisch
frz.	französisch	ostfries.	ostfriesisch
gegr.	gegründet	Part.	Partizip
Gen.	Genitiv	Perf.	Perfekt
germ.	germanisch	pers.	persisch
gespr.	gesprochen	Pers.	Person
gg.	gegen	phonet.	phonetisch
got.	gotisch	phonolog.	phonologisch
gr.	griechisch	Pl.	Plural(e)
grammat.	grammatisch	poet.	poetisch
graph.	graphisch	polit.	politisch
graphemat.	graphematisch	poln.	polnisch
		port.	protugiesisch
hd.	hochdeutsch	Präp.	Präposition
hebr.	hebräisch	Präs.	Präsens
hess.	hessisch	Prät.	Präteritum

rätorom.	rätoromanisch	südit.	süditalienisch
relig.	religiös	südtir.	südtirolisch
röm.	römisch	sw. Vb.	schwaches Verb
roman.	romanisch	syntakt.	syntaktisch
rumän.	rumänisch		
russ.	russisch	tir.	tirolisch
		tschech.	tschechisch
schwäb.	schwäbisch	typolog.	typologisch
schwed.	schwedisch		
sem.	semitisch	Übs.	Übersetzung
serb.	serbisch	urgerm.	urgermanisch
Sg.	Singular		
skand.	skandinavisch	Vb.	Verb
slaw.	slawisch	Verg.	Vergangenheit
slow.	slowenisch, slovenisch	venez.	venezianisch
sog.	sogenannt	versch.	verschiedene
sorb.	sorbisch	Vf.	Verfasser
spätahd.	spätalthochdeutsch	vgl.	vergleiche
span.	spanisch	Vok.	Vokal
sprachwiss.	sprachwissenschaftlich	vorahd.	voralthochdeutsch
sth.	stimmhaft		
stl.	stimmlos	Wb.	Wörterbuch
st. Vb.	starkes Verb	Wbb.	Wörterbücher
Subst.	Substantiv	westpreuß.	westpreußisch
südd.	süddeutsch	Wz.	Wurzel

~   entspricht
\>   wird zu
\<   entstanden aus
*   nirgends schriftlich belegt (historisch); nur konstruiert, nicht grammatisch (synchron)
≠   nicht gleich
:,–,ˆ bezeichnen Länge des Vokals (*a:, ā, â*).
˘   bezeichnet Kürze des Vokals (*ă*)
    unter *i* und *u* bezeichnet Halbvokal (*u̯*).
    bezeichnet offene Aussprache des Vokals (*ǫ*).
.   bei Vokalen, bezeichnet geschlossene Aussprache (*ọ*).
.   bei Konsonanten, bezeichnet Stimmhaftigkeit (*ṣ*).
   Bei s und *f* können auch *z* und *v* die stimmhafte Variante darstellen.
    unter *r, l, m, n* bedeutet, daß der Konsonant Silbenträger ist (*l̥*).
ᵒ   (*'Ast'*) So gekennzeichnete Wörter und Wendungen stellen Bedeutungen dar.
⌐,   in Tafeln bedeutet, daß das kartierte Element im betreffenden Gebiet nicht vorhanden ist.
ë   im Ahd. und Mhd. bezeichnet aus dem Germanischen ererbtes *e*.

ẹ   im Ahd. und Mhd. bezeichnet ›Umlaut *e*‹ aus germ. *a* entstanden.
ə   ist schwach ausgesprochenes *e* wie in dt. bitte.
œ̄   im Mhd. bezeichnet langes *ö*.
œ   stellt überoffenen *e*-Laut (im Mhd. lang) dar.
ŋ   ist velarer Nasallaut wie in dt. singen.
ʀ   ist am Gaumenzäpfchen gesprichenes *r*.
X   ist vorderer *ch*-Laut wie in *ich*.
χ   ist hinterer *ch*-Laut wie in *ach*.
š   ist sch-Laut.
ƀ   ist stimmhafter labialer Reibelaut (Frikativ).
đ   ist stimmhafter dentaler Reibelaut (Frikativ) wie in engl. *that*.
g   ist stimmhafter velarer Reibelaut (Frikativ).
Þ   ist stimmloser interdentaler Reibelaut wie in engl. *thing*.

Dazu kommen noch einige Zeichen, die nur vereinzelt in Wörtern nicht-germanischer Sprachen vorkommen.

a : Schrift als körperlicher Sinnträger der Laute

b : Laute als körperlicher Sinnträger der Wort- und Satzbedeutungen

c : Bedeutungen

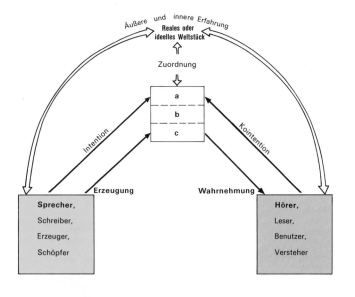

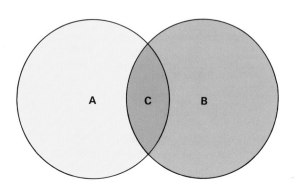

A: Zeichenvorrat des Sprechers A

B: Zeichenvorrat des Sprechers B

C: Deckungsbereich (gemeinsamer Zeichenvorrat)

Modelle zur sprachlichen Kommunikation

Sprache
Die Sprache ermöglicht die Verständigung der Menschen untereinander, sie dient der Vermittlung von Information, der Kommunikation. Das läßt sich in einem Modell darstellen: Von einem **Sender** (Sprecher, Schreiber, Zeichengeber) gehen Äußerungen aus mit einer bestimmten Intention in einer bestimmten sprachlichen Form (Laute, Schrift, Gebärden). Solche Laute bzw. Lautkombinationen sind Träger von Bedeutungen, die einem gewissen Ausschnitt der **realen** Wirklichkeit zugeordnet sind (*Baum, Haus*) oder sich auf eine **ideelle** Wirklichkeit (*Wille, Struktur*) beziehen.

Wenn ein **Empfänger** (Hörer, Leser) auf einen Sender ausgerichtet ist, wird er Äußerungen des Senders (Schallwellen, Laute, Schriftzeichen), die von einem Medium (Kanal) übertragen werden, wahrnehmen und diese Signale ebendemselben Ausschnitt aus der Wirklichkeit bzw. ebendemselben Platz im System seiner Begriffe zuordnen. Das Ziel der Kommunikation, die Übermittlung von Nachrichten, ist erreicht, wenn die vom Kanal übertragenen Signale bei Sender und Empfänger als Zeichen den gleichen Inhalt repräsentieren. Der Zeichenvorrat (Zeichen = Signal + zugeordnete Bedeutung) bei Sender und Empfänger und das Zeichensystem müssen (wenigstens teilweise) gleich sein, d. h. sie müssen wenigstens teilweise die gleiche Sprache sprechen, um sich zu verstehen.

»Sprache« tritt immer nur als Einzelsprache auf. »Sprachen« (als Einzelsprachen) sind an bestimmte soziologisch zu definierende Gruppen (Nation, Gesellschaftsschicht, Bewohner bestimmter Landstriche bzw. Orte, Menschen bestimmter historischer Zeiten) gebunden. Sprachen werden im Sprechen in jeder Minute neu »geschaffen«. Was der Sprachwissenschaftler nur beobachten kann, ist **parole**, das »Sprechen« der Menschen. Das aus der parole zu analysierende, vom Sprachwissenschaftler zu beschreibende, allen Sprachteilhabern gemeinsame (alle reden in gewisser Weise anders, doch reden sie auch gleich, sonst würden sie sich nicht mehr verstehen) System nennt man abstrahierend **langue.** Der schöpferische Akt des täglichen wieder neu »Schaffens« der Sprache im Reden bedingt die Veränderlichkeit jeder Sprache. Der historische Wandel gehört damit notwendig zu jeder gesprochenen Einzelsprache.

Die Sprache eines Individuums nennt man **Idiolekt,** die einer Gruppe **Soziolekt.**

Dialekte definieren sich nach geograph. bestimmten Deckungs- und Vorkommensbereichen von Idio- und Soziolekten. Eine Sprache besteht (in der Regel) aus einem Gefügekomplex von Idiolekten, Soziolekten und Dialekten.

Die Wissenschaften von der Sprache
In der **historischen Sprachwissenschaft** wird die Entwicklung der Sprache durch die Zeiten betrachtet (Diachronie). In der **Etymologie** werden Elemente (z. B. Wörter, Endungen) verschiedener Sprachen (oder auch einer Einzelsprache) durch Vergleich in ihrer Verwandtschaft zueinander dargestellt. Die **historische Grammatik** verfolgt die Sprache als System durch die Geschichte, die **Sprachgeschichte** betrachtet den Wandel der Sprache auch in der Abhängigkeit von ihrem soziokulturellen Hintergrund.

Die **strukturelle Sprachbetrachtung** ist bestrebt, das Beziehungsgefüge eines Sprachsystems in einem möglichst gleichzeitigen (synchronen) Schnitt zu beschreiben. Man sucht nach den »koexistentiellen Gesetzen« (A. SCHAFF), die die Kommunikation ermöglichen.

Die **Phonetik** untersucht als artikulatorische Phonetik die Laute in ihrer Erzeugung, als akustische Phonetik die physikalische Natur der Schallwellen, die die Laute konstituieren, sowie als auditive Phonetik die Aufnahme dieser Schwingungen im Ohr. Mit den Lauten als kleinsten bedeutungs**differenzierenden** Einheiten beschäftigt sich die **Phonologie.** Wörter, Endungen u. a. als kleinste bedeutungs**tragende** Einheiten sind das Arbeitsgebiet der **Morphologie.** Die **Syntax** betrachtet die Sätze in ihrer inneren Ordnung und in ihren Bestandteilen. Die **Textlinguistik** behandelt Strukturen, die über die Satzebene hinausgreifen.

Die **Lexikologie** sammelt und erforscht den Wortschatz einer Sprache. Die **Semantik** beschäftigt sich mit den Bedeutungen der sprachlichen Äußerungen; die **Onomasiologie** (Bezeichnungslehre) geht von den Sachen (*signatum* 'das Bezeichnete') aus und untersucht ihre Bezeichnungen (*signans* 'das Bezeichnende'), während die **Semasiologie** den umgekehrten Weg beschreitet: sie geht von den Bezeichnungen (Wörtern) aus.

Die **Dialektologie** (Mundartkunde) untersucht die Sprache in geograph. Hinsicht (diatop). Die **Namenkunde** (Onomastik) kümmert sich um die Namen (v. a. Personen-, Örtlichkeitsnamen), ihre historische Entwicklung, ihre Deutung.

Die **Sprachpsychologie** (Psycholinguistik) beschäftigt sich mit der Abhängigkeit der Sprache von psychischen Faktoren, z. B. mit der Sprache des Kindes, den sprachl. Defekten, dem Verhältnis von Sprache und Denken u. ä.

Das Arbeitsfeld der **Sprachsoziologie** (Soziolinguistik) sind die Ausformungen der Sprache bei versch. sozialen Schichten und Gruppen, in verschiedenen Rollen und Situationen. In der Nähe der Soziolinguistik steht die **Pragmatik,** die Sprache unter dem Gesichtspunkt »Sprechen als Handeln« betrachtet.

Die **Sprachdidaktik** befaßt sich mit der Übertragung sprachwissenschaftlicher Erkenntnisse auf den Sprachunterricht, die **Paläographie** mit der Entschlüsselung historischer Schriften, die **Literaturwissenschaft** mit dem Inhalt und der Interpretation von sprachlichen Denkmälern, die **Stilistik** mit den sprachlichen Erscheinungsformen in ihrer Differenziertheit und Wirkung in den verschiedenen Textsorten.

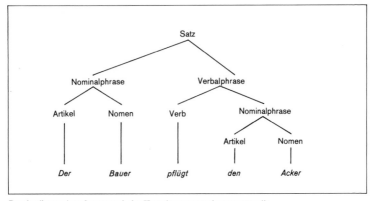

Beschreibung eines Satzes nach der Konstituentenstrukturgrammatik

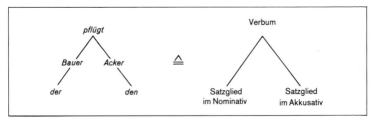

Beschreibung eines Satzes nach der Dependenzgrammatik

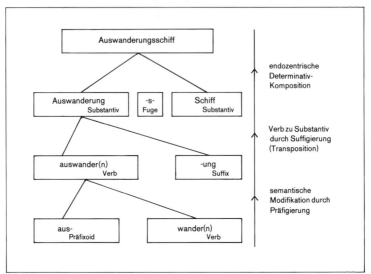

Morphologische Beschreibung eines komplexen Wortes

Sprache verwirklicht sich in **Texten**. Dabei ist ein Gespräch eine andere **Textsorte** als ein Roman, ein wissenschaftlicher Vortrag eine andere als eine Wahlrede.

Texte konstituieren sich aus kleineren Einheiten, in der Regel **Sätze** genannt. Sätze reichen vom Einwortsatz (*Hilfe!*) bis zu langen Perioden (Schachtelsätzen), die mehrere Seiten füllen können. Theoretisch ist die Länge von Sätzen sogar unendlich, weil man z. B. im Deutschen jedem Satzgebilde, und sei es noch so lang und kompliziert, Nebensätze oder Attribute hinzufügen kann.

Beispiel: Die Staatsoper ist leer. Die schöne Staatsoper, die neu gebaut wurde, ist leer. Die schöne, aber auch sehr teure Staatsoper, die erst letztes Jahr neu gebaut wurde, ist leer. Die schöne, aber auch für den Steuerzahler sehr teure Staatsoper in K., die erst letztes Jahr neu gebaut wurde, ist trotz der besten Sänger, die engagiert wurden, leer, was nicht weiter verwunderlich ist, usw.

Auf diese Weise kann man jeden Satz ohne Grenzen verlängern, ohne daß er die wesentlichen Merkmale, die ihn zum Satz machen, einbüßt. Diese Merkmale sind die speziellen Beziehungen, die zwischen den einzelnen Elementen eines Satzes bestehen.

Diese Beziehungen untersucht die **Syntax**. Die Analyse solcher Strukturen kann auf verschiedene Weise geschehen. Von großem Einfluß heute sind die Methoden der **Konstituentenstrukturgrammatik,** die von der amerikanischen Sprachwissenschaft entwickelt wurde, und die darauf aufbauende **generativen Transformationsgrammatik** NOAM CHOMSKYS, sowie der **Abhängigkeitsgrammatik** (Dependenzgrammatik) L. TESNIÈRES.

Zur Ermittlung der Satzbaupläne werden bei der Konstituentenstrukturgrammatik Sätze so lange geteilt, bis es für die syntagmat. Beziehungen eines Satzes sinnlos wird, die erhaltenen Elemente (**terminale Konstituenten**) nochmals zu teilen. Dies geht stufenweise vor sich, wobei die Elemente (am Anfang der ganze Satz) in der Regel in zwei Teile (**unmittelbare Konstituenten**) aufgespalten werden. In diesem Prozeß tritt die Struktur eines Satzes zutage.

Bei der **Dependenzgrammatik** geht es nicht um die Beschreibung linearer Verkettungsregeln, deren Nacheinander man als hierarchisches System interpretiert, sondern um Abhängigkeitsbeziehungen zwischen den Elementen, die mehr oder weniger stark sein können. Bei der Wortfolge *sehr gut* setzt das Adverb *sehr* das Adjektiv *gut* voraus, eine umgekehrte Interpretation ist nicht sinnvoll. Mit Hilfe solcher Dependenz- (= Abhängigkeits-)beziehungen lassen sich Sätze analysieren (und umgekehrt auch wieder: konstruieren). Als satzgründend muß dabei das Verbum angesehen werden. Von ihm hängt es ab, wie viele nominale Elemente (z. B. Substantive) im Satz notwendig sind. Man nennt das Verb *schlafen* »einwertig«, weil es nur ein Substantiv erfordert: *Vater schläft* ist ein

vollständiger Satz. Der Satz: *Der Tourist betrachtet die Kuh* enthält ein »zweiwertiges« Verbum, es hat zwei »Valenzen«, weil keines der Substantive weggelassen werden kann. Das Verb *betrachten* erfordert einen Nominativ und einen Akkusativ. Auf diese Weise bestimmt jedes Verbum den Satzbauplan, weil in ihm selbst schon festgelegt ist, welche weiteren Satzglieder nötig sind, um einen grammatisch richtigen Satz zu konstruieren. In dem Satz: *Der Arzt berichtet dem Vater das Ergebnis* ist der Dativ *dem Vater* nicht notwendig, fakultativ, aber vom Verbum her bedingt. Außerdem gibt es Elemente im Satz, die nicht vom Verbum her bestimmt sind, sondern frei zu jedem Satz hinzugefügt werden können wie z. B. die Zeitangabe in dem Satz *Am Abend berichtet der Arzt das Ergebnis der Untersuchung.* Das Genitivattribut *der Untersuchung* ist abhängig von *das Ergebnis.* Hier haben wir es mit der Valenz eines Substantives zu tun. Auch Adjektive können Valenzen eröffnen: *Er ist würdig einer Auszeichnung.* Der Genitiv ist vom Adjektiv *würdig* her bedingt. Auf diese Weise kann man einen Satz als hierarchisches Beziehungsgefüge von Wörtern, als Gefüge von Abhängigkeiten darstellen.

Für alle Grammatiktheorien sind Analyseprozeduren notwendig, von denen die folgenden drei grundlegend sind:

Bei der **Umstellprobe** (Verschiebeprobe) werden Teile eines Satzes in ihrer Reihenfolge verändert (mit * sind die Proben, die ungrammatische Sätze ergeben, gekennzeichnet):

Beispiel: *Derbauermilktdiekuh*
(1) *Dermilktdiebauerkuh*
(2) *Diederbauermilktkuh*
(3) *Diekuhmilktderbauer*
(4) *Milktderbauerdiekuh*
(5) *Dbrdrmlktkieaueeiu*

Bei der **Ersatzprobe** tauscht man einzelne Elemente eines Satzes aus:

(6) *Der Bauer milkt die Kuh*
(7) *Er milkt sie*
(8) *Die Frau milkt die Kuh*
(9) *Er tut es*

Bei der **Weglaßprobe** werden einzelne Elemente eines Satzes getilgt:

(10) *Der Tourist betrachtet die Kuh*
(11) **Der Tourist betrachtet*
(12) *Er betrachtet sie*
(13) **Tourist betrachtet die Kuh*

Mit diesen Proben kann man prüfen, wo im sprachlichen Kontinuum die Grenzen der einzelnen Elemente sind und welche dieser Elemente näher zusammengehören und wieder größere Einheiten bilden. Probe (4) erweist, daß der Satz aus drei Elementen (Satzgliedern), die sinnvoll geschlossen umstellbar sind, besteht. Die Ersatzproben bestätigen dieses Ergebnis. Die Proben (12) und (13) machen deutlich, daß *der* und *Tourist* sehr nahe zusammengehören und eine Einheit bilden; die Probe (11) erweist *die Kuh* als notwendiges Satzglied.

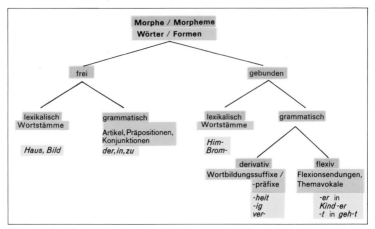

Typen von Morphemen

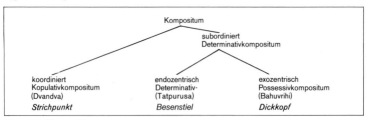

Typen der Komposition

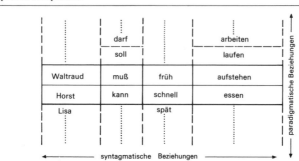

Zwischen sprachlichen Einheiten gibt es grundsätzlich zwei Arten von Beziehungen:

Syntagmatisch nennt man alle, die linear innerhalb einer sprachlichen Äußerung zwischen den Elementen feststellbar sind, z. B. Beziehungen der Satzteile untereinander, der Morphemgruppen in Satzteilen, der Phoneme in Morphemen (Distribution). Syntagmatische Beziehungen herrschen zwischen Elementen, die miteinander vorkommen.

Paradigmatisch nennt man alle, die diese Elemente zu vergleichbaren Elementen anderer Äußerungen haben. In paradigmatischer Beziehung stehen Elemente, die statteinander vorkommen können. Sie bestimmen das Verhältnis der Elemente eines Sprachsystems untereinander. Sie machen eine Klassifizierung von Satztypen, Wortarten, Phonemen möglich.

Syntagmatische und paradigmatische Beziehungen

Sprache verwirklicht sich in Texten, Texte konstituieren sich aus Sätzen, Sätze aus Wörtern. **Wort** ist eine Einheit, die nur in ihrem jeweiligen Gebrauchszusammenhang definiert werden kann, z. B. als phonologische oder graphematische Einheit. Das phonologische Wort dt. *le:ren* kann zwei graphematische Wörter darstellen: *leeren* und *lehren*. Ein phonolog. oder graphemat. Wort kann aber auch verschiedene **grammatische Wörter** repräsentieren: *band* z. B. repräsentiert die Vergangenheitsform von *binden* sowie das Nomen *Band*. Ein **lexikalisches Wort** (*Lexem*) wiederum schließt (nach den Bedürfnissen des Wörterbuches) alle grammatischen Formen und die gängigen Ableitungen mit ein. So erscheint in einem Wörterbuchstichwort zwar *Haus*, aber kaum der Genitiv (*des Hauses*) oder das Diminutiv (*Häuschen*).

Ähnlich problematisch ist es mit dem Begriff der **Silbe.** Primär ist die Silbe eine Sprecheinheit, bei der Worttrennung am Zeilenende ist sie aber auch eine graphische Einheit, die nicht mit dem grammat. Bau eines Wortes übereinstimmen muß. *Loben* z. B. wird nach grammat. Kriterien in *lob-en* getrennt, von der Silbenstruktur her in *lo-ben.*

Wörter erhält man bei der Zerlegung von Sätzen nach den oben (S. 12) beschriebenen **Segmentierungsverfahren.** Diese dienen auch dazu, Wörter in kleinere Bestandteile aufzuspalten. Die Sätze *Der Arbeiter arbeitet* und *Der Besitzer besitzt* lassen sich damit in folgende Segmente zerlegen: *der, arbeit, be, sitz, er, et, t. Besitzer* z. B. wird auf Grund folgender Ersatzproben in drei Einheiten zerlegt:

be:	*be-schlag*	*er:* *arbeit-er*
	be-nachrichtigung	*fisch-er*
sitz:	*vor-sitz*	
	sitz-möbel	

Auf diese Weise kommt man zu einzelnen kleineren Einheiten, den **Morphen,** die, in Klassen zusammengefaßt, die **Morpheme** einer Sprache bilden. Man definiert Morphem als die **kleinste bedeutungstragende Einheit** eines Sprachsystems. Das Morphem *-er* drückt bei den obigen Beispielen jeweils aus, daß es hier um »handelnde« Personen geht. Bei *heb-t* wird durch das *-t* ausgedrückt, daß nur ein »er«, »sie«, »es« oder ein »ihr« hier *heben* kann. Der erste Teil des Wortes, *heb-,* trägt eine konkrete Bedeutung, die in der herkömmlichen Sprachbeschreibung im Wörterbuch aufzufinden ist. Morpheme dieser Art nennt man deshalb **lexikalische** (wortfähige) **Morpheme** (Grundmorpheme). Sie heißen in der traditionellen Grammatik: »Wurzeln« oder »Stämme«.

Ein Morphem, das selbständig, ohne Bindung an ein anderes, als Wort im Satz vorkommen kann, nennt man **freies Morphem:** *Buch, Axt, schön.* Im Gegensatz dazu stehen **gebundene Morpheme.** Sie sind meist **grammatische Morpheme** und treten als Flexions- und Derivationsmorpheme auf.

Durch die Kombination des Grundmorphems *geh-* mit Flexionsmorphemen werden die grammat. Formen dieses Verbs gebildet: *ich geh-e, du geh-st, er geh-t, wir geh-en* usw. Entsteht durch Hinzufügung eines gebundenen Morphems an ein freies Morphem ein anderes, neues Wort, so handelt es sich um ein **Wortbildungsmorphem** (Derivations- oder Formationsmorphem): *geh-en* (mit Infinitiv anzeigender Endung *-en*), *Geh-er* (die Endung *-er* macht das Verb bzw. den Verbalstamm zum Nomen agentis, d. h. zur Bezeichnung eines Täters).

Unikale Morpheme sind Morpheme, die in der Regel nur in einer einzigen Kombination vorkommen. Die in der *Brombeere* und *Himbeere* vorkommenden Morpheme *Brom* und *Him* haben selbständig keine Bedeutung, sie sind weder wortfähig noch grammatisch, doch der Vergleich mit *Stachelbeere, Vogelbeere* zeigt, daß diese Segmentierung durchaus sinnvoll ist. Es handelt sich hier um den Typ des gebundenen lexikalischen Morphems.

Flexionsprozesse verlaufen meist regelmäßig. Man kann von (fast) jedem Verbum bei Beachtung gewisser Regeln die 3. Pers. Sg. bilden: *er geht, er steht, er liebt,* oder von Substantiven den Nom. Pl.: *der Tisch/die Tische, das Kind/die Kinder.* **Derivationsprozesse** erfordern sehr viel mehr Regeln: es gibt zu den Verben *gehen, stehen* und *lieben* zwar einen *Geher* und *Steher* (beim Sport), aber keinen *Lieber,* dafür aber einen *Liebenden* oder einen *Liebhaber* (mit verschiedener Bedeutung). Es gibt Wortbildungsmorpheme, die noch produktiv sind, d. h. unter Beachtung gewisser Regeln verwendet werden können, wie *-bar* (*machbar, eßbar, brauchbar, definierbar*); andere sind zwar noch als ehemals produktive Affixe zu erkennen; sie sind aber nur noch in gewissen Wörtern vorhanden und unproduktiv, z. B. *-de* in *Zierde, Gemälde, Beschwerde* zu den Verben *zieren, malen, beschweren.*

Bei Flexions- und Derivationsprozessen handelt es sich immer um die Verbindung von freien (oder wortfähigen) Morphemen mit gebundenen Morphemen. Treten nun aber zwei wortfähige Morpheme aneinander, so handelt es sich um eine Zusammensetzung (**Kompositum**): *Werbefunk, Frühlingsfrische, Blödsinn.* Genus und Wortart richten sich im Deutschen nach dem zweiten Glied: *haushoch* ist Adjektiv, *Hochhaus* Substantiv. Bei **Determinativkomposita** wird ein Teil der Zusammensetzung durch den anderen näher bestimmt (*Kinokasse, Fünfkampf, Automotor*). Bei **Kopulativkomposita** sind die beiden Konstituenten einander gleichgeordnet, sie sind – im Gegensatz zu den Determinativkomposita – im Prinzip umstellbar (*Jakkenkleid, Strichpunkt, Prinzregent*). Von **Zusammenrückung** spricht man, wenn eine syntaktische Gruppe so eng verbunden ist, daß man sie als ein Wort ansehen kann (*Vergißmeinnicht, Springinsfeld*). Ist die syntaktische Gruppe dazu noch weiter abgeleitet, ist das eine **Zusammenbildung** (*Liebhaber* aus *lieb haben* + *-er* oder *fünfstellig* aus *fünf Stellen* + *-ig*).

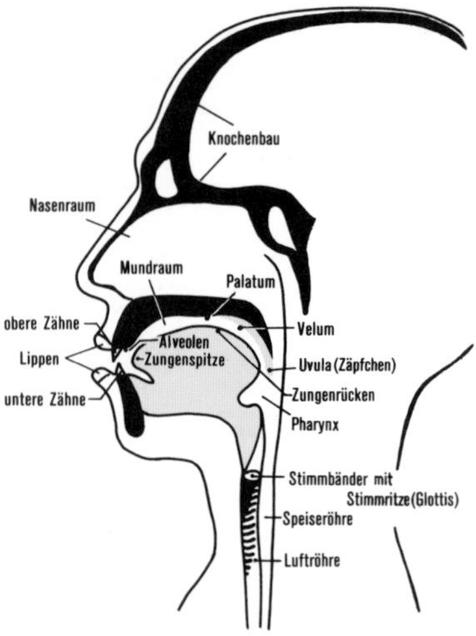

Artikulationsstelle:	**Lautbezeichnung:**
Nasenraum	Nasale
Lippen	Labiale
Zähne	Dentale
Palatum (harter Gaumen)	Palatale
Velum (weicher Gaumen)	Velare
Uvula	Uvulare
Mundraum	Orale
Dorsum (Zungenrücken)	Dorsale
Apex (Zungenspitze)	Apikale
Pharynx (Rachen)	Pharyngale (Rachenlaute)
Stimmbänder	stimmhafte bzw. -lose Laute (Sonorität der Laute)
Alveolen (Übergang Gaumen – Zähne)	Alveolare

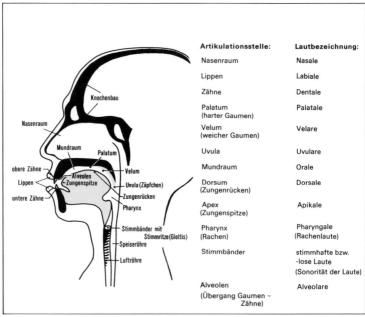

Schema des menschlichen Sprechapparates

Artikulationsort

Artikulationsart			bilabial	labio-dental	dental/alveolar	palatal	velar	uvular	glottal
OBSTRUENTEN	Verschluß-laute (Explosive)	stimmhaft /lenis	b		d		g		
		stimmlos /fortis	p		t		k		
	Reibe-laute (Frikative)	stimmhaft		(>w<) v	z lenis	j	ʁ		
		stimmlos		f	s fortis (>sch<) š dorsal *	(ich) ç	(ach) x		h
SONANTEN	Nasale		m		n		(>ng<) ŋ		
	Liquide	dauernd/lateral			l				
		intermittierend /vibrierend			r			R	

* und mit Lippenrundung

Konsonanteninventar des Deutschen

Physikalisch gesehen manifestiert sich gesprochene Sprache in Schallwellen, die von den Sprechorganen (Mund, Zunge, Kehlkopf) erzeugt werden. Die Erscheinungsform dieser Schälle und ihre Produktion untersucht die **Phonetik.** Ein verblüffendes Ergebnis ihrer Forschungen ist die Tatsache, daß man physikalisch-akustisch die erzeugten Laute (ein Lautkontinuum) nicht exakt voneinander trennen kann. Denn wenn man ein Stück Tonband mit der Silbe *tii* auseinanderschneidet und die beiden Laute zu trennen versucht, ist auf jedem Teil des Tonbands noch die ganze Silbe *ti* zu hören. Es werden also beide Laute gleichzeitig ausgesprochen (Koartikulation).

Außerdem sind physikalisch gesehen keine zwei Laute völlig identisch. Vielmehr erfolgt die Realisierung der verschiedenen Laute in einem breiten Streubereich, in dem sich von Sprecher zu Sprecher sogar Überschneidungen der Art ergeben können, daß das *i* des einen Sprechers bereits ein *e* beim andern ist. Und trotzdem funktioniert die Kommunikation.
Es kann also nicht an den absoluten Lauten (**Phonen**) liegen, daß Sprache verstanden wird, sondern es liegt am Verhältnis dieser Laute zueinander, das in einer Sprache gegeben ist. Und dieses Verhältnis sowie die Analyseprozeduren zur Ermittlung von Einheiten, die diese Beziehungen darstellen, sind Thema der **Phonologie.** Das Verfahren ist dabei, genau wie bei Syntax und Morphologie, das der Segmentierung und Klassifizierung.
Hierbei werden die verschiedenen lautlich unterscheidbaren Einheiten einer Äußerung nach ihrer Ähnlichkeit sortiert. Sind solche Einheiten sich so ähnlich, daß ihre Realisation keine verschiedenen Wörter, Bedeutungen ergibt, so spricht man von phonematisch gleichen Einheiten, die Unterschiede sind nicht distinktiv.

Hierzu dient die **Minimalpaaranalyse.** Dabei werden sprachliche Einheiten, die sich in möglichst wenigen Elementen (Minimalpaaren) unterscheiden, zusammengestellt und verglichen. *Graben* und *laben* erweist die Distinktivität der Segmente *gr* und *l, Rippe* und *Lippe* sowie *geben* und *Leben* zeigen, daß *gr* noch weiter segmentierbar ist und daß jedes der erhaltenen Segmente distinktive Kraft besitzt. Solche **kleinsten bedeutungsunterscheidenden Segmente** nennt man **Phoneme.** Mit Hilfe der Minimalpaaranalyse läßt sich das **Phoneminventar** einer Sprache feststellen.

Verschiedene Ausprägungen von Lauten (Phonen), die einem Phonem zugeordnet werden können, nennt man **Allophone.** Man unterscheidet hierbei zwei Typen:

1. **freie** oder **fakultative Varianten** eines Phonems sind für das Deutsche z. B. das *r* der Zungenspitze und das *R*, das am Gaumenzäpfchen

gebildet wird. Beide werden in denselben lautl. Umgebungen verwendet und sind in ihnen völlig frei austauschbar. Ihr Vorkommen ist lediglich regional und individuell verschieden.
2. **kombinatorische Varianten** oder **komplementär distribuierte Allophone** liegen vor, wenn sich die Realisationen der Phoneme so in den Lautumgebungen verteilen, daß die eine Variante nur in der einen Umgebung, die andere Variante nur in einer anderen Umgebung vorkommt; z. B. liegen zwei verschiedene Arten von *ch* in den deutschen Wörtern *ich* und *ach* vor. Bei *ich* wird das *ch* wesentlich weiter vorne am Gaumen gesprochen als bei *ach.* Dasselbe gilt analog für Wörter wie *Gicht, richten, Pacht, lachen.* Diese beiden Laute, die in anderen (z. B. in semitischen) Sprachen bedeutungsunterscheidend sein können, sind im Deutschen von ihrer Lautumgebung her bestimmt. Es liegt hier **komplementäre Distribution** vor. Diese gibt es auch bei *h* und *ŋ* (ng ist ein Laut!). *h* kommt nur am Wortanfang vor, *ŋ* nie in dieser Stellung. Doch beide werden nicht in einem Phonem zusammengefaßt, weil die beiden Laute phonetisch zu wenig ähnlich sind.

Die Phonologie beschäftigt sich nicht nur mit dem Phoneminventar einer Sprache, sondern auch mit den Regeln, die die zulässigen Anordnungen der Phoneme untereinander beschreiben. Im Deutschen ist z. B. eine Phonemkombination wie *vlk* nicht zugelassen, im Tschechischen ist sie normal und bedeutet 'Wolf'. Solche **Distributionsregeln** sind für jede Sprache charakteristisch, sie bestimmen mit ihre phonologische Struktur.

Grundlegend für die Eigenschaften eines Lautes sind dessen **Artikulationsart** und **Artikulationsort** (-stelle). So ist das *p* z. B. ein Verschlußlaut (Artikulationsart), weil bei ihm die Ober- und Unterlippen (Artikulationsort) verschlossen und ruckartig wieder geöffnet werden. Das dabei entstehende Geräusch ist das, was wir als den Laut *p* hören. Die Artikulation der Vokale ergibt sich im Deutschen aus der Zungenstellung (vorne – hinten), aus der Kieferstellung (offen – geschlossen) und der Lippenstellung (gerundet – gespreizt).

Die hochdeutschen Konsonanten haben folgende **Artikulationsorte** (von vorne nach hinten):
– bilabial (Ober- und Unterlippe): *b, p, m;*
– labiodental (Unterlippe und obere Schneidezähne): *v* (= der *w*-Laut), *f;*
– dental/alveolar (Zunge und vorderer Teil des Gaumens, wo er an die Zähne stößt): *z, s, d, t, š* (mit gehobenem Zungenrücken), *n, l, r;*
– palatal (Zunge und harter Gaumen): *χ (ich-* Laut), *j;*
– velar (Zunge und weicher Gaumen): *x (ach-* Laut), *g, k, ŋ;*
– uvular (Zäpfchen): *R;*
– glottal (Stimmritzen am Kehlkopf): *h.*

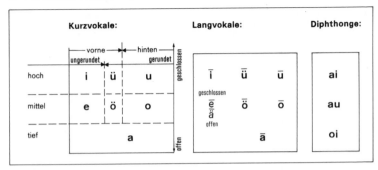

Vokalinventar des Deutschen

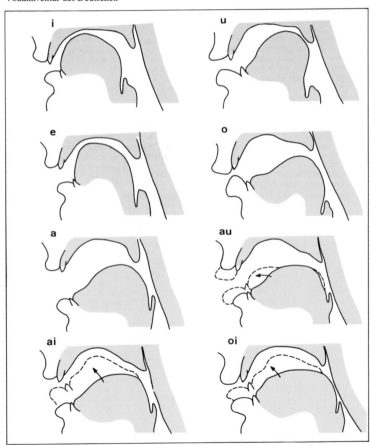

Kopflängsschnitte bei der Artikulation verschiedener deutscher Vokale

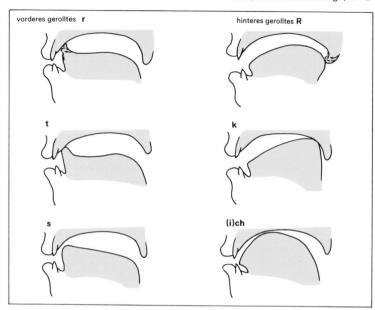

Kopflängsschnitte bei der Artikulation verschiedener deutscher Konsonanten

Es gibt im deutschen Konsonantensystem folgende **Artikulationsarten:**
- Nasale (Nasenhöhle als Resonanzraum): *m, n, ŋ;*
- Liquide (teilweiser Verschluß der Mundhöhle durch die Zunge): dauernd bei *l*, unterbrochen bei *r;*
- Reibelaute/Frikative (Luft wird durch Engstelle gepreßt, was Geräusch verursacht): *f, s, x, š, ç, h, v, z, j;*
- Verschluß- oder (Ex)plosivlaute (plötzliche Öffnung eines Verschlusses): *p, t, k, b, d, g;*
- stimmhaft/stimmlos bzw. lenis/fortis (bei ersteren schwingen die Stimmlippen des Kehlkopfs mit, sie werden weich ausgesprochen); *v, z* (wie *s* in norddeutsch Ha*s*e, Sonne), *b, d, g;* (bei letzteren nicht): *f, s* (wie *s* in Ha*ß*, Wa*ss*er), *p, t, k.*

Ein Vergleich der Phoneme (und ihrer Eigenschaften) untereinander führt zur Erkenntnis kleinerer Einheiten, die die Struktur der Phoneme bestimmen. Diese Einheiten heißen **distinktive Merkmale.** Vergleichen wir die deutschen Phoneme *b, d* und *p, t.* Sie haben folgende artikulatorische Eigenschaften:

b:	*d:*
+ bilabial	− bilabial
+ Verschlußlaut	+ Verschlußlaut
+ stimmhaft/lenis	+ stimmhaft/lenis
− alveolar	+ alveolar
− Reibelaut	− Reibelaut
usw.	usw.

p:	*t:*
+ bilabial	− bilabial
+ Verschlußlaut	+ Verschlußlaut
− stimmhaft/lenis	− stimmhaft/lenis
+ fortis	+ fortis
− alveolar	+ alveolar
− Reibelaut	− Reibelaut
usw.	usw.

b unterscheidet sich von *d* in keinem anderen Merkmal als dem der Artikulationsstelle (bilabial und alveolar), *b* unterscheidet sich von *p* im Merkmal Stimmton/Stärkegrad (stimmlos bzw. lenis/fortis) und von *t* in den zwei Merkmalen Artikulationsstelle und Stimmton. Je näher verwandt zwei Phoneme sind, in desto weniger Merkmalen unterscheiden sie sich. Die Merkmale bilabial und alveolar sind im Deutschen distinktiv. Die phonetischen Merkmale palatal und velar (im *ich*- und *ach*-Laut) sind es nicht.

Die distinktiven Merkmale sind die kleinsten Einheiten, in die man Sprache zerlegen kann. Sie sind bedingt von den Voraussetzungen des menschl. Sprechapparates, der nur eine endliche Anzahl von Lauten produzieren kann, die so weit voneinander entfernt sind, daß sie vom Ohr unterschieden werden können. Die Definition der distinktiven Merkmale kann von der artikulatorischen Seite her geschehen (wie in unserem Beispiel), aber auch von den akustischen Eigenschaften her, d.h. von den Frequenzen der Schallwellen.

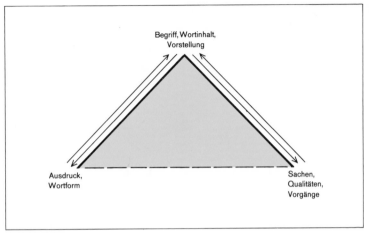

Semantisches Dreieck

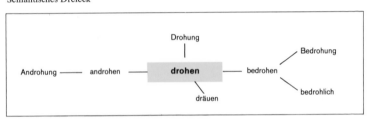

Wortfamilie *drohen*

	englisch	deutsch		französisch	deutsch
Glas (dick)		Platte	Zimmer	plafond	
Metall (dick)					Decke
Eis	sheet	Scholle	Bett		
Acker				couverture	
Glas (dünn)		Scheibe	Buch		
Blech		Tafel			Deckel
Papier		Blatt	Topf	couvercle	
Pflanze					
Tür	leaf	Flügel	Haus	toit	Dach
Tisch		Platte			

Lexikalische Solidaritäten im Deutschen und Englischen bzw. Französischen

Syntax, Morphologie und Phonologie beschreiben die **Ausdrucksseite** der Sprache, die Semantik beschäftigt sich mit der **Inhaltsseite**, mit den Inhalten der sprachlichen Zeichen, mit ihren **Bedeutungen.**

Ein sprachliches Zeichen (z. B. ein Wort) hat eine bestimmte Form (z. B. die Phonemkombination *štu:l* 'Stuhl'), und realisiert (ausgesprochen) weckt es im Hörer die Vorstellung eines Gegenstandes oder einer Klasse von Gegenständen, oder es nimmt Bezug auf einen bestimmten Gegenstand (*dieser Stuhl ist rot*) oder auf eine Klasse von Gegenständen (*Stühle sind Sitzmöbel*). Die Bezeichnung des Ausdrucks *Stuhl* (*signans* 'das Bezeichnende') zu seinem Inhalt (*signatum* 'das Bezeichnete') ist durch Konvention der Sprecher der deutschen Sprache festgelegt und grundsätzlich willkürlich. Ob man für eine Schlafgelegenheit *bett* oder *li* sagt, ist grundsätzlich beliebig. Es besteht keine innere Beziehung zwischen der Lautfolge 'bett' und der Vorstellung eines Bettes.

Innerhalb eines Sprachsystems aber wird diese grundsätzliche Willkürlichkeit (*Arbitrarität*) des Verhältnisses von Ausdrucks- und Inhaltsseite beschränkt durch die (stillschweigende) Übereinkunft (Konvention) der Sprecher, bestimmte Ausdrucksseiten mit bestimmten Inhalten zu verbinden. Die Arbitrarität zieht die **Konventionalität** des sprachlichen Zeichens notwendig nach sich. Ferner dürfen die sprachlichen Zeichen nicht den Regeln des Sprachsystems widersprechen. Eine Lautkombination *srb* z. B. ist im Deutschen nicht zugelassen. Die Arbitrarität ist Voraussetzung jeglichen sprachlichen Wandels.

Die Regelmäßigkeit, mit der die akustischen Schallsignale einer Sprache mit bestimmten Gegebenheiten der außersprachlichen Wirklichkeit verknüpft werden, führte dazu, daß man sprachlichen Zeichen (z. B. Wörtern, Morphemen) »Bedeutungen« zuschrieb. Man abstrahierte aus allen *signata*, auf die durch ein bestimmtes *signans* Bezug genommen werden kann, die gemeinsamen und kennzeichnenden Elemente und faßte diese unter einem **Begriff** zusammen (Stuhl = Sitzmöbel mit vier oder drei Füßen und Lehne).

Über die Beziehung zwischen Bezeichnendem und Bezeichnetem kann man von der Linguistik her kaum mehr sagen, »als daß sie besteht« (vgl. S. 20, Semantisches Dreieck). Die Annahme, daß gewisse Laute auch Träger bestimmter Bedeutungen seien, ist nicht haltbar. Zwar hat die Psychologie festgestellt, daß bestimmte Lautgruppen gewisse Assoziationen hervorrufen können, doch gibt es dafür kein allgemein formulierbares Gesetz. Zwar verbindet man mit Wörtern wie *Blitz, Spitz, Spieß* eher etwas Schnelles, Zackiges, Helles, etwas Langsames, Weiches und Dunkles hingegen mit *dunkel, stumpf* und *Sumpf,* doch sind solche Zuordnungen sekundär.

Ähnlich ist es bei onomatopoetischen (lautnachahmenden) Bildungen wie *platschen, planschen,* *brummen, surren,* in der Kindersprache *Wauwau* für 'Hund' oder *Miau* für 'Katze'. Wie willkürlich solche »Nachahmungen« sind, zeigt das Beispiel des *Hahns,* dessen Schrei im deutschen *Kikeriki,* im Englischen *cock-a-doodle-doo* und im Französischen *cocorico* genannt wird. Die Tatsache, daß in sehr vielen Sprachen Vater und Mutter mit *papa/mama* u. ä. bezeichnet werden, hängt damit zusammen, daß bei der Spracherlernung der erste Vokal das *a* ist und der erste Konsonant ein Labial (*m* mit geschlossenem Mund, *p* mit sich öffnendem Mund).

Die **Bedeutung** eines Wortes ist nur feststellbar, wenn man alle Verwendungsweisen dieses Wortes kennt, d. h. wenn man alle Kontexte, in denen es vorkommen kann, und damit jede **aktuelle Bedeutung** kennt. Von daher kann man die **lexikalische Bedeutung** (d. h. die Summe der Verwendungsmöglichkeiten, den Anforderungen eines Wörterbuchs gemäß) eruieren.

Im Gegensatz zur lexikalischen steht die **grammatische Bedeutung.** Eine lexikalische Bedeutung besitzen sog. offene Klassen sprachlicher Elemente. Ihr Inventar ist nicht abgeschlossen, es kann jederzeit durch Neubildungen und Übernahmen erweitert werden (Substantive, Verben usw.). Eine grammat. Bedeutung besitzen sog. geschlossene Klassen sprachlicher Elemente. Ihr Inventar ist festgelegt und kann nicht von jedem Sprecher erweitert werden (Präpositionen, Konjunktionen, Flexionselemente usw.).

Die Ausdrucksseiten von sprachlichen Einheiten wie Wörtern beziehen sich meist auf sinnlich wahrnehmbare, real existierende Dinge und Handlungen der Gegenstandswelt. Die Regel, daß zu einem *signans* immer auch ein *signatum* gehört, setzt sich fort bei den Abstrakta (wie *Wille, Gerechtigkeit, Freiheit*), wo das Wort erst seine Bedeutung bekommt und damit sich selbst als Begriff konstituiert, nachdem bzw. während es gebildet und in bestimmten Kontexten verwendet wird. Genauso ist es mit »Dingen« wie *Vampiren* und *Einhörnern,* deren »fiktive« Existenz sich erst im sprachlichen Zeichen und dessen Gebrauch konstituiert.

Die Möglichkeit, aus Konkretbezeichnungen Abstrakta zu machen (und damit auch Bedeutungsveränderung zu erzielen), ist in der Sprache selbst angelegt, und zwar dadurch, daß Wörter je nach Kontext nicht nur konkrete Gegenstände (ein Rad) sondern auch Klassen von Gegenständen (alle Räder) und sogar nur den begrifflichen Gehalt (»Das Rad war den Inkas nicht bekannt«) bezeichnen können. Schon *ein* zutreffendes semantisches Merkmal reicht aus, um ein Wort in völlig neuen Kontexten zu gebrauchen. Wenn man vom Fuß eines Berges spricht, so hat dieser mit dem normalen Fuß nur das Merkmal »unterer Teil, worauf etwas steht«, gemeinsam. So kann man sich auch die Entwicklung von *Grund* 'Erdboden' zum abstrakten *Grund* 'Ursache' vorstellen. Die Stilistik spricht bei solchem Gebrauch von metaphorischer, übertragener Bedeutung.

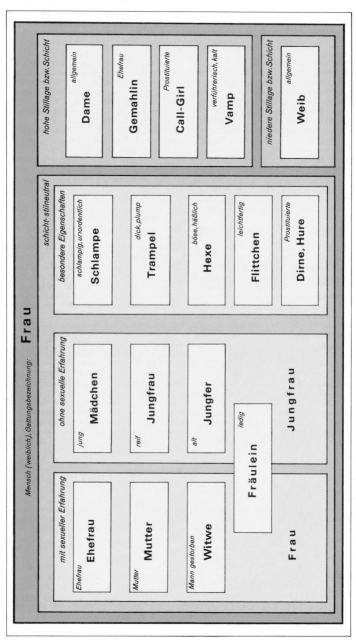

Das Wortfeld *Frau* im Deutschen (vereinfacht; vgl. auch S. 112 und 144)

Wenn ein Wort mehrere, aber noch verwandte Bedeutungen hat, spricht man von **Polysemie.** Diese Erscheinung ist kaum noch von der **Homonymie** zu trennen, bei der man für zwei oder mehrere Wörter gleiche Lautgestalt ansetzt. Die Entscheidung liegt dabei beim Lexikologen, für den in der Regel etymologische Gründe maßgebend sind. So handelt es sich bei *Fuchs* (Raubtier) und *Fuchs* (Pferd) um Polysemie, weil sich der Zusammenhang der beiden Bedeutungen (rote Farbe) unschwer erkennen läßt. Dies ist anders beim Wort *Stift:* in der Bedeutung 'Nagel', 'Bleistift' steht es neben *Stift* 'Lehrling', 'Halbwüchsiger', und *Stift* im Sinne von 'Bauwerk', 'Institution'. Diese Wörter lassen sich zwar auf eine gemeinsame Wurzel in der ersten Bed. zurückführen, doch eine Entscheidung, ob in diesem Falle Homonymie oder Polysemie vorliegt, ist letztlich willkürlich.

Haben zwei Wörter die gleiche Bedeutung, sind sie **synonym.** Ob es Fälle von völlig identischer Bedeutung gibt, die für alle Kontexte zutrifft, ist eine müßige Frage, die kaum verbindlich gelöst werden kann. Man spricht besser von verschiedenen **Graden** der **Synonymie** oder von **Synonymie** in gewissen **Kontexten.** Oft wird der begriffliche Bedeutungskern (das **Denotat** oder in anderer Terminologie die **kognitive Bedeutung**) gleich, der emotionale Gehalt, der stilistische Wert (das **Konnotat** oder die **emotive Bedeutung**) aber verschieden sein (und zwar je nach Sprachbenutzer auch bei ein und demselben Wort). *Roß* und *Pferd* sind von ihrem Denotat ('equus') her gewiß Synonyme und auch in Kontexten wie »ein Roß/Pferd hat vier Beine« synonym, doch steht fest, daß beide verschiedenen Stilebenen angehören und verschiedene Assoziationen hervorrufen.

Sprachliche Elemente unterhalten auch von ihren Bedeutungen her **syntagmatische** und **paradigmatische** Beziehungen (vgl. S. 14). **Syntagmatisch** sind die »wesenhaften Bedeutungsbeziehungen« (W. PORZIG), die »lexikalischen Solidaritäten« (E. COSERIU). Diese Ausdrücke bezeichnen bestimmte Regularitäten, die bei der Verknüpfung von Elementen im Sprachgebrauch beachtet werden müssen, z. B. kann *blond* nur mit 'Haar' zusammengebracht werden, *bellen* mit 'Hund' und *Blatt* mit dem Wort für eine Pflanze oder Papier. Es ist nur von der Einzelsprache her bedingt, welche Wörter miteinander kombiniert werden können. Daß ein *Fisch schwimmt,* ist nicht selbstverständlich, in mhd. Zeit *schwebte* er im Wasser. Unterschiedliche lexikalische Solidaritäten machen einen Großteil der Schwierigkeiten beim Erwerb einer Fremdsprache aus (vgl. S. 20 u.). **Paradigmatische** Beziehungen bestehen zwischen den Gliedern von lexikalischen Feldern (**Wortfeldern**): sie beruhen auf gemeinsamen semantischen Merkmalen.

Beim Wortfeld »Temperatur«: *eisig, frostig, kalt, kühl, lau, warm, heiß* ist eine objektive Abgrenzung unmöglich. Bei wieviel Grad Celsius hört *lau* auf und fängt *warm* an? In diesem Fall versagen »natürliche« Einteilungsprinzipien. Man kann zwar sagen, daß nach *lau warm* kommt, doch kann man keine allgemein gültigen Werte angeben. Außerdem sind hier auch die lexikalischen Solidaritäten von Bedeutung. *Frostig* kann zwar im Zusammenhang mit 'Wetter' gebraucht werden, aber nicht zusammen mit 'Suppe'. Es gibt Gegenden, in denen man von *warmen* Würsten spricht; in den meisten Teilen Deutschlands aber werden sie als *heiß* bezeichnet, obwohl in der meßbaren Temperatur kein Unterschied bestehen dürfte.

Die Bestandteile eines Wortfeldes können einander über- bzw. untergeordnet, aber auch gleichgeordnet sein. So dominiert *Frau* in dem auf S. 22 abgebildeten Vorschlag für das Wortfeld *Frau* im Deutschen als biologische Gattungsbezeichnung das ganze Wortfeld. Im engeren Sinne als 'weibliches Wesen mit sexueller Erfahrung' dominiert es *Ehefrau, Mutter, Witwe.* Solche übergeordneten Glieder eines Wortfeldes heißen **Archilexeme.**

Die Glieder eines Wortfeldes lassen sich als Paare kleinster Bedeutungsunterschiede miteinander vergleichen. Bei dieser Prozedur erhält man die kleinsten semantischen Merkmale. So unterscheidet sich (in der kognitiven Bedeutung) eine *Jungfrau* von einer *Jungfer* durch die Merkmale *jung, alt.* Und die (kognitive) Bedeutung von *Mädchen* im Wortfeld *Frau* konstituiert sich aus den Merkmalen: menschliches Wesen, weiblich, ohne sexuelle Erfahrung (unberührt), jung. Dem Begriff *Mädchen* steht keiner in der gehobenen Schicht gegenüber, wie es z. B. bei *Ehefrau* im Gegensatz zu *Gemahlin* der Fall ist. Auch *unberührt* ist zwar zweifellos gegeben, doch in *jung* bereits enthalten, das für die Bedeutung eigentlich konstitutiv ist. Bei *Jungfrau* ist *unberührt* das hervorstechende Merkmal. Der Satz bei NESTROY »Ich bin die *Jungfrau* unter den Feldherrn«, läßt sofort auf die Unbesiegtheit dieses Heerführers schließen. Hätte er gesagt: »Ich bin das *Mädchen* . . .«, würde das auf körperliche Zierlichkeit, Weichheit o. ä. deuten. Hier werden akzidentielle Merkmale des Begriffs mobilisiert. Die Darstellung des Wortfeldes »Frau« versucht stilistische Ebenen miteinzubeziehen, was normalerweise nicht üblich ist. Man geht in der Regel von semantischen Merkmalen aus (vgl. S. 112).

Wortfamilien beruhen auf der Eigenschaft der Sprache, Neubildungen aus schon vorhandenen Elementen vorzunehmen. Sie sind also Gruppen von Wörtern, die durch etymolog. Gemeinsamkeiten verbunden sind. So bilden *fahren, Fähre, Fuhre, führen, Führer, Fahrer, Fährte, Fahrt, Gefährt, Furt, fertig* usw. eine Gruppe, die aus einem Etymon hervorgegangen ist. Wenn man eine Wortfamilie rein synchron betrachtet, müssen alle Wörter wegbleiben, die mit den Wortbildungsregeln der aktuellen Sprache nicht vom Grundwort *fahren* sind.

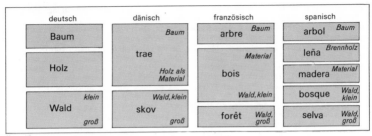

Gliederung des Wortfeldes *Holz* in verschiedenen europäischen Sprachen

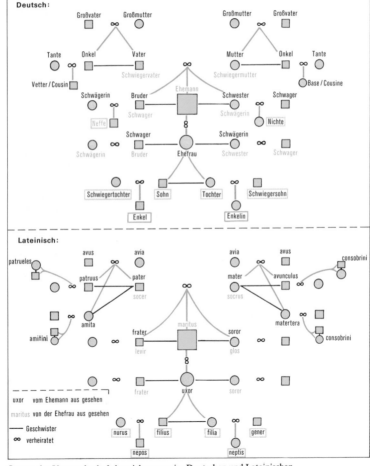

System der Verwandtschaftsbezeichnungen im Deutschen und Lateinischen

Das sog. sprachliche Relativitätsprinzip

Für das naive Bewußtsein repräsentieren die Wörter und Sätze der Sprache ein ungebrochenes Abbild der Wirklichkeit; doch schon W. VON HUMBOLDT hat daraufhin hingewiesen, daß die Sprache den Erkenntnisprozeß mit beeinflußt. Das Russische hat zwei Wörter für 'blau', nämlich *sinij* und *goluboj*. Sie entsprechen nicht dt. Unterscheidungen wie 'hellblau' oder 'ultramarin', sondern stehen im russ. System gleichwertig neben 'rot', 'grün' und 'gelb', sind also »Grundfarben«, die der Deutsche jeweils nur als 'blau' bezeichnen kann, obwohl er den Unterschied rein physikalisch erkennt.

Solche Unterschiede in den Farbfeldern der einzelnen Sprachen sind häufig: Versuche mit Zuñi-Indianern, bei denen es für 'orange' und 'gelb' nur ein Wort gibt, zeigten, daß sie, obwohl sie grundsätzlich den Unterschied zwischen beiden Farben erkennen können, diese Farben sehr viel häufiger verwechselten als Amerikaner mit engl. Muttersprache. Zuñis, die auch Englisch beherrschten, lagen in ihren Werten dazwischen.

Diese Versuche zeigen, daß die Erkenntnis dessen, was man Wirklichkeit nennt, von im Sprachsystem vorgegebenen Inhalten und Einteilungsprinzipien zumindest mitbeeinflußt wird, daß jede Sprache die Erkenntnis in einer gewissen Weise prägt.

Ähnliche Einsichten lassen sich nicht nur am Wortschatz gewinnen, sondern auch an der grammat. Struktur verschiedener Sprachen. Im Deutschen gehören sowohl die Wörter *gehen, hobeln*, als auch *besitzen, bleiben* zur Wortklasse der »Tätigkeitswörter«. Es gibt aber auch Sprachen, die Wörter, die eine Tätigkeit ausdrücken, auch formal von solchen trennen, die einen Zustand ausdrücken.

Im Deutschen ist daher die Feststellung, daß »besitzen« keine Tätigkeit ist, nicht selbstverständlich wie in einer anderen Sprache, wo dies schon in der grammatikal. Form manifestiert ist. Trotz dieser Beispiele, die sich beliebig vermehren ließen, kann von einer Determination des Weltbildes durch die Sprache nicht gesprochen werden. Wer glaubt heute noch daran, daß die Sonne die Erde umkreist, auch wenn er sagt: »Die Sonne geht auf«?

Es ist grundsätzlich möglich, jede Sprache in jede andere zu übersetzen, auch wenn in extremen Fällen gewisse Inhalte, die in einer Sprache z.B. in einem Wort oder Satz ausdrückbar sind, in einer anderen viele Erläuterungen und Erklärungen benötigen (z.B. bei der Übersetzung des nur dt. Wortes *Gemütlichkeit* in irgendeine andere Sprache).

Der Assoziationsbereich und Bedeutungsumfang des »Begriffes« *Onkel* ist im Deutschen und Lateinischen sehr verschieden, da es im Lat. für den Onkel der Mutterseite und für den der Vaterseite jeweils verschiedene Wörter gibt; ein Wort, das beide Arten von »Onkel« zusammenfaßt wie im Deutschen, ist überhaupt nicht vorhanden. Im Deutschen hingegen muß man 'Onkel mütterlicherseits' sagen, wo im Lateinischen 'avunculus' ausreicht. Dafür gibt es im Lateinischen keine einfachen Wörter für Schwager und Schwägerin. Man umschreibt hier z.B. mit 'Ehefrau des Bruders' (*uxor fratris*) oder mit 'Schwester der Ehefrau' (*soror uxoris*), was im Deutschen einfacher (aber auch mehrdeutiger) Schwägerin heißt. Außerdem ist der Enkel 'nepos' nicht vom Neffen 'nepos' unterschieden.

Sprache und Denken

Die vielfach aufgestellte Behauptung: »Denken ist ohne Sprache nicht möglich, alle Denkprozesse finden in sprachlicher Form statt« kann weder bejaht noch verneint werden, solange die Begriffe »Sprache« und vor allem »Denken« nicht definiert sind. Ist der geistige Prozeß, der einen Komponisten bei seiner Arbeit leitet, »Denken« oder etwas anderes? In diesem weiteren Sinn muß unser Satz verneint werden, aber auch noch unter einem anderen Gesichtspunkt: Es gibt Situationen, in denen man eine bestimmte Vorstellung hat, diese auch geistig umreißen kann, aber keinen adäquaten Ausdruck dafür zur Verfügung hat. Das ist die Situation des Forschers, der etwas Neues entdeckt hat und es zunächst nur durch umständliche Beschreibung weitergeben kann. Erst wenn er dem gefundenen Phänomen einen Namen gegeben hat, wird es verfügbar.

Es sind hier *sprachlose* von *wortlosen, begrifflichen* von *konkreten* Denkvorgängen und Vorstellungen zu unterscheiden. Bei abstrakten Begriffen steht im Denken sicher die Wortform als Symbol für die Inhalte, die darunter subsumiert werden. Bei Begriffen wie *Freiheit, Erziehung, Gerechtigkeit* vereinfacht der Gebrauch von sprachl. Symbolen das Denken; sie machen das Bündel von Vorstellungen, das damit verbunden ist, abrufbar und in verschiedene Kontexte einsetzbar. Hier wird in Worten gedacht. Auch konkrete Gegenstände, die ohne Worte *denkbar* sind (Gestalterlebnisse) und sonstige noch nicht in Worte gefaßte Gedanken strukturieren sich nach der Art von Satzschemata. Ferner scheint es so zu sein, daß Erinnerungsinhalte zwar nicht in sprachl. Form gespeichert, aber auf Stichworte hin abrufbar sind; und diese Erinnerungsinhalte machen einen großen Teil aller Denkvorgänge aus; sie gehören zu den wesentlichen Entstehungsbedingungen von Gedanken, die sich damit wiederum als abhängig von sprachl. Mitteln erweisen.

Die Beantwortung der Frage nach dem Verhältnis von **Sprache** und **Denken** hängt also von dem ab, was man unter »Denken« versteht. Es lassen sich Fälle von Denken (im weiteren Sinne) ohne Sprache feststellen; je mehr man aber unter »Denken« geistige Leistungen wie das Unterscheiden und In-Beziehung-Setzen, das Vergleichen und Ordnen, das Urteilen und das logische und analogische Schließen versteht, desto mehr muß man die Sprache als Konstitutionselement von Denkprozessen miteinbeziehen.

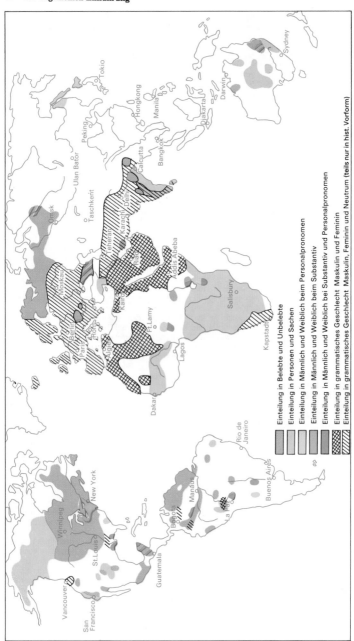

Verbreitung verschiedener Wortklassifikationen

Einteilung in Belebte und Unbelebte
Einteilung in Personen und Sachen
Einteilung in Männlich und Weiblich beim Personalpronomen
Einteilung in Männlich und Weiblich beim Substantiv
Einteilung in Männlich und Weiblich bei Substantiv und Personalpronomen
Einteilung in grammatisches Geschlecht Maskulin und Feminin
Einteilung in grammatisches Geschlecht Maskulin, Feminin und Neutrum (teils nur in hist. Vorform)

Sprachuniversalien nennt man diejenigen Merkmale, die allen Sprachen gemeinsam sind.

Da man die genaue Zahl der Sprachen, die auf der Erde gesprochen werden, nicht kennt und die bekannten bei weitem nicht alle erforscht sind, besitzen die Aussagen, die innerhalb dieses Forschungszweiges gemacht werden, keine absolute Gültigkeit.

Da es kaum jemals möglich sein wird, alle Sprachen nach den gleichen umfassenden Beschreibungsprinzipien zu erfassen und damit die Aussagen der derzeitigen Universalienforschung für jeden Einzelfall zu belegen, müssen auch Aussagen zugelassen werden, die sich auf weit verbreitete (oder: »mit bedeutend mehr als Durchschnittshäufigkeit vorkommende«) Phänomene beziehen, wenn das Merkmal nur einen wichtigen Zug repräsentiert.

So z. B. gilt die Aussage, daß alle Sprachen sich unterscheidende Klassen von Stämmen haben, die infolge ihrer syntakt. Verwendung einerseits als Verben und andererseits als Substantive bezeichnet werden können, nicht für die Sprache der Nootka-Indianer an der Pazifikküste im Norden der USA. In dieser Sprache haben alle flektierbaren Stämme die gleichen Möglichkeiten der Flexion. Trotzdem erweist sich die Aussage vom universalen Verb-Substantiv-Kontrast als sinnvoll, da sich das Fehlen dieses Gegensatzes im Nootka erst dadurch in seiner typolog. Bedeutsamkeit erweist.

Es lassen sich viele Züge feststellen, die allen Sprachen gemeinsam sind: daß sie primär über die Stimme und das Gehör übermittelt werden; daß bei der Beziehung zwischen Form und Inhalt (Bedeutung) des sprachl. Zeichens Ähnlichkeiten irgendwelcher Art keine Rolle spielen; daß eine Sprache nicht ererbt, sondern erlernt wird; daß alle Sprachen sich in dauernder Veränderung befinden, daß jede menschliche Gemeinschaft eine Sprache hat und daß wir von keinem sonstigen Lebewesen dieser Welt wissen, das ein Kommunikationssystem besitzt, das in seiner Komplexität der menschlichen Sprache vergleichbar ist.

Diese universal gültigen Aussagen sind fast selbstverständlich, so daß sie kaum Inhalt und Ziel der Universalienforschung sein können. Sie beschäftigt sich vielmehr mit grammatikalischen Erscheinungen und hat z. B. folgende Feststellungen getroffen:

– In allen Sprachen ist die Anzahl der Phoneme meist nicht geringer als 10 und nicht größer als 70, davon mindestens zwei Vokale.

– In jedem phonolog. System stehen Explosivlaute und Nicht-Explosive in Opposition.

– Es gibt nie weniger als zwei verschiedene Artikulationsstellen für Explosive, d. h. es gibt immer zwei Explosive.

– Jede Sprache besitzt ein Intonations- und ein Nicht-Intonationssystem. Im Deutschen z. B. kann jedes Wort als Frage formuliert werden, indem man die Stimme hebt. Dies ist ein Element des dt. Intonationssystems, das neben einem System steht, das durch die diskreten Einheiten der Phonologie, Morphologie und in syntaktischen Strukturen beschrieben wird.

– Jede Sprache besitzt Glieder, die im strengen Sinne des Wortes keine Bedeutung haben. Sie dienen dazu, Beziehungen zwischen den bedeutungstragenden Elementen herzustellen. Sie haben nur eine grammatische Bedeutung. Im Deutschen sind es z. b. eine Konjunktion wie *zu* (in: *du brauchst nicht zu kommen*) oder der Artikel (*der, die, das*) u. ä.

– Jede Sprache hat Elemente mit deiktischem Charakter (Demonstrativpronomina u. ä.).

– Jede Sprache hat ein phonolog. und ein morphosyntakt. System, keines der außermenschlichen Kommunikationssysteme besitzt eine ähnlich geartete Mehrschichtigkeit.

– Jede Sprache besitzt zweiteilige Satzmuster, deren Glieder als »Gegenstand der Rede« und »Aussage« bezeichnet werden können.

– Es gibt Sprachen, in denen das Verb vor dem Objekt steht (VO), und solche, bei denen es umgekehrt ist (OV-Sprachen). VO-Sprachen setzen in Fragesätzen das Fragewort meist an den Anfang, OV-Sprachen sehr oft an den Schluß. VO-Sprachen haben meist *Prä*positionen, OV-Sprachen eher *Post*positionen. VO-Sprachen haben das Adjektiv in der Regel vor dem Nomen, OV-Sprachen meist danach.

– Wenn eine Sprache beim Substantiv verschiedene Genuskategorien besitzt, hat sie sie auch beim Pronomen.

– Gehen Demonstrativpronomen, Zahlwort und Adjektiv dem Substantiv voran, dann immer in dieser Reihenfolge.

– Ist in einer Sprache ein Kasussystem vorhanden, so ist der einzige Kasus, der nicht eigens bezeichnet ist, auf jeden Fall der Kasus des Subjekts eines intransitiven Verbs.

– In jeder Sprache gibt es Eigennamen.

– Unter den deiktischen Elementen jeder Sprache ist eines, das den Sprecher bezeichnet, und eines, das den Angesprochenen bezeichnet.

– Es gibt kaum Sprachen, in denen das Objekt dem Subjekt vorangeht.

Sprachuniversalienforschung ist immer auch Sprachtypologieforschung. Als solche erweist sie sich bedeutsam auch für die Erforschung einzelner Sprachen: Das Deutsche ist eine Sprache, in der das Verb dem Objekt vorangeht (VO-Sprache). Es gibt im Deutschen aber einen Satztyp, in dem das Objekt dem Verbum vorangeht, nämlich den eingeleiteten abhängigen Nebensatz, der im Laufe der überblickbaren Sprachgeschichte entstanden ist und dessen Verb-Endstellung wohl durch den Einfluß des Lateins in der Zeit des Humanismus Regel wurde. Die Folge davon war, daß das Deutsche auch eine Wortart entwickelte, die sonst nur Sprachen mit OV-Struktur eigen ist, nämlich Postpositionen wie *entgegen, entlang, gegenüber* (»dem Licht entgegen«, »eine Straße entlang« usw.).

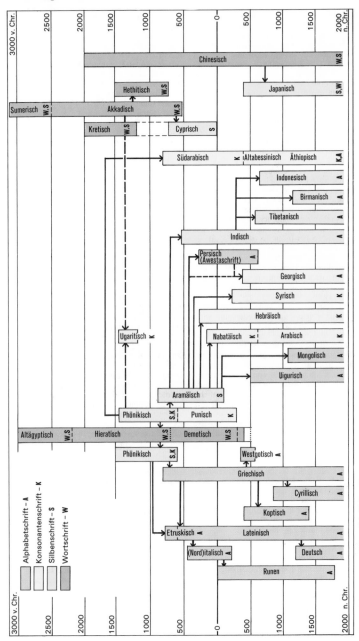

Entwicklung ausgewählter Schriftfamilien

Bei Benutzern von Alphabetschriften herrscht unreflektiert der Eindruck vor, daß die **Schrift** die phonetisch-phonolog. Gestalt der **Sprache** abbilde. Dies ist aber nur ausnahmsweise der Fall, z. B. bei einer neu für eine Sprache geschaffenen Alphabetschrift. Ansonsten gilt die Regel, daß die Schrift konservativer, beharrender ist, während die gesprochene Sprache sich fortentwickelt, verändert.

Man spricht im Französischen des 11. Jhs. *rei*, 'König', im 13. Jh. *roi*, im 16. Jh. *roé*, im 19. Jh. *rwa;* während man im 11. Jh. noch 'rei' schrieb, blieb die Schreibung des 13. Jh. 'roi' trotz der Lautveränderungen bis heute erhalten. Solche Beispiele ließen sich beliebig vermehren.

Lautwandlungen gehen in der Regel unbewußt vor sich. Sprecher und Schreiber glauben, daß sich **Graphem-** und **Phonemsystem** weiterhin entsprechen. Der Unterschied wird oft erst im Vergleich mit anderen Sprechern, die dasselbe Graphemsystem benutzen, bewußt.

So sprachen die Engländer das Lateinische bis ins 20. Jh. hinein wie ihre Muttersprache aus, die, nachdem die Schreibung im Mittelalter fest geworden war, noch einige größere Lautveränderungen mitgemacht hatte. Diesen Veränderungen wurde durch die Gleichsetzung von Schrift und Aussprache auch das Lateinische unterworfen: wo dann für 'unus' *junəs*, für 'Caesar' *si:sə* und für 'tres' *tri:s* gesprochen wurde. Das führte dazu, daß das Latein der engl. Kardinäle auf dem Ersten Vatikan. Konzil 1869/70 überhaupt nicht verstanden wurde.

Ähnliches wird aus dem spätmittelalterlichen Schwaben berichtet. Dort waren die alten Längen *ī, ū,* zu *ei, ou* geworden (vgl. S. 146). Weiterhin wurde aber die Monophthonge (*zīt, hūs*) geschrieben, wobei man nicht bemerkt hatte, daß sie schon lange diphthongisch (*zejt, hous*) ausgesprochen wurden, d. h. man glaubte, daß das geschriebene ī, ū die Entsprechung für die nunmehr gesprochenen Diphthonge wäre. Las man einen lat. Text, so sprach man genauso wie im Deutschen für *ī ei* und für *ū ou*. So wurde *vīnum* zu *vejnum,* *ūnus* zu *ounus.* Deswegen wurde 1482 auch Herzog Eberhard von Württemberg bei einer Audienz beim Papst nicht verstanden (nach LÜDTKE).

Die Lautwerte für die einzelnen Zeichen wurden bei der Schaffung der Schreibsysteme der europ. Volkssprachen im Mittelalter (S. 84) nach der Aussprache des Lateinischen festgelegt. Bei einer Veränderung der Volkssprache war deswegen eine Parallelität (wie oben geschildert) in der Aussprache des Lateinischen nicht zu verwundern. Erst der Kontakt mit anderen Aussprachesystemen machte auf solche Entwicklungen aufmerksam.

Durch hist. Entwicklungen der gesprochenen Sprache oder durch »Buchstabennot« bzw. »-überfluß« der bei der Übertragung des Schreibsystems einer Sprache auf eine andere kann es zu Diskrepanzen zwischen Aussprache-(Phonem-) System und Schreib-(Graphem-)System kommen: So kann im Dt. ein Zeichen mehreren Arten der Aussprache entsprechen (z. B. *v* in *Vase* und *Vogel*) oder mehrere stehen für ein Phonem (wie *s, sch* für *š*).

Entwicklung der Schrift

Die einfachsten und frühesten Formen der Schrift sind **Bilderschriften,** die identifizierbare Bilder als Zeichen gebrauchen. Bei dieser sog. semiograph. Methode wird unmittelbar auf einen in einer Sprache bezeichneten Gegenstand oder Sachverhalt Bezug genommen; er wird ohne linguist. Elemente bezeichnet. Reine Bilderschriften sind auch ohne Kenntnis der betreffenden Sprache lesbar. Dabei muß aber jedem Wort bzw. jeder Sinneinheit ein eigenes Zeichen entsprechen. Diese Art der Schrift ist angesichts der Masse der Wörter unökonomisch und vor allem für die Darstellung von Namen nicht zu gebrauchen. Deshalb tritt hier meist ein anderes Prinzip auf. Nach Art der Rebus-Rätsel steht ein Bild nicht mehr für den dargestellten Gegenstand, sondern für dessen Lautwert. Der amerikan. Name *Roosevelt* kann z. B. durch eine gezeichnete Rose und eine Weltkugel als *Rose-Welt* ausgedrückt werden.

Damit nähern wir uns der nächsten Stufe: bei konsequenter Anwendung und Systematisierung dieses Prinzips der Phonetisierung urspr. Bildzeichen entsteht eine **Wort-** bzw. eine **Silbenschrift.** Hier haben die einzelnen in der Sprache vorkommenden Silben eigene Zeichen, bei Silbenschriften sind es in der Regel nicht mehr als 60–80.

Häufig sind **Wortsilbenschriften:** Bei ihnen werden die Wortzeichen und Silbenzeichen gleichzeitig nebeneinander benutzt. Die Zeichen der Bilderschriften verlieren langsam ihre Erkennbarkeit, sie werden durch häufigen, schnellen Gebrauch zu Symbolen vereinfacht.

Am Anfang der Schriftentwicklung ist, wie gesagt, eine Bilderschrift zu denken. Hist. greifbar sind aber für uns im wesentlichen nur die fortgeschrittenen Wortsilbensysteme. In ihnen kann man in manchen Fällen das dem Wort- bzw. Silbenzeichen zugrundeliegende Bild erkennen. So ist es z. B. in der ältesten Form des ältesten (ca. 3100 v. Chr.) uns überlieferten Schriftsystems, dem **Sumerischen.** Diese Schrift ist eine **Keilschrift,** meist auf Tontafeln geschrieben, durch Brennen haltbar gemacht.

Während Wortschriften und Wortsilbenschriften mehrmals und unabhängig voneinander erfunden wurden (bei den Sumerern, Chinesen und den Mayas in Mexiko), gehen alle Alphabetschriften auf eine Wurzel zurück: auf semitische Silben- bzw. Konsonantenschriften.

Die Zeichen der sumerischen Keilschrift wurden mit einem Holzgriffel oder Schilfrohr in den noch weichen Ton eingeritzt. Wo der Griffel etwas tiefer gedrückt wurde, entstand eine Verdickung des Striches, der wie ein Keil erscheint. Urspr. etwa 2000 Zeichen, verringert sich diese Zahl noch in der frühesten Entwicklungsperiode auf 800–900 und schließlich auf 350–400. Es gibt drei Arten von Zeichen:

Lautwert	j	b	n	h	g	m	c	ḫ
Hieroglyphisch								
Hieratisch								
Demotisch								

Entwicklung der ägyptischen Schrift

Phönikisch	Lautwert	Westliches Griechisch	Klassisches Griechisch	Lautwert	Archaisches Latein	Klassisches Latein	Römische Kapitalschrift	Unziale 7. Jh.	Kursive 6. Jh.	Inische Halbunziale 7. Jh.	Karolingische Minuskel	Gotische Schrift	Deutsche Schrift	Kursive 20. Jh.
	'	ΑΑ	A	a	ΑΑ	A	A	a	α	α	a	A		a
	b	ΒΒ	B	b	ΒΒ	B	B	B	b	b	b	b		b
	g	ΛC	Γ	g	CC	C	C	C	c	c	c	c		c
	d	ΔD	Δ	d	D	D	D	d	d	dɔ	d	d		d
	h	E	E	e	E	E	E	e	e	e	e			e
	w	F V Y	Y	u v y	F	F	F	F	f	F	f	f		f
	ḥ	ΘH	H	h,ē	H	H	H	h	h	h	h			h
	j	I	I	i	I	I	I	J	ı	ı	ı	i		i
	k	K	K	k	K	K	K					k		k
	l	V	Λ	l	L	L	L	L	l	l	l	l		l
	m	M	M	m	M	M	M	M	m	m	m	m		m
	n	N	N	n	N	N	N	N	n	n	n	n		n
	'	O	O	o	O	O	O	O	o	o	o	o		o
	p	Γ Π	Π	p	P	P	P	p	p	p	p	p		p
	q	Q		q	Q	Q	Q	q	q	q	q	q		q
	r.	PR	P	r	PR	R	R	R	r	R	r	r		r
	š	Σ	Σ	s	S	S	S	S	ſ	ſs	ſ	ſs		s
	t	T	T	t	T	T	T	T	τ	τ	τ	t		t
	t	X+	X	x,kh	X	X	X	x	x	X	x			x

Ausgewählte Beispiele zur Geschichte des lateinischen Alphabets

1. **Wortzeichen,** die ohne Berücksichtigung der Aussprache Gegenstände und Begriffe wiedergeben: **Logogramme** (oder: Ideogramme)
2. **Phonetische Zeichen (Phonogramme),** die in der Regel eine Silbe darstellen.
3. **Determinative.** Sie machen die Wortzeichen oder silbisch geschriebenen Wörter eindeutiger; denn sie ordnen diese einer bestimmten Gattung zu wie *Beruf, Mensch* (*weiblich, männlich*)*, Pflanze, Land, Berg.* Setzt man z.B. vor das Zeichen *Pflug* das (nicht gesprochene) Determinativ *Mensch,* dann handelt es sich um die Tätigkeit *pflügen* oder den *Pflüger,* steht dagegen das Zeichen *Holz* davor, dann ist der *Pflug* selbst gemeint.

Nicht viel jünger als die Keilschrift der Sumerer, die von den Akkadern (= Assyrer und Babylonier) übernommen und weitergebildet wurde, ist die **Hieroglyphenschrift** der alten Ägypter. Die Gestalt ihrer Zeichen ist als Monumentalschrift der Denkmäler bis ins 3./4. Jh. n. Chr. gleich geblieben. Als Schreibschrift auf Papyrus entwickelte sich aus ihr eine abgeschliffene Form, die **hieratische Schrift,** die schließlich, weiter vereinfacht, zur **demotischen Schrift** wird. In Ägypten bestanden später alle drei Schriftformen nebeneinander. Der demot. Typus lebte am längsten, bis ca. 500 n. Chr. Auch die ägyptische Schrift besitzt wie die Keilschrift drei Arten von Zeichen: Die Wortzeichen können gleichzeitig auch als Lautzeichen verwendet werden (z.B. das Zeichen für *pr* kann 'Haus', aber auch 'herausgehen' bedeuten). Die Determinative halten den Sinn gleichlautender Wörter auseinander. Das Zeichen für 'Haus' wird dadurch eindeutig gemacht, daß sich bei der Bedeutung 'herausgehen' ein Paar schreitender Füße dazu gesellt.
Die älteste Schrift, die heute noch in Gebrauch ist, ist die **chinesische** (seit dem 2. Jt. v. Chr. belegt). Ihr ursprünglicher Bildcharakter ist noch in einzelnen Zeichen zu erkennen; als Zeichen treten phonetische Elemente und Determinative auf, die mit den eigentlichen Zeichen verschmolzen werden.
Diese drei Wortsilbensysteme entwickelten im Laufe der Zeit Tochterschriften, die meist auf dem silbischen Prinzip aufbauen. Die **japanische Silbenschrift** wurde aus der chinesischen Schrift heraus entwickelt, die mesopotamische Keilschrift hat einen Ableger in der **hethitischen Keilschrift.** Für die Schriftgeschichte am bedeutendsten sind die **westsemitischen Konsonantenschriften,** die als Abkömmlinge der ägypt. Schrift betrachtet werden. Diese Schriften, von denen die bekannteste die **phönikische** ist, kann man als Silben- oder auch als **Buchstabenschriften** bezeichnen. Es wurden bei ihnen nämlich wie bei den modernen arabischen und hebräischen Schriften nur Konsonanten geschrieben (S. 89). Die Neuerung bestand darin, daß durch Anwendung des Prinzips der **Akrophonie** nicht mehr verschiedene Zeichen z.B. für *ka, ke, ki, ko, ku* geschrieben wurden, sondern nur das er-

ste Element *k* für alle diese Silben, was eine gewaltige Vereinfachung des Zeicheninventars zur Folge hatte. Der Übergang von der Silbenschrift zur Buchstabenschrift war dann vollzogen, als das eine Zeichen für *ka, ke, ki* ... von den Schriftbenutzern nur noch als der eine Konsonant *k* betrachtet wurde. Ob dies schon bei den Semiten der Fall war oder erst bei den Griechen, die von den Phönikern diesen Schrifttypus übernahmen und als reine Alphabetschrift ausformten, ist ungeklärt.
Schon im Ägyptischen hatten die Vokale in der Schrift keine Rolle gespielt, es gab nur ein Schriftzeichen für Wörter mit gleichem Konsonantengerüst. So war sich die ältere Forschung auch in der Herleitung der semit. Konsonantenschrift aus dem Ägyptischen einig. Eine Tochter der phönik. Schrift ist die **aramäische,** deren weiter Geltungsbereich sich in zahlreichen bedeutenden Tochterschriften äußert: im **indischen** Schrifttyp, der wieder viele Töchter in Tibet, Birma, Kambodscha, Thailand und Indonesien hat, und in einem Zweig, der über das Uigurische zum Mongolischen führt.

Der heutige abendl. Alphabetschrifttyp geht auf die Griechen zurück. Zwar hatte es bei den Konsonantenschriften der Semiten auch schon die Plene-Schreibung gegeben, bei der gewisse Zeichen zur Andeutung der Vokale eingesetzt wurden. Die Griechen aber bezeichneten systematisch alle Laute, indem sie die Buchstaben des semitischen Systems, die für ihre Sprache überflüssig waren, für ihre Vokale verwendeten. Die Herkunft der **griechischen Schrift** aus dem Phönikischen ist außer Zweifel, denn:
– Die formale Herleitung der griech. Zeichen aus phönikischen bereitet keine Schwierigkeiten.
– Die Griechen nannten ihre Schrift selbst »phönikische Schrift«.
– Die Reihenfolge des Alphabets ist gleich, und bei den Buchstabennamen gibt es viele Übereinstimmungen: gr., *alpha, bēta, gamma, delta* usw. entspricht sem. *aleph, bêth, gimel, daleth.*
– Die Schriftrichtung der ältesten Zeit ist hauptsächlich von rechts nach links wie im Semitischen.

Vom griech. Alphabet sind wiederum die verschiedenen italischen Schriften abzuleiten, von denen die **lateinische** auf Grund der späteren Weltmachtstellung der Römer die größte Bedeutung erlangte und die abendländ. Schriftgeschichte bestimmte. In den ältesten lat. geschriebenen Texten, die wir kennen, so ist z.B. die Schriftrichtung noch nicht festgelegt; so ist z.B. der **lapis niger** aus dem 5. Jh. v. Chr. »bustrophedonal« beschrieben (wie bei einem Ochsengespann, das beim Pflügen eine Furche hin und eine Furche zurück zieht), d.h. einer Zeile von rechts nach links folgt die nächste von links nach rechts. Erst später wurde die Schreibrichtung von links nach rechts festgelegt.

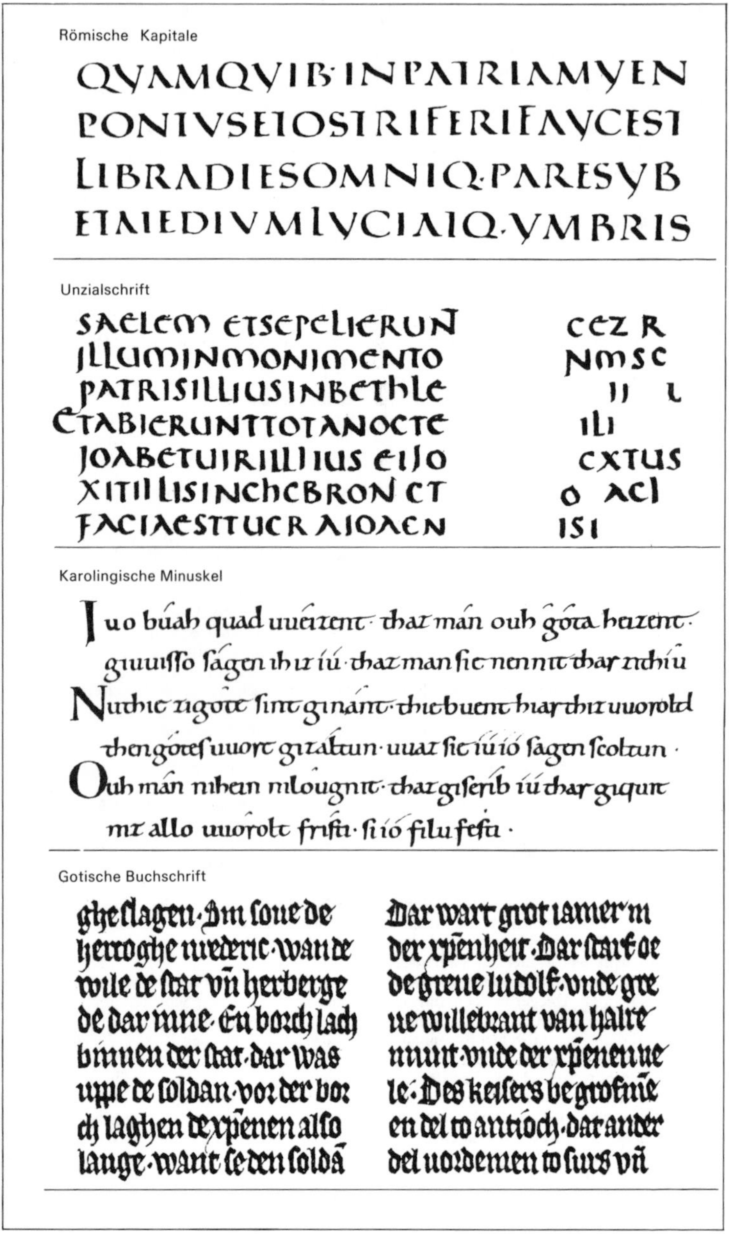

Römische Kapitale

QVAMQVIB·INPATRIAMVEN
PONTVSEIOSTRIFERIFAVCEST
LIBRADIESOMNIQ·PARESVB
ETAIEDIVMIVCIAIQ·VMBRIS

Unzialschrift

SAELEM ETSEPELIERUN   CEZ R
ILLUMINMONIMENTO   NMSC
PATRISILLIUSINBETHLE   II   L
CTABIERUNTTOTANOCTE   ILI
IOABETUIRILLIIUS EIIO   CXTUS
XITILISINCHCBRON CT   O ACI
FACIAESTTUCR AIOAEN   ISI

Karolingische Minuskel

Iuo búah quad uueizent · thaz mán ouh góta hazent ·
giuuiſſo ſagen ih iz iú · thaz man ſic nennit thar zidhiu
Nuthic zigoze ſint ginant · thiebuent hiar thiz uuorold
thergótes uuort gizaltun · uuaz ſic iú íó ſagen ſcoltun ·
Ouh mán nihein nilougnit · thaz giſerib iú thar giquit
miz allo uuorolt friſti · ſi íó filu feſti ·

Gotische Buchschrift

ghe ſlagen · Am ſone de   Dar warr grot iamer in
herroghe niederic · wan de   der xpenheir · Dar ſtarf oe
wile de ſtar vn herberge   de ſreue ludolf · vnde gre
de dar inne · Eu boich lach   ne willebrant van halre
binnen der ſtar · dar was   nunt · vnde der xpenen ue
uppe de ſoldan · voz der boz   le · Des keiſers begrofniſ
ch laghen de xpenen alſo   en del to antioch · dar ander
lauge · wanr ſe den ſoldā   del noordemien to ſurs vn

Beispiele zur abendländischen Schriftentwicklung

Der erste lat. Schrifttyp ist eine Großbuchstabenschrift (**Kapital-** oder **Majuskelschrift**), die in ihrer Ausformung in der röm. Kaiserzeit als **Capitalis quadrata** (weil fast jeder Buchstabe ein Quadrat ausfüllt) auftritt. Sie wird v. a. für Steininschriften verwendet. Zum schnellen Schreiben für den tägl. Gebrauch entwickelt sich in Rom schon sehr früh eine **Kursivschrift** auf der Basis der Großbuchstabenschrift, die sich im 4.–5. Jh. n. Chr. allmählich in eine Kleinbuchstabenschrift mit Ober- und Unterlängen (**Minuskelschrift**) verwandelt. Im 4. Jh. tritt eine neue Kapitalbuchschrift auf, die **Unzialschrift**. Bei ihr sind die Geraden der Quadratschrift gerundet. Im 5. Jh. gewinnt sie Übergewicht über die Quadratschrift und hält sich bis ins 8. Jh.

Mit dem Untergang des röm. Reiches geht in den germ. Teilreichen für einige Jahrhunderte die Einheitlichkeit in der Schriftentwicklung verloren. Die sich neu konstituierenden Kultur- und Staatengebilde entwickeln Schriften mit eigenem Charakter, die sog. **Nationalschriften**, und zwar die westgotische (Spanien), die insulare (England, Irland), die merowingische (Frankreich) und die italische. Der neueren Forschung rückt man von der Einteilung in Nationalschriften ab und charakterisiert lieber die einzelnen Schreibschulen, z. B. von Rom, Bobbio, Toledo, Metz, St. Martin in Tours u. a. m.

Die **merowingische Schrift** ist uneinheitlich und unregelmäßig. Ligaturen (das Zusammenfügen von zwei Buchstaben in einen, z. B. æ für *ae*) sind mannigfaltig. Kürzel (meist aus einer röm. Stenographie, den **Tironischen Noten**, entnommen) nehmen überhand, und die Buchstabenform wird immer schmäler und länger.

Das abendländ. Universalreich Karls d. Gr. macht der Vielfalt der Schriften ein Ende. Die neu entwickelte, der Halbunziale verwandte **karolingische Minuskel** wird die eigentl. Schrift des europ. Mittelalters. Sie beginnt sich um 800 auszubreiten und wird um 840 schon im ganzen Frankreich verwendet. Zuletzt erobert sie Mitte des 11. Jhs. die päpstliche Kanzlei in Rom. Sie ist einfach und klar, enthält kaum Ligaturen und Kürzel. Man hat sie mit der romanischen Baukunst verglichen, ähnlich wie die im deutschsprachigen Bereich sich im 12. Jh. herausbildende **gotische Schrift** mit der Gotik. Bei dieser Schrift werden die runden Formen der karoling. Minuskel gebrochen, und statt der horizontalen Orientierung tritt eine vertikale ein.

Die gotische und die im 15. Jh. aus ihr entstehende (eigentl.) Frakturschrift bilden die Grundlage der **deutschen Schrift**, die erst in unserem Jahrhundert von der lat. als Schreibschrift und Druckschrift verdrängt wurde. Der Buchdruck verwendet am 15. Jh. den gleichen got. Schrifttyp wie die gleichzeitigen Handschriften. Die Humanisten prägen nach »antikem« Vorbild eine neue Schrift (**Antiqua**), die heute die normale Druckschrift ist.

Unsere sog. lateinische Schreibschrift ist eine davon abgeleitete Kursive. Die Großbuchstaben der Antiqua stammen von der röm. Capitalis quadrata der Steininschriften, die Kleinbuchstaben von der karolingischen Minuskel, die die Humanisten irrtümlich als röm. Schreibschrift ansahen.

Der häufigste Beschreibstoff der Antike war der **Papyrus**. Er wurde im Nildelta in großen Mengen produziert und anfangs nur in Ägypten, später auch in den anderen Ländern benutzt. Man gewann ihn aus dem Mark der Papyruspflanze, das in schmale Leistchen gleicher Stärke gespalten, übereinandergelegt, geklopft, gepreßt und getrocknet wurde. Dies ergab eine papierartige, faserreiche Folie. Die einzeln hergestellten Papyrusblätter wurden zu Rollen zusammengeklebt, die man in Spalten mit einem Rohrstäbchen und einer Tinte aus Ruß und Gummi beschrieb.

Kurze Notizen schrieb man in der Antike auf **Wachstafeln** mit erhöhten Rändern aus Holz, ähnlich unseren Schieferschreibtafeln. Schreibgerät war ein spitzer Holzgriffel, dessen flaches hinteres Ende für das Glätten des Wachses zum Löschen der Schrift verwendet wurde. Solche Wachstafeln hielten sich das ganze Mittelalter hindurch und wurden in einzelnen Fällen sogar erst im 19. Jh. abgeschafft.

Der eigentliche Beschreibstoff des abendländ. Mittelalters aber war das **Pergament**. Tierhäute als Beschreibstoff sind schon früh bekannt. Aber erst im 2. Jh. v. Chr. kam im Vorderen Orient die Bereitung ungegerbter, nur gekalkter und abgeschabter Tierhäute in Gebrauch. Das Pergament wurde gefaltet und zu Büchern (Codices) zusammengebunden. Doch es konnte trotz seiner Vorzüge den Papyrus nur langsam verdrängen. So schrieb die päpstliche Kanzlei noch bis ins 11. Jh. hinein auf Papyrus, jenseits der Alpen spielte er jedoch seit dem 8. Jh. keine Rolle mehr.

Beschrieben wurde das Pergament hauptsächlich mit dem Schreibrohr (im Mittelalter mehr und mehr mit der Gänsefeder) und einer Tinte, die aus Galläpfeln und Kupfervitriol hergestellt wurde.

Schon im 2. Jh. n. Chr. wurde in China das **Papier** erfunden. Zunächst ein Geheimnis der Chinesen, kam es über Samarkand um 800 zu Harun al Raschid nach Bagdad. In Italien 1276 belegt, kam es erst um 1390 nach Deutschland (Nürnberg). Papier wurde aus Leinenlumpen (Hadern) gemacht. Diese wurden sortiert, gereinigt und zerkleinert. Sie wurden in Wasser gelegt, bis sie zerfielen, darauf zerstampft und weitergelagert, bis ein weißer milchiger Faserbrei aus ihnen geworden war. Mit feinmaschigen viereckigen Sieben wurde dann eine dünne Schicht herausgehoben, zwischen Filzplatten gelegt und getrocknet. Die Drahtmuster der Siebe ließen ihre Spuren im Schöpfgut zurück, sie ergaben das Wasserzeichen.

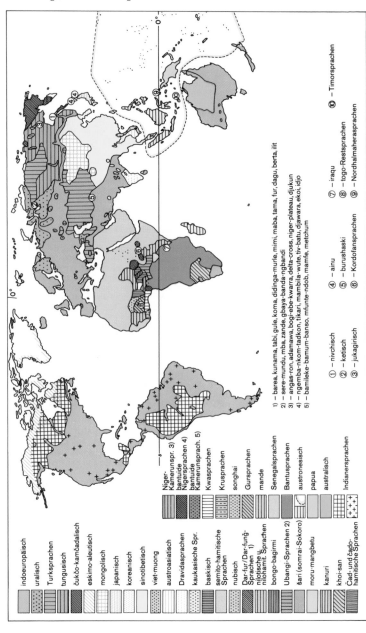

Die Sprachfamilien der Welt (vereinfacht)

indoeuropäisch
uralisch
Turksprachen
tungusisch
čukčo-kamčadalisch
eskimo-aleutisch
mongolisch
japanisch
koreanisch
sinotibetisch
viet-muong
austroasiatisch
Dravidasprachen
kaukasische Spr.
baskisch
semito-hamitische Sprachen
nubisch
Dar-fur/Dar-fung-Sprachen 1)
nilotische u. nilohamit. Sprachen
bongo-bagirmi
Ubangi-Sprachen 2)
šari (somrai-Sokoro)
moru-mangbetu
kanuri
khoi-san
čad- und čado-hamitische Sprachen

Niger-Kamerunspr. 3)
bantuide
Nigersprachen 4)
bantuide Kamerunsprach. 5)
Kwasprachen
Krusprachen
songhai
Gursprachen
mande
Senegalsprachen
Bantussprachen
austronesisch
papua
australisch
Indianersprachen

1) – barea, kunama, tabi, gule, koma, didinga-murle, mimi, maba, tama, fur, dagu, berta, iiit
2) – sere-mundu, mba, zande, gbaya-banda-ngbandi
3) – angas-ron, adamawa, bogi-ebe-kwarra, delta-cross, niger-plateau, djukun
4) – ngemba-nkom-tadkon, tikari, mambila-wute, tiv-batu, djawara, ekoi, idjo
5) – bamileke-bamum-banso, mfunte-ndob, mamfe, metchum

① – nivchisch
② – ketisch
③ – jukagirisch
④ – ainu
⑤ – burushaski
⑥ – Kordofansprachen
⑦ – iraqu
⑧ – togo-Restsprachen
⑨ – Nordhalmaherasprachen
⑩ – Timorsprachen

Wenn man Sprachen unabhängig von ihren verwandtschaftlichen Verhältnissen hinsichtlich der Gemeinsamkeiten und Verschiedenheiten ihrer Grammatik vergleicht, spricht man von **Sprachtypologie.**
Von solchen Typologien ist die von FINCK nach morphologisch-syntaktischen Gesichtspunkten die bekannteste. FINCK unterscheidet vier Typen: den **isolierenden, flektierenden, agglutinierenden** und den **inkorporierenden.**
1. Der **isolierende** Typ: die Wörter im Satz können nicht oder kaum verändert werden (z. B. durch Ableitungen oder durch Beugung). Die Wortstellung regelt die Beziehungen unter den Satzgliedern (z. B. deutsch: »Hans schlug Toni« und »Toni schlug Hans«) oder Partikel dienen dem gleichen Zweck. Dabei sind zwei Gruppen festzustellen:
a) **wurzelisolierend:** die Wörter bestehen aus einer festen, nicht durch Affixe zu erweiternden Lautgruppe (z. B. klass. Chinesisch);
b) **stammisolierend:** die Wörter können durch Affixe verändert werden und sich dadurch auch schon in bestimmte grammatikalische Klassen ordnen. Sie bleiben aber noch isoliert im Satz (z. B. Samoanisch, Indonesisch).
2. Der **flektierende** Typ: die Wörter eines Satzes ordnen sich durch Beugung (Flexion) und durch vielfältige Affigierung (Hinzufügung von weiteren Elementen) in grammat. Kategorien, wodurch ein Beziehungsgefüge von Abhängigkeiten hergestellt wird. Vielfach wird durch den Vorgang der Bindung auch das Innere des Grundwortes verändert (deutsch: *Bach*, Pl. *Bäche*). Man unterscheidet dabei:
a) **wurzelflektierende** Sprachen: hier verändert sich der Tonvokal des Grundwortes (z. B. Arabisch, im Dt. z. B. *gib* und *gab* zu *geben*).
b) **stammflektierende** Sprachen: hier verändern sich die jeweiligen Endungen des Wortes (Altgriechisch, Altindisch, Deutsch weitgehend).
c) **gruppenflektierende** Sprachen: hier werden nicht nur einzelne Stämme flektiert, sondern ganze Gruppen von Elementen, die lose miteinander verbunden sind (z. B. Georgisch).
3. Der **agglutinierende** (anklebende, anfügende) Typ: die Beziehungen der Glieder im Satz werden durch Affixe hergestellt, wobei die Verschmelzung der einzelnen Glieder, die jeweils eine eindeutige Funktion und Bed. haben, nicht in dem Maße wie bei den flektierenden Sprachen gegeben ist. In agglutinierenden Sprachen, wie z. B. im Türkischen, bestehen die Wörter aus Aneinanderreihungen von Morphemen, wobei jedes Affix ein Morphem ist.
4. Der **inkorporierende** (einverleibende) oder **polysynthetische** (vielfach-zusammengesetzte) Typ: ein Satzglied reiht viele andere Glieder an sich oder nimmt sie in sich auf, so daß es vielfach zu Sätzen kommt, die nur aus einem Wort bestehen, wie in der grönländischen Eskimosprache. Dabei darf kein Bestandteil dieses Einwortsatzes in einer anderen Reihenfolge erscheinen (vgl. dt. *Donaudampfschiffahrtsgesellschaftskapitänswitwentod*).

Grundlegend ist die Differenzierung in **analytische** und **synthetische** Sprachen. Analytisch sind diejenigen Sprachen, bei denen ein Wort in der Regel jeweils nur einen Begriff beinhaltet, bei denen also jeweils ein Morphem auch ein Wort ist. Es werden also niemals (wie im klass. Chinesisch) oder nur sehr sparsam mehrere Morpheme in einem Wort zusammengefaßt. Diesem Typ entsprechen die isolierenden Sprachen. Bei den synthetischen Sprachen verfügen die Wörter über eine reichere Gliederung, und ein Wort drückt oft mehrere begriffliche Inhalte aus. Es besteht aus mehreren Morphemen (Beispiel: lat. *laudā-ba-m*, das Elemente, Morpheme, für dt. *loben* + Imperfekt + 1. Pers. enthält und 'ich lobte' bedeutet). Diesem Typ korrespondieren die flektierenden und agglutinierenden Sprachen. Den synthet. Bautyp führt die polysynthet. zum Extrem, bei dem oft ein ganzer Satz aus nur einem Wort besteht.

Diese Sprachklassifizierung sagt nichts aus über die Verwandtschaft der Sprachen bezüglich ihrer hist. Entwicklung, d. h. der Abstammungsverhältnisse. So entspricht das moderne Englisch weitgehend dem isolierenden Typ und ist unter diesem Gesichtspunkt dem flektierenden Indogermanischen, aus dem es sich entwickelt hat (S. 39, 41), viel ferner als z. B. das Chinesischen. Diese Kategorien lassen sich i. a. nicht auf die Sprachen in allen ihren Bereichen anwenden, sondern nur auf Teile davon (vgl. unsere dt. Beispiele oben, die einmal für den isolierenden, einmal für den flektierenden oder für den polysynthetischen Typ stehen).

Man kann deshalb höchstens den relativen Grad der Isoliertheit einer Sprache feststellen, indem man das Verhältnis der Anzahl der Wörter zur Anzahl der Morpheme berechnet. Der Quotient von 1,0 würde dabei den idealen analytischen Typ repräsentieren. Dabei ergibt sich für das isolierende Englisch ein Wert von 1,68, das flektierende Sanskrit erreicht 2,59 und das inkorporierende Eskimo 3,72.

Diese Typologie ist aber wertvoll, wenn man sie nicht als universell betrachtet und jede Sprache nur einem dieser Typen zuordnen will, sondern sie als »Theorie mittlerer Reichweite« jeweils nur auf die Teile von Sprachen anwendet, deren Eigentümlichkeiten sie zutreffend kennzeichnen. Oft geht dem synthetischen Typ eine analytische Stufe voraus, da die Beugungselemente (Suffixe und Präfixe) sich sehr oft als ursprünglich selbständige Worte nachweisen lassen.

Neuerer Art ist die Einteilung der Sprachen nach phonolog. Merkmalen, z. B. ob versch. Tonhöhenverläufe bei ihnen distinktiv sind (wie bei gewissen asiat. Ton-Sprachen), ob die Opposition stimmhaft-stimmlos vorhanden ist (z. B. bei den meisten europ. im Gegensatz zu vielen ozean.) oder ob es Schnalzlaute gibt (wie bei gewissen Sprachen Südwestafrikas).

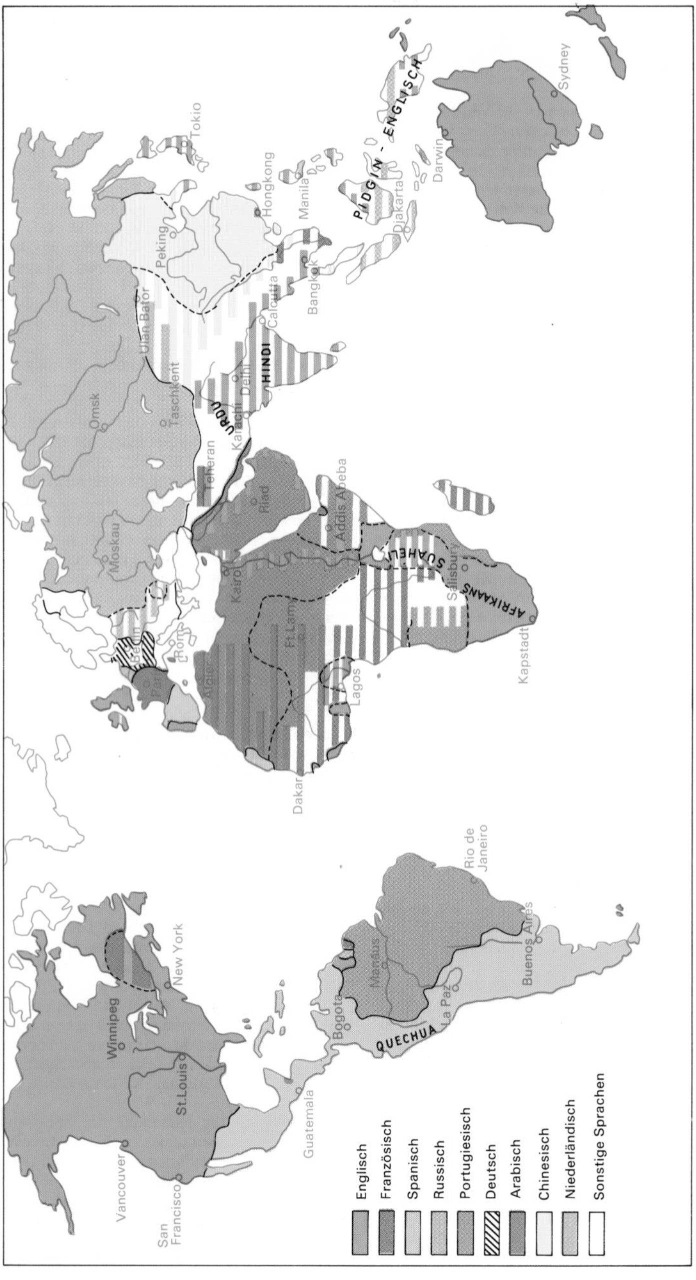
Englisch
Französisch
Spanisch
Russisch
Portugiesisch
Deutsch
Arabisch
Chinesisch
Niederländisch
Sonstige Sprachen
Vancouver
San Francisco
Winnipeg
St.Louis
New York
Guatemala
Bogota
QUECHUA
La Paz
Manaus
Buenos Aires
Rio de Janeiro
Dakar
Algier
Lagos
Ft.Lamy
Paris
Berlin
Rom
Kairo
Moskau
Riad
Addis Abeba
SUAHELI
Salisbury
AFRIKAANS
Kapstadt
Teheran
Omsk
Taschkent
URDU
Karachi
Delhi
HINDI
Ulan Bator
Calcutta
Bangkok
Peking
Hongkong
Manila
Djakarta
PIDGIN - ENGLISCH
Darwin
Tokio
Sydney

Verkehrssprachen der Erde

Sprachen, die ihrer Herkunft nach miteinander verwandt sind, von denen man also annimmt, daß sie auf eine gemeinsame »Ursprache« zurückgehen, faßt man in **Sprachfamilien** zusammen. Eine der am besten bekannten und erforschten ist die **indogermanische** (S. 39), die im angelsächsischen Bereich **indoeuropäische** genannt wird.

Frühe Sprachstufen kennt man auch von der **semitisch-hamitischen** Sprachfamilie. Zu ihr gehören heute das Arabische und Hebräische, aber auch die Sprachen der alten Ägypter, Babylonier und Assyrer, von denen man Zeugnisse aus dem 3. Jahrtausend v. Chr. besitzt.

Eine Statistik der Sprachen der Welt wird immer sehr problematisch bleiben. Zum einen sind viele Sprachen bisher nicht erforscht, zum anderen werden ausgestorbene Sprachen manchmal mitgezählt, manchmal nicht, und drittens ist oft strittig, ob eine Sprache schon als eigene Sprache oder noch als Dialekt einer Sprache gezählt werden muß. Extreme Zählungen gehen bis zu 10000 Einzelsprachen, die sich auf bis zu 280 Sprachgruppen verteilen. Andere Zählungen kommen auf weniger als 3000 Sprachen mit einer Verteilung auf unter 50 Gruppen. Der größte Teil der bekannten Sprachen wird von kleinen und kleinsten Gruppen gesprochen. Nur 16 Sprachen stellen für mehr als 50 Millionen Menschen die Muttersprache dar, nur 70 haben mehr als 5 Millionen Sprecher. Umgekehrt verteilen sich ca. 45% der Weltbevölkerung auf 5 Sprachen, zwei Drittel auf 16 und ca. 95% auf ca. 100 Sprachen. Hier die 20 verbreitetsten Sprachen: Die linke Spalte gibt (in Millionen) die Anzahl der Muttersprachsprecher an, die rechte die Sprecher, die diese Sprache als Amts- bzw. Verkehrssprache sprechen:

1. Chinesisch 1000	1. Englisch 1400
2. Englisch 350	2. Chinesisch 1000
3. Spanisch 250	3. Hindi 700
4. Hindi 200	4. Spanisch 280
5. Arabisch 150	5. Russisch 270
6. Bengali 150	6. Französisch 220
7. Russisch 150	7. Arabisch 170
8. Portugiesisch 135	8. Portugiesisch 160
9. Japanisch 120	9. Malaiisch 160
10. Deutsch 110	10. Bengali 150
11. Französisch 70	11. Japanisch 120
12. Panjabi 70	12. Deutsch 110
13. Javanesisch 65	13. Urdu 85
14. Bihari 65	14. Italienisch 60
15. Italienisch 60	15. Koreanisch 60
16. Koreanisch 60	16. Vietnamesisch 60
17. Telugu 55	17. Persisch 55
18. Tamil 55	18. Tagalog 50
19. Marathi 50	19. Thai 50
20. Vietnamesisch 50	20. Türkisch 50

In Europa sind die slawischen Sprachen mit 33,8 % aller Sprecher am häufigsten, dann folgen die germanischen mit 30,0%, romanischen mit 26,7%, finno-ugrischen mit 3,3% und türkischen mit 2,2%.

Eine der größten **Sprachfamilien** ist die **indogermanische** mit ca. 900 Millionen Sprechern. Ursprünglich auf den Raum von Indien bis Europa beschränkt, ist sie durch die Eroberungen der Europäer im Kolonialzeitalter und durch das wirtschaftliche Übergewicht der nordamerikanischen und europ. Staaten heute die führende Sprachgruppe der Welt. Ihrer hist. Erforschung galt das Hauptinteresse der europ. Sprachwissenschaftler seit Anfang des 19. Jhs. Auf Grund von Übereinstimmungen im Wortschatz und im grammat. Bau entdeckte man Ende des 18. Jhs. den Zusammenhang des Altindischen mit den europäischen Sprachen (SIR WILLIAM JONES, RASMUS RASK, FRANZ BOPP). Durch intensiveren Sprachvergleich stellte man die versch. Grade der Verwandtschaft unter den einzelnen Sprachen fest und glaubte sogar, eine idg. Grundsprache rekonstruieren zu können. (S. 39)

Neben der Sprachfamilie steht der **Sprachbund:** Das ist eine Gruppe nicht verwandter Sprachen, die sich durch lange andauernden intensiven Kontakt und die daraus resultierenden Lehnbeziehungen so weit einander angenähert haben, daß sie viele Gemeinsamkeiten auf allen sprachl. Ebenen besitzen. Als exemplarisch gilt der »Balkansprachbund«. Das Rumänische, eine roman., vom Lat. abstammende Sprache, hat sich z. B. schon so weit den umgebenden slawischen Sprachen angenähert, daß das phonolog. System bereits alle Kennzeichen des Slawischen trägt. Auch das Albanische, ursprünglich wie z. B. das Germanische und Griechische ein selbständiger Zweig der idg. Sprachfamilie, ist in seiner grammat. Struktur den umgebenden roman., griech. und slawischen Sprachen so ähnlich, daß man den wahren Ursprung des Albanischen nur unter großen Schwierigkeiten feststellen konnte.

Solche Vermischungen verschiedener Sprachsysteme kommen vor allem bei **Bilingualismus** vor – wenn die Mitglieder einer Gesellschaft, eines Volkes zwei oder mehr Sprachen gleichzeitig aktiv beherrschen und auch anwenden. So ist ein Großteil der Einwohner Luxemburgs mehrsprachig: Sie beherrschen den einheimischen moselfränk. Dialekt, meist auch das Französische und das Deutsche.

Diglossie liegt vor, wenn in einer polit.-wirtschaftl. Gemeinschaft zwei Sprachvarietäten oder -varianten von ein- und denselben Sprechern benutzt werden, wobei die Varianten in ihrer Funktion getrennt sind, verschiedene Domänen haben. Welche der zwei zur Verfügung stehenden Varietäten jeweils benutzt wird, wird von der Sprechsituation her bestimmt. Die Funktionsteilung von Deutsch und Latein im Mittelalter, sowie von Ortsdialekten bzw. regionaler Umgangssprache und Hochsprache können im Deutschen Beispiele für solche Diglossie sein.

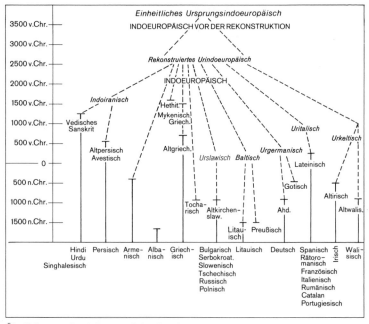

Überlieferungszeiten indogermanischer Sprachen

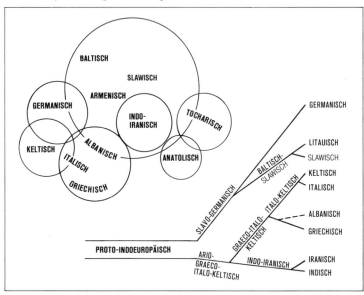

Modelle zur Darstellung der Verwandtschaftsverhältnisse in der indogermanischen Sprachfamilie

Zur idg. **Sprachfamilie** rechnet man folgende Sprachzweige:

– **Indisch;** gliedert sich heute in viele Einzelsprachen, von denen das **Hindi** die Nationalsprache Indiens zu werden scheint; auch das **Zigeunerische** ist mit dem Indischen verwandt. Für die Sprachvergleichung sind die altind. Sprachstufen bedeutsam: **Vedisch** (reicht bis ins 2. Jahrtausend zurück) und **Sanskrit,** die heiligen Sprachen des Hinduismus (mit der Rolle des Latein für das Abendland vergleichbar).

– **Iranisch** mit seiner ältesten Form, dem **Avestischen,** in dem die Schriften ZARATHUSTRAS überliefert sind, und dem etwas jüngeren **Altpersischen** (Keilinschriften aus dem Zeitraum 520–350 v. Chr.). Aus diesen und verwandten Sprachen entwickelten sich das Neupersische, das Afghanische, das Kurdische u. a. Das Iranische bildet mit dem Indischen zusammen die Gruppe des **Arischen.** »Arier« war die Selbstbezeichnung dieser Volksstämme.

– **Armenisch,** seit dem 5. Jh. n. Chr.

– **Tocharisch;** erst Anfang dieses Jahrhunderts in Ostturkestan (nordwestl. China) bei Ausgrabungen entdeckt; zwei versch. Dialekte.

– **Hethitisch,** wie das Tocharische erst im 20. Jh. entdeckt. Bei Ausgrabungen in der Türkei (Boğazköy), an der Stelle der alten Hauptstadt des Hethiterreiches, fand man Keilschrifttafeln aus Ton, die zum größten Teil auf das 15. und 14. Jh. v. Chr. zurückgehen.

– **Griechisch** (überliefert ab Mitte 2. Jahrtausend); drei Dialektgruppen; die **ionisch-attische,** die **achäische** und die **dorisch-nordwestgriechische;** sie wurden in späterer Zeit durch eine griechische Gemeinsprache (*Koiné*) verdrängt, auf die die heutige gr. Sprache zurückgeht. Nur spärlich überliefert ist das dem Griechischen nahestehende **Makedonische,** das zudem mit zahlreichen thrakischen und illyrischen Elementen durchsetzt ist.

– **Albanisch,** das nicht nur in Albanien sondern auch noch in Sprachinseln in Griechenland und Unteritalien gesprochen wird. Es wurde erst spät (16. u. 17. Jh.) aufgezeichnet und enthält viele roman. und slaw. Bestandteile.

– **Italisch;** man hat es früher in das **Oskisch-Umbrische** und das **Latino-Faliskische** eingeteilt. Doch scheinen beide Gruppen unabhängig nebeneinander zu stehen, ein ursprünglich engerer Zusammenhang scheint nicht gegeben zu sein. Die bedeutendste Sprache des Latino-Faliskischen ist das **Lateinische,** das als Mundart der Stadt Rom Weltgeltung erlangte. Es ist seit dem 6. Jh. v. Chr. belegt. Als Fortentwicklungen der Dialekte des Vulgärlateinischen sind die heutigen **romanischen Sprachen** zu betrachten, z. B. das Italienische, Spanische, Portugiesische, Französische und Rumänische.

– **Keltisch;** es hatte einst eine große Verbreitung in Europa (vgl. z. B. S. 128). Es gliedert sich in das **Festlandkeltische** (ausgestorben) und das **Inselkeltische:** Irisch (Irland), Gälisch (Schottland) und Britannisch mit dem Kymrischen in Wales, dem Bretonischen in der Bretagne, dem Kornischen in Cornwall. Keltische Inschriften gibt es seit der Römerzeit (in eigener Ogam-Schrift), Literatur ist seit dem 8. Jh. überliefert.

– **Baltisch,** in drei Sprachformen überliefert: **Litauisch, Lettisch** und **Altpreußisch,** das um 1700 n. Chr. ausstarb. Die konservativen Züge des Litauischen und Altpreußischen sind für die Indogermanistik von bes. Interesse.

– **Slawisch;** man teilt es ein in **Süd-** (Bulgarisch, Serbokroatisch, Slowenisch), **West-** (Tschechisch, Slowakisch, Polnisch, Sorbisch) und **Ostslawisch** (Groß-, Weißrussisch, Ukrainisch). Seit dem 9. Jh. ist das **Altbulgarische** überliefert, die Sprache, in die KYRILL und METHOD die Bibel übersetzten, heute noch Kirchensprache in der russisch-orthodoxen Kirche.

– Idg. Sprachen, die wenig überliefert oder nur erschlossen sind: **Pelasgisch** (nicht überliefert) als die Sprache der vorgriech. Bevölkerung im griech. Raum, **Lykisch,** das nur in Inschriften erhalten ist (im SW der Türkei), sowie **Luwisch** und **Palaisch,** die mit dem Hethitischen gefunden wurden und ihm auch sehr nahe stehen, ferner **Illyrisch** auf dem Balkan.

– **Germanisch** (S. 43–57).

Zur Gliederung des Indogermanischen

Die Zweige der idg. Sprachfamilie teilte man in die Kentum- und Satemgruppen nach dem idg. Zahlwort für 100 (idg. *$k\bar{m}tóm$*), das im Anlaut das *k* erhalten (z. B. lat. *centum*) bzw. zu *s* verwandelt wurde (avest. *satəm*). Die Zuordnung *kentum* = westidg. (mit Griechisch, Italisch, Keltisch, Germanisch) und *satem* = ostidg. (mit Indisch, Iranisch, Armenisch, Thrakisch, Albanisch, Baltisch, Slawisch) ist seit der Entdeckung des Hethitischen und Tocharischen, die beide Kentumsprachen sind, relativiert worden. Außerdem gibt es eine größere Anzahl von anderen sprachl. Phänomenen, die über die Kentum-Satem-Grenze hinweggehen. Schwierigkeiten gibt es mit allen Modellen, die die Verwandtschaftsverhältnisse idg. Sprachen darstellen wollen: Bei der **Stammbaumeinteilung** (SCHLEICHER, 1863) geht man von einer einheitlichen indoeuropäischen Grundsprache aus, von der sich durch räumliche Abspaltung (mit späterer sprachlicher Eigenentwicklung) Sprachen separierten, und diese Sprachzweige sich wieder trennten usf., bis es zur Ausbildung der heutigen Sprachgliederung kam. Dieses Bild suggeriert eine Einheitlichkeit und Selbständigkeit der einzelnen Zweige und eine Eindeutigkeit bei der Trennung in die verschiedenen Äste, die nicht gegeben ist. Vielmehr ist oft weniger mit plötzlicher Völkertrennung als mit allmählichen Übergängen zu rechnen. Das berücksichtigt die Wellentheorie (JOH. SCHMIDT 1872): Sie geht von einer einheitlichen Grundsprache aus, in der sich eine bestimmte sprachl. Neuerung von ihrem Ausgangspunkt in konzentrischen Ringen fortpflanzt und dann immer schwächer wird, wie es bei einer Welle geschieht, die auf einem stillen Wasser von einem

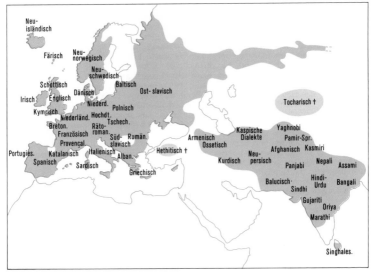

Verbreitungsraum indogermanischer Sprachen und Dialekte

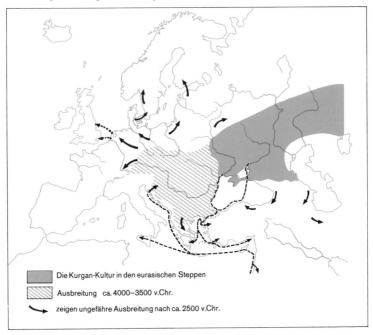

Die Ausbreitung der Kurgan-Kultur

hineingeworfenen Stein ausgelöst wurde. Mit den immer wieder vorkommenden Neuerungen würde sich eine große Anzahl solcher Kreise ergeben, die immer wieder einzelne Teile aus dem Gesamtidg. separieren.

Keine der beiden Theorien kann ein vollständiges Bild von der sprachl. Wirklichkeit liefern; während der Stammbaum ein grobes Raster des historischen Gesamtablaufs vermittelt, liegt die Stärke des Vergleichs mit der Welle in der Veranschaulichung eines Ausgliederungsvorgangs, der nicht auf Abwanderung beruht. Was beide nicht darstellen können, ist Einbeziehung von fremdem Einfluß oder von gegenseitiger Beeinflussung (Konvergenz) von ehemals getrennten, sich später aber nahestehenden Sprachen.

Das Urvolk

Daß es einmal ein Volk gegeben hat, das die idg. Grundsprache gesprochen hat, daran kann man kaum zweifeln; es sei denn, man setzt mit dem Wort »Volk« auch eine biologisch-genetische Einheit voraus, die nicht unbedingt gegeben zu sein braucht.

Die Urheimat

Auf Grund sprachtypologischer Vergleiche kam N. S. TRUBETZKOY zu dem Ergebnis, daß der Konstitutionsraum der idg. Sprachengruppe zwischen Nordsee und Kaspischem Meer, zwischen der finno-ugrischen und mediterranen (kaukasisch-semitischen) Sprachengruppe gelegen haben muß. In diesen Raum, allerdings mit einem Kern nördlich des Schwarzen Meeres und im Donaugebiet, verlegt auch die traditionelle sprachvergleichend-kulturhistorische Methode die Urheimat der Indogermanen.

Hier ist das Verbreitungsgebiet der Schnurkeramiker (= Streitaxtleute), die man inzwischen mit der östlichen Kurgan-Kultur gleichsetzt. Auch Flußnamen, sowie pflanzen- und tiernamengeographische Aspekte deuten auf diesen Raum.

Die Kultur

Da mit Sicherheit zuzuordnende archäologische Zeugnisse und schriftliche Quellen über jene frühe Zeit nicht vorhanden sind, ist man auf eine Methode angewiesen, die nach linguist. Kriterien Aussagen über die Kultur der Indogermanen zu machen sucht. Man geht von der Voraussetzung aus, daß, wenn gewisse Wörter bei allen idg. Völkern vertreten sind, auch die Sachen (und die Wörter) beim Urvolk schon vorhanden gewesen sind. So nimmt man an, daß der Wagen bekannt gewesen sein muß, weil so wesentliche Wörter wie *Wagen, Nabe* und *Rad* bei den wichtigsten idg. Sprachen aus einer gemeinsamen Wurzel hervorgegangen sind. Eine große Rolle muß das Pferd gespielt haben, doch nicht als Arbeitstier, sondern als Zugtier für den (Streit-)Wagen. Eine reiche Viehzuchtterminologie (gemeinsam: *Vieh, Kuh, Stier, Ochse, Schwein, Bock, Hund, Pferd, Fohlen, Gans, Ente, Biene, Herde, melken, Joch, Wolle,* nicht: *Esel* und *Katze*) spricht für eine Hirtenkultur. Wertmesser für den Besitz war das Vieh

(vgl. lat. *pecus* 'Vieh', *pecunia* 'Geld'). Auch Ackerbau ist nicht auszuschließen. Für den Wald und die verschiedenen Baumarten waren keine einheitlichen Wörter vorhanden, was auf ein Ursprungsgebiet mit Heide oder Savannencharakter deutet. Die Menschen dort kannten zwar Gold und Silber und auch ein drittes Metall, lat. *aes* (entspricht dt. *Erz*), doch hatten sie kein einheitliches Wort für das Eisen.

Das idg. Gemeinwesen war vaterrechtlich organisiert, und der **pótis* (bedeutete zugleich Gatte und Gebieter) stand an seiner Spitze. Außerdem ist der Kult eines Himmelsgottes wahrscheinlich (vgl. auch S. 169).

Der zeitliche Ansatz

Das Eisen kam erst auf, als die Trennung schon ziemlich weit fortgeschritten war. Aus archäolog. Quellen kann man aber das erste Auftreten des Eisens bestimmen und folgert daraus, daß die idg. Gemeinsprache um 2000 v. Chr. schon nicht mehr einheitlich gewesen sein kann. Wegen anderer Kriterien (z. B. Formiertheit des Griechischen und Hethitischen schon im 2. Jt.) kommt man beim Ansatz einer Urindogermanischen Gemeinsprache bis weit ins 3. Jahrtausend v. Chr. hinein.

Die **Rekonstruktion** der indoeurop. Grundsprache basiert auf dem Sprachvergleich der Elemente der idg. Einzelsprachen, die diesen Sprachen oder wenigstens den meisten von ihnen gemeinsam sind. Diejenigen Elemente, die den Sprachen gemeinsam sind und sich auch nicht als spätere Entlehnungen deuten lassen, gelten als alterererbt. Das nhd. Wort *Vater* z. B. heißt aind. *pitár*, gr. *patér*, lat. *pater*, and. *fater*. Wenn man die Wörter vergleicht, fällt folgendes auf: Im Konsonantengerüst des Wortes bestehen die wenigsten Unterschiede, beim Anfangslaut *p* fällt nur das ahd. *f* heraus. Da man aber Parallelen anführen kann wie ahd. *fuoz*, gr. (dor.) *pós*, aind. *pät*, lat. *pēs* u. a. m. ist offensichtlich, daß einem ahd. *f* in idg. *p* entspricht.

Man blieb nicht beim Terminus »Entsprechung«, sondern folgerte, da das *p* der ältesten überlieferten idg. Sprachen in allen geern. Dialekten als *f* erscheint (asächs. *fadar*, anl. *fader*, afries. *feder*, ags. *fæder*, anord. *fadir*, got. *fa-dar*), daß ursprüngliches *p* im Germ. zu *f* geworden sei (S. 63). Wenn solche Entsprechungen (die als Entwicklungen interpretiert werden) mit einer gewissen Regelmäßigkeit auftreten, dann spricht man von einem **Lautgesetz:** idg. *p* > germ. *f* (d. h. jedes idg. *p* wird zu germ. *f*). Auf diese Weise kann man den Sprachvergleich fortsetzen und kommt so zu einer rekonstruierten idg. Form **pətér* (wobei das Sternchen vor dem Wort andeutet, daß es nicht schriftlich belegt, sondern nur konstruiert ist). Die Rekonstruktion ist nicht immer so einfach wie bei diesem Beispiel, und selbst dieses bedürfte der Differenzierung, denn das aufgestellte Lautgesetz gilt nur für den Anlaut und bestimmte (von den idg. Betonungsverhältnissen abhängige) Fälle beim Inlaut (S. 45).

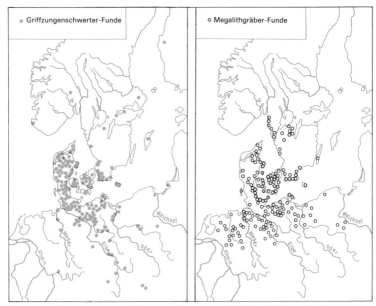

Verbreitung der germanischen Griffzungenschwerter- und der Megalithgräber-Funde

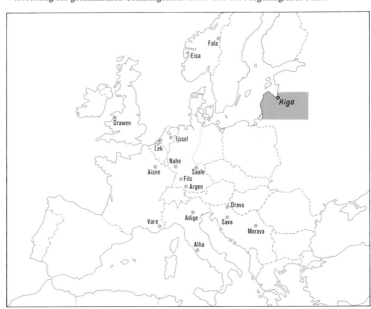

Entsprechungen baltischer Flußnamen im übrigen Europa

Hydronymie (Gewässernamengebung)

Unter den Gewässernamen Europas hebt sich eine Gruppe zweifellos idg. Herkunft heraus, die eine große Einheitlichkeit in Wortschatz und formalen Bildungsmitteln besitzt. Da begegnet z. B. ein Name vom Typ *sal(a) (zu apreuß. salus 'Regenbach', mir. sal 'Meer', lat. salum 'Meer', 'Strömung eines Flusses') als Saale in Nebenflüssen des Mains, der Leine, der Elbe und des Regens, eine *Salia (> mengl. Hail) in England, eine *Salia > Seille in Frankreich, eine *Salia > Sella in Spanien, eine Salon in Dalmatien, und Flußnamen vom Typ *sal- gibt es auch in Ungarn, in Litauen, in Norwegen und im Dnjepr-Gebiet. Oder eine Bildung *al(a) zur idg. Wurzel *el/*ol ('fließen', 'strömen') finden wir in einer Allia im antiken Italien, einer Ala in Norwegen, in der deutschen Aller, einer Als bei Wien, einer Elz (< Alantia) am Neckar und an der Mosel, einer Alunta in Litauen und im jetzigen Terek nördlich des Kaukasus, der uns aus der griech. Antike als alóntas überliefert ist.

Es gibt noch viele andere Beispiele, etwa die Wortstämme *albh- (> Elbe), *ar(a) (> Ahr), *drouos (> Drau), *vara (> Wörnitz), *uis-, *ueis- (> Weser), *arg- (> Argen).

Auch die Wortbildung ist einheitlich: Ala, Alma, Almana, Alna, Alantia, Alisa gehen parallel zu Sala, Salma, Salmana, Salantia, Salisa, die sich alle belegen lassen. Dieser Gewässernamentypus kann wegen seiner Verbreitung über fast ganz Europa keiner Einzelsprache zugeordnet werden, die aus hist. Zeiten bekannt ist. Vielmehr muß er aus einer voreinzelsprachl. Periode stammen. In Südfrankreich und den Mittelmeerländern ist er erst sekundär eingeführt, er hat dort ältere Schichten überlagert. S. 42 zeigt europäische Flußnamen, die Entsprechungen im balt. Raum besitzen.

Die Germanen

Seit Ende des 2. Jahrtausends v. Chr. läßt sich im Gebiet der unteren Elbe und Oder, des heutigen Dänemark, in Südnorwegen und Südschweden ein einheitl. Kulturkreis nachweisen, der durch Verschmelzung der dort älteren Megalithgräberkultur mit der Schnurkeramikkultur (Streitaxtkultur, östl. Kurgan-Kultur) entstanden sein dürfte. Diesem Kreis sind die Germanen zuzuordnen. Man rechnet mit einer Überlagerung der Megalithgräberkultur durch die Streitaxtleute, wobei man die pferdezüchtenden Streitaxtleuten die idg. Sprache zuschreibt. Der Verschmelzungsprozeß dürfte um 1200 v. Chr. beendet gewesen sein. Die Megalithgräberkultur war wohl nicht idg.: Mindestens ⅓ des germ. Grundwortschatzes läßt sich nicht aus dem Indoeuropäischen herleiten, wobei sich die nicht-idg. Wörter v. a. im Bereich von Schiffahrt (Mast, Kiel, Strom, Ebbe, Himmelsrichtungen), Gesellschaft (Volk, König, Adel, Dieb, Sühne, schwören), Kriegswesen (Krieg, Friede, Schwert, Schild, Helm, Bogen u. a.) und Ackerbau (Pflug) finden.

Das muß nicht bedeuten, daß der idg. Teil keine Wörter für diese Dinge gehabt hat, doch war die Wirkung der verschwundenen nichtidg. Sprache so groß, daß ihre Ausdrücke in solch zentralen Lebensbereichen durchdrangen. Die Häufung im Bereich der Schiffahrt läßt annehmen, daß der idg. Teil ein Binnenvolk gewesen ist, was für die Streitaxtleute als Indogermanen spricht, die von Süden her vorgestoßen sind. Die neuere Forschung ist vorsichtiger geworden mit solchen Zuordnungen; sie trennt Sprachgemeinschaft, Kulturgruppe (= archäolog. Fundgruppe) und polit. Einheit und weist, auf Beispiele der vergleichenden Völkerkunde zurückgreifend, darauf hin, daß eine Kultureinheit nicht einer sprachlichen oder polit. Einheit entsprechen muß.

Der Name Germanien ist nach TACITUS (ca. 55–116 n. Chr.) noch neu und ursprünglich nur den Germanen eigen gewesen, die den Rhein überschritten hatten. Dieser Name sei dann allmählich auf alle rechts des Rheins lebenden Stämme ausgedehnt worden. Unter diesen gab es auch einige, die keine Sprach-Germanen waren. Die germ. nicht zu deutenden Namen einiger Völkerschaften, sowie Reflexe einer wohl idg. (aber nicht germ. oder kelt.) Sprache im nd. Raum deuten darauf hin, daß diese Völker, deren Sprache als germ. bezeichnet wird, nicht nur die (nicht idg.) Megalithgräberleute in sich aufgenommen hatten, sondern wohl auch andere idg. Völkerschaften. Die ältesten germ. Sprachzeugnisse sind uns von röm. Autoren überliefert. Diese Einzelwörter repräsentieren einen Sprachzustand, den man als Gemeingermanisch bezeichnet. Beispiele: Bei CAESAR (100–44 v. Chr.): urus 'Auerochs', alcēs (Pl.) 'Elche'; bei TACITUS: framea (Speerart), glēsum 'Bernstein' (vgl. dt. Glas); bei PLINIUS D. Ä. (ca. 23–79 n. Chr.): ganta 'Gans', sāpo 'Schminke' (vgl. dt. Seife). An ihrem Lautstand erkennt man, daß damals das Germanische noch als Einheitssprache vorhanden gewesen sein muß, daß eine Auseinanderentwicklung erst später stattgefunden hat. Inschriften, die den alten gemeingerm. Lautstand repräsentieren, sind uns vor allem im späteren germ. Bereich auch aus wesentlich späterer Zeit überliefert (S. 57). Auf dem Helm von Negau (Steiermark) besitzen wir eine Inschrift, die wahrscheinlich aus vorchristl. Zeit stammt (in nordital. Alphabet, die Datierungen schwanken von 300 v. Chr. bis 0): harigasti teiwa. Die Wörter sind zwar etymologisch durchsichtig (got. harjis 'Heer', gasti 'Gast', altis. týr, tivar Göttername, vgl. lat. deus, gr. Zeus); doch ist eine allseits anerkannte Deutung bisher nicht gelungen. Das goldene Horn von Gallehus (Dänemark), das aus archäologischen Gründen um 420 n. Chr. zu datieren ist, enthält die Inschrift: Ek HlewagastiR HoltijaR horna tawido, die in gemeingerm. Zeit kaum anders gelautet haben dürfte. Es bedeutet: Ich, Lebgast (? Eigenname), Sohn des Holt, machte das Horn.

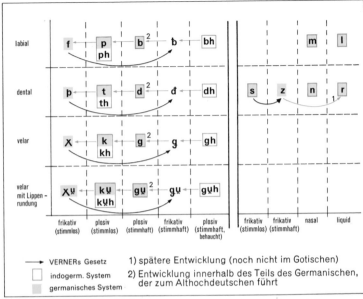

Die Entwicklung des Konsonantensystems vom Indogermanischen zum Germanischen

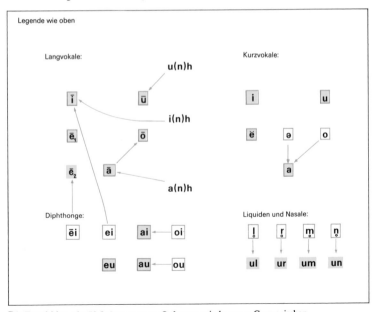

Die Entwicklung des Vokalsystems vom Indogermanischen zum Germanischen

Das **Germanische** unterscheidet sich vom **Indogermanischen** hauptsächlich durch folgende Erscheinungen.

1. Der im Idg. noch **freie Wortakzent** (d. h. jede Silbe konnte die Hauptbetonung tragen, am besten erhalten im vedischen Indisch) wurde zugunsten der **Initialbetonung**, d. h. der Betonung der jeweils ersten Silbe des Wortes, aufgegeben. Auch bei Komposita war das der Fall. An den Betonungsverhältnissen kann man heute noch eine relative Chronologie dieser Zusammensetzungen ablesen: dt. *Urlaub* war (damals mit anderer Bedeutung) schon gebildet, als diese Regel den Akzent festlegte, bei dt. *erlauben*, gebildet aus den gleichen Elementen, wurden sie erst zusammengefügt, nachdem diese Regel außer Kraft war. Die Bildung *Urlaub* ist also älter als die von *erlauben*.

Die Festlegung des Akzents führt man in der Regel auf **Substratwirkung** zurück, d. h. auf den Einfluß jener nicht-idg. Sprache, mit der die Germanen in früher Zeit Kontakt gehabt haben müssen (S. 43). Die Folgen dieser Festlegung für die Entwicklung der germ. Sprachen sind beträchtlich: Durch die **Abschwächung der unbetonten Silben** wurde das komplizierte idg. Kasus- und Verbalsystem vereinfacht und die Umwandlung vom synthetischen zum analytischen Sprachgebrauch wesentlich gefördert; selbst die Umlauterscheinungen (S. 65), die erst in sehr viel späterer Zeit auftreten, können als Folgen dieser Akzentfestlegung betrachtet werden.

2. In der **ersten** oder **germanischen Lautverschiebung** (vgl. Tabelle) wurde das System der idg. Verschlußlaute umgewandelt:

a) Die sth. behauchten Explosive *bh, dh, gh, g^uh* des Idg. wurden im Germ. zu den entsprechenden Reibelauten *b, d, g* und *g^u*. Aind. *náb-has-* ~ lat. *nebula* 'Nebel' ~ as. *nĕbal*; aind. *mádhyah-* ~ lat. *medius* ~ anord. *miđr;* idg. **ghost* ~ lat. *hostis* ~ ahd. *gast* 'Gast'; idg. **g^uhn̥t-* 'Kampf' ~ gr. *gónos* (< **g^uhonos* 'Mord') ~ abulg. *gonь* 'Jagd' ~ ags. *gūđ* 'Kampf', vgl. dt. *Gundhild.* (Zur ahd. Entwicklung: S. 63.)

b) Die stl. behauchten Verschlußlaute *ph, th, kh, k^uh* fielen mit den entsprechenden Verschlußlauten *p, t, k, k^u* in eins. Reibelauten der gleichen Artikulationsbasis *f, þ* (interdentaler Reibelaut wie in engl. *thick*), *χ* (wie dt. *ch,* griech. chi, velarer Frikativ) und *χ^u* (velarer Frikativ mit Lippenrundung) zusammen. Idg. **pélu-* 'viel' ~ aind. *purú* ~ gr. *polý-* ~ got. *filu;* aind. *phĕna-* (< **phoino-*) 'Schaum', 'Feim' ~ ahd. *feim* 'Schaum'; idg. **bhrātēr-* 'Bruder' ~ aind. *bhrắtar-* ~ lat. *frater* ~ got. *brōþar* 'Bruder'; aind. *mĕthis* ~ anord. *meiþr* 'Stange'; idg. **km̥tóm* 'hundert' ~ lat. *centum* ~ aind. *śatám* ~ got. *hund;* aind. *rēkhắ* 'Linie' ~ ahd. *rīha* 'Reihe'; lat. *cornu* 'Horn' ~ got. *haúrn* ~ dt. *Horn;* idg. **seq^u-* 'folgen' ~ lat. *sequor* ~ lit. *sekù* 'folgen' ~ got. *saíhan* 'sehen'.

c) Die idg. unbehauchten, stimmhaften Verschlußlaute, *b, d, g, g^u* wurden im Germ. zu den entsprechenden stimmlosen *p, t, k, k^u.* Idg.

*dheub- ~ got. *diups* 'tief'; aind. *pad-* ~ lat. *ped-* ~ got. *fótus* 'Fuß'; idg. **aug-* 'wachsen', 'mehren' ~ lat. *augēre* ~ got. *aukan;* idg. **g^uenā* 'Weib' ~ griech. *gynē* ~ got. *qinō* ~ ahd. *quĕna* 'Frau' (vgl. engl. *queen*).

Diese **Verschiebung** fand **nicht** statt in sog. **gedeckter Stellung:**

α) wenn schon im Idg. dem zu verschiebenden Laut *s* vorausging, z. B. lat. *spuō* 'ich speie', ahd. *spīwan* 'speien',

β) wenn im Idg. zwei Verschlußlaute zusammentrafen, wurde nur jeweils der erste verschoben, z. B. lat. *noct-* 'Nacht', got. *naht-s.*

Die im Germ. neu entstandenen stimmlosen Frikative *f, þ, χ* sowie *χ^u* und das zweite *s* wurden in stimmhafter Umgebung (Vokale, Nasale, Liquide) noch im Germ. zu den entsprechenden stimmhaften Frikativen *b, d, g, g^u* und *z,* wenn im Idg. der Wortakzent nicht auf der unmittelbar vorhergehenden Silbe lag (**Vernersches Gesetz,** nach dem Dänen KARL VERNER, der es 1875 formulierte); vgl. S. 41 die Etymologie von nhd. *Vater* und S. 63 die von nhd. *Bruder.* Der Wechsel von nhd. *d* und *t* (trotz lat. *pater* und *frater*) beruht auf der Erstsilbenbetonung des idg. Wortes für Bruder und der Endsilbenbetonung des idg. Wortes für Vater. Ođər: aind.: *wírdu* 'ich werde' aus idg. **u̯értō,* aber *giwortan* 'geworden' aus idg. *u̯r̥tonós,* wobei ahd. *d* aus germ. *þ* und ahd. *t* aus germ. *đ* entstanden ist.

Diesen Wechsel (hier von *d* und *t*), den JACOB GRIMM noch nicht erklären konnte, nannte er den **grammatischen Wechsel** (nach griech. *gramma* 'Buchstabe').

Die Lautverschiebung bestand phonetisch und phonologisch sicher aus mehr Verschiebungsakten, als es die gegebene übliche graphematische Darstellung als Lautgesetz erkennen läßt. So ist bei der Wandlung von *p > f* mit Zwischenstufen von *p > ph* (behauchter Explosivlaut) > φ (bilabialer Frikativ) > *f* (labiodentaler Frikativ) zu rechnen. Ihre Ursache wurde in fremdsprachlichen Beeinflussungen (Substrat), Orts- und Klimaveränderungen gesucht, heute versucht man auch eine innersprachliche, von der Kausalität der Sprache als System bedingte Erklärung (S. 145).

Die 1. LV verändert zwar die distinktiven Merkmale, die Phonemdistanzen bleiben aber die gleichen. Das Geräuschlautsystem bleibt phonologisch gesehen gleich. Es wird nur der Gegensatz **behaucht – unbehaucht** ersetzt durch einen neuen, und zwar **explosiv – frikativ.** Diese Überlegungen gelten für das Phonemsystem als Phoneminventar, nicht für die Verteilung der Phoneme im Wortschatz. Diese wurde durch das Vernersche Gesetz und die folgende Initialbetonung in erhebl. Maße verändert.

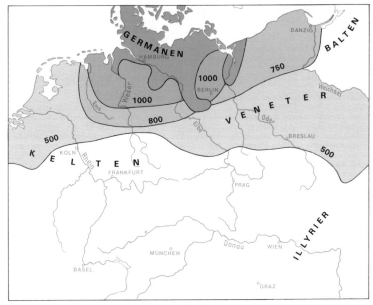

Die mutmaßliche Ausbreitung der Germanen bis 500 v. Chr.

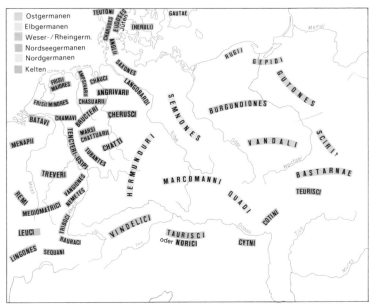

Die Germanen und ihre Nachbarn um Christi Geburt

Für die Datierung der 1. LV bedient man sich des Wortes *Hanf,* das auf ein griech. Wort *kánnabis* zurückgeht. Dieses Wort ist aber ein Lehnwort aus dem Skythischen, das, wie uns bezeugt ist, im Griech. erst im 5. Jh. v. Chr. übernommen wurde. Im Germ. begegnet uns das Wort in der verschobenen Form **hanap-*. Da die Germanen das Wort kaum sehr viel früher übernommen haben dürften, kann die Aussage gemacht werden, daß um diese Zeit noch die Regeln *k* > χ und *b* > *p* gegolten haben. Es sagt nichts aus darüber, seit wann es diese Regeln gab. Daß sie im 3. und 2. Jh. v. Chr. nicht mehr existierten, schließt man aus den Lehnwörtern aus dem Lateinischen, die keine von der 1. LV betroffenen Formen haben. Der erste Kontakt der Germanen mit den Römern findet in dieser Zeit statt.

3. Die idg. Kurzvokale *a, o, ǝ* fielen zusammen in germ. *a,* die idg. Langvokale *ā, ō* in germ. *ō,* der Diphthong idg. *ei* wurde zu germ. *ī.* Idg. **saldom* ~ lat. *sal* ~ got. *salt* 'Salz'; idg. **por-* 'fahren', 'reisen' ~ lat. *porto* 'ich trage' ~ got. ahd. *faran* 'gehen', 'reisen'; idg. **pǝter* ~ aind. *pitár* ~ lat. *pater* ~ got. *fadar; idg. *māter* 'Mutter' ~ aind. *mātar* ~ lat. *māter* ~ anord. *moder;* idg. **bhlō-* 'blühen' ~ lat. *flōs* 'Blume' ~ got. *blōma* 'Blume'; idg. **steigh* 'schreiten' ~ anord. *stiga* ~ ahd. *stīgan.*

4. Die sonantischen (silbentragenden) Liquiden und Nasale des Idg. *ḷ, r̥, m̥, n̥* wurden zu germ. *ul, ur, um, un.* Idg. **pḷno-* 'voll' ~ aind. *pr̥na-* ~ lit. *pilnas* ~ got. *fulls;* idg. **bhr̥tis* 'das Tragen' ~ aind. *bhr̥tíh* ~ ahd. *gi-burt* 'Geburt'; idg. **gʷm̥tis* 'das Gehen', 'Kommen', got. *ga-qumps* 'Zusammenkunft'; idg. **mn̥tis* 'das Denken', got. *ga-munds* 'Andenken'.

5. Aufgrund der Festlegung des Akzents auf die jeweils erste Silbe im Wort wurden die **Endsilben** des Idg. **abgeschwächt** und vereinfacht. Damit hängt die Reduzierung der ursprünglich acht idg. Kasus (im Germ. nur noch vier Fälle) zusammen.

6. Zu den vokalischen (starken) Deklinationen des Idg. bildet das Germ. eine eigene **konsonantische** (schwache) mit einem *n*-Suffix aus.

7. Genauso bildet sich beim Verb ein mit einem *t*-Suffix (schwach) gebildetes Präteritum, was mit dem Verlust einiger Tempora und Modi einhergeht. Der **Ablaut** des Idg. wurde im Germ. als System zur Beugung der starken Verben ausgebaut. Im Idg. schon war es, durch den dynamischen Akzent bewirkt, zu einer bedeutungsdifferenzierenden Änderung in der Länge von Vokalen, z. B. *e – ē* (quantitativer Ablaut, **Abstufung**) gekommen. Der musikalische Akzent veränderte die Vokale in ihrer Qualität *e – o* (qualitativer Ablaut, **Abtönung**). Dadurch kam es im Idg. zu einem Vokalwechsel innerhalb verwandter Wortformen oder auch innerhalb der Flexionsformen eines Wortes (vgl. z. B. dt. binden, gebunden, **Band,** wo sich dieser Ablaut noch zeigt). Im Germ. wurde dieser Vokalwechsel im System der ablautenden (starken) Verben verwendet, die bei der

Bildung ihrer grammatikalischen Formen den Stammvokal mit einer gewissen Regelmäßigkeit (in sechs Ablautreihen) wechseln. Z. B. IV. Ablautreihe: ahd. *ë – a – ā – o, neman* 'nehmen', *nam* 'nahm', *nāmum* 'wir nahmen', *ginoman* 'genommen'.

8. Syntaktisch entwickelt sich das Germanische zu einer VO-Sprache. Das Idg. war eine OV-Sprache (vgl. S. 27).

Alle diese Unterschiede dürfen nicht darüber hinwegtäuschen, daß das Germanische ein sehr konservativer Dialekt des Idg. war, daß es weit weniger Neuerungen zeigt, als z. B. das lange Zeit als konservativ angesehene Altindische.

Frühe Lehnbeziehungen mit Nachbarvölkern

Länger andauernde Beziehungen mit den **Kelten** sind, auch von der politischen Geschichte her, anzunehmen. So geht das dt. Adjektiv *welsch,* ahd. *walhisc,* auf den Namen des kelt. Stammes der *Volcae* (bei Caesar erwähnt) zurück, der als **walhōs* ins Germ. entlehnt worden sein muß. Ursprünglich die kelt. Nachbarn bezeichnend, wurde es nach deren Romanisierung auf die roman. Völker übertragen (nl. *waals* 'wallonisch', ags. *wielisc* 'keltisch', 'normannisch', anord. *valskr* 'romanisch'). Ferner so wichtige Worte wie got. *andbahts* (ahd. *ambaht* 'Diener' < gall. *ambaktos* 'Diener') und nhd. *Reich* (kelt. *rīg-* 'Herrschaft', 'Macht', ahd. *rīhhi* 'Reich', got. *reiks,* ags. *rīca* 'Herrscher') frühe germ. Entlehnungen aus dem Kelt. wie auch die deutschen Wörter *Mähre* 'Pferd', *Lot* (bed. urspr. 'Blei'), *Rune, Geisel, frei, Eid, Erbe.* Daß es sich auch um altererbte Gemeinsamkeiten handeln könnte, wird öfters angenommen, doch ist das beim Alter dieser Ähnlichkeiten (1. Jt. v. Chr.) kaum eindeutig zu klären.

Den umgekehrten Weg von den Germanen zu den Kelten gingen folgende Wörter: germ. **brōkes* 'Hose' kam ins Gallische und gelangte von da aus ins Lat. als *brāces, brāca* (vgl. engl. *breeches,* mhd. *bruoch*), genauso das Germ. **saipōn,* 'flüssige Seife', 'Schminke', das über das Gall.-Kelt. als *sāpo* ins Lat. wanderte.

Auf Beziehungen mit den nördlichen und östlichen Nachbarn deutet ahd. *wal* 'Walfisch' (< germ. **hwala-*) aus finn. *kala* 'Fisch', apreuß. *kalis* 'Wels', oder auf Beziehungen zum Südosten: ahd. *paida* (vgl. bair. *pfaid* 'Hemd') aus griech. *baitē* und thrak. **baitā* 'Leibrock'.

Die germ. Lehnwörter im **Finnischen** haben heute noch einen sehr altertümlichen (teilweise noch gemeingerm.) Lautstand: z. B. finn. *rengas* 'Ring' aus germ. **hrengaz* (got. *hriggs,* nhd. *(h)ring*); finn. *kuningas* 'König' aus germ. **kuningaz* (ahd. *chuning*); finn. *vantus* 'Handschuh' aus germ. **wantuz* (anord. *vǫttr*). Ob die Entlehnung von Wörtern wie finn. *kana* 'Huhn' (got. *hana* 'Huhn'), finn. *kansa* 'Volk' (got. *hansa* 'Schar') u. U. noch vor die 1. LV (ins 1. Jt. v. Chr.) fällt, ist strittig. Wegen der erhaltenen vollen Endsilben ist hier aber mit sehr frühen Entlehnungszeit zu rechnen.

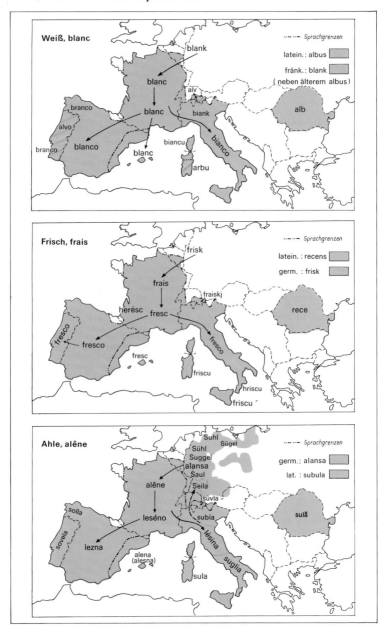

Germanische Wörter in der Romania

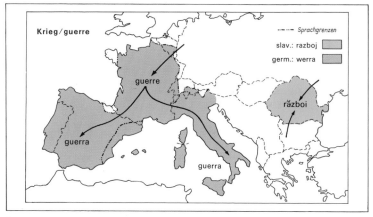

Germanische Wörter in der Romania

Die Pfeile auf den Karten der Seiten 48 und 49 symbolisieren geographische Ausbreitungsvorgänge.

Germanische Wörter im Romanischen

Der großen Menge lat. Wörter im Germanischen steht eine nicht viel geringere Anzahl gegenüber, die die umgekehrte Richtung genommen haben. Meist handelt es sich aber dabei nur um Wörter, die in der niederen Sprachebene der Mundarten der romanischen Sprachen heimisch geworden sind (unberührt blieb meist das abseits liegende Rumänisch), und ihr Weg ist auch ein anderer als ihn die lat. Wörter im Germanischen genommen haben. Denn sie kamen in der Regel nicht durch sprachliche Strahlung der Germania, sondern meist als Superstrat mit den germ. Völkern, die sich im Laufe der Völkerwanderung auf vulgärlateinisch sprechendem Gebiet niederließen.

An der Verbreitung kann man heute oft noch ablesen, welches germ. Volk der Geber war. So heißt in der roman. Westschweiz und in Savoyen das Wort für 'Kleidertasche' *fatta*. Es ist zu einem germ. Stamm *fatt-* zu stellen, der im Deutschen noch im Wort *Fetzen* fortlebt. Das Wort überschreitet nicht die Grenzen des ältesten Burgunderreiches im Jahre 457 und ist deswegen von den Burgundern aus ins Romanische eingegangen.

Zu den Wörtern, die sich über das ganze roman. Gebiet ausgebreitet haben, gehören Ausdrücke aus dem Kriegswesen wie *brand*, 'Schwert' in afrz. *brand*, ital. *brando*; *Helm* in afrz. *heaume*, ital. *elmo*; **werra* 'Krieg' in frz. *guerre*, ital. *guerra*; außerdem ahd. *gundfano* 'Kriegsfahne' in afrz. *gonfalon*, ital. *gonfalone*

'Fahne' und die verschiedenen Bezeichnungen für 'Steigbügel'. Ital. *staffa* ist langobard. Herkunft (vgl. dt. *Stapfe*), frz. *étrier* fränk. Herkunft (man legt ein afränk. **strebu* zugrunde); *Sporn* fränk. *sporo* ergab afrz. *esperon*, ital. *sperone*; span. *espuera* setzt got. *spaura* fort.

Außerdem: *Garten* (frz. *jardin*, ital. *giardino*) und Farbbezeichnungen wie *blank* 'weiß' (ital. *blanco*, frz. *blanc*); *braun* (ital. *bruno*, frz. *brun*); *grau* (ital. *grigio*, frz. *gris*; vgl. nd. *gris*, dt. *Greis*); *blau* (ital. *biavo*, frz. *blou*); *blond* (ital. *biondo*, afrz. *blond*).

Die auffallend vielen entlehnten Farbbezeichnungen sind durch die Eigenheit des Lateinischen bedingt, keine genauen begrifflichen Entsprechungen für 'blau', 'braun' und 'grau' zu haben. Zwar waren Wörter für einzelne Blautöne vorhanden (z. B. *aerius, lividus, caesius* u. a.), die aber nicht mit unserem abstrakten Blaubegriff identisch waren. Das gleiche gilt für 'grau' und 'braun'. Von daher bedeutete die Übernahme der germ. Farbskala in diesem Bereich eine Bereicherung in der Begrifflichkeit der roman. Sprachen.

Bemerkenswert ist der Weg der Bezeichnungen für die Schusterahle. In der Romania altheimisch ist lat. *sūbula*. Das wurde aber bis auf Randgebiete (und Rumänien) verdrängt vom germ. ahd. *āla, alansa;* doch im Westen des Deutschen und in einem Teil des Südens hat sich das lat. *subula* als *Seule, Sühle* durchgesetzt (vgl. S. 48 und S. 218f.).

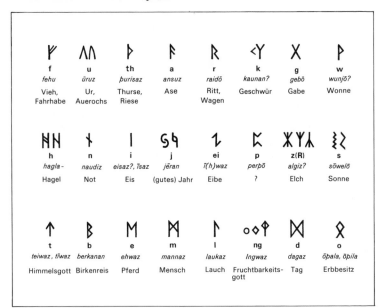

Runennamen und Runenalphabet des älteren Fuþark

Fundorte wichtiger Runendenkmäler in Mitteleuropa

Germanisch und Romanisch

Zahlreich sind die Entlehnungen der mitteleuropäischen germ. Stämme aus dem **Lateinischen**. Für die Datierung wird als Terminus ante bzw. post quem die 2. Lautverschiebung (S. 63) benutzt. Wörter, die sie mitgemacht haben, gelten als vor dem 5. Jh. entlehnt: lat. *palatium* 'vornehmes Gebäude' erscheint vor der 2. LV entlehnt als nhd. *Pfalz* (Kaiserpfalz = Kaiserhof), danach im Mittelalter aus dem Afrz. entlehnt als *Palast*, und im 17. Jh. ein drittes Mal aus dem Französischen übernommen mit charakteristischem frz. Lautstand als *Palais*.

Auch Entwicklungen in den Entlehnungssprachen helfen uns bei der **Datierung**:

– das dt. Wort *Kaiser* (vom Eigennamen *Caesar*) wurde übernommen, als es im Lat. noch mit Diphthong gesprochen wurde, und das war vom 2. Jh. n. Chr. an nicht mehr der Fall.

– *Caesar* ist wie *cāseus* 'Käse' und *pondo* 'Pfund' nicht in die romanischen Sprachen eingegangen, es war also im Vulgärlatein nicht mehr in Gebrauch, so daß die Entlehnung noch zur klass. Zeit erfolgt sein muß.

– Im klassischen Latein wurde *c* vor *i, e, ae* als *k* ausgesprochen, erst im 6./7. Jh. wurde es zu *ts*. Es heißt aber dt. *Kiste* (aus *cista*) und nicht **Ziste*, dafür *Kreuz* (aus *cruc-em*) und nicht **Kreuk*. Also ist *Kiste* vor dem obengenannten Zeitpunkt entlehnt, *Kreuz* nach ihm.

Aus der Menge der Wörter (über 500), die als älteste Schicht vor der zweiten Lautverschiebung entlehnt wurden, eine Auswahl:

aus dem Bereich von **Landwirtschaft, Obst- und Weinbau:** *Sichel* (lat. *secula*), *Flegel* (lat. *flagellum*), *Kirsche* (vulgärlat. *ceresia*), *pflanzen* (lat. *plantāre*), *Wein* (lat. *vīnum*), *Trichter* (lat. *tractārius*, vgl. ahd. *trahtāri*), *Kelter* (lat. *calcatōrium*), *pflücken* (vgl. ital. *piluccāre*), *Rettich* (lat. *rādix, -icis*), *Kürbis* (lat. *cucurbita*), *Senf* (lat. *sinapis*), *Korb* (lat. *corbis*).

Aus **Militär** und **Verwaltung:** *Pfeil* (lat. *pīlum*), *Kampf* (lat. *campus* 'Schlachtfeld'), *Wall* (lat. *vallum*), *Pfahl* (lat. *pālus*), *Meile* (lat. *milia passuum* = tausend Doppelschritte), *Zoll* (lat. *tolōneum*), *Kerker* (vulgärlat. *carcar*).

Aus **Haushaltung** und **Handel:** *Karren* (gallorom. *carrus*), *Kessel* (lat. *catīnus*), *Schüssel* (lat. *scutella*), *Kerze* (lat. *charta*), *kochen* (lat. *coquere*), *Küche* (lat. *coquīna*), *Essig* (lat. **atēcum* aus *acetum*), *Pfeffer* (lat. *piper*).

Aus dem **Bauwesen:** *Mauer* (lat. *mūrus*), *Keller* (lat. *cellārium*), *Kammer* (lat. *camera*), *Fenster* (lat. *fenestra*), *Kamin* (lat. *camīnus*), *Kalk* (lat. *calx, calcem*), *Ziegel* (lat. *tēgula*), *Küche* (lat. *coquīna*), *Pforte* (lat. *porta*), *Sims* (lat. *sīmātus* 'plattgedrückt'), *Pfeiler* (lat. *pīlārium*).

Zu den ebenfalls entlehnten Wochentagsnamen vgl. S. 187. Auffallend ist, daß sich in dieser frühen Schicht nur wenig Wörter aus der antiken Wissenschafts- und Geisteskultur finden.

Nicht nur Wörter, sondern auch ein Wortbildungselement wurde übernommen, nämlich das Suffix-*ārius*, (lat. *molinārius* 'Müller' zu *molīna* 'Mühle'), das schon im Got. mit einheimischen Wortstämmen produktiv war. Es dient zur Berufs- und Täterbezeichnung: got. *mōtareis* 'Zöllner' zu *mōta* 'Zoll' (vgl. bair. *Maut*), oder ahd. *fiscāri* 'Fischer' zu *fisc* 'Fisch'.

In der Regel handelte es sich bei den Übernahmen um Wort und Sache, oft aber drang nur das lat. Wort als Modeerscheinung gegen das Germ. vor. Manchmal war die Sache schon bekannt, aber die techn. Verbesserungen waren den Römern zu verdanken: z. B. beim Wort *Käse* (aus lat. *caseus*) der mit Lab gewonnene Hartkäse; die Germanen kannten nur den quarkartigen Sauerkäse.

Zu den Einwanderungswegen der lat. Lehnwörter vgl. S. 70 f.

Runen

sind Schriftzeichen, die von den germ. Stämmen vor und später neben der lat. Schrift gebraucht wurden.

Es sind ca. 5000 (meist nur sehr kurze) Runeninschriften bekannt, davon 3000 allein in Schweden, in Deutschland wurden bis jetzt nur ca. 30 gefunden. Ihr Fundgebiet reicht von Grönland bis zum Dnjepr, von Nordskandinavien bis zum Balkan. Die frühesten sind noch ins 2. Jh. n. Chr. zu datieren, und bis ins 19. Jh. waren sie (allerdings stark mit lat. Zeichen vermischt) in der schwed. Landschaft Dalarna beim Volk in Gebrauch.

Eine genuine Entstehung bei den Germanen ist wegen der großen Ähnlichkeit mit griech. und italischen Alphabeten nicht möglich, vielmehr nimmt man heute allgemein eine Entlehnung aus einem norditalisch-etrusk. Alphabet an. Als Entstehungszeit sind die Jahrhunderte um Christi Geburt anzunehmen; das Markomannenreich des Marbod (1. Jh. n. Chr.) mit seinen Südkontakten scheint wahrscheinlicher als Übermittler als die bei Vercellae (101 v. Chr.) geschlagenen Kimbern. Die Runen dienten vor allem kult. Zwecken; ahd. got. *rūna* bedeutet 'Geheimnis' genauso wie das verwandte ags., anord. *rūn* (vgl. auch nhd. *raunen*).

Oft ist in den Runeninschriften nur das Alphabet, das **Fuþark** (so genannt nach seinen ersten Buchstaben), vorhanden. Jede Rune hat einen eigenen Namen, der etwas von der magischen Bedeutung des Zeichens verrät. Die Runen wurden in der Frühzeit von eingeweihten Runenmeistern verwendet, die in ihren Inschriften noch lange Zeit an einer altertümlichen, dem Gemeingerm. nahen Sprache festhielten. Das zeigen uns die bis ins 8. Jh. benutzte Runenalphabet, dem **Älteren Fuþark** (mit 24 Zeichen, ca. 220 kurze Inschriften, meist zu kultischen Zwecken), aufgezeichnete nordische Runeninschriften (sog. Urnordisch).

Die Richtung der Runenschrift war ursprünglich nicht festgelegt, sie konnte von links nach rechts und umgekehrt oder von oben nach unten und umgekehrt geschrieben werden (S. 31). Bei den deutschen Stämmen scheint nach 700 die Kenntnis der Runen verlorengegangen zu sein.

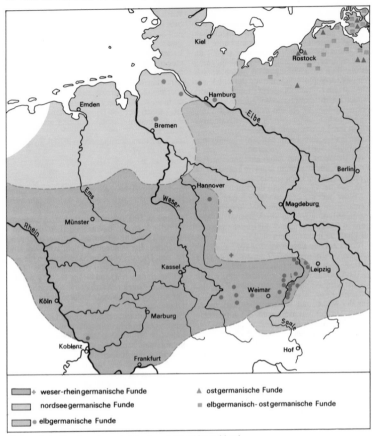

	weser-rheingermanische Funde		ostgermanische Funde
	nordseegermanische Funde		elbgermanisch- ostgermanische Funde
	elbgermanische Funde		

Germanische Fundprovinzen in Nord- und Mitteldeutschland

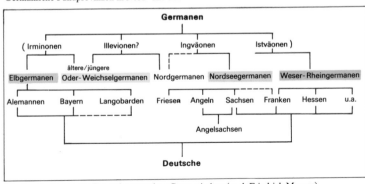

Die Ausgliederung des Deutschen aus dem Germanischen (nach Friedrich Maurer)

Zur **Gliederung der germ.** Dialekte sind die gleichen methodischen Einschränkungen zu machen wie bei der Gliederung der idg. Sprachfamilie (S. 41).

Zwar treten die Germanen durch Berichte griech. und röm. Schriftsteller mit einer Vielfalt der Namen schon früh ins Licht (S. 46); auch sind einzelne germ. Wörter überliefert oder in Inschriften oder Entlehnungen faßbar (S. 43). Umfangreichere sprachliche Zeugnisse jedoch erscheinen erst sehr viel später, und dann schon in ausgeprägten Dialekten zu sehr unterschiedlichen Zeitpunkten, so daß es oft schwierig ist, dieses Material zu deuten. Die Germanen haben sich im Vergleich z.B. zum Italischen und Griechischen erst recht spät sprachlich auseinanderentwickelt. Die verschiedenen im folgenden aufgeführten Gliederungsvorschläge (2-er, 3-er und 5-er Gliederung) haben ihre Ursache wohl auch darin, daß zu verschiedenen Zeitpunkten – es wird hier immerhin ein Zeitraum von ca. 500 v. Chr. bis ca. 300 n. Chr. beschrieben – veränderte Gruppierungen vorgelegen haben dürften. Im übrigen sind alle diese Vorschläge sehr problematisch, da die methodischen Schwierigkeiten sehr groß sind: Teilweise wird dabei sogar von heutigen sprachgeographischen Zuständen auf die Verhältnisse in germ. Zeit zurückgeschlossen.

In der älteren Forschung war für den Stammbaum eine Dreiteilung in **Nordgermanisch** (anord.), **Ostgermanisch** (got.) und **Westgermanisch** (ahd., asächs., aengl., afries.) üblich, wobei man vielfach die beiden ersten als **Gotonordisch** zusammenfaßte und von da aus zu einer generellen Zweiteilung in **Nordgerm.** und **Südgerm.** (= Westgerm.) kam.

THEODOR FRINGS (1949) betont vor allem die **gotischelbgerm.** (= hochdeutschen) und die **nordseegerm.-weser-rheingerm. Beziehungen.** Er bringt die Dreiteilung des TACITUS in der 'Germania') in die Kultbünde der **Ingväonen,** **Istväonen** und **Irminonen** mit der sprachlichen Dreiteilung des Westgerm. zusammen (Nordsee-, Weser-Rhein-, Elbgermanen) und sieht diese auch in der heutigen Mundartgliederung im **Küstendeutsch** (Niederländisch), **Binnendeutsch** (Niederdt.) und **Alpendeutsch, Süddeutsch** (Hochdt.) wieder. Die Entstehung der gotisch-hochdt. Gemeinsamkeiten verlegt er in eine Zeit früher Nachbarschaft im Ostseeraum, in die Mitte des 1. Jahrtausends.

FRIEDR. MAURER (1942) postuliert eine Fünfteilung für die ersten Jahrhunderte n. Chr. Diese Einteilung spiegelt sich auch in archäolog. Befund, der diese Gruppen für das 1. bis 3. Jh. n. Chr. in verschiedenen Fund(= Kultur-)provinzen nachweisen konnte (zur Problematik Kultureinheit, Spracheinheit S. 43):
– die von der Völkerwanderung nicht erfaßten **Nordgermanen** in Skandinavien und (vom Mittelalter an) in Island mit dem **Altnordischen** (seit dem 5. Jh. in Runeninschriften);
– die **Ostgermanen** (Oder-Weichselgermanen). Goten, Vandalen und Burgunder bildeten in

der Völkerwanderung Reiche im ganzen Mittelmeerraum. In größeren Textmengen überliefert ist einzig das **Gotische** im 4. Jh. (S. 55);
– die **Elbgermanen** an der mittleren Elbe mit den später auftretenden Stämmen der Semnonen, Hermunduren (den späteren Thüringern), Langobarden, Markomannen und Quaden, Baiern und Alemannen. Die Sprache der beiden letzteren ist seit dem 8. Jh. überliefert;
– die **Weser-Rheingermanen,** die späteren Franken und Hessen (Ahd. seit dem 8. Jh.);
– die **Nordseegermanen** mit den Friesen, Angeln und Sachsen, mit dem Altfriesischen (seit 13. Jh.), Altenglischen (= Angelsächsischen seit dem 8. Jh.) und Altsächsischen (8. Jh.).
In dieser Gruppierung ist eine frühe westgerm. Einheit nicht gegeben. Die vorhandenen sprachlichen Übereinstimmungen in den letzten drei Gruppen der MAURERSCHEN Einteilung (die dem früheren »Westgermanisch« entsprechen) werden als sekundäre Ausgleichsentwicklungen zwischen diesen drei später Dialekten v. a. als Folge der polit.-kulturellen Einheit des Merowingerreiches angesehen.

Von diesen **westgerm. Gemeinsamkeiten** sind die wichtigsten
– die westgerm. Konsonantendehnung (Konsonantendoppelung), nach der ein folgendes *j* (auch *w, r, l*) den vorhergehenden Konsonanten geminiert: germ. **ligjan* ~ asächs. *liggian,* ahd. *licken* 'liegen'; got. (= ostgerm.) *sibja* ~ asächs. *sibbia,* ahd. *sippe;*
– der Verlust von auslautend germ. *-s,* das im Nord. als *-r* auftritt: got. *gasts,* ahd. *gast,* anord. *gestr;*
– die 2. Pers. Sg. Prät. zeigt im Westgerm. die Ablautstufe des Plurals, got. *gaft,* ahd. *gābi* 'du gabst';
– germ. *i* und *u* sind in unbetonter Stellung nach langer Silbe ausgefallen, nach kurzer Silbe aber erhalten, got. *sunus* 'Sohn', got. *hanps* 'Hand', gegen ahd. *sunu* aber *hant; nerita* 'rettete', aber *branta* 'er brannte', wobei aber
a) die Konsonantendoppelung in Einzelfällen auch im Got. und Nord. erscheint;
b) der Verlust von auslautend *-s* in späteren Got. auch begegnet und im übrigen auch mit der Überlieferungsdistanz erklärt werden kann.

Westgerm. Gemeinsamkeiten sind gleichzeitig Argumente für einen **gotisch-skandinav. Zusammenhang.** Es kommt noch dazu die Entwicklung von urgerm. *-ii̯-*, das anord. als *-ggj-* (*tveggja* 'zweier'), got. als *-ddj-* (*twaddjē*) aber ahd. als *-ii-* (*zweiio*) erscheint, außerdem die Ausbildung einer 4. Klasse schwacher Verben auf *-nan* (got. *fullnan* 'füllen'), die aber im Westgerm. schon vor ihrer Aufzeichnung verlorengegangen sein können.

In dieser Weise lassen sich auch **westgerm.-nordische Übereinstimmungen** aufzählen (*i*-Umlaut, germ. *ē > ā*), ferner **got.-hochdeutsche:** Erhaltung des Nasals vor stl. Reibelaut: got. ahd. *fimf,* ags. asächs. *fīf* 'fünf'; got. *is,* ahd. *ēr,* ags. asächs. *hē* (für Pers. Pron. 'er') u. a. m.

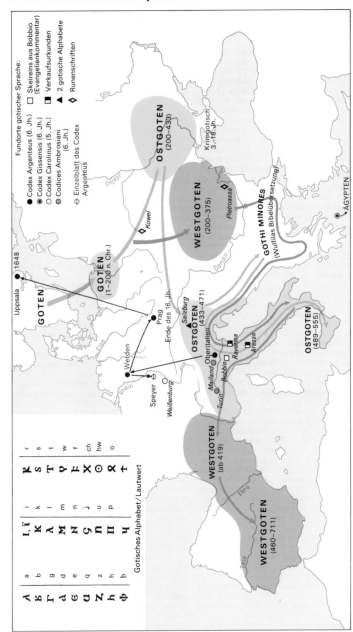

Die Goten und ihre Sprache

Gotisch

ist die Sprache des germ. Stammes der Goten, der seit Christi Geburt in den Quellen auftaucht. Seit 200 gründen die Goten Reiche auf dem Balkan, in Italien und Spanien.
Was wir an got. Sprachdenkmälern besitzen, stammt fast alles aus Italien, wo die Ostgoten unter THEODERICH († 526) um und nach 500 ein mächtiges Reich errichteten. Wichtigste Quelle ist der *Codex Argenteus*, eine Prachthandschrift auf purpurgefärbtem Pergament mit silbernen bzw. goldenen Buchstaben. Er enthält die vier Evangelien. Gotische Sprachreste sind auch erhalten in vielen Eigennamen, z. B. in der Zeugenreihe von zwei lat. Verkaufsurkunden aus Ravenna, einem Bruchstück eines gotischen Kalenders, Erläuterungen zum Johannesevangelium *(Skeireins),* Randbemerkungen zu einem lat. Text in Verona sowie in wenigen Runeninschriften in Osteuropa.
Krimgotisch: Schon im Jahr 258 waren die ersten Goten auf die Halbinsel Krim im Schwarzen Meer gekommen, und im Mittelalter werden »Gothi« auf der Krim erwähnt. Im 16. Jh. wird berichtet, daß Nürnberger Kaufleute, im Sturm an die Küste der Krim verschlagen, einen jungen Mann getroffen hätten, der auf die deutsche Sprache geantwortet habe. Vom Jahr 1562 ist uns ein Bericht des kaiserlichen Gesandten am Hof von Konstantinopel, GHISLAIN DE BUSBECQ, überliefert, in dem eine Anzahl von Wörtern und Wendungen dieser Krimgoten aufgezeichnet ist. Es starb im 18. Jh. aus.
Bischof **Wulfila** (um 311–383, oft auch ULFILA oder ULFILAS) übersetzte, wie wir von byzant. Kirchenhistorikern wissen, die Bibel ins Gotische. Er wurde 341 in Antiochia zum Missionsbischof für die Westgoten, die damals zwischen Donau und Dnjestr siedelten, geweiht. WULFILA (Diminutiv von got. *wulfs,* Wolf) gehörte einem gemäßigten Zweig der Arianer an. Er war aber schon nach siebenjährigem Wirken auf Grund von Christenverfolgungen gezwungen, mit seinen Gläubigen im oström. Reich um Aufnahme zu bitten. Sie wurde ihm und seinen Gothi minores gewährt.
Gotische Schrift: Alle got. Sprachdenkmäler (mit Ausnahme der in Runen aufgezeichneten) sind in einer eigenen got. Schrift überliefert, die WULFILA selbst entworfen haben soll. Ihm diente dabei eine griech. Unziale (vgl. S. 33) als Grundlage. Für got. Laute, die im Griech. nicht vorhanden waren, zog er Zeichen aus dem Lat. oder dem Runenalphabet heran. Die Reihenfolge entspricht genauso wie die Zahlenwerte dem griech. Alphabet.
Gotische Sprache: Das Gotische (genauer: das Wulfilanische Gotisch) ist der älteste überlieferte germ. Dialekt überhaupt. Im Got. haben u. a. folgende grammatische Kategorien in der Morphologie ihren formalen Ausdruck: das Nomen besitzt fünf Kasus (Nom., Gen., Dat., Akk., Vok.), das Verb zwei Tempora (Vergangenheit und Nicht-Vergangenheit), drei Numeri (Sg., Pl., Dual zum Ausdruck der Paarigkeit

des Subjekts). Das Gotische ist eine wesentliche Stütze bei der Rekonstruktion früher Stufen des Germanischen, bei der etymolog. Erforschung des Deutschen, des Englischen und der anderen germanischen Sprachen.

Altenglisch

Nach der Besetzung der Insel durch die Römer (bis ca. 400) kamen (um 450) germ. Eroberer ins Land und zwar Stammesgruppen der Angeln, Sachsen und Jüten. Deren Sprache, vom 7. bis 11. Jh. überliefert, nennt man **Angelsächsisch** oder **Altenglisch.** Die Jüten besiedelten vor allem das heutige Kent, die Sachsen Essex, Sussex und Wessex (< East-(= Ost), Sub- (= Süd) und West-'Sachsen'), die Angeln den Norden bis ins heutige Schottland hinein. Die keltischen Vorbewohner konnten sich nur in Randgebieten der Insel halten (Cornwall, Wales, Schottland).
Von diesen Gegebenheiten her lassen sich im Aengl. drei **Hauptdialekte** feststellen:
– Kentisch;
– Sächsisch in Wessex, Sussex und Essex;
– Anglisch mit Mercisch (einschl. Ostanglisch) und Northumbrisch (vgl. S. 56).
Die Angeln bildeten auf der Insel das dominierende Element, deswegen setzte sich auch ihr Name bei der Benennung der Gesamtinsel durch (10. Jh.:Englaland, lat. Anglia).
Wir besitzen vom Altenglischen eine umfangreiche Überlieferung. Poetische Texte sind im wesentlichen in **Sammelhandschriften** aus verhältnismäßig später Zeit (2. Hälfte 10. Jh.) überliefert:
– Die *Beowulf-Handschrift* (Britisches Museum, London) wurde um 1000 aufgezeichnet. Der ›Beowulf‹ ist das bedeutendste Werk der aengl. Literatur, ein germ. Heldenepos, in stabreimenden Langzeilen abgefaßt.
– die *Caedmon-Handschrift* (Oxford) mit religiösen Dichtungen zu alttestamentlichen Themen;
– das *Exeter-Buch* (heute in der Kathedrale zu Exeter). Es enthält eine größere Anzahl von Dichtungen zu christl. und weltl. Themen;
– der *Codex Vercellensis* (heute: Dombibliothek Vercelli, Italien). Der Weg dieses Buches nach Italien ist unbekannt. Es enthält Predigten und kleinere Dichtungen.
Ferner besitzen wir viele aengl. Rechtstexte und Glossen: Schon im 7. Jh. erscheinen die ersten Gesetzestexte in aengl. Sprache, ebenso Urkunden, die von der Mitte des 8. Jhs. an in der Volkssprache verfaßt sind.
Die Übersetzung religiöser Literatur blühte besonders unter ALFRED D. GR. (871–899), genauso wie die übrige Dichtung. Mit der Wirkung Alfreds und seines Umkreises wird der westsächsische Dialekt zur Literatursprache erhoben und sogar ältere Werke in ihn umgeschrieben. Daher repräsentieren die meisten uns überlieferten Texte den Lautstand des Westsächsischen.

Die historische Verbreitung des Friesischen und des Altsächsischen

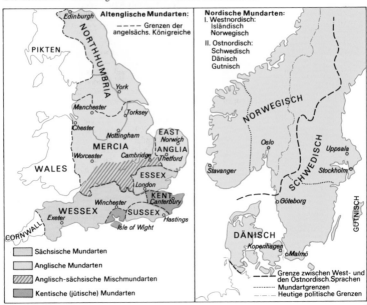

Übersicht der angelsächsischen und skandinavischen Mundarten

Das **Altsächsische** gehört nach der Einteilung F. MAURERS mit dem Friesischen und Altenglischen zum Nordseegermanischen. Es ist die Sprache des Stammes der Sachsen, der sich lange den Eingliederungsversuchen ins fränkische Reich widersetzte. Erst KARL D. GR. gelingt in seinen langen, blutigen Sachsenkriegen ihre Unterwerfung.

Die nicht durchgeführte 2. Lautverschiebung (S. 63) ist das Hauptkennzeichen, das das Altsächsische vom Althochdeutschen unterscheidet. Aber auch im Vokalismus bestehen deutliche Unterschiede: So z. B. bewahrt als. das germ. *ō* (ahd. *uo*), es monophthongiert germ. *ai* und *au* generell zu *ē* und *ō,* was im Ahd. nur unter bestimmten Bedingungen (vgl. S. 63) geschieht; as. *blōmo* ~ ahd. *bluomo, bluoma* (Blume); as. *gēt* ~ ahd. *geiz* (Geiß, Ziege); as. *ōkian* ~ ahd. *ouhhōn* (vermehren).

Die Überlieferungsmenge ist im Vergleich zum Althochdeutschen wesentlich geringer. Herausragend ist der **Heliand.** Dies ist eine um 840 wahrscheinlich im Kloster Fulda entstandene Dichtung vom Leben Jesu. Der ›Heliand‹ ist von hohem künstl. Rang, kunstvollem tektonischen Bau und steht als volkssprachliche Dichtung mit der altgerm. Langzeile und dem Stabreim in Überlieferung aus dieser Zeit fast einzig da. Er ist in einem Schreib/Lautstand abgefaßt, der mit den übrigen asächs. Denkmälern nicht übereinstimmt, sondern manche Eigenheiten zeigt, die mit dem Ahd. konform gehen. Eine geographische Lokalisierung seiner Sprache oder eine soziolog. Einordnung (überregionale Ausgleichssprache?) ist bis heute noch nicht überzeugend gelungen.

Große mundartliche Unterschiede innerhalb des Altsächsischen lassen sich kaum herausarbeiten, da es an Quellen fehlt. Man rechnet die asächs. Zeit von ungefähr 800 (Einsetzen der ersten Überlieferung) bis zum Jahr 1150. Im 12. Jh. verschwindet Altsächsisch als Schreibsprache, Nachfolger ist Mittelniederdeutsch (vgl. S. 77).

Der Terminus Niederdeutsch ist eine Schöpfung der frühen Neuzeit, das Mittelalter nennt die nd. Sprache immer nur sächsisch.

Altfriesisch: Der Stamm der Friesen wird schon von antiken Schriftstellern als an der Nordseeküste sitzend erwähnt. Zeugnisse ihrer Sprache besitzen wir jedoch erst aus viel späterer Zeit. Sie setzen erst im 13. Jh. ein. Abweichend von der sonstigen Periodisierung nennt man die fries. Denkmäler bis 1500 **altfriesisch,** obwohl sie zeitlich dem Mhd. und Mnd. entsprächen.

Die altfriesischen Quellen sind vor allem Rechtsdenkmäler.

Vom **Altniederfränkischen** (Altniederländischen) gibt es vom 9.–12. Jh. nur eine sehr spärliche Überlieferung. Genauso ist es mit dem **Langobardischen** und den Sprachen der übrigen germ. Stämme, von denen meist nur eine Reihe von Einzelwörtern überliefert ist.

Altnordisch

heißen die skandinav. Sprachen des Mittelalters. Man unterscheidet Westnordisch mit Isländisch und Norwegisch und Ostnordisch mit Schwedisch und Dänisch.

Urnordisch nennt man die sprachlichen Zeugnisse, die uns meist in Runenschrift vom 3. bis zum 8. Jh. überliefert sind. Dieses Urnordische steht dem Gemeingermanischen noch ziemlich nahe (vgl. S. 43).

Mit dem Übergang zum Altnordischen ist auch ein Wechsel der Schrift verbunden: die anord. Denkmäler sind uns vor allem in lat. Buchstaben oder auch in der 16-zeichigen jüngeren Runenreihe überliefert, im Gegensatz zum Urnordischen, das in einem Alphabet mit 24 Zeichen auf uns gekommen ist.

Der Hauptteil der anord. Überlieferung stammt aus Island; der Anteil des Ostnord. ist relativ gering. In Island setzen die ersten erhaltenen Handschriften mit vorwiegend religiösem Inhalt in der zweiten Hälfte des 12. Jhs. ein. Die älteste Schicht geht bis ungefähr 1250, dann findet ein allmählicher Übergang zum Neuisländ. statt, der um 1500 abgeschlossen ist.

Die literarisch bedeutsamen Werke der ›Edda‹, der Sagas und der Skaldendichtung sind uns vor allem in Hss. des 14. und 15. Jhs. erhalten. Ihre Entstehungszeit reicht aber bis ins 8. und 9. Jh. zurück; die Texte wurden bis zu ihrer Aufzeichnung mündlich tradiert.

– Die **Edda:** balladenhafte Götter- und Heldenlieder hoher Formkultur; Spruchdichtung.

– **Skaldendichtung:** Skalden waren am norweg. Königshof oder anderen skandinavischen Hofhaltungen angesiedelte Dichter, die in Preisliedern oder Einzelstrophen die Taten ihres Herrn und die Ereignisse der Zeit besangen. Ihre Dichtungen sind geprägt von einer extremen formalen Kunst (z. B. in Strophenform und Metaphorik). Eine sehr freie Wortstellung und die »Kenning« machen ihre Lyrik schwer verständlich. Die Kenning ist eine meist mehrgliedrige Umschreibung meist alltäglicher Begriffe durch bildhafte Ausdrücke: z. B. Gold = Lindwurmlager, Dichtkunst = Trank Odins; nhd. Friedensfürst für Christus oder auch Rebensaft für Wein sind mit der altnordischen Kenning vergleichbare Bildungen.

– Die **Sagas** entstanden auf dem Boden der Großbauernkultur Islands. Sie erzählen in knapper, sachlicher Prosa vom kriegerisch-heldischen Bauernleben vor allem der Zeit von ca. 900–1050 (»Sagazeit«). Ursprünglich nur mündlich nicht allzuweit zurückliegende »Geschichte« tradierend, wurden sie vom Ende des 12. Jahrhunderts an aufgezeichnet. Es sind über 30 Sagas erhalten; ihr Umfang kann Romangröße erreichen. Der bedeutendste anord. Schriftsteller ist SNORRI STURLUSON, der uns eine Poetik (ein Skaldenlehrbuch) und eine Geschichte der norweg. Könige hinterlassen hat.

– Außerdem besitzen wir anord. Prosa aus den verschiedensten Lebensbereichen.

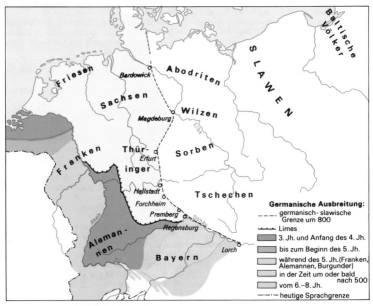

Der geschlossene germanische Sprachraum in Mitteleuropa vom 3. bis 8. Jh. n. Chr.

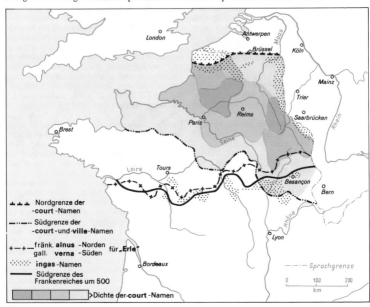

Zeugen germanisch-fränkischer Sprache und Besiedlung in Frankreich

Im heutigen **deutschen Sprachraum** gab es im frühen Mittelalter nur die Sprachen der einzelnen Stammesverbände. Außerdem war das damalige Verbreitungsgebiet nachmals »deutsch« zu nennender Sprachen vom heutigen sehr verschieden.

Damals wie heute verstand der friesische Fischer ebensowenig die Sprache des bairischen Bergbauern wie umgekehrt. Doch heute steht im Gegensatz zu damals beiden die Hochsprache als gemeinsames Verständigungsmittel zur Verfügung; das hatten damals nur Kirche und Wissenschaft im Latein. Die Bezeichnung »Althochdeutsch« für die Sprache vom 8. bis zum 11. Jh. vermittelt ein falsches Bild, weil es sich dabei um keine Einheitssprache handelt.

Im Süden waren die (elbgerm.) Großstämme der **Alemannen** (3. bis 5. Jh.) und **Baiern** (um 500) ansässig geworden, die **Franken** (als Weser-Rhein-Germanen) expandierten vom Niederrhein aus nach Süden und Westen und erreichten noch vor 500 die Loire, die (nordseegerm.) **Sachsen** lebten im norddt. Raum westl. der Elbe und die **Friesen** an der Meeresküste. **Hessen** und **Thüringer** waren im mitteldt. Raum geblieben. Erst die **Franken**, von über 500 an die germ. Stämme Mitteleuropas zu unterwerfen und ein Reich zu bilden versuchten, schufen die Voraussetzungen dafür, daß sich allmählich so etwas wie ein polit. und im Gefolge davon auch ein sprachl. Einheitsbewußtsein ausbildete.

In **Gallien** reichte das germ.-fränk. Siedlungsgebiet in der Dichte abnehmend über die Loire hinaus nach Süden. Das bezeugen vor allem die Ortsnamen mit der Bildungssilbe germ. **ing-*, oder die auf roman. *-court* oder *-ville*, die oft mit einem vorangestellten germ. Eigennamen gebildet sind, dt. *Folkingen* ~ frz. *Fouchanges*, frz. *Avricourt* ~ *Eberhardi curtis*, frz. *Thionville* ~ *Theodonis villa*.

Die Romanen gewannen durch ihre überlegene Kultur, durch die lat. Amtssprache des Merowingerreiches und ihre zahlenmäßige Übermacht sprachlich die Oberhand und romanisierten langsam die Franken. Schon um 842 verstand der westfränk. Heerbann die germ. Sprache nicht mehr. Aber noch 50 Jahre später wurde es als wertvoll angesehen, wenn die Söhne von vornehmen Franken des Westreiches Fränkisch beherrschten, das sie in ihrer Heimat nicht mehr ohne weiteres erlernen konnten.

Im Norden des Westfrankenreiches bildete sich durch sprachl. Ausgleich dann langsam eine Sprachgrenze zwischen dem Germanischen und Romanischen, die erst um 1000 als fest anzusehen ist. Es ist die Rückzugslinie des Germanischen gegenüber dem Romanischen.

Gleichzeitig gibt es auch einen Rückzug des Romanischen gegenüber dem Germanischen: die auf dem linken Rheinufer (im Moselgebiet bis ins 10. Jh.) zurückgebliebenen romanisch sprechenden Bevölkerungsreste nehmen die germ. Sprache an.

Während sich im Westen das germ. Sprachgebiet verkleinerte, breitete es sich mit der Expansion der Alemannen nach Süden bis ins Wallis aus (9. Jh.) und durch die Ostkolonisation vom 9. Jh. an ins heutige Österreich und über die Elbe/Saale-Linie nach Osten in slawisches Gebiet (S. 74).

Das Wort **deutsch**

begegnet uns – in lat. Gewand – zuerst im Jahre 786, als der päpstliche Nuntius Georg von Ostia dem Papst Hadrian I. über zwei Synoden, die in England stattfanden, berichtet. Dabei wurden die Beschlüsse sowohl lat. als auch in der Volkssprache (*latine* und *theodisce*) verlesen, damit alle sie verstehen konnten. Zwei Jahre später wird der Bayernherzog Tassilo auf dem Reichstag zu Ingelheim der Fahnenflucht angeklagt (... *quod theodisca lingua harisliz dicitur*). Weitere Belege sind im Mittellateinischen des 9. Jh. nicht selten.

Dieses lat. *theodiscus* ist ein Wort der Gelehrtensprache: es ersetzt das Wort *gentilis*, das im 8. Jh. auch noch 'heidnisch' bedeutete, in Kontexten, wo diese Bedeutung störte. Es beruht auf dem germanischen Wort **þeudō* 'Volk' und dem Adjektivsuffix *-iska-* (nhd. *-isch*). Es wird zunächst nur auf die Sprache angewandt und zwar nur in rechtssprachlichen Zusammenhängen. Es bezeichnet das Volkssprachlich-Germanische im Gegensatz zum Latein. Das ahd. Normalwort zur Bezeichnung der Volkssprache Mitteleuropas ist *frencisg* wie z.B. in Otfrids ahd. Evangeliendichtung um 865. Im lat. Begleitschreiben dazu heißt es aber *theodiscus*. Das ahd. *diutisk* bleibt in ahd. Zeit ein sehr seltenes Wort, das in engem Zusammenhang mit dem lat. *theodiscus* steht. Es setzt sich nur sehr zögernd durch und wird lange nur in gelehrtem Gebrauch im Zusammenhang mit Sprache verwendet (so um 1000 bei Notker von St. Gallen erstmals mit mehreren Belegen).

Erst um 1090 (im Annolied) wird *diutisc* auf Sprache, Volk *und* Land angewendet: *Diutischin sprechin, Diutischin liute, in Diutischemi lande*). Gefördert mag die Entwicklung dadurch geworden sein, daß die romanisch sprechenden Franken des Westreiches das Wort *fränkisch* für sich in Beschlag (vgl. *Frankreich, France*) nahmen, und damit das Wort *frencisg* nicht mehr eindeutig war.

Positiv besetzt wird *deutsch* erst um 1500 im Kreise Kaiser Maximilians und bei den elsässischen Humanisten, mit extremen Formen und teilweiser Ausweitung der Bedeutung auch auf die nordischen Völker im 19. und 20. Jh. Die Ereignisse des Zweiten Weltkrieges hatten eine starke Bedeutungsverengung dieses Begriffes zur Folge.

Am Ende des 9. Jh. erscheint im Lat. ein Konkurrent für *theodiscus*, nämlich *teutonicus* und *Teutoni*, das die Bildung *theodiscus* allmählich verdrängt. Es ist um 1050 das letzte Mal belegt.

Im Französischen setzt sich das im Süden gebrauchte Subst. *alemant* zur Bezeichnung der Deutschen durch.

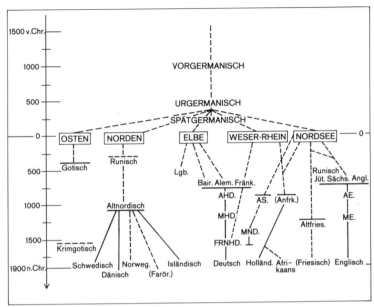

Überlieferungszeiten der germanischen Sprachen

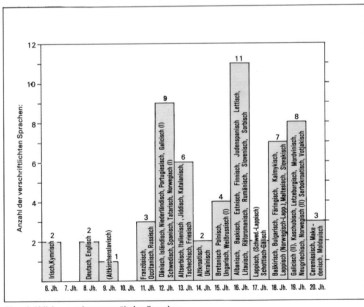

Verschriftlichungszeiten europäischer Sprachen

Das **Althochdeutsche** ist die älteste schriftlich überlieferte Vorform der Sprache, die man als »deutsch« bezeichnet. Althochdeutsch: *Alt-* im Gegensatz zu Mittel- und Neuhochdeutsch, *hoch-* als geograph. Terminus im Gegensatz zu Niederdeutsch heute, bzw. Altsächsisch und Altniederfränkisch im frühen Mittelalter. Alle damaligen Stammesdialekte und heutigen Mundarten, die Anteil haben an der zweiten oder alt**hoch**deutschen Lautverschiebung, nennt man **hochdeutsch** (alem., bair., ostfränk., rheinfränk., mittelfränk.). Es sind besonders folgende Erscheinungen, die das Ahd. vom vorahd. Zustand abheben:
– die zweite Lautverschiebung und andere Lauterscheinungen (S. 63 u. S. 65),
– die Entwicklung des Artikels aus dem alten Demonstrativpronomen, parallel mit dem Afrz. (Ursache: Endungsschwund, S. 45),
– die allmähliche Herausbildung eines umschriebenen Perfekts, Passivs und Futurs – Übergang vom synthet. zum mehr analyt. Sprachbau, vgl. spätlat. *ego sum venutus*, frz. *je suis venu* 'ich bin gekommen'.
– der Übergang zur Schriftlichkeit,
– die Ablösung des Stabreims durch den Endreim (aus der lat. Dichtung).

Geschriebenes und gesprochenes Althochdeutsch
In ahd. Zeit war die Kirche die Trägerin der Schriftkultur, v. a. in den Domschulen und den Klöstern. Einzige geschriebene Sprache war bis ins 8. Jh. hinein das Latein. Und das lat. Alphabet, das zur Verfügung stand, war nur beschränkt geeignet, die fremden germ. Lautungen wiederzugeben. So ist uns vom fränk. Merowingerkönig CHILPERICH I. († 584) überliefert, daß er das Alphabet um vier Zeichen (für *ē*, *ō*, *w*, *th*) erweitert habe, um es zur Aufzeichnung fränk. Wörter geeigneter zu machen. Und OTFRID kritisiert um 865 die fränk. Sprache im Vergleich zum Latein als »inculta« und »indisciplinabilis«. Sie bietet orthograph. Schwierigkeiten, die nur durch Zeichen, die das Latein nicht habe (damit meint er *k*, *z* und Nebensilbenvokal *y*), behoben werden könnten.
Wir sehen daraus die grundsätzlichen Schwierigkeiten, die sich den ahd. Gelehrten für das »bis dahin nahezu unerhörte« Unternehmen (so NOTKER LABEO von St. Gallen noch um 1000), deutsch zu schreiben, boten. Ihr Bemühen um genaue phonet. Wiedergabe der gesprochenen Sprache (verschiedene Behandlung des Anlauts je nach vorhergehendem Laut bei NOTKER, differenziertes Orthographiesystem im *Isidor*) gelingt nur den hervorragendsten unter ihnen; manche scheitern, wie WISOLF, der Aufzeichner des *Georgslieds*, der am Ende seines mehr schlechten als rechten Produkts ein »ich kan nicht mehr« hinmalt – auf Latein.
Häufig stellen ahd. Texte auch Mischungen verschiedener Mundarten dar. Sie beruhen in der Regel auf Abschriften, bei denen versucht wurde, einen Dialekt in einen anderen zu übertragen, was bei den verschiedenen Werken nur mit unterschiedlichem Grad der Vollkommenheit gelang. So z. B. ist das **Hildebrandslied** nur in einer asächs. Abschrift eines wohl bair. oder langobard. Originals erhalten, was man aus hyperkorrekten und nicht umgesetzten Formen erschließen kann.
Die ahd. Dialekte sind uns nur als Schreibsprachen greifbar: die aus vielen Gegenden zusammengekommenen Mönche einer Schreibschule bewirkten einen Ausgleich in den Schreibformen, der grobmundartliche Erscheinungen eliminierte; so erscheinen die typischen Kennzeichen des Bair., *ös* und *enk* für die Formen des Personalpronomens 'ihr' und 'euch' (Nom. und Akk.), erst im 13. Jh. in der schriftlichen Überlieferung.
Anhand der Personennamensschreibung in selten erhaltenen Notizen (Vorakte), die der Reinschrift einer Urkunde vorausgingen, stellte STEFAN SONDEREGGER fest, daß in den Konzepten die Entwicklung der Sprache (z. B. Primärumlaut) weiter fortgeschritten ist als in den Urkunden selbst. Die stärker phonetische Schreibweise der Vorakte wurde zugunsten einer konservativen Einheitsschreibung aufgegeben. So sind lokale Schreibtraditionen sehr oft entscheidend für das Aussehen des Schriftdialekts eines Schreiborts, wobei sehr große Unterschiede zwischen geschriebener und gesprochener Sprachform bestehen können.
Das Ahd. ist, so wie es uns entgegentritt, die Sprache der Kirche und der Klöster, und so sind wir vor allem über den Wortschatz der Kirche gut unterrichtet. Von der Sprache des stabreimenden altgerm. Heldenliedes wissen wir nur wenig. Die Aufzeichnung von »gesungenen, vorgetragenen, heimischen, sehr wichtigen und altehrwürdigen Liedern, die das Leben und die Kriege der früheren Könige vergegenwärtigen«, die KARL D. GR. anregte, ist verloren, und von der gesprochenen Alltagssprache ist in den poet. Werken und in der lat. überformten Übersetzungsliteratur kaum etwas zu spüren. Einzig zwei karge Gesprächsbüchlein (in Paris und Kassel) lassen die Alltagssprache des Volkes anklingen; *wer pist dū? wanna quimis? fona welīheru lantskeffi sindōs?* 'Wer bist du, woher kommst du? Aus welcher Gegend reist du an?' *skir mīn fahs* 'Haarschneiden bitte', *gimer mīn ros* 'Gib mir mein Pferd!' Oder: *Sclah en sīn hals! (H)undes ars in dīne naso!* – Wir finden hier eine kleine Ansammlung von Sätzen, die einem Reisenden dienen können, sich in ahd. sprechenden Gegenden besser zurechtzufinden. Sie bietet ihm eine Auswahl von Kurzsätzen und Wörtern aus dem Bereich der Körperteile, Kleidung, des Umgangs in der Herberge. Aus den anderen ahd. Texten lassen sich nur in wenigen Fällen Rückschlüsse auf sprechsprachliche Formen machen, z. B. wenn in einer Übersetzung neben der Form *wir wizumes* 'wir wissen' die Variante *wizuwir* auftaucht.
Zur Frage einer ahd. »Hochsprache« vgl. S. 77, 93.

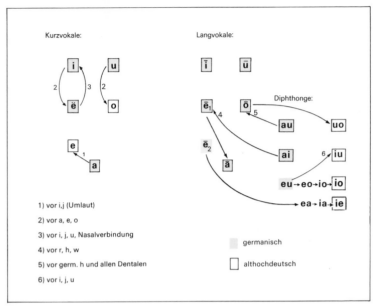

Die Entwicklung des Vokalsystems vom Germanischen zum Althochdeutschen

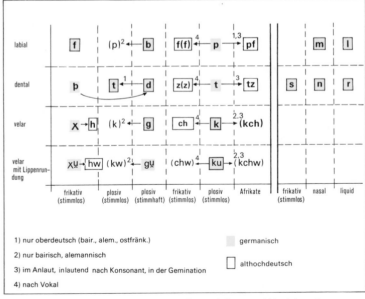

Die Entwicklung des Konsonantensystems vom Germanischen zum Althochdeutschen

Vom Germanischen zum Althochdeutschen
Das Ahd. ist durch folgende Neuerungen vom rekonstruierten Germ. unterschieden:

1. Westgermanische Konsonantengemination
Einfache Konsonanten werden immer dann geminiert, wenn ihnen ein *j* (seltener *w*, *l*, *r*) folgte, z. B. got. *bidjan* (das den germ. Stand bewahrt hat) entspricht as. *biddian*, ahd. *bitten;* got. *wilja* ~ ahd. *willeo.*

2. Zweite oder hochdeutsche Lautverschiebung
a) Tenuesverschiebung
Die Verschiebung vom germ. *p*, *t*, *k* zum Doppelfrikativ *ff*, *zz*, *hh* erfolgt nur postvokalisch. Sie erstreckt sich über das gesamte hochdeutsche Gebiet. Im Auslaut und nach Langvokal werden diese Doppelfrikative meist vereinfacht: germ. **etan* ~ ahd. *ëzzan* 'essen', germ. **slēpan* ~ ahd. *slāfan* (mit einfachem Frikativ nach Langvokal) 'schlafen', germ. **ik* ~ ahd. *ih* (mit vereinfachtem Frikativ im Auslaut) 'ich'.
Die Verschiebung von germ. *p*, *t*, *k* zur Affrikata *pf*, *tz (z)*, *kch (ch)* vollzieht sich
– im Anlaut;
– bei vor-ahd. Geminata (*-pp-; -tt-, -kk-*);
– nach Konsonant.
Sie erstreckt sich bei den drei Konsonanten geographisch verschieden weit:
t > tz: germ. **taiknam* ~ ahd. *zeihhan* 'Zei-
(5./6. Jh.)   chen';
    germ. **satjan* ~ **settian* ~ ahd. *set-zen;*
    germ. **holta* ~ ahd. *holz* 'Holz'
erfolgt übers ganze (alt-)hochdeutsche Gebiet.
p > pf: germ. **plegan* ~ ahd. *pflëgan* 'pfle-
(6./7. Jh.)   gen';
    germ. **appla* ~ ahd. *apful* 'Apfel';
    germ. **scarpa* ~ ahd. *scarpf* 'scharf';
erfolgt nur im Obd. (bair., alem., ostfränk.).
k > kch (ch) germ. **korna* ~ fränk. *korn*, a-
(7./8. Jh.)   bair. *kchorn* 'Korn';
    germ. **werka* ~ fränk. *wërk*, a-
    bair. *wërkch* 'Werk';
    germ. **quekka* ~ fränk. *quëc*,
    abair. *kchwëk*, *kchwëch* 'lebendig'
findet nur im Bair. und Alem. statt.
Die Verschiebung von *p*, *t*, *k* unterbleibt in den Lautverbindungen: *sp*, *st*, *sk*, *ft*, *ht*, *tr*.
Die Grenzen zwischen den einzelnen Lautverschiebungsfällen sind nicht so klar, wie es S. 64 oben suggeriert. Insbesondere im rheinischen Westen ergeben sich bei einzelnen Wörtern geographische (vgl. S. 64 unten), aber auch sprecherspezifische und stilistische (d. h. mit soziologischen und pragmatischen Kategorien zu beschreibende) Unterschiede.

b) Medienverschiebung (8./9. Jh.)
Schon im Germ. waren die sth. Frikative *b*, *d*, *g* (mit wenigen Ausnahmen) in die sth. Medien *b*, *d*, *g* aufgegangen. Diese entwickeln sich im Ahd. mit deutl. geograph. Staffelung weiter:

d > t   im Oberdeutschen und teilweise im Rheinfränkischen (as. *dag*, ahd. *tag;* as. *blōd* 'Blut', ahd. *bluot*)
b > p   nur im Bair. und Alem. mit Ausnahmen,
g > k   am konsequentesten im Bairischen (abair. *kot* 'Gott', *perg* 'Berg'),
c) Der **Wandel von** *þ>d* (8./9. Jh.)
Mit der 2. LV in Zusammenhang zu sehen ist die Entwicklung von germ. *þ>d*, germ. **brōþar*, as. *brōthar*, ahd. *bruoder* 'Bruder'.

Das geographische Bild der Verbreitung der zweiten Lautverschiebung mit ihrer Auffächerung im rhein. Raum suggeriert abnehmende Kraft im Norden und legt eine Ausbreitung von Süden nach Norden nahe. Dies ist die Auffassung der dialektgeograph. Schule vor allem um THEODOR FRINGS. Demgegenüber hat insbesondere RUDOLF SCHÜTZEICHEL das hohe Alter der zweiten Lautverschiebung im rhein. Raum nachgewiesen und sie als autochthone Entwicklung auch im Fränkischen interpretiert. Gleiche sprachbiologische Grundlagen hätten zur Entfaltung der gleichen Lautentwicklungen auch in weit voneinander entfernt liegenden Gebieten geführt. GOTTHARD LERCHNER wieder macht auf Ausnahmen und hyperkorrekte Formen bei der Verschiebung im dortigen Raum aufmerksam; dies deute darauf hin, daß es sich hier im Gegensatz zum »Lautwandel« des Südens um »Lautersatz« (»Lautsubstitution«) handele, der erst sekundär (auf Grund soziolog.-psycholog. Faktoren) ins Westmitteldeutsche hineingetragen worden sei.

3. Die Monophthongierung verändert die german. Diphthonge *ai* und *ou*
germ. *ai > ē*   (nur vor *r*, *h*, *w*): ahd. *meist* 'am meisten', aber *mēr* 'mehr' (vgl. got. *maiza* 'mehr')
germ. *ou > ō*   (nur vor Dental *d*, *t*, *s*, *z*, *n*, *r*, *l* und germ. *h*) ahd. *ouga* 'Auge', aber *ōra* 'Ohr' (vgl. got. *augo* 'Auge', *auso* 'Ohr')
Bei diesem Lautwandel entstanden zunächst nur stellungsbedingte phonetische Varianten eines Phonems (z. B. *ē*-Formen vor *h*). Phonologisiert werden diese Varianten erst durch eine Entwicklung der 2. Lautverschiebung: germ. *k > h (h)* (s. o.). Dabei fällt das alte germ. *h* (das den Wandel ai > ē verursachte) mit dem germ. *k* in einem Phonem *h* zusammen. Der Lautwandel fand aber vor *h*, das aus *k* entstand, nicht statt. Damit ist die komplementäre Distribution von *ai* und *ē*, *ou* und *ō* zerstört, weil nun nicht mehr nur *ē* und *ō*, sondern auch *ai* und *au* vor *h* stehen können und damit eine Opposition bilden. Die Phonemspaltung ist durchgeführt. Damit stehen sich im (vor-)ahd. System je zwei Langvokale *ē* und *ō* (aus germ. *ai* bzw. *au* und älteren *ē₂* und *ō*) gegenüber. Diese fielen nicht zusammen, sondern die alten Langvokale wichen unter der Schubwirkung der neuen ins Diphthongsystem aus:

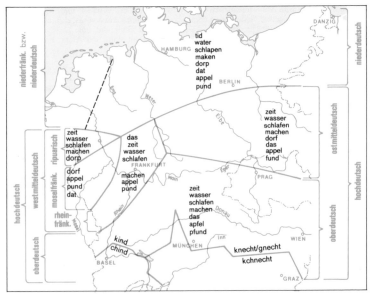

Gliederung der dt. Dialekte nach den Grenzen der 2. Lautverschiebung

Die 2. Lautverschiebung im Niederdeutschen (um 1880)

Die p-Verschiebung am Oberrhein

4. Diphthongierung

germ. $\bar{e}_2 > ie$ (got. as. *hēr*, ahd. *hear, hiar, hier* 'hier')

germ. $\bar{o} > uo$ (got. germ. *brōþar*, ahd. *bruoder* 'Bruder')

5. Der i-Umlaut

Ein *i, j* oder *ī* der Folgesilbe bedingt folgende Lautveränderungen:

$a > ę$ (ä)   ahd. *faran* 'fahren', aber *fęrit* 'er fährt'; ahd. *gast* 'Gast', aber *gēsti* 'Gäste'; ahd. *mahtīg*, aber mhd. *mähtec* 'mächtig';

$\bar{a} > æ$ ahd. *māri*, aber mhd. *mære* 'Erzählung'

$u > ü$ ahd. *kussen* (~ germ. **kussjan*), aber mhd. *küssen*

$\bar{u} > iu$ (gesprochen als langes *ü*) ahd. *hlüten* (~ germ. **hlūtjan*), aber mhd. *liuten* 'läuten'

$\bar{o} > œ$ (gesprochen als langes *ö*) ahd. *skōni*, aber mhd. *schœne* 'schön'

$ou > öu$ ahd. *loufit*, aber mhd. *löufet* 'er läuft'

$uo > üe$ ahd. *guotī*, aber mhd. *güete* und (mit anderer Bed.) nhd. *Güte*.

An diesen Beispielen kann man zwei Schichten des Umlauts unterscheiden: den von $a > ę$, der sich noch im Ahd. in der Orthographie niederschlägt (**Primärumlaut**) und den von $a > \bar{a}$, $\bar{a} > æ$, $u > ü$ usw., der sich erst im Mhd. in der Schreibung zeigt. Diese Unterschiede legen eine zeitliche Staffelung der Durchführung des Umlauts nahe. Doch wird das seit TWADELL (1938) bestritten. Denn im Ahd. standen umgelautete und nicht umgelautete Formen als stellungsbedingte Varianten des gleichen Phonems nebeneinander, und zwar die umgelautete Form vor *i* der Folgesilbe, die nicht umgelautete vor allen anderen Folgesilben: ahd. *kalb*, Gen. *kalbes* 'Kalb', dagegen *kęlbir* 'Kälber'. Das gilt nicht nur für $a > e$ sondern auch für $\bar{a} > æ$, $\bar{o} > œ$ und die anderen Umlautfälle. So standen sich z. B. das ahd. Adj. *scōni* 'schön' und das Adverb *scōno* gegenüber, wobei das erstere schon mit *æ* als stellungsbedingtem Allophon von *ō* ausgesprochen wurde. Die graphische Bezeichnung der Umlautvariante war noch nicht notwendig, da die bedeutungsunterscheidende Kraft in der Endung lag.

Das ändert sich aber zum Mhd. hin: durch die Endsilbenabschwächung (S. 73) fallen alle ahd. noch vollen Endsilbenvokale in *e* zusammen und die umgelauteten Vokale, die vorher allophon. Varianten waren, werden zu selbständigen Phonemen erhoben. Sie müssen deswegen auch in der Schrift bezeichnet werden; da sie vorher im Grapheminventar fehlten, müssen im 11./12. Jh. neue Zeichen erfunden werden.

Der Umlaut von $a > ę$ wird schon in ahd. Zeit geschrieben. Es muß für vor-ahd. *a* drei versch. Ausspracheweisen gegeben haben:

$a \sim ę$ (vor *i* der Folgesilbe),

$\sim ä$ (vor *i* der Folgesilbe und z. B. *ht, hs, lw, rw* u. a. als Zwischenkonsonanz; sowie in dritter Silbe, sog. Sekundärumlaut),

$\sim a$ (vor allen anderen Folgesilben)

Dazu gab es ein vom Germ. ererbtes unverändertes *ë*, das wegen Entwicklungen im Germ. nie vor *i* der Folgesilbe auftrat und in der Aussprache zwischen dem geschlossenen *ę* und dem sehr offenen *ä* lag. Im ahd. Graphemsystem trat nun folgender Parallelismus auf:

– *ę* (nur vor *i* in der Folgesilbe) und *ë* (nie vor *i* in der Folgesilbe) bildeten eine Einheit im Graphem *e*,

– *ä* (nur vor *i* in der Folgesilbe usw. vgl. oben) und *a* (nie vor *i* in der Folgesilbe) bildeten eine Einheit im Graphem *a*.

Dieser Parallelismus ordnete die ganzen Vokalgrapheme dergestalt in ein System, daß es von jedem Graphem jeweils zwei verschiedene Ausspracheweisen gab, deren Vorkommen durch die Folgelautung geregelt wurde. Ohne diesen Parallelismus hätten dem Graphem *a* drei Ausspracheweisen entsprochen, dem Graphem *e* aber nur eine. Von daher ist die Schreibung des Umlauts von *a* bereits im Ahd. zu erklären.

6.

Für das gesamte West- und Nordgermanische gilt folgender kombinator. Lautwandel: das dem Idg. *e* entsprechende germ. *ë* wird zu *i* vor *i, j, u* und Nasal + Konsonant. Genauso wird

– germ. *i* (< idg. *i*) zu *ë* und germ. *u* (< idg. *u* sowie den idg. sonantischen Liquiden und Nasalen [S. 44f.]) zu *o*, wenn darauf *a, e* oder *o* folgten. Man hat diesen Lautwandel **Brechung** genannt.

Damit entsteht im Germanischen ein neues Phonem *o* (idg. *o* war im Germ. zu *a* geworden). Daraus folgt für den Teil des Germ., der dem Ahd. zugrunde liegt, folgende Regel:

– *ë* und *o* gibt es nur wieder vor *a, e, o*,

– *i* und *u* gibt es nur wieder vor *i* und *u*.

Dies gilt auch für den Diphthong germ. *eu* (< idg. *eu*), dessen zweiter Bestandteil sich nach den gleichen Bedingungen im Ahd. in *io* und *iu* spaltet.

Diese Lautwandlungen spiegeln sich noch sehr gut in der Flexion des Ahd. Es heißt da z. B. *nimu* 'ich nehme', *nimis* ' du nimmst', aber *nement* 'sie nehmen'.

7.

Das idg. *ā* war im Germ. zu *ō* geworden (S. 44). Im frühen Germanischen war dann ein neues *ā* entstanden durch **Nasalschwund** und **Ersatzdehnung** (germ. **þanh-tō* 'dachte' > ahd. *dāhta*). Auch germ. *ō* und *ū* erhielten Zuwachs (vgl. germ. **sinh-* 'seihen', ahd. *sīhan*; germ. **þunh-tō* 'dünkte', ahd. *dūhta*). Das relativ seltene *ā* im Germanischen wurde im Althochdeutschen wieder häufiger durch germ. *ē₁* > ahd. *ā* (got. *lētan* 'lassen', ahd. *lāz(z)an*).

8.

Das im Germ. nicht häufige *ē₂* (aus idg. *ēi*) wurde im Verlauf des Ahd. über *ea* und *ia* zu *ie* (aus lat. *tēgula* 'Dachziegel' wurde im Ahd. als Lehnwort *ziagal*).

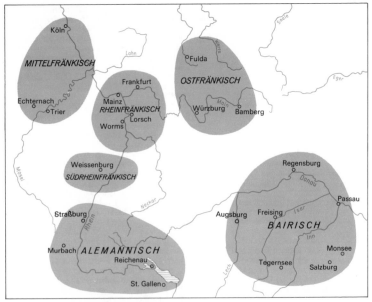

Die wichtigsten Schreiborte des Althochdeutschen

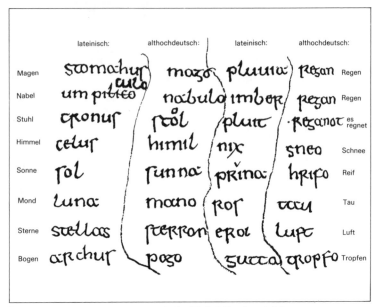

Deutsch-lateinisches Wörterbuch aus St. Gallen (Ende 8. Jh., Ausschnitt)

Textsorten

Das, was uns erhalten ist, stellt nur einen Bruchteil von dem dar, was tatsächlich geschrieben wurde, und gibt nur einen Ausschnitt aus dem Gesamtbild der ahd. Sprache. Daß um 800 die Volkssprache in stärkerem Maße schriftlich wird, verdanken wir KARL D. GR., der Schulen und Wissenschaften fördert und, um das Volk zum Christentum zu führen, durch Gesetz die Übersetzung wichtiger relig. Texte in die Volkssprache anregt.

Am reichsten sind **Glossen** überliefert: sie sind Übersetzungen lat. Wörter, die in die lat. Handschrift eingeschrieben wurden. Sie dienten (öfters auch in Geheimschrift) dem besseren Verständnis und als Hilfe zum Erlernen des Lateinischen. Man unterscheidet: **Kontextglossen,** die in den lat. Texten eingefügt sind, oft kenntlich gemacht durch ein *t (teutonice), f (francisce)* oder lat. *id est* (das ist); **Interlinearglossen** (zwischen den Zeilen) oft als **Griffelglossen** unauffällig ins Pergament geritzt, **Marginalglossen** (am Rand eines Textes); **Glossare** (Wörterbücher), die nach Sachgruppen oder alphabetisch nach dem lat. Wort geordnet sind. Von den sicher noch im 8. Jh. geschriebenen Wortformen sind ca. 1930 als Glossen, nur ca. 220 in anderen Textarten überliefert. Nur eine dieser Handschriften stammt sicher aus dem ersten Drittel des 8. Jh., nur eine aus der Mitte, der Großteil vom Ende des 8. Jh.

Relativ früh treten **Interlinearversionen** als sklavische Wort-für-Wort- und Glied-für-Glied-Übersetzung auf (Anfang der ahd. Benediktinerregel, alem. nach 800), die mit vielen Zwischenstufen in **freie Übersetzungen** (ahd. ›Isidor‹, vor 800, lothring.?) und **Umdichtungen** lat. Vorlagen (Psalm 138, Freising um 900) übergehen. Eine Sonderstellung hat die **ahd.-lat. Mischliteratur,** in der Lat. und Ahd. gleichberechtigt nebeneinanderstehen wie im Gedicht ›De Heinrico‹ (um 1000, Thüringen) oder das Lat. oft bis auf philosophisch-theolog. Fachwörter zurückgedrängt wird wie bei NOTKER LABEO von St. Gallen (um 1000). **Übersetzungen** gibt es vor allem von religiöser Literatur (Evangelientexte, Psalmen), Gebeten (Vaterunser, Glaubensbekenntnis), Hymnen, aber auch von antiken Schriftstellern (BOETHIUS, ARISTOTELES). lat.-dt. Mischtexte, naturwissenschaftliche Schriften (Physiologus) und ein Bruchstück der Lex Salica.

Dichtungen aus weltlichem und religiösem Umkreis: Zaubersprüche (als Hilfe vor allem gegen Krankheiten), ›Hildebrandslied‹ (germ. Heldenlied), ›Muspili‹, (Weltuntergangsgedicht germ. Form [Stabreim] und christlichen Inhalts), ›Otfrieds Evangelienbuch‹ (Bibeldichtung in endreimenden Langzeilen), das ›Ludwigslied‹ (Preislied auf einen Herrscher), Gebete, geistliche Lieder.

Gebrauchsliteratur: Gebete, Beichtformulare, Taufgelöbnisse, Predigten, ein Katechismus, die religiösen Unterweisung dienen, aber auch Texte wie z. B. Flurbeschreibungen, Ei-

desformeln, Rezepte und Gesprächsbüchlein (als Hilfe für Reisende, s. S. 61). Sehr früh überliefert sind uns ahd. **Rechtswörter** in den lat. abgefaßten germ. Volksrechten. Ebenso gibt es ahd. **Namenmaterial** (Personen- und Ortsnamen) reichlich, v. a. in Urkunden (Zeugenreihe), Traditionsbüchern, Urbaren, Verbrüderungsbüchern und Nekrologen. Solches Namenmaterial ist bereits aus dem 7. Jh. vor allem auf merowingischen Münzen vorhanden und gehört damit zum ältesten, was in Mitteleuropa an Deutschem überliefert ist.

Ahd. Schreiborte und Hauptwerke

Bairisch

Freising: ›Abrogans‹ (2. Hälfte 8. Jh.), ›Petruslied‹ (endreimend um 900), Vaterunserübersetzung (9. Jh.), Nachdichtung des 138. Psalms (10. Jh.) u. a. Regensburg: ›Samanuga‹, gekürzte Fassung des ›Abrogans‹ (9. Jh.), ›Muspilli‹ (Gedicht vom Weltuntergang, stabreimend, Anfang 9. Jh.), Mon(d)see: Glossen, fragm. bair. Abschrift des schwer zu lokalisierenden ›Isidor‹. Salzburg und Tegernsee: v. a. Glossen.

Alemannisch

St. Gallen: ›Vocabularius St. Galli‹ (nach Sachgruppen geordnetes Glossar, noch 8. Jh.), Paternoster- und Credo-Übersetzung, v. a. die kommentierenden Übersetzungen antiker Werke (BOETHIUS, MARTIANUS CAPELLA, ARISTOTELES) durch NOTKER LABEO († 1022). Reichenau: reiche Glossenarbeit, Interlinearversion der Benediktinerregel und Ambrosian. Hymnen (beide Anfang 9. Jh.). Murbach: Hymnen.

Ostfränkisch

Fulda: ahd. Übersetzung der Evangelienharmonie (Kompilation von Ausschnitten aus vier Evangelien) des Syrers TATIAN (4. Jh.), wohl um 830, deren Sprache gern als »Normal«althochdeutsch beschrieben wird. Würzburg: Mark(Grenz-)beschreibungen (Ende 10. Jh.). Bamberg: Des Domherrn Ezzo ›Cantilena de miraculis Christi‹ (11. Jh.).

Südrheinfränkisch

Weißenburg: Evangelienharmonie des OTFRIED um 865, ›Weißenburger Katechismus‹ (um 800).

Rheinfränkisch

Mainz, Lorsch, Worms, Speyer mit versch. religiösen Texten, vor allem Beichtformeln. Dazu die nicht genau lokalisierbaren ›Merseburger Zaubersprüche‹ (heidnische Segensformeln zum Entkommen aus Fesseln bzw. gegen Knochenbrüche) in Stabreimen (um 800) und der ›Straßburger Eide‹.

Mittelfränkisch

mit Köln, Trier und Echternach: ›Trierer Kapitulare‹ (Übersetzung eines Gesetzestextes Ludwigs des Frommen aus dem 10. Jh.), ›De Heinrico‹ (Gedicht in lat.-dt. Mischsprache, ein hist. Ereignis beschreibend, dessen Identität umstritten ist, 1. Hälfte 11. Jh.).

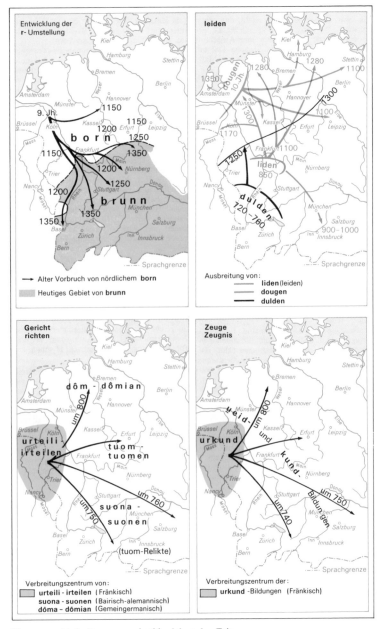

Wortgeographische Bewegungen in althochdeutscher Zeit

Religiöser Wortschatz
In der ahd. Wortgeographie lassen sich Gegensätze besonders auf dem Gebiet der Rechtssprache und des relig. Wortschatzes feststellen. Während die Unterschiede in der Rechtsterminologie sprachl. Unterschiede der alten Stammeseinheiten dokumentieren und im Vorrücken der fränk. Ausdrücke die polit. Dominanz der Franken spiegeln, sind die Unterschiede der Kirchensprache auf verschiedene Missionsbewegungen zurückzuführen. Es wirkten
– die **Iren** und ihre Schüler (von 600 an) mit KOLUMBAN († 615) im Bodenseegebiet, GALLUS († um 645), Einsiedler in St. Gallen, EMMERAM in Regensburg († um 715), KILIAN in Würzburg († um 689), KORBINIAN († um 725) in Freising, RUPERT († um 720) in Salzburg;
– die **Angelsachsen** (seit dem 8. Jh.) mit WILFRIED († um 710), WILLIBRORD († um 739) in der Friesenmission, WINFRIED (Bonifatius, † 754) in Mainz und Fulda (gegr. 744);
– die **Franken** (im 8. Jh.) mit dem Westgoten PIRMIN († 753) auf der Reichenau (gegr. 724) und in Murbach (gegr. 727).
Für den Bereich der **angelsächsischen Mission** (Fulda, Mainz) hat man eine Gruppe von Wörtern der Kirchensprache herausgearbeitet, die deutlich den Einfluß der ags. Mission spüren lassen. So entspricht die Übs. von lat. *evangelium*, ahd. *gotspell*, dem ags. **gōdspel**. Die ahd. Form müßte, wenn die Übersetzung richtig aus dem Lat. erfolgt wäre, *guotspell* lauten oder – wie oberdeutsch belegt – *cuat-chundida*. Die Form *gotspell* ist wohl durch Anlehnung an das Altengl. zu erklären, wo schon früh *gōdspell* 'gute Kunde' durch *godspell* 'Kunde von Gott' ersetzt wird.
Den Gegensatz zwischen fränk.-ags. und süddeutscher Kirchensprache spiegeln folgende Beispiele:

fränkisch (ags.)	lat.	ahd.-süddt. (got.)
geba (ags. gifu), huldi	gratia	ginâda, anst (got. ansts)
heilant (ags. hǣlend)	salvator	neriand (got. nasjands)
ōdmuotī (ags. ēadmōd)	humilitas	deomuatī
miltherzi	misericors	armherzi (got. armahairts)
geist (ags. gǣst, gāst)	spiritus	ātum (got. ahma)
heilag (ags. hālig)	sanctus	wīh (got. weihs)

Das Fränkische stimmt in der Regel mit dem Angelsächsischen überein, die süddeutsche, meist bairische Form oft mit dem Gotischen. In unserem heutigen Deutsch haben sich teils die nördl., teils die südl. Formen durchgesetzt.
Für einen engeren **süddt.-got.** Zusammenhang sprechen ferner folgende Parallelen: abair. *pfaffo* 'Pfaffe' in seiner Bed. übereinstimmend mit got. *papa* (< griech. *papas*) im Gegensatz zur lat. Bed. 'Papst'; ahd. *ginist* für lat. *salus* 'Heil', 'Rettung' (~ got. *ganists*); ahd. *touffen* 'taufen' = got. *daupjan* (vgl. ags. *fulwīan*). Ähnlich stim-

men die bair. Dialektwörter *Dult* ('Fest') und *Maut* ('Zoll') zu got. *dulþs* und *mōta* (abair. *mūta*).
Während bei den früh übernommenen ursprünglich griech. Kirchenwörtern wie *Engel* und *Teufel*, die oft got. Einfluß zugeschrieben werden, auch an einen lat.-gall. Vermittlungsweg zu denken ist, ist das bei den bair. Wörtern nicht der Fall. Man verwies parallel zum ags. Missionseinfluß auf eine got. Mission bei den Baiern, die aber historisch nicht bezeugt und bei der Toleranz des arianisch-got. Christentums auch kaum wahrscheinlich ist. Vielleicht sind die Einflüsse auf got. -christl. Bevölkerungsteile bei dem um 500 plötzlich auftauchenden Mischvolk der Baiern zurückzuführen.
Ein Einfluß der keltisch sprechenden Iren auf die Bildung einer sog. süddeutschen Kirchensprache ist zwar nachzuweisen versucht worden, doch hat man außer der Entlehnung des Wortes *glocca* (zu air. *clocc*) 'Glocke' keinen weiteren Einfluß glaubhaft machen können.

Aussterbender Wortschatz der vorchristlichen Religion
Mit dem Sieg des Christentums war auch der Wortschatz der altgerm. Religion zum Untergang verurteilt. Nur vereinzelt überlebten Wörter: z. B. der Name der germ. Göttin ahd. *Frīa*, im Wochentag *Freitag* (ahd. *frīa-tag*) als Lehnübersetzung zu spät-lat. *Veneris dies* (frz. *vendredi*) oder der Name der germ. Frühlingsgöttin *Austrō*, der im ahd. *ōstarūn* 'Ostern' enthalten ist (S. 189). Trotzdem sind uns (vor allem in Glossen) eine größere Anzahl von Ausdrücken aus dem Bereich des vorchristlichen Kultes erhalten geblieben: z. B. ahd. *lōh* und *baro* 'heiliger Hain', *nimid* 'Waldheiligtum', *alah* 'Gotteshaus', 'Tempel', *wīh* 'Heiligtum', *harugari, parawari, bluostrari* 'Opferpriester', *blūostar* 'Opfer', *zebar* 'Tieropfer', 'Opfertier', *geltan* 'opfern', *sisi-sang, dād-sisas, sisuua* 'rituelle Totenklage'.

Der **historischen Wortgeographie** ist es gelungen, schon in ahd. Zeit einige Wortbewegungen festzustellen. So z. B. dringen die fränkischen Rechtswortfamilien *Urteil* und *Urkund* in alle Richtungen vor und verdrängen ältere Bildungen. Eher zum religiösen Wortschatz gehörten ahd. *līden* 'leiden', das um 850 zuerst im Südrheinfränkischen belegt ist und von daher sich ausdehnt, *dulden*, das vom Südwesten seinen Ausgang nimmt, und *dougen* das im Nordwesten beheimatet ist. Die semantische Differenzierung (*dulden* = geduldiges, gelassenes Leiden) hat diese Expansion mehrerer Ausdrücke nebeneinander ermöglicht. Verdrängt wurde nördliches *druoēn* und südliches *dolēn*. In dem Wort *Born/Brunnen* konnte man auf Grund von Ortsnamenbelegen das geographische Vordringen einer Lautserscheinung (*r*-Umstellung, Metathese) nachvollziehen. Sie breitete sich im 9. Jh. von Norden nach Süden aus, wurde später aber wieder zurückgedrängt.

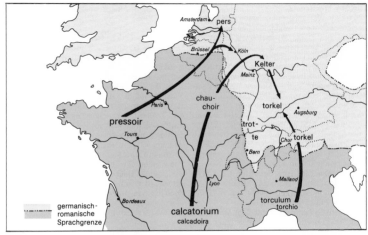

Entlehnungswege für die Weinpresse

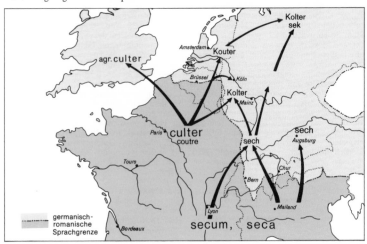

Entlehnungswege für das senkrechte Pflugmesser

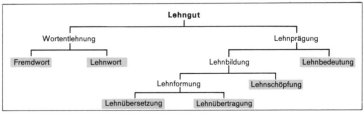

Typen der Entlehnung im Bereich des Wortschatzes

Der **Einfluß** des Lateinischen wirkt kontinuierlich von der Antike bis in die Neuzeit hinein. Die Vermittler nur sind jeweils verschieden. In der Antike (vgl. S. 51) waren es vor allem politisch-wirtschaftliche Kräfte, die lat. Wortgut ins Germanische brachten. Geographisch ging der Weg vor allem über Gallien und die Rheinlande. Die letzteren bildeten in der späteren Kaiserzeit einen einheitlichen, sehr aktiven und mächtigen, exportorientierten Wirtschaftsraum, in dem in einer zweisprachigen Mischkultur germ. und röm. Bevölkerung lebte. Die röm. Gebiete südlich der Donau waren vorwiegend rezeptiv, sie wurden vom Nordwesten her beeinflußt, weniger direkt von Italien über die Alpen. Sie gehen in der Entlehnung nur selten einen eigenen Weg.

Die brit. Inseln stellen sich meist zum Niederrhein. In seltenen Fällen zeigt sich eine Dreiteilung, in der das rhein. Gebiet in zwei Einfallstraßen zerfällt, eine niederrhein. mit Köln und eine mittelrhein. mit Mainz und Trier. Beispiel dafür ist die Weinpresse, die am Niederrhein als *pers* (vgl. frz. *pressoir*), lat. *pressa*, am Mittelrhein nach lat. *calcatōrium* als *Kelter* und im südd. Bereich als *Torkel* nach lat. *torculum* entlehnt wurde. Diese Geographie spiegelt sich auch im roman. Gebiet: *pressoir* (Nordfrankreich), *calcadoria* (Südfrankreich), *torchio* (Italien). Das alem. *Trotte* ist einheimisch. Eine Zweiteilung liegt vor in rhein. *Kolter* (lat. *culter* 'Messer'), südd. *Sech* (zu lat. *secare* 'schneiden') fürs Vorschneidemesser des Pfluges, in asächs. *offrôn*, anl. *offron* 'opfern' (lat. *offerre*) und südlich ahd. *opfarôn* 'opfern' (lat. *operari*).

Dieses letzte Wort und andere Begriffe mit durchgeführter 2. LV (z.B. ahd. *biscof(f)* zu lat. *episcopus*, ahd. *kiriha* zu griech. *kyriakê*) zeigen, daß schon in sehr früher Zeit (vor dem 4./5. Jh.) Begriffe des Christentums ins Germanische Mitteleuropas gekommen sein müssen. Die große Mehrzahl des christl. Wortschatzes ist erst mit der systemat. Christianisierung vom 8. Jh. an gebildet worden (vgl. S. 81).

Entlehnungsarten

Die Klosterkultur ist die Trägerin der Mission und Bildung der Zeit. Es war für sie keine leichte Aufgabe, den Ritus und die Wertvorstellungen des Christentums in der nach völlig anderen Kategorien ausgerichteten vordeutschen Sprache der Heiden auszudrücken. Zur Bezeichnung neuer Dinge bzw. Vorgänge und zur Anpassung des Germanischen an die Gedankenwelt des Christentums konnten versch. Wege eingeschlagen werden. Man unterscheidet dabei (nach W. Betz) folgende Möglichkeiten:

– **Fremdwörter:** direkte Übernahme des lat. Ausdrucks, der im Gewand als Fachwort stehen bleibt;

– **Lehnwörter:** hier ist das fremde Wort so weit angepaßt, daß seine ursprüngliche Herkunft nicht mehr zu erkennen ist, wie z.B. bei *Abt* (< lat. *abbas*) oder *Fenster* (< lat. *fenestra*).

– **Lehnübersetzung:** das ist eine Wort-für-Wort-Übersetzung mit engster Bindung an die Vorlage (z.B. ahd. *gi-mein-ida* = lat. *com-mu-nio* 'Gemeinde', oder dt. *Mit-leid* = lat. *com-passio*).

– **Lehnübertragung:** hier ist die Bindung an die Vorlage nicht so eng, wenn z.B. für lat. *paen-insula (fast-insel)* ein dt. *Halbinsel* erscheint.

– **Lehnschöpfung:** bei ihr ist die Fremdsprache nur noch ein Anreger für die formal unabhängige Neubildung eines Wortes zur Übersetzung eines fremden: z.B. ahd. *findunga* für lat. *experimentum* im Sinne von 'Erfahrung' oder die Neuschöpfung dt. *Weinbrand* für frz. *cognac*, das als Bezeichnung für deutsche Branntweine im Versailler Vertrag verboten wurde.

– **Lehnbedeutung:** hier nehmen schon vorhandene Wörter unter fremdem Einfluß einen neuen Sinn an, wie z.B. das ahd. Wort *suntea* (mit vorher kaum noch zu bestimmender Bedeutung), das die Bedeutung von lat.-christl. *peccatum* annimmt.

Viele der zahlreichen Neubildungen sind nur einmal belegt, viele verschwinden nach einiger Zeit wieder, weil bessere Vorschläge sich durchsetzen. So kommt es, daß für manches Wort mehr als 10 Eindeutschungsversuche nachzuweisen sind, z.B. für lat. *resurrectio* 'Auferstehung': *urrist, urrestî, urstant, urstôdalî, irstandinî, arstandnessi, erstantnunga, ûferstênde* (nach Eggers).

Die frühmittelalterliche Klosterkultur hat dem Deutschen u.a. in folgenden Bereichen Lehnwörter aus dem Lat. gebracht:

– **Religion und Kirche:** *Abt* (lat. *abbas*, ahd. *abbat)*, *Nonne* (spätlat. *nonna*, ahd. *nunna*), *Propst* (lat. *propōsitus*, ahd. *prôbost*), *Pilger* (aus spätlat. *pelegrinus*, ahd. *piligrîm*), *Tempel* (lat. *templum*, ahd. *têmpal*), *Zelle* (lat. *cella*, ahd. *cella*), *Messe* (aus der lat. Schluß- bzw. Entlassungsformel; *ite, missa est contio*, ahd. *missa, mëssa*), *Mette* (lat. *matutina*, spätahd. *mettîna, mattîna*), *firmen* (lat. *firmare*, ahd. *firmôn*), *Dom* (lat. *domus*, ahd. *tuom*), *Münster* (lat. *monasterium*, ahd. *munistiri*), *predigen* (lat. *praedicare*, ahd. *prëdigôn*), *Arche* (lat. *arca*, ahd. *(buoh)arahha*), *keusch* (lat. *conscius*, ahd. *kûski*), *Regel* (lat. *rēgula*, ahd. *rëgula*).

– **Schriftwesen und Volksbildung:** *Schule* (lat. *schôla*, ahd. *scuola*), *Tinte* (lat. *tincta*, ahd. *tincta*), *Tafel* (lat. *tabula*, ahd. *tavala*), *Meister* (lat. *magister*, ahd. *meistar*), *Brief* (lat. *breve*, ahd. *briaf*), *Griffel* (lat. *graphium*, ahd. *griffil*), *Siegel* (lat. *sigillum*, ahd. *insigili*), *Pergament* (lat. *pergamentum*, ahd. *pergamîn*).

– **Obst- und Gartenbau:** *Lilie* (lat. *lilium*, ahd. *lilja*), *Rose* (lat. *rosa*, ahd. *rôsa*), *Petersilie* (mlat. *petrosilium*, ahd. *petersilia*), *Salbei* (mlat. *salvegia*, ahd. *salbaia*), *Zwiebel* (mlat. *cipolla*, ahd. *cibolla*). Diese Wörter zeigen im Gegensatz zum Großteil des Erbes, die zur ersten Zeit entlehnt wurden (S. 51) keine charakteristische geographische Verteilung. Sie dringen in eine gehobene Sprachschicht des Deutschen ein, die wenig geographische Varianz besitzt.

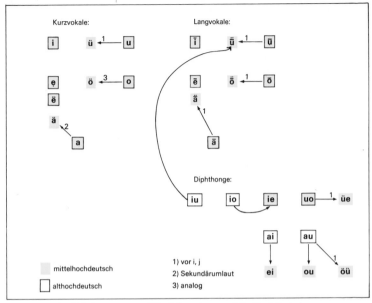

Entwicklung des Vokalsystems vom Althochdeutschen zum Mittelhochdeutschen

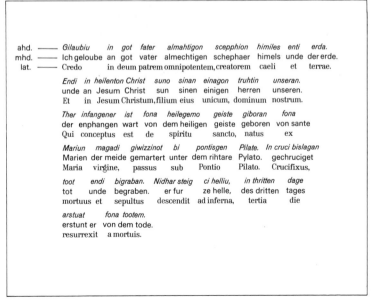

Der Anfang des ›Credo‹ im Althochdeutschen, Mittelhochdeutschen und Lateinischen

Althochdeutsch wird jene Schreibsprache genannt, die zwischen dem 7. und 11. Jh. in der Überlieferung auftaucht, und einen gewissen Stand der 2. LV zeigt (S. 63). Mit dem Werk von NOTKER LABEO von St. Gallen († 1022) ist die Zeit, in der ahd. geschrieben wird, im wesentlichen vorbei (vgl. S. 84).

In der Mitte des 11. Jhs. setzen erst wieder langsam schriftliche Aufzeichnungen deutscher Sprache ein, mit einem Schreibsystem, das man ungefähr bis 1150 »frühmittelhochdeutsch«, danach »mittelhochdeutsch« nennt. Dieses neu entwickelte Schreibsystem (so gut wie keine Schreibtradition vom Ahd. her!) berücksichtigt Sprachwandlungen, die (in den versch. Dialekten verschieden stark) oft schon in (spät-)ahd. Zeit sich vollzogen hatten.

Schon im äußeren Schriftbild zeigt sich der Unterschied: Die karolingische Minuskel, in der uns die meisten ahd. Denkmäler überliefert sind, wird durch die gotische (Fraktur-)Schrift ersetzt (vgl. S. 32).

So wenig wie es ein einheitl. Ahd. gibt, so wenig gibt es ein einheitliches Mittelhochdeutsch. Es gibt hier wie dort nur Regionaldialekte – in mhd. Zeit nannte man sie *>lantsprachen<* –, die gleichberechtigt nebeneinander bzw. neben anderen europäischen Sprachen (wie z.B. dem Französischen) standen. Man rechnete sie zwar zum Deutschen, doch stand keine dem Neuhochdeutschen vergleichbare überregional gesprochene oder geschriebene Einheitssprache zur Verfügung, auch wenn das die Bezeichnung mittel**hoch**deutsch suggeriert.

Das normalisierte **Mittelhochdeutsch**, so wie es uns in den Ausgaben der klassischen Dichter (S. 78) entgegentritt, unterscheidet sich v.a. durch folgende Erscheinungen vom Ahd.:

– Die **Schreibung des *i*-Umlautes** (S. 65) ist in der Regel durchgeführt. Die ursprünglich stellungsbedingten Umlautallophone wurden durch die Abschwächung der Endsilben zu eigenen Phonemen und erweiterten damit das ahd. Vokalphonemsystem um 8 Phoneme beträchtlich. Dies stieg von 16 auf 23 bzw. 24 (je nach Wertung des *iu*) an. Während der Umlaut im Althochdeutschen ein rein phonologisch bedingtes Phänomen ist, bekommt er im Mittelhochdeutschen schon eine morpholog. Funktion, und zwar als Pluralkennzeichen. Das zeigt sich durch die allmähliche Beseitigung des lautgesetzlichen Umlauten im Sg. der fem. *i*-Stämme: die Gen./Dat.-Formen *der krefte* werden häufig durch die Form *der kraft* ersetzt.

– Der **Wandel der Schreibungen von sk>sch** hat den phonetischen Hintergrund, daß sich die Lautfolge *sk*>*š*- wandelt (ahd. *skînan* > mhd. *schînen* > nhd. *scheinen*).

– In der sog. **Auslautverhärtung** des Mhd. werden die auslautenden ahd. stimmlosen Lenes *-b, -d, -g* zu den entsprechenden Fortes *-p, -t, -k* verhärtet, z.B. ahd. *lîb* > mhd. *lîp* ('Leib'), Gen. *lîbes*, ahd. *rad* > mhd. *rat* ('Rad'), Gen. *rades*, ahd. *tag* > mhd. *tac* ('Tag'), Gen. *tages*.

– Die einschneidendste lautl. Veränderung, die **Abschwächung unbetonter Nebensilben**, greift tief in die Morphologie ein. Das System der Vokale im Nebenton vereinfacht sich radikal. Man darf diese Entwicklungen alle noch als Folgen der Akzentveränderungen in der Entwicklung des idg. freien Akzents zur Stammsilbenbetonung des Germ. betrachten (S. 45).

a) Zunächst erfährt die Vielfalt der **Vorsilben** eine Vereinfachung: für ahd. *bi-, ga- (gi-), za- (zi-, ze-), ur- (ir-), fur- (fir-)* stehen *be-, ge-, ze-, er-, fer-*; es hat ein Zusammenfall in Indifferenzvokal -ə- stattgefunden, für den *>e<* geschrieben wird.

b) Während sich in der ahd. Schreibung verschiedene grammatikal. Formen vor allem durch ihre **Flexionsendungen** unterscheiden, ist dies beim Mhd. nicht mehr der Fall: die vier ahd. Formen *leitîs* 'du leitest', *leitês* 'du mögest leiten' (Konj. Präs.), *leitôs* 'du leitetest', *leitîs* 'du würdest leiten' (Konj. Prät.) fallen in einer Form mhd. *leites(t)* zusammen. Ähnlich ist es bei der Deklination der Substantive, wo zum Mhd. hin eine weitgehende Vereinfachung der Schreibung stattgefunden hat.

So lauten die vier Fälle im Pl. des ahd. Substantivs *tag* 'Tag', *taga* 'die Tage', *tago* 'der Tage', *tagum* 'den Tagen', *taga* 'die Tage', während im Mittelhochdeutschen diese Formen wie im Nhd. gebildet werden.

c) **Unbetonte Mittelsilben** verschwinden in der Regel: ahd. *hêriro* 'Herr' > mhd. *hêrre*, ahd. *hêrre*, ahd. *sâlida* 'Heil', 'Glück' > mhd. *sælde*, ahd. *gibârida* > mhd. *gebærde*, nhd. *Gebärde*.

d) Die Endsilbenabschwächung wirkt sich auch auf die **Wortbildungsmittel** aus. Im Ahd. konnte jedes Adj. durch die Anhängung einer Endung *î* substantiviert werden: ahd. *hreini* 'rein', *hreinî* 'Reinheit'. Im Mhd. wie im Nhd. ist zur Substantivierung eine eigene Nachsilbe nötig; deshalb geschieht die Ausbildung von Suffixen wie *-heit, -igheit > -keit, -ung*. Ähnlich: *geba* 'Gabe', *gebo* 'der Geber'; ahd. *î* würde beides gebe heißen, deshalb die Neubildung mhd. *gebære* und andere Nomina agentis auf *-ære*, die die ahd. Bildung auf *-o* ablösen.

– Auch in der **Syntax** bleibt der Endungsverfall nicht ohne Folgen: Die Flexionssilben, die bisher die grammat. Kategorien eines Verbs oder Substantivs anzeigten, verlieren viel von ihrer Eindeutigkeit. Deshalb tritt zum Verb nun regelmäßig das Pers.-Pron.: ahd. *hilfu* 'ich helfe' ~ mhd. *ich hilfe*. Und das Substantiv bekommt einen Artikel vorangestellt: ahd. *hanôno* (Gen. Pl. v. 'Hahn'), mhd. *der hanen*, z.B. bei den schwachen Feminina:

ahd.		mhd.	
Nom. Pl.	*zungūn*		*die zungen*
Gen. Pl.	*zungōno*		*der zungen*
Dat. Pl.	*zungōm*		*den zungen*
Akk. Pl.	*zungōm*		*die zungen*

Der Ersatz von Flexionsformen durch Kleinwörter bewirkt eine Entwicklung von eher synthetischen zu eher analyt. Bauformen des Deutschen.

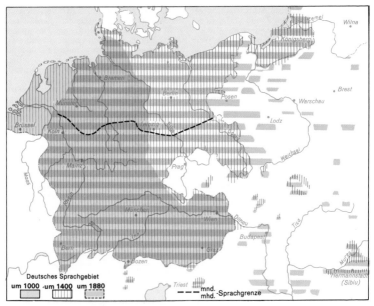

Die Ausdehnung des deutschen Sprachgebietes bis 1880

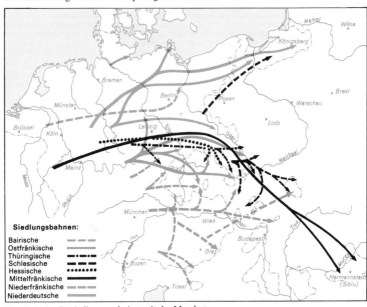

Die deutsche Ostsiedlung nach Ausweis der Mundarten

Im frühen Mittelalter (6.–8. Jh.) war das dt. Sprachgebiet an seiner Westgrenze vom Romanischen zurückgedrängt worden. Die fränk. Oberschicht im nördl. Gallien war zahlenmäßig zu gering und kulturell der roman. Vorbevölkerung unterlegen, so daß das Germanische in dieser Zeit im Westen große Einbußen erlitt (S. 58).

Im Norden setzte erst im 10. Jh. eine Expansionsbewegung nach Osten ein, die die Gebiete östlich der Elbe und Saale durch Eroberung und Siedlung ins dt. Reich einverleibte; erst im 12. und 13. Jh. aber erreichte die »deutsche Ostkolonisation« größere Dimensionen und Systematik; es entstanden die Siedlungsmundarten des dt. Ostens. Sie waren aufgrund der Herkunft der Siedler aus versch. Sprachlandschaften Ausgleichs- und Mischmundarten, später aber kaum von geringerer regionaler Differenziertheit als im Altland. Den Siedlerströmen entsprechend zeigen sie eher eine Nord-Süd- als Ost-West-Gliederung. Die slaw. Sprache der Bewohner dieser Gebiete wurde verdrängt, sie konnte sich aber in Resten bis ins 20. Jh. im dt. Sprachgebiet halten, z. B. in der Lausitz (Sorbisch). (Vgl. S. 230) Zahlreiche slaw. Ortsnamen zeugen noch von der einstigen slaw. Bevölkerung Ostdeutschlands: Chemnitz, Dresden, Leipzig (S. 130).

Im Baltikum bildete sich unter dem Schutz des Deutschen Ordens vom 13. Jh. an eine Oberschicht, die bis ins 18. Jh. niederdeutsche Mundart, dann aber Hochdeutsch als Standessprache sprach. Von diesem Hochdeutsch hob sich das mundartliche »Kleindeutsch« der sozial niedrigeren deutschen Bevölkerungsteile ab. »Halbdeutsch« nannte man das Deutsch im Mund der sozial noch tiefer stehenden Letten und Esten.

Im alemann. Süden war die Expansion im hohen und späteren Mittelalter gering, es kamen nur noch im Süden die Walserorte im Monte-Rosa-Gebiet hinzu. Im bair. Süden hatte aber schon in dieser Zeit eine kontinuierliche Siedlungsbewegung begonnen, die vom bair. Kernland aus allmählich das ganze heutige Österreich erfaßte und germanisierte.

Bei dieser Expansion wurde auch fremdes Gebiet übersprungen, z. B. in Oberitalien von bair. sprechenden Westtirolern. Dort entstanden z. B. um 1100 bzw. um 1280 die sog. Zimbrischen Sprachinseln ›Sieben Gemeinden‹ und ›Dreizehn Gemeinden‹. Die Abgeschlossenheit dieser Hochtäler schnitt die Sprache ihrer Bewohner von den Entwicklungen des Binnendeutschen ab und erhielt dort relativ konservative Dialekte. So ist in den Sieben Gemeinden noch der Unterschied von mhd. s und z erhalten (S. 151), die Entrundung (S. 149) und die Apokope (S. 159) sind nicht durchgeführt, die Auslautverhärtung noch erhalten, der Genitiv und das Präteritum lebendig.

Weitere bairische Sprachinseln des Mittelalters sind Pladen und Zahre in Oberitalien (besiedelt 13. Jh.), Zarz (13. Jh.), Gottschee (14. Jh.) in Slowenien, Budweis (in Südböhmen), Brünn

und Wischau (in Südmähren), besiedelt im 13. Jh. Auf mittelalterlicher Besiedelung beruhen die mitteldt. Sprachinseln des Schönhengsts (13. Jh.) in Nordböhmen und Nordmähren, der beiden Zipsen (12. Jh.) in der Slowakei sowie das südliche Siebenbürgen (12. Jh.) in Rumänien. Brelitz (13. Jh.) in Polen sowie Proben und Kremnitz (14. Jh.) in der Slowakei gehen auf (hauptsächlich) schlesische Besiedlung zurück (S. 230).

In der Neuzeit gab es erst im 18./19. Jh. wieder eine größere deutsche Siedlungsbewegung innerhalb fremdsprachiger Umgebung. Vor allem aus Schwaben und aus der Pfalz bewegte sich ein breiter Siedlerstrom nach Osten. Ein sehr großer Teil der Neusiedler kam aber auch aus den mittelalterlichen Sprachinseln: Damals entstanden die deutschen Gebiete in West- und Mittelpolen, um Lublin und Cholm, in Wolhynien und Galizien (PL), in der Karpato-Ukraine. Größere geschlossene deutsche Siedlungsgebiete entstanden im Ungarischen Mittelgebirge, in der Schwäbischen Türkei (Südungarn), in der Batschka (Serbien) und Syrmien und Slawonien (Kroatien), im Banat (Serbien, RO), in Sathmar (RO), und der Dobrudscha (RO), in der Bukowina (RO, Ukraine), in Bessarabien sowie an der Wolga, in den USA und in Brasilien.

Das **Tschechische** ragt wie ein Keil in die nördliche und südliche Expansionszone hinein. Es konnte dem Druck des Deutschen standhalten, weil das Gebiet im Mittelalter seine politische Selbständigkeit und Geschlossenheit bewahren konnte, sowie durch religiöse Eigenständigkeit (Hussitische Bewegung, 15. Jh.) früh ein Nationalbewußtsein entwickelte.

Deutsch als neue Schreibsprache

Vom 10.–11. Jh. wird in den klösterlichen Schreibstuben des mittelalterlichen Reiches fast kein Deutsch mehr geschrieben. Das für die Volkssprache günstige geistige Klima der Karolingerzeit war nicht mehr da. In der Zeit der Ottonen und Salier dominierten diejenigen Kräfte, die in universalistischem Anspruch kein Interesse daran hatten, von der Schreibsprache Latein abzugehen, so daß eine Zeitlang praktisch keine größeren deutschen Texte den Weg aufs Pergament fanden (S. 84, 90).

Die allmähliche Entstehung nichtlat. Texte und ihre Ausdehnung auf die verschiedensten Bereiche ist eine gemeineurop. Erscheinung. Denn auch in Frankreich und Italien besinnt man sich in dieser Zeit auf die Volkssprache. Die mangelnde Lateinbildung der politisch führenden Schichten (neu aufgestiegener Stand der Ministerialen) wurde in der höf. Ritterliteratur durch Pflege der deutschen Sprache ersetzt. Noch um 1190 war es eine Ausnahme, wenn ein Adeliger schreiben und lesen konnte:

Ein ritter sô gelêret was
daz er an den buochen las

schreibt Hartmann von Aue am Beginn seiner Verserzählung ›Der arme Heinrich‹.

Schriftdialekte in mittelhochdeutscher und mittelniederdeutscher Zeit

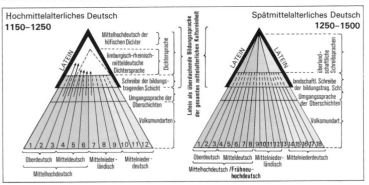

Sprachliche Schichten im Hoch- und Spätmittelalter

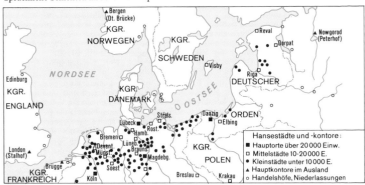

Der Geltungsbereich der mittelniederdeutschen Hansesprache im 14./15. Jh.

Die Frage einer mhd. Hochsprache

Die ahd. Denkmäler sind uns in vielen regional variierenden Graphemsystemen überliefert; fast jeder Text zeigt sich in einer anderen sprachlichen Gestalt. Die Anstrengungen, die man bisher unternommen hat, verschiedene Denkmäler (z. B. die ahd. Isidorübersetzung) als Zeugnisse einer »höheren Sprachform« zu betrachten, sind nicht unwidersprochen geblieben. Auch wenn es wahrscheinlich ist, daß es eine Oberschichtensprache im Karolingerreich gegeben haben muß, so besitzt die Überlieferung doch in der Regel einen deutlich regional geprägten Schreibusus, der aber wohl – wegen des relativ groben Rasters der zur Verfügung stehenden Schrift und anderer Gründe (vgl. S. 61) – auch nicht die gesprochenen Dialekte abbildet. Nicht anders sind wohl die Verhältnisse in mhd. Zeit: Sicher gab es da auch schichtenspezifische Sprachunterschiede, es ist fast undenkbar, daß der Minnesang und Artusepik fördernde, an französischer Kultur ausgerichtete Adel sich sprachlich nicht von den bäuerlichen Unterschichten unterschieden hätte. Die Ritterschaft, die sich an Reichstagen und Hoffesten traf, die oft jahrelang gemeinsam auf Kreuzzug war, hat sicher gemeinsame Sprachformen entwickelt. Doch mit einer Hochsprache, wie wir sie in der neuhochdeutschen Schriftsprache besitzen, hatten solche Sprachformen trotz der heutigen Bezeichnung mittelhochdeutsch sicher nichts gemeinsam. Sie waren immer noch sehr stark regional geprägt.

Bis in jüngste Zeit war man der Auffassung, in der Sprache der klassisch höfischen Ritterliteratur eine Sprache relativer Einheitlichkeit zu besitzen. Diese Einheitlichkeit stellte man im 19. Jh. auf der Suche nach der »Urfassung« der literarischen Denkmäler wieder her. Was von der (konstruierten) Originalfassung abwich, wurde als von späterer, unsensibler Schreiberhand verderbt angesehen. Diese inzwischen als ahistorisch erkannte Auffassung vom Wesen eines mittelalterlichen Textes hat dazu geführt, diese konstruierte Einheitlichkeit der Textausgaben für die Schreibwirklichkeit des 12. und 13. Jahrhunderts zu halten, obwohl H. PAUL schon 1873 dieses einheitliche Mittelhochdeutsch als Fiktion entlarvte.

Die vorhandenen schichtenspezifischen Sprachunterschiede lassen sich in Einzelfällen sogar nachweisen, so z. B. wenn eine Kölner Hs. vom Ende des 14. Jhs. das Wort *andait* mit *eff* ('oder') *andacht* erläutert, oder ähnlich *vorte eff vorchte* ('Furcht') bzw. *he eff er* schreibt. Hier wird jeweils die regionale Form durch eine überregionale verständlich gemacht. Für gewisse Gebiete in Österreich hat man nachweisen können, daß ahd. *ei* im 13. Jh. und 14. Jh. dort in der Sprache der Bauern *oa* gelautet haben muß (*stoan* für *stein*), während die Oberschicht mit dem Fränkischen zusammengeht und *a* sagt (*stan*) (ZWIERZINA). Wenn der österreichische Adel seine Burgen im 13. Jh. *Arnfels, Greifenfels, Weißenfels* und *Reichenfels* nennt, so sind das überregionale Modewörter; denn wie uns Sprachinseln mit altertüml. Sprachform bezeugen, war das Wort *Fels* damals in der bair.-österreich. Bauernsprache nicht bekannt.

Mittelniederdeutsch

Im md. Sprachgebiet hatte sich trotz der Südorientierung der adlig-ritterlichen Dichter (S. 78) in der klass. Zeit eine Schreibsprache mit regionalen Varianten herausgebildet, die in EIKE VON REPGOW (um 1230) ihren ersten Höhepunkt hat: Seine Rechtsaufzeichnung des ›Sachsenspiegels‹ hat eine Wirkung weit über den niederdeutschen Bereich hinaus.

Das Mittelniederdeutsche findet seinen polit. Rückhalt in der **Hanse.** Es ist Verkehrssprache dieses Städtebundes, der im 14. und 15. Jh. den Handel im Nord- und Ostseeraum beherrschte. Die Übernahme einer großen Anzahl von mittelniederdeutschen Wörtern in die skandinav. Sprachen ist ein Zeugnis für diese überragende Stellung. Das Mittelniederdeutsche ist in erster Linie eine Geschäftssprache auf der Basis der Sprache Lübecks und seines Umlands, dazu gesellen sich, dem Kerngebiet der Hanse entsprechend, auch westfäl. und niederländ. Züge. Die starken Verkehrs- und Rechtsbeziehungen zwischen den Hansestädten bilden die Voraussetzung für die gegenseitige Beeinflussung und die Vereinheitlichung einer Sprache, die für die Geschäftswelt von den Grenzen der Niederlande bis ins Baltikum galt. Der Niedergang der Hanse besiegelt auch das Schicksal des Mittelniederdeutschen.

Dieses Niederdeutsche des Mittelalters hatte auch Einfluß auf das Hochdeutsche des Südens. Insbesondere die Bereiche von Handel und Schiffahrt spielen eine größere Rolle. Handel: *Stapel, Schildpatt, Sprotte, Tonne, Juchten;* Schiffahrt: *treideln, Ufer, Wrack, Brackwasser, Förde, Haff, Krabbe, schmuggeln.* Es gibt aber auch viele Wörter des allgemeinen Wortschatzes, die aus dem Niederdeutschen stammen: *krabbeln, Lippe, Ekel, Laken, Lappen, Linnen, Mettwurst, Brause, prassen, fett, pökeln, Prunk, schlau, echt, schleppen, Gerücht, Schlucht, schrubben, Spuk, Moor, Strand, Suppe, Nichte, Torf, Tüte, Quatsch, Ulk.* Insgesamt sind es mehrere 100 Wörter, der Eingang ins Hd. gefunden haben, davon eine ganze Reihe (über 100) vor allem dadurch, daß sie M. LUTHER (S. 97) in seiner Bibelübersetzung verwendete.

Mittelniederländisch

Die frühe Blüte des Brabantisch-Limburgischen bei HEINRICH VON VELDEKE setzt sich 100 Jahre später fort bei JACOB VAN MAERLANT, der in seinen Dichtungen eine über den Regionalmundarten stehende Sprache auf flämisch-brabant. Grundlagen prägt (S. 102). Der spätma. Einfluß des Nl. auf das Hd. beschränkt sich v. a. auf Schiffahrtsterminologie: *Matrose, Yacht, Düne, Süden.*

Mittelhochdeutsch

Der Begriff **Mittelhochdeutsch** ist wie Althochdeutsch (S. 60) zu interpretieren. *Hoch* bezeichnet nicht eine Hoch- oder Schriftsprache, sondern ist ein geograph. Terminus, der das Mittelhochdeutsche im Süden vom Mittelniederdt. im Norden absetzt (S. 77); *Mittel* ist eine zeitlich zu verstehende Abgrenzung, die eingebettet ist zwischen *Alt-* und *Neu*hochdeutsch.

Mittelhochdeutsch im weiteren Sinne bezeichnet die Sprachepoche des hohen und des späten Mittelalters. Im engeren Sinne bezeichnet es das »klass. Mittelhochdeutsch«, die Sprache der klass. höf. Ritterliteratur (1150–1250), so wie sie in den Textausgaben dieser Literatur auftaucht. Dieses »normalisierte Mittelhochdeutsch« ist eine reine Konstruktion. Sie geht auf G. F. Benecke und K. Lachmann zurück. Praktisch jede Handschrift hat, bedingt durch das Fehlen einer Schreibnorm (wie es sie im Nhd. gibt), auch in der klassischen Dichtung ein anderes Graphemsystem. So können z. B. für die Normalschreibung *öu* bis ins Spätmhd. hinein folgende Zeichen auftreten: *ou, ov, eu, ev, ew, ó, óu, öv.*

Dichtersprache

Schon um die Mitte des 12. Jhs. hatte sich im mittelrhein. Gebiet eine Dichter- und Literatursprache entwickelt. Sie wurde aber später vom Mhd. des fränk.-alemannischen Südens aufgesogen. Sogar niederdeutsche Dichter gerieten in den Bann des Hochdeutschen, wie z. B. Albrecht von Halberstadt. Am besten spiegelt sich das im Werk Heinrichs von Veldeke, der seine ersten Dichtungen in einem limburg.-brabant. Dialekt verfaßte. In seinem Hauptwerk, dem Versepos ›Eneit‹ (Äneasroman), nähert er sich, je länger er dichtet, immer mehr der mhd. Literatursprache des Südens, die am Thüringer Hof, wo er lebt, gepflegt wird. Anfänglich verwendet er dort noch Reime, die nur im Nd. rein sind, im Hd. aber nur Assonanzen ergeben: nd. *tît* 'Zeit', *wît* 'weiß', ergibt hd. *zît – wîz*. Reime dieser Art wurden später eliminiert zugunsten von solchen, die im ganzen hd. Sprachgebiet funktionierten, so daß die Dichtungen auch in der Ausspracheform anderer Dialekte (»lantsprachen«) ohne Substanzverlust vorgetragen bzw. gelesen werden konnten.

Dieses Bemühen um überregionale Transponierbarkeit ist der ganzen höf. Literatur der Zeit vor und nach 1200 gemein. Die Dichter meiden Ausdrücke, die stark landschaftlich gebunden sind; Veldeke läßt das nd. Wort *blîde* 'froh', das er in seinen früheren Dichtungen oft verwendete, in der ›Eneit‹ ganz fallen. Hartmann von der Aue reimt in der Frühzeit *kam/nam* und *gân/hân*, meidet solche Reime aber immer mehr, da für bair. Leser seiner Werke die Aussprache *kom/nam* und *gên/hân* keinen Reim ergab. Die Dichter, die wie z. B. Walther von der Vogelweide von ihrer Sangeskunst lebten, hatten ein Interesse daran, daß ihre Werke möglichst in allen Regionaldialekten funktio-

nierten, deshalb ihr Bemühen um etymologisch reine Reime.

Die Dichter geistlicher Inhalte bemühen sich auch in der klass. Zeit nicht um die mhd. Dichtersprache, sondern ziehen regionale Sprachformen vor. So schreibt z. B. Ebernand von Erfurt seine um 1220 entstandene Legendendichtung ›Heinrich und Kunigunde‹ in thüring. Dialekt. In Erfurt war damals am Hof des Landgrafen von Thüringen ein so bedeutendes dichterisches Zentrum, daß Ebernand es für nötig findet, am Ende seiner Dichtung deren Sprachform zu rechtfertigen. Das tut er recht selbstbewußt: er sei als Thüringer geboren, und er wisse nicht, wozu es gut gewesen wäre, wenn er eine andere als seine angestammte Sprache verwendet hätte.

Überlieferte Textsorten

Im 12. Jh. fängt man in Mitteleuropa allmählich wieder an, deutsch zu schreiben (S. 84). Was uns nun entgegentritt, sind die Textarten, die auch schon im Althochdeutschen vorhanden sind (S. 67): Evangelientexte, Kommentare zu Bibeltexten, Gebete, religiöse Dichtungen, Übersetzungen naturwissenschaftlicher Schriften und Glossen. Den dichtesten Überlieferungsstrang zeigt die geistliche Epik, die, von Klerikern geschaffen, als Gebrauchsliteratur zur religiösen Unterweisung nicht Lateinkundiger dient. Diese geistliche Dichtung gibt es als Großform (und auch als Kleinform) das ganze Mittelalter hindurch. Häufig werden Teile der Bibel in Versform umgedichtet, uns sind aber auch Sündenklagen, dogmatische Lehrgedichte, Bußgedichte, Mariengedichte, Bußpredigten und nicht zuletzt auch Legenden in Reimform überliefert. Diese religiöse Zweckdichtung überschneidet sich mit einer Versdichtung, die historische, heroische, politische (auch mit antiken Stoffen) Themen gestaltet. So erfährt der Stoffkreis um Alexander d. Gr. eine mehrfache Bearbeitung, das Rolandslied (ca. 1130) behandelt einen Stoff aus dem Umkreis Karls d. Gr., die Kaiserchronik (um 1150) ist ein umfassendes Geschichtswerk.

In der Nähe der Geschichts- und Legendendichtung steht die sog. **Spielmannsepik** des 12. Jh., eine Textsorte, die man heute als »Unterhaltungsliteratur« bezeichnen würde. Sie zeugt mit ihrem einfachen Bau, ihrem Handlungsreichtum und ihrer Formelhaftigkeit, ihrem Schematismus und ihrer Typisierung von einer Hörerschicht, die breite Kreise (auch ohne formale Bildung) umfaßt haben muß. Diese Dichtung lebt wie die Dichtung des 12. Jhs. in der Mündlichkeit des Vortrags und schließt an Motivkreise übereuropäischer Reichweite an. Um 1200 findet der Stoffkreis der germ. **Heldendichtung** (Nibelungenlied) eine neue Gestaltung vor allem den Weg aufs Pergament. Auch sie lebt wie die Spielmannsepik über Jahrhunderte nur in der Mündlichkeit; auch sie dürfte mit ihrem Rückgriff auf die germanische Völkerwanderungszeit (Dietrich von Bern = Theoderich) ein breiteres Publikum angesprochen haben. Sie bleibt bis ins 16. Jh. hinein attraktiv. Ihre Sprache ist (im 12. Jh.) archaisch und zu vergleichen mit der der Spielmannsepik. Da erscheinen für den 'Kämpfer' Wörter wie *helt, recke, wîgant, degen,* die auch damals schon einen Hauch von Altertum an sich haben und mit dieser Dichtung vielfach auch untergehen (in der Neuzeit wurden viele aus antiquarischem Interesse heraus wieder belebt). Es handelt sich vor allem um Ausdrücke aus dem Kampfwesen, die ja in der Heldenepik häufig vorkommen. Beispiele: *friedel* 'Geliebte', *marc(h)* 'das Streitroß', *bouc* 'Ring', *wîc* 'Kampf', *urliuge* 'Kampf', 'Krieg', *wal* 'Schlachtfeld', *balt* 'kühn', *mære* 'berühmt', *gemeit* 'fröhlich', *veige* 'zum Tode bestimmt', *vrevel* 'mutig', *milte* 'freigebig'. Aussterbende syntaktische Formen der Heldendichtung: die Endstellung des Verbums (*Sîfrit der snelle zu dem künige trat*), die Nachstellung von Pronomen oder Adj. (*der herre mîn, der ritter guot*) oder die nachdrückliche Vorausstellung des Adverbs (*ûf huob Crist sînes criuzes vanen*).

Das, was man als **höfische Ritterliteratur** bezeichnet, um die Mitte des 12. Jhs. beginnt. Greifbar wird sie uns vor allem in einer Epik, die ursprünglich aus dem Stoffkreis der Artussage ihre Motive schöpft, und in einer Lyrik, die als Minnesang bekannt geworden ist. Die Epik hat ihre großen Vorbilder in Frankreich, wo eine gleichartige Literatur schon einige Jahrzehnte vorher ausgebildet worden war. Noch die bedeutenden Werke HARTMANNS VON AUE ('Erec', 'Iwein' um 1180/90) sind praktisch Übersetzungen der Werke des frz. Dichters CHRÉTIEN DE TROYES. Diese Epik tritt im Deutschen zuerst im mittelrhein. Raum auf, wo sich um 1150 schon eine Literatursprache auszubilden beginnt, sich aber gegen das bald darauf mächtig werdende Mhd. des Südens nicht durchsetzen kann. Der Minnesang erscheint zuerst in zwei weit auseinanderliegenden Gebieten: im Niederrheinischen und im Bairischen. Er ist eine hochformale Kunst mit festen Regeln, in der als Hauptmotiv eine der Sänger unerreichbar bleibende »vrouwe«, 'Herrin' besungen wird.

Die Sprachkunst der Dichter der höf. Ritterliteratur ist beträchtlich und ihre Wirkung auf die Dichtung der späteren Zeit anhaltend. Ihr hauptsächliches Verdienst lag im Bereich des Stilistischen. Die Sprache wurde im Vergleich z. B. zur frühmhd. Literatur beweglicher, leichter und vielseitiger zu handhaben, ein Vorgang, der mit der sprachschöpferischen Leistung LUTHERS (S. 97) und der deutschen Klassik zu vergleichen ist. So wenig wie die Sprache GOETHES für die Sprache seiner Zeitgenossen repräsentativ ist, so wenig spiegelt sich in der höfischen Ritterliteratur die Sprache der Zeit um 1200. Man hat sie als »Funktiolekt« bezeichnet, die einer bestimmten Gruppe als »Mittel der literarischen Kommunikation« (N. R. WOLF) diente. Diese Gruppe ist nicht als einheitliche soziale Gruppe zu sehen, denn diese Literatur- und da-

mit auch Sprachform wird gepflegt vom fahrenden Sänger (WALTHER VON DER VOGELWEIDE, † um 1228) über den Ministerialen (HARTMANN VON AUE, † um 1210) und nichtadligen (stadtbürgerlichen) Laien (GOTTFRIED VON STRASSBURG) bis zum Hochadel (Kaiser HEINRICH VI., † 1197). Publikum und Förderer dieser Literatur ist der Adel, sind die Fürstenhöfe, später auch das wohlhabende Stadtbürgertum.

Die Dichtung ist in der Regel Versdichtung. Vom 13. Jh. an gibt es aber auch **Prosadichtungen.** Als erstes Werk erscheint um die Mitte des Jhs. der Prosa-Lanzelot, ein umfangreicher Roman aus der Artuswelt. Erst viel später treten poetische Prosatexte in größerer Zahl auf. Diese neue Textsorte hat vor allem lateinische Vorbilder, aber auch französische (wie beim Prosa-Lanzelot). Die Ablösung des Versepos durch den Prosaroman wird in der Regel mit den grundlegenden soziologischen Wandlungen des Spätmittelalters in Zusammenhang gebracht, auf jeden Fall wird darin auch ein tiefgreifender Wandel der Rezeption sprachlicher Kunstwerke deutlich: Während der Minnesänger und das höfische Versepos im Vortrag lebte, d. h. in einer Gruppe als öffentliches Ereignis aufgeführt wurde, leitet der Prosaroman eine neue Rezeptionsart ein: er wird von einer einzelnen Person (im Mittelalter sicher noch laut) gelesen.

Auch in mittelhochdeutscher Zeit ist das Latein die Hauptschreibsprache. Nur ein Bruchteil dessen, was geschrieben wird, geschieht in deutscher Sprache. Im Laufe des 13. Jhs. werden immer mehr Textsorten auch deutsch geschrieben. Einen großen Bereich bilden die **Rechtstexte.** Der Sachsenspiegel EIKES VON REPGOW (um 1220–35) ist Ausgangspunkt für weitere Rechtskodierungen. Der Große Mainzer Landfrieden (von 1235) ist das erste Reichsgesetz in deutscher Sprache und gleichzeitig die erste deutsch abgefaßte Urkunde. Solche deutschen Urkunden sind im Süden des Reichs in der 2. Hälfte des 13. Jhs. in großer Anzahl überliefert (vgl. S. 83, 85). Auch Stadtrechtsbücher werden nun in deutscher Sprache niedergeschrieben, Steuerlisten, Urbare (S. 83) und Weistümer (S. 83).

Eine weitere Textsorte taucht immer mehr in deutscher Sprache auf: Es sind **Sach-** und **Fachbücher** nicht nur theologischen Inhalts sondern auch über Medizin und Biologie. Auch Jagdbücher, Fechtbücher oder Pilger- und Reiseberichte sind vertreten. Die Prosaform auch solcher »Gebrauchstexte« ist nicht selbstverständlich. Sie wird häufig eigens begründet. Die »normale« Darbietungsform in deutscher Sprache ist der Reimvers, der aber später immer mehr auf fiktionale Texte eingeschränkt wird. Die Handschrift als Vorlage für das Vorlesen, fürs laute Lesen; der gereimte Text lebt in erster Linie in der Mündlichkeit, der Reim stellt eine Hilfe fürs Memorieren dar.

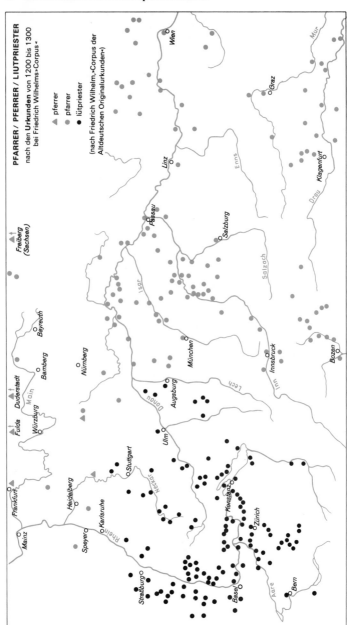

PFARRER / PFERRER / LIUTPRIESTER
nach den Urkunden von 1200 bis 1300
bei Friedrich Wilhelms »Corpus«

▲ pferrer
● pfarrer
● lütpriester

(nach Friedrich Wilhelm, »Corpus der
Altdeutschen Originalurkunden«)

Synonyme von Priester in deutschen Urkunden

Die Sprache der **Predigt** war immer die Volkssprache. Schon aus dem Ahd. sind uns ein paar Predigtbruchstücke erhalten. Im 12. Jh. tauchen Predigtsammlungen auf, meist aus dem Lateinischen übersetzte Musterpredigten. Erst von dem berühmten Prediger BERTHOLD VON REGENSBURG († 1272) sind die ersten Nachschriften wirklich gehaltener Predigten überliefert. Solche Nachschriften waren damals im Gefolge der neu aufkommenden relig. Bewegungen sehr beliebt, wurden immer wieder abgeschrieben und gingen von Hand zu Hand. Sie zeugen von der gewaltigen Sprachkraft des Predigers: er steht ganz in der geistlichen Tradition seiner Zeit, aber auch die Sprache des Rittertums ist ihm nicht fremd.

Stärker aber beeinflußten die Übersetzungsleistungen der deutschen **Scholastik** und die Werke der deutschen **Mystik** die Geschichte der dt. Sprache. Im Bereich der Scholastik ist vor allem auf die Arbeit eines uns unbekannten Verfassers hinzuweisen: er übersetzte um 14. Jh. eines der Hauptwerke der mittelalterlichen Philosophie, das Zentralwerk der Scholastik, des THOMAS VON AQUIN ›Summa theologica‹ ins Deutsche.

Schon im Ahd. hatte der erste Übersetzer philosophischer Texte, NOTKER LABEO VON St. Gallen, eine Reihe von Vorschlägen für die Eindeutschung philosoph. Begriffe gemacht, doch blieb seine Leistung ohne Wirkung auf die spätere Zeit. Im 12. Jh. mußte man solche Probleme wieder lösen und man bediente sich der gleichen Mittel wie im Ahd.: Lehnwörter, Lehnübersetzungen usw. (S. 70f.).

Dabei entwickelte sich eine Systematik und Parallelität von dt. und lat. Wortbildungsmitteln. So entspricht der lat. Endung *-(t)io* in der Regel mhd. *ung(e)*, lat. *-tas* wird meist mit *-heit*, *-keit* übersetzt, lat. *-ilis* geht mit mhd. *lîch* zusammen, z. B.

lat. *acceptio*, mhd. *enphâhunge*
lat. *adaequatio*, mhd. *zuoglîchunge*
lat. *circulatio*, mhd. *umberingelunge*
lat. *commensuratio*, mhd. *glîchmessunge*
lat. *visio*, mhd. *anschouwunge*
lat. *causalitas*, mhd. *sechlicheit*
lat. *deiformitas*, mhd. *gotformigkeit*
lat. *entitas*, mhd. *wesentheit*
lat. *identitas*, mhd. *selplicheit*
lat. *materialitas*, mhd. *materielicheit*
lat. *animalis*, mhd. *tierlîch*
lat. *appetibilis*, mhd. *begerlîch*
lat. *essentialis*, mhd. *wesenlîch*
lat. *formalis*, mhd. *förmelîch*
lat. *realis*, mhd. *dinklîch*.

Häufig verwendet und in weite Teile des Volkes getragen wurden solche philosoph. Fachausdrücke dt. Sprache vor allem in den Schriften der **Mystik**, während die Sprache der Schulphilosophie bis weit in die Neuzeit hinein das Latein blieb. Die Mystik war eine der rational ausgerichteten Scholastik entgegengesetzte Bewegung. Sie erwuchs auf dem Boden der mächtigen Frauenbewegung des 13. Jhs. in den deutschsprachigen Gebieten des Reiches und bei den das geistliche Leben dieser Frauen betreuenden Dominikanern.

Die Frauen waren damals aus dem Bildungsbetrieb der Klöster ausgeschlossen, ihnen war die Lateinbildung und damit die Theologie nicht zugänglich. So wandten sie sich der spekulativen, gefühlsmäßigen, erlebnishaften Gotteserkenntnis zu, die ihren Höhepunkt und ihr Ziel in der Schauung Gottes oder in der »unio mystica«, der geistigen Vereinigung mit Jesus Christus, hatte. Die Mystiker versuchten, die Verzückung, die sie dabei erfuhren, zu beschreiben. Der Zustand der Entrückung wurde mit dem lat. Wort *iubilus* bezeichnet; das *Jubilieren*, der *Jubel* gingen von da aus in die Sprache ein.

Die Erlebnisse der Mystiker waren aber sprachlich nicht angemessen wiederzugeben, was sie auch selbst immer wieder betonten: »daz eines, daz ich dâ meine, daz ist *wortelôs*« (das kann mit Worten nicht bezeichnet werden), heißt es in einem ihrer Traktate. Ihnen bleibt nur der Versuch, sich nur durch eine bilderreiche, oft paradoxe Sprache und eine abstrakte Begrifflichkeit, die ihren existentiellen Erfahrungen entspricht, in immer neuen Anläufen ihrem Ziel zu nähern. Dabei verwenden sie oft die vorgeprägten Abstrakta der deutschen Scholastik, schaffen aber auch selbst sehr viel Neues. Darüber hinaus erfahren sehr viele Wörter im Gebrauch der Mystiker eine charakteristische und dauernde Umprägung ihrer Bedeutung. So finden sich bei den Mystikern schon Substantivierungen wie *daz al* 'das All', *daz nicht* 'das Nichts', *daz sîn* 'das Sein', *diu icheit* 'die Ichheit', *daz wesen* 'das Wesen'. Diese Prägungen sind oft weniger bewußte Bildungen zum Ausdruck isolierter abstrakter Inhalte, als vielmehr syntaktische Hilfsmittel zur Wiederaufnahme und Zusammenfassung bereits formulierter Inhalte, wie beim ersten Beleg für das Subst. das *Sein* bei MEISTER ECKHART († 1327/28). »Die liute entdörften niemer vil gedenken, waz sie tæten; sie solten aber gedenken, waz sie wæren ... Niht gedenke man heilicheit ze setzenne ûf ein tuon; man soll heilicheit setzen ûf ein sîn...«

Die Wirkung der Mystik auf die dt. Sprache zeigt sich an Wörtern wie *Zufall, Eigenschaft, eigentlich, gelassen, begreifen, Einfluß*, deren übertragene Bedeutung durch ihre Werke verbreitet wird. Auch das Wort *bloß* 'nur' verdankt seinem häufigen Gebrauch bei den Mystikern einen entscheidenden Bedeutungswandel. Ihr oft formuliertes Begehren, Gott »bloß« ('nackt', in seiner eigentlichen Gestalt) zu sehen, hat zu dieser Verblassung des ursprünglichen Wortsinnes viel beigetragen.

Eine direkte Einwirkung auf die dt. Hochsprache ist über MARTIN LUTHER (S. 97) anzunehmen: Er kannte wesentliche Werke der Mystik, v. a. aber die Schriften JOHANNES TAULERS († 1361).

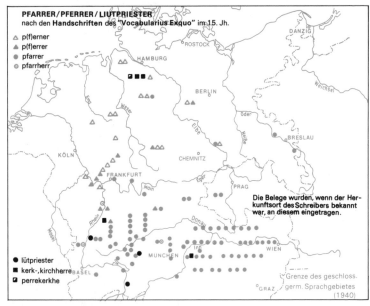

Synonyme von Priester in einem Wörterbuch

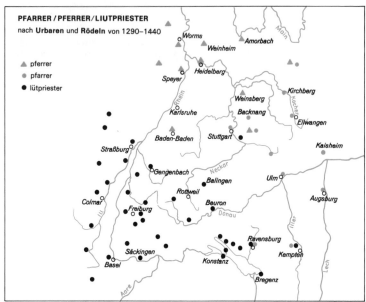

Synonyme von Priester in Urbaren und Rödeln

Textsortenspezifische geographische Variation
Am Beispiel der mittelalterlichen Bezeichnung für den **Pfarrer** soll an einigen Beispielen aufgezeigt werden, inwieweit verschiedene Textsorten die Verhältnisse in der damaligen dialektalen Raumgliederung wiedergeben (nach K. KUNZE). Das ist gleichzeitig auch eine Antwort auf die Frage, wie stark diese Textsorten zu regionalen bzw. überregionalen Sprachformen tendieren. Es stehen sich Varianten des Wortes **Pfarrer** sowie im Südwesten die Form **Leutpriester**, die inzwischen ausgestorben ist, gegenüber.
Urkunden (Karte S. 80) führen am weitesten zurück (13. Jh.), sie sind sicher zu datieren und bieten Sprachmaterial zu den verschiedensten Sachgebieten. Doch ihre Lokalisierung ist oft sehr schwierig, die Kanzleien sind in sich oft uneinheitlich (S. 91). Trotzdem zeigt die Karte, die nach den Urkunden gezeichnet wurde, einheitliche Flächen; die Belege wurden nämlich am jeweiligen Sitz des in der Urkunde genannten Pfarrers angesiedelt. Das nach Norden hin dünner werdende Belegnetz (S. 80, vgl. auch S. 85) ist von der geringen Zahl der dt. Urkunden im 13. Jh. dort bedingt. Für die Lautgeographie sind die vereinzelten *pferrer*-Belege im fränk. Norden Anzeichen für die Durchführung des Umlauts.
Ein wichtiges Hilfsmittel zum Erlernen der europ. Gemeinsprache Latein waren die **Vokabularien** (Wörterbücher). Sie sind häufig überliefert, oft schwer zu datieren und noch schwerer zu lokalisieren. Ihre vielen Fassungen sind sehr oft durch mechanisches Kopieren entstanden. Wir können hier im Graphemsystem am ehesten Schreibtraditionen verfolgen, im Wortschatz werden regionale Varianten, wo überregional bekannte Formen vorhanden sind, weitgehend ausgeschaltet.
Unsere Karte bringt ein Lemma aus dem ›Vocabularius ex quo‹, der im spätma. Schulgebrauch verbreitet war. Er repräsentiert einen gehobenen Durchschnittswortschatz, die Seltenheit von *leutpriester* bestätigt das.
Urbare (Rödeln) sind Grundstücksverzeichnisse, in denen auch die auf den Grundstücken ruhenden Rechte und Lasten registriert sind. Als Instrumente der Verwaltung dienen sie auch verhältnismäßig kleinen Grundherrschaften. Deshalb ergeben sie als sprachgeographische Quellen ein ziemlich dichtes Ortsnetz. Ihr Sachbereich ist beschränkt, ihr Inhalt ist von »litaneihafter Monotonie«, was die geograph. Vergleichbarkeit erhöht. Sie sind meist leicht datierbar und lokalisierbar. Wir haben es hier mit »Verwaltungssprache der untersten Ebene« zu tun. Die Schreiber solcher Bücher befanden sich auch in der Hierarchie ihres Standes in den untern Rängen.
Bei ihrem beschränkten Benutzerkreis besteht kein Bedürfnis nach Überregionalität, der geringe Ausbildungsgrad der Schreiber bedingt wenig Einheitlichkeit und Konsequenz, daneben verursacht der hohe Anteil von oft nicht

mehr verstandenen Namen des öfteren Schreibversuche nach dem Ohr.
Unser Beispiel dokumentiert nicht nur den Wortgegensatz *pfarrer/leutpriester* kleinräumiger als in anderen Textsorten, sondern läßt auch das Vordringen von *pferrer*-Schreibungen aus dem Norden erkennen.
Literarische Texte nach sprachgeograph. Gesichtspunkten zu kartieren, bleibt in der Regel ohne konkretes Ergebnis. Zwar treten in alemann. Abschriften hin und wieder *Leutpriester*-Glossierungen auf, doch selbst sind alemann. Dichter wie KONRAD VON AMMENHAUSEN (aus dem Thurgau), der in Stein am Oberrhein tätig war, verwendet in seinem ›Schachzabelbuch‹ (1337) *pfarrer*. Hier wird das Streben der Dichter des Spätmittelalters nach Überregionalität deutlich.
Variation innerhalb einer Textsorte (nicht geographisch bedingt): Für Regensburger Urkunden des 13. Jhs. hat I. REIFFENSTEIN bei der Durchführung der Diphthongierung (S. 147) Unterschiede zwischen der Kanzlei des Katharinenstifts und der der Stadt wahrscheinlich gemacht: Die städtischen Urkunden besitzen ein höheres formales Niveau, sie sind konservativ in der Schreibung (mit wenig diphthongierten Formen), während die Urkunden des Klosters weniger sorgfältig sind, sich mehr von der Schreibtradition (= Schulnorm) entfernen und mehr diphthongierte Formen besitzen (was auf weniger geübte Schreiber schließen läßt). Die Klosterurkunden waren (im privatrechtlichen Bereich) für eine kleinere Region bestimmt im Gegensatz zu den städt. Urkunden, die als offizielle Dokumente einen höheren Öffentlichkeitsanspruch haben.
Die Untersuchung des Briefwechsels eines Nürnberger Patrizierehepaars (Ende 16. Jh.) hat ergeben, daß der offensichtlich gebildete Ehemann eine überregionale Schreibsprache verwendet, die Ehefrau dagegen verwendet Formen, die eine wesentlich größere Nähe zum damaligen Dialekt, d. h. zur gesprochenen Sprache, haben.
Schon in der Mitte des 15. Jhs. ist die Endstellung des Verbs im eingeleiteten Nebensatz in der Nürnberger Stadtkanzlei fast immer vorhanden. Bei privaten Schreibern des 15. und 16. Jhs. ist diese (moderne) Wortstellung so häufig: Am meisten verwenden sie Männer mit Universitätsbildung, die bedeutende städtische Ämter innehatten, weniger Männer ohne Universitätsbildung, in abnehmender Häufigkeit Studenten, dann Klosterfrauen und am wenigsten weltliche Frauen.
Diese in den geschriebenen Sprache nachgewiesene nicht geographisch bedingte Variation wird sicher als Möglichkeit auch für die gesprochene Sprache zur Verfügung gestanden haben: Es wäre auch unwahrscheinlich, daß bei einer sozial so stark gegliederten Gesellschaft, wie der mittelalterlichen, keine sozial bedingte Sprachvariation auch im gesprochenen Bereich vorhanden gewesen wäre.

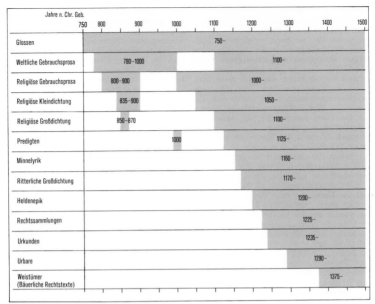

Schriftliche Überlieferung einiger deutscher Textarten im Mittelalter

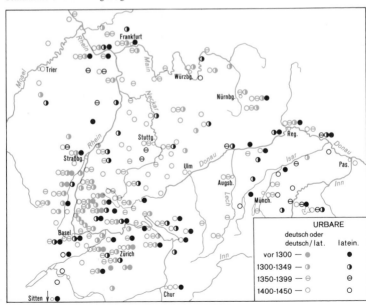

Die Überlieferung deutscher und lateinischer Urbare vom 13. bis 15. Jh.

Soziokultureller Wandel

Schon im 13. Jh. zeigen sich überall die Anfänge der neuen Kräfte, die dann für das spätere Mittelalter bestimmend sind. Der **Territorialstaat**, so wie er sich, nach dem Zusammenbruch des Stauferreiches, gegen die kaiserliche Zentralmacht konstituiert, schafft sich seine Verwaltungsmittelpunkte, von denen aus reglementiert, privilegiert, besteuert und verordnet wird.

Die Städte erhalten eine immer größere Bedeutung, ihre Einwohnerzahlen und ihre wirtschaftliche Macht wachsen. Voraussetzung für ihre Blüte ist die Verschriftlichung des Geschäftsverkehrs, die es dem Fernhandelskaufmann ermöglicht, seßhaft zu werden und seine Geschäfte von einem Ort aus zu betreiben. In den Städten erwächst eine neue, selbstbewußte, wirtschaftlich starke Schicht, die ihre Korrespondenz immer mehr in der Volkssprache abwickelt; eine Schicht, die dann auch eine ihren Bedürfnissen entsprechende Literatur entwickelt. Der neue billige Schreibstoff, das Papier, zunächst aus Italien eingeführt, vom 14. Jh. an auch in Deutschland in größerem Rahmen produziert, ermöglicht dies alles.

In den Städten entwickeln sich die **Universitäten** und ein vom Bürgertum getragenes Schulwesen, die mit größeren Ausbildungskapazitäten den neuen Ansturm bildungswilliger Laien aus allen Schichten besser befriedigen konnten als die geistlichen Bildungsstätten der Kloster- und Domschulen. Das 14. und 15. Jh. erlebt geradezu einen Universitätsgründungsboom.

Neue Textsorten

Dies alles läßt bei Adel und Bürgertum den Anteil von gebildeten Laien (= Nicht-Geistlichen) stark ansteigen, so daß Autoren und Publikum für eine im Verhältnis zum hohen Mittelalter stark ausgeweitete profane deutsche Schriftkultur vorhanden sind. Das hat nicht nur ein Ansteigen des Deutschen in der Verwaltung (Urkunden, Rechtstexte, Polizeiverordnungen, Erlasse, Protokolle, Inventare), sondern auch in allen anderen Lebensbereichen zur Folge. Vorher nur mündlich vorhandene Kommunikationsmuster werden nun schriftlich.

Auch im 15./16. Jh. ist der größte Teil des Überlieferten religiös motiviert: Predigten, Bibelübersetzungen, Legendensammlungen, Erbauungsliteratur, Gebets- und Gesangbücher, geistliche Spiele. Im literarischen Schaffen werden die Gattungen des Hochmittelalters weitergepflegt: es gibt noch eine höfische Versepik; gleichzeitig werden die alten Epen in Prosa umgesetzt, ein Zeichen, daß die Texte von Vortrags- zu Lesetexten werden. Es gibt noch einen Minnesang, doch aus der gleichen Wurzel nährt sich auch der bürgerliche Meistersang. Einen breiten Raum nehmen satirische und didaktische Textsorten ein. Neu entstehen auch die sog. deutschen Volksbücher.

Die an sich lateinische Wissenschaft übersetzt wichtige Texte aus Theologie, Philosophie, Naturwissenschaft, Medizin, Architektur, Geographie und Historiographie ins Deutsche und macht sie damit einem breiteren Publikum zugänglich; wie sich überhaupt »Fachliteratur« ausbreitet: Es gibt nun Kochbücher, Arznei- und Kräuterbücher, Kalender, für den Adel Jagd-, Turnier- und Fechtbücher, Rechenbücher, Wörterbücher und Schreibanleitungen, Bücher über Haus- und Landwirtschaft. Es werden Briefe, Tagebücher und Chroniken geschrieben, selbst Tagesereignisse werden in Flugschriften und Flugblättern verbreitet. Insgesamt werden immer mehr Lebensbereiche verschriftlicht: Es ist praktisch nicht mehr möglich, ein Leben ohne irgendwelche Berührung mit der Schriftkultur zu führen, und wenn es nur der Eintrag in Geburts- oder Sterberegister ist.

Ein Beispiel für die geradezu explosionsartige Ausweitung des deutsch Geschriebenen sind die Urkunden: Von 1200–1239 sind 6 deutsche überliefert, von 1240–1259 sind es 42, von 1260–1279 schon 348 und von 1280–1299 sind es 3169. Die Städte des alemannischen Südwestens gehen voran. Die mitteldeutschen Städte beginnen in der Regel erst in der ersten Hälfte des 14. Jhs. deutsch zu urkunden, die niederdeutschen der Hanse erst nach 1350. Das erste deutschsprachige Reichsgesetz stammt von 1235, die älteste deutschlautende Königsurkunde von 1240.

Ob eine Urkunde dt. oder lat. ausgestellt wird, hängt im Spätmittelalter weniger vom Inhalt als vom Empfänger und vom Aussteller ab. In der Kanzlei LUDWIGS DES BAYERN (1314–47) wurde unabhängig vom Inhalten gleichermaßen dt. wie lat. geurkundet, allerdings ist bei richterlichen und schiedsrichterlichen Entscheidungen LUDWIGS ein Übergewicht der dt. Urkunden festzustellen. Die Urkunden für Empfänger aus Bayern wurden zu 78,2%, die für schwäb. und ostfränk. Empfänger zu 55% deutsch abgefaßt, bei Empfängern aus dem übrigen obd. und md. Dialektgebiet liegt der Anteil der deutsch geschriebenen Urkunden bei 25%. In den nd. Raum ging nur eine dt. Urkunde und zwar an den Fürsten von Anhalt, also in den südlichsten Teil des Gebietes. Für die Niederlande wurde ausschließlich lat. geurkundet. Bei weltlichen Adressaten aus dem bair. Raum beträgt der Anteil der dt. Urkunden, die LUDWIG in seiner Eigenschaft als Herzog ausstellte, sogar 97,3%. Niederer Adel und Bürgertum gehen sehr viel früher zur deutschen Urkundensprache über als z. B. der hohe Klerus oder die landesfürstliche Kanzlei.

Den dt. Urkunden liegen im Formular und im Stil die lat. zugrunde. Das macht die Sprache der Urkunde (und auch des offiziellen Briefes) sehr umständlich, wenig beweglich, feierlich, formelhaft, wenn man sie mit der gekonnten Meisterschaft von gleichzeitig produzierten literarischen Werken vergleicht. Es ist die Sprache der Verwaltung und der Behörden und entspricht am ehesten unserem heutigen »Verwaltungsdeutsch«.

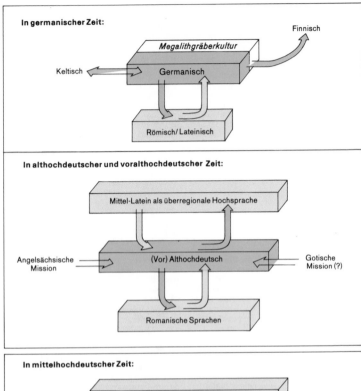

In germanischer Zeit:

Megalithgräberkultur

Finnisch

Germanisch

Keltisch

Römisch/Lateinisch

In althochdeutscher und voralthochdeutscher Zeit:

Mittel-Latein als überregionale Hochsprache

Angelsächsische Mission

(Vor) Althochdeutsch

Gotische Mission (?)

Romanische Sprachen

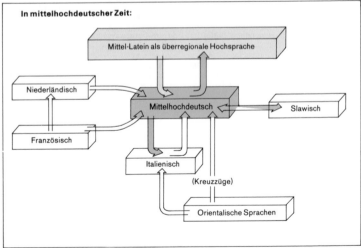

In mittelhochdeutscher Zeit:

Mittel-Latein als überregionale Hochsprache

Niederländisch

Mittelhochdeutsch

Slawisch

Französisch

Italienisch

(Kreuzzüge)

Orientalische Sprachen

Lehnbeziehungen in der frühen Geschichte der deutschen Sprache

Französisch: Das frz. Rittertum war nicht nur in den Literatur- und Lebensformen Vorbild für die dt. Ritterschaft, auch sein Wortschatz wurde mit übernommen. Das Französische war damals in den Adelsschichten eine ausgeprägte Mode geworden. Deshalb stammen die Wortentlehnungen dieser Zeit in erster Linie aus dem Bereich der ritterl. Kultur: afr. *aventure* > mhd. *âventiure* 'Abenteuer', *tornei* > *turnei* 'Turnier', *bohourt* > *bûhurt* 'Kampf', 'Ansturm mehrerer Reiter gegeneinander', *joste* > *tjoste* 'Kampf zweier Reiter beim Turnier', *lance* > *lanze* 'Lanze', *palais* > *palas* 'Gebäude', *pris* > *prîs* 'Preis', *dancer* > *tanzen* 'tanzen'. Dem mhd. *garzûn* für 'Knappe' entspricht das afrz. *garçon*, das als germ. **wrakkjo* ins Romanische übernommen worden war und im Mhd. als *recke* 'Recke' in eben dieser Zeit unterging. Ähnlich war es mit mhd. *seneschalc* 'Seneschalk' aus afrz. *seneschal*, das auf altfränk. *siniskalk* 'Altknecht' beruht.

Die Rezeptionswelle aus dem Frz. umfaßt nicht nur Wörter, sondern auch Wortbildungsmittel, z. B. die Verbalendung *-ieren* (*parlieren*, *loschieren*, *regnieren* 'regieren'), die in der weiteren dt. Sprachgeschichte fruchtbar geworden ist (*stolzieren*, *hausieren*, *lackieren*). Das damals übernommene frz. Wort *ley* 'Art' lebt als Suffix noch in *mancherlei*, *vielerlei*; die Endung *-îe*: mhd. *jegerîe* 'Jägerei', *zouberîe* 'Zauberei' stammt auch aus dem Frz. und ist heute noch produktiv: *Schweinerei*, *Haarspalterei* u. v. a.

Neben den Lehnwörtern und Lehnsuffixen steht eine Reihe von Lehnprägungen, dt. Wörter, die ohne frz. Einfluß so nicht denkbar wären. Beispielsweise ist mhd. *dörperîe* eine Bildung nach afrz. *vilanie*, *höveschheit* nach *courtoisie*. Auch die Bezeichnungen *Großmutter* und *Großvater* sind Lehnübersetzungen aus dem Frz. Sie verdrängen die alten germ. Bezeichnungen wenigstens in der Hochsprache. Auch die höf. Anrede mit »Ihr« (»Ihrzen«) gehört in diesen Bereich. Sie ist im Latein der Kaiserzeit und in der Kirchensprache zwar schon vorhanden, löst aber erst im 13. Jh. das alte »Duzen« ab. »Sie« als Anredeform gibt es nach spanischem Vorbild erst seit dem 15. und 16. Jh. In den obd. Mundarten ist das »Ihrzen« als Höflichkeitsform den Eltern und Großeltern gegenüber erst in der ersten Hälfte dieses Jahrhunderts abgelöst worden.

Niederrheinisch: Die hochdeutsche Ritterschaft orientiert sich nicht nur an Frankreich, sondern auch an Flandern. Dort hatte man zuerst die aus Frankreich kommende neue Lebensart rezipiert und ausgebildet. Das »Vlæmen«, das Flämisch-Reden, wird eine Modeerscheinung: viele Zitate in der Literatur beweisen es. Sogar ein Zentralwort wie mhd. *ritter* stammt vom Niederrhein. Zunächst ist es eine Lehnbildung nach frz. *chevalier*. Im Mhd. müßte es *rîter*, *rîtære* 'Reiter' heißen, im Mnd. heißt es *riddere*, was ins Obd. übertragen *ritter* ergibt. Weiter verraten der Gebrauch von *ors* für *ros* 'Pferd', *wâpen* für *wâfen* sowie *baneken* 'um-

hertummeln' nd. Herkunft. Auch das Wort *gelücke* 'Glück' scheint mit dem Ritterwesen im Laufe des 12. Jhs. ins Hd. eingedrungen zu sein, ebenso das Wort *cleit* 'Kleid'.

Die Lehnwörter aus dem **Italienischen** gehören in den Bereich des Handels und der Geldwirtschaft: mhd. *spunt* 'Spund' aus italien. *(s)punto*, aus lat. *(ex)punctum*, kommt ins Deutsche mit dem Weinhandel, mhd. *spacziren* < ital. *spaziare*, mhd. *rîs* < ital. *riso* 'Reis', mhd. *damasc*, *damast* < ital. *damasco*, *damasto* 'Damast', 'Stoff', mhd. *gross(en)*, *groschen* < ital. *grosso* 'Groschen', mhd. *karat* < ital. *carato* 'Karat', 'Edelsteingewichtseinheit', mhd. *rest* < ital. *resto* 'Rückstand', mhd. *stival* < ital. *stivale* 'Stiefel', mhd. *salat* < ital. *insalata* 'Salat'. Die Entlehnung ital. Wörter zieht sich mit der Ausweitung der Handelsbeziehungen kontinuierlich übers ganze Mittelalter hin. Auch die Sprache der Seefahrt hat viele Ausdrücke aus dem Italienischen übernommen. So sind z. B. die Ausdrücke *festes Land* und *hohes Meer* (wenn auch spätbelegte) Lehnübersetzungen nach ital. *terra ferma* und *alto mare*.

Die Kreuzzüge brachten manches **orientalische** Wort nach Europa. Ins Mhd. gelangten sie aber meist durch romanische Vermittlung: *Joppe* aus ital. *djuppa*, das seinerseits auf arab. *dschubba* zurückzuführen ist. *Schach* < afrz. *eschac* zu pers. *šâh* 'König'. *Spinat*, ursprünglich persisch, übers Arabische in die roman. Sprachen gelangt, kommt von dort ins Mhd. Indischen Ursprungs sind *Kampfer* (Arzneipflanze) und *Zucker*. Das Abessinische lieferte uns *Giraffe*, das Arabische *Sirup*, das Türkische über das Ungarische den *Dolmetsch*.

Das **Lateinische** als Sprache der Wissenschaft und Verwaltung bereicherte auch im Hohen Mittelalter unser Mhd. (zum Germ. und Ahd. S. 51 und S. 71). Mhd. *majestæt*, *majestât* < lat. *mâiestas*, Gen. *maiestatis*, mhd. *zepter* < lat. *sceptrum*, mhd. *orden* 'Regel', 'Stand' < lat. *ordo*, Gen. *ordinis*, mhd. *hospitâl* < mlat. *hospitale*, mhd. *puls* < lat. *pulsus*. Spätmhd. *klistier* < lat. *clysterium*, mhd. *korper*, *körper* < lat. *corpus*, Gen. *corporis*. Vielfach liegt bei dt. Wörtern eine Lehnübersetzung vor: mhd. *übervluz* nach lat. *abundantia*, mhd. *slac* nach lat. *apoplexia*, mhd. *jâmertal* nach lat. *vallis lacrimarum*, mhd. *vegeviur* nach lat. *ignis purgatorius* (vgl. auch S. 81).

Die intensive Berührung mit den **slawischen** Völkern bei der Eroberung und Besiedlung der ostelb. Gebiete hatte die Ausbreitung von slaw. Wörtern im Dt. zur Folge. Umgekehrt wirkte die überlegene dt. Kultur und Sprache in ungleich stärkerem Ausmaß auf die westslaw. Sprachen. So entspricht *Quark* aus spätmhd. *twarc* einem slaw. *twarog*, *Jauche* < poln. *jucha*, *Grenze* < mhd. *grenize* < poln. *granica*. Ebenso ist *kummet* 'Pferdegeschirr' aus poln. *chomat* entlehnt. *Peitsche* gehört zu slaw. *biči* und taucht im 14. Jh. zum ersten Male auf (S. 199). Slawische Vogelhändler verbreiteten die slaw. Namen des *Stieglitz* und des *Zeisig*.

Außengrenzen des gesamtjiddischen Sprachgebietes (historisch)

Ehemaliges jiddisches Sprachgebiet (bis 1945)

Grenze zwischen Ostjiddisch und Westjiddisch

Staatsgrenzen von 1938

0   200   400   600

km

Das ehemalige jiddische Sprachgebiet in Europa

Als die Juden im 2. Jh. n. Chr. aus ihrem Staat in Palästina vertrieben wurden, nahmen sie als Sprache das Hebräisch-Aramäische ihrer Heimat mit. Sie verteilten sich in ganzen röm. Reich und auch im Orient. Dabei paßten sie sich den jeweiligen Landessprachen an. Das Hebräische aber, die Sprache ihrer relig. Schriften, pflegten sie als Kultsprache weiter. Die beginnende Verfolgung und Isolierung der Juden hatte auch sprachl. Separierung zur Folge. So entwickelten sich eigene **Judensprachen:** Das Spaniolische/Ladino in Spanien auf span. Basis verbreitete sich über den gesamten Mittelmeerraum, es war die Gemeinsprache der sephardischen Juden; in Persien entstand das Judenpersische, in Deutschland das Jiddische. Seine Entstehungszeit ist im 13./14. Jh. zu setzen. Die Judenverfolgung bei den Kreuzzügen und auch im 14. Jh. anläßlich der großen Pest veranlaßte viele deutsche Juden, nach Osteuropa (vor allem nach Polen) auszuwandern. Von da aus breiteten sie sich dann nach Osten und Süden aus. Sie nahmen ihre deutsche Sprache mit, die zu ihrer Hauptsprache im gegenseitigen Verkehr wurde. Die lange Aufenthaltszeit im slawischen Sprachbereich ließ den Anteil an slawischen Elementen im Ostjiddischen sehr groß werden. Schon vor dem Zweiten Weltkrieg war es schwierig, die Ausdehnung des jiddischen Sprachreichs genau festzustellen, da die Juden keine geschlossenen Siedelgebiete hatten, sondern sich eher inselartig verteilten. So gibt es insbesondere bei der Beschreibung der Südgrenze auf dem Balkan große Unterschiede. Das »geschlossene« jiddische Sprachgebiet ist seit dem Zweiten Weltkrieg zerstört. Damals schätzte man, daß 6 Mio. von den insgesamt 8 Mio. Juden des osteuropäischen Kerngebiets jiddisch sprachen, dazu kamen ca. 1 Mio. in den USA. Heute gibt es weltweit nur mehr 3 Mio. Menschen mit dem Jiddischen als Muttersprache, die meisten davon in den USA, der GUS und in Israel.
Das Jiddische ist eine dem Deutschen nah verwandte Sprache. Sein Satzbau ist deutsch, der Wortschatz zu 70–75%, der Rest ist hebräisch, slawisch und romanisch. Es beruht auf dt. Dialekten v. a. des 14. Jhs., näml. bair. und omd. Das Niederdeutsche ist kaum daran beteiligt, weil es dort sehr wenig Juden gab. Bair. sind z. B. die Pronomina *ets, eŋk, eŋker* 'ihr', 'euch', 'euer' im Ostjiddischen, md. die Lautverschiebungsstufe *apl, kop, strump* 'Apfel', 'Kopf', 'Strumpf', *fefər, flastər* 'Pfeffer', 'Pflaster' wie die Monophthongierung in *šīsn, brīdr, brüdr* 'schießen', 'Brüder', 'Bruder'. Das Wort Jiddisch ist erst seit Anfang des 20. Jhs. gebräuchlich, vorher wurde es in der Wissenschaft als jüdisch-deutsch bezeichnet, von den Sprechern selbst als *daitsch* oder *jidisch* (mit regionalen lautlichen Varianten).
Woher die **romanischen Elemente** des Jiddischen kommen, ist strittig; man weiß zu wenig über die Frühgeschichte des Judentums in Europa. Man hat sowohl an das Spanische wie das

Französische und Italienische gedacht. Auch wichtige Wörter des relig. Bereiches können zu roman. Wurzeln gestellt werden: *bentšn* 'segnen' (zu lat. *benedicere*), *laiənən* 'lesen' (zu lat. *legere*), westjidd. *örn* 'beten' (zu lat. *orare*). Die **hebräisch-aramäischen Elemente** stammen v. a. aus dem Talmud, der Kabbala und anderen Quellen, weniger aus der Bibel: *bass* 'Tochter' (zu hebr. *bat*), *chálfen* 'Geldwechsler' (zu hebr. *chalfán*), *cháser* 'Schwein' (zu hebr. *chasír*), *hódess* 'Myrte' (zu hebr. *hadáss*). Die Beispiele zeigen einen Akzentwechsel von der letzten Silbe auf die vorletzte.
Die **slawischen Elemente** (vorwiegend aus dem Poln. und Russ.), die vor allem dem Ostjiddischen eigen sind, gehören mehr in den Bereich des tägl. Lebens: *bik* 'Stier' (zu slaw. *byk*), *katška* 'Ente' (zu slaw. *kačka*), *rak* 'Krebs' (zu slaw. *rak*). Der Mischcharakter des Jidd. zeigt sich nicht nur im Wortschatz, sondern v. a. auch in der Morphologie, die hebr., slaw. und dt. Elemente beliebig mischen kann.
Das Jiddische ist als gesprochene Sprache nicht einheitlich; es ist selbst in Dialekte gegliedert, wobei die Trennung in *Ostjiddisch* und *Westjiddisch* grundlegend ist. Der ständige Kontakt mit dem doch so nah verwandten Deutschen hat die Eigentümlichkeiten des Jiddischen sich hier nicht so stark ausprägen lassen. Außerdem fällt mit der Sprachgrenze eine innerjiddische ethnisch-kulturelle Grenze zusammen: der Westen, eher international, der Aufklärung und dem Fortschritt angetan, der Osten konservativ, der religiösen Tradition verhaftet. Der Westen: vom 18. Jh. an die Angleichung propagierend, der Osten: das Eigene bewahrend. So erlebt nur das Ostjiddische eine Blüte, während das Westjiddische seit Aufklärung und Judenemanzipation zum Sterben verurteilt war. Dadurch waren im Westen nur noch geringe Reste des einst gewaltigen Ausdehnungsgebietes des Jiddischen bis nach Frankreich und Oberitalien (Venedigs Juden sprachen jiddisch!) vorhanden. In Deutschland erhielt es sich vor allem in den jüdischen Unterschichten; die oberen Schichten hatten es ganz abgelegt.
Als **Kolonialjiddisch** bezeichnet man die Jiddische in den außereuropäischen Gebieten, vor allem Nordamerika.

Die Einheit des Jiddischen war trotz aller Abweichungen der Dialekte untereinander immer durch die einheitliche **Schrift** gewährleistet. Denn auch für die Aufzeichnung fremder Sprachen haben die Juden ihre von rechts nach links geschriebene hebr. Schrift verwendet.
Das Jiddische wirkte auch auf das Deutsche zurück: die Stellung der Juden als Randgruppe im ausgehenden Mittelalter brachte es mit sich, daß sich bes. in der Sprache des fahrenden Volkes, im **Rotwelschen** (s. S. 133), seine Spuren finden. Über das Rotwelsche sind auch manche Wörter hebräischen Ursprungs in die dt. Allgemeinsprache eingegangen: z. B. *Moos* (für Geld), *Kassiber, Schlamassel, malochen* u. a.

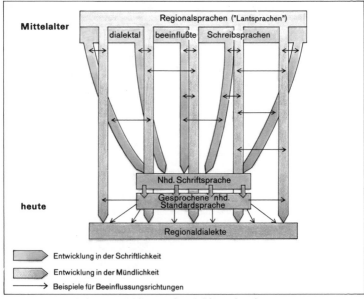

Schema zum Verhältnis von gesprochener und geschriebener Sprache

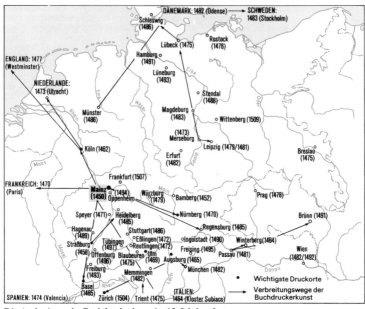

Die Ausbreitung der Buchdruckerkunst im 15. Jahrhundert

Vom hohen Mittelalter, der mhd. Zeit, bis zur Konstituierung der neuhochdeutschen Schriftsprache auf neuer Basis, die im 17. Jh. in wesentlichen Zügen abgeschlossen ist, vergehen 400 Jahre. Die Schreibsprache dieser Zeit des Übergangs wird »Frühneuhochdeutsch« genannt. Dieser Terminus suggeriert (genauso wie der Terminus mhd., vgl. S. 77f.) eine Einheitlichkeit der Sprache (gesprochen wie geschrieben), von der damals (genauso wie im Mhd.) keine Rede sein kann. Er bezeichnet eine Periode, deren Charakteristikum einmal in der Vielfalt der uns überlieferten Schreibdialekte liegt, zum andern in der Tatsache, daß diese Vielfalt der Schreibdialekte bis zum Ende der Periode zugunsten einer relativ einheitlichen Schriftsprache aufgegeben wurde.

Entstehung des Neuhochdeutschen

Die Texte, die wir bis zur Erfindung des Buchdrucks besitzen, stammen zum größten Teil aus den Kanzleien der spätmittelalterlichen Verwaltungs- und Wirtschaftszentren, d. h. der landesfürstl. Territorien und der Städte. Diese Kanzleischreibsprachen/Geschäftssprachen sind nicht nur regional sehr verschieden, sondern auch in sich oft uneinheitlich. In den Kanzleien trafen Schreiber der verschiedensten Dialekte zusammen, die sich zwar beim Ausstellen der Schriftstücke manchmal ohne Zagen ihrer Heimatschreibsprachen bedienten, sich aber meist schnell anpaßten. Ferner gingen auch Urkunden aus einer Kanzlei, zu denen vorher vom Empfänger Entwürfe vorgelegt worden waren und die im Schreibdialekt des Empfängers wieder abgeschrieben wurden – Vorgänge, die die Erforschung des Frnhd. erheblich erschweren.

Die Entstehung des Nhd. findet ausschließlich im Bereich der Schriftlichkeit statt. Es gibt in dieser Zeit zu wenig Kommunikationssituationen, die überregional verständliche mündliche Sprachformen nötig gemacht hätten (S. 77). Die Schriftlichkeit des Frühnhd. zeigt trotz der immer vorhandenen Schreibtraditionen stets auch Reflexe der gesprochenen Sprache, und gesprochene Sprache heißt bis ins 19. Jh. hinein in der Regel: Dialekt. Der Einigungsvorgang stellt einen Auswahlvorgang dar, in dem weniger regional gebundene Sprachformen bevorzugt werden; umgekehrt wird alles gemieden, was in der Tendenz regional ist, was in entfernteren Gegenden nicht mehr verstanden wird. Auf diese Weise nähern sich die Schreibformen, insbesondere im Bereich der in Büchern gedruckten Sprache immer mehr dem, was wir heute nhd. Schriftsprache nennen; in der gesprochenen Sprache bleiben die regional gebundenen Formen erhalten: Das sind unsere heutigen Dialekte und Umgangssprachen. Diese Einigung findet statt in der hochdt., d. h. in der oberdt. und der mitteldt. Schriftlichkeit. Die Niederdeutschen übernehmen das Hochdeutsche vom 16. Jh. an quasi als »Fremdsprache« (S. 103). Formen, die zu einem bestimmten Zeitpunkt eine weite Verbreitung besitzen, haben eher die Chance, in die nhd. Schriftsprache aufgenom-

men zu werden und durchzudringen, als welche, die weniger weit verbreitet sind. Strukturelle Eigenschaften, die die kommunikative Effektivität des Sprachsystems erhöhen, werden eher angenommen als solche, die das nicht tun. Außerdem werden Formen, die von Personen und Institutionen in Textsorten und in Regionen gebraucht werden, die ein hohes sprachliches Ansehen (S. 101) besitzen, eher aufgenommen als andere. Diese Vorbilder können auch miteinander konkurrieren, und wo das der Fall ist, kann ein jahrhundertelanger Kampf die Folge sein, der in Einzelfällen erst im 20. Jh. entschieden wird (S. 97).

Dies ist ein Vorgang, der sich über Jahrhunderte hinzieht. Es dauert lange, bis sich eine graphematische und morphologische Norm als verbindlich herausschält, wobei die Möglichkeit zur Variation bei schriftlichen Äußerungen allmählich geringer wird. Diese Entwicklung in Richtung auf eine einheitliche Schreibsprache hat regional, sozial und zeitlich ein breites Schwingungsfeld, auch hinsichtlich der einzelnen Teilbereiche der Sprache, Graphemsystem, Morphologie und Syntax. Das Frühnhd. ist gleichsam ein großes Reservoir, aus dem sich langsam und allmählich ein allgemein verbindlicher Schreibstandard herausbildet.

Äußere Voraussetzungen

Dem Boom der Stauferzeit mit Städtegründungen, hochentwickeltem Geldverkehr (und seiner Italienpolitik) folgte eine große Depression, die in der Mitte des 14. Jhs. (Pest!) den Tiefpunkt erreichte. Von da an ging es wirtschaftlich langsam wieder aufwärts, es entwickelte sich in Ober- und Mitteldeutschland eine Textilindustrie, das Hüttenwesen und die Metallindustrie nahmen einen großen Aufschwung, große Handelsgesellschaften und Handelshäuser gewannen Kapital, ein reger europ. Handel begann, die Städte vergrößerten sich, der Geldverkehr blühte: das alles hatte um 1500 seinen Höhepunkt. Die Wirtschaftsgeschichte faßt diesen Zeitraum unter dem Terminus »Frühkapitalismus« zusammen.

Diese Prosperität und die Einführung des billigeren Beschreibstoffes Papier hatte geradezu eine »Explosion« der Schriftproduktion zur Folge: 70% der uns erhaltenen Handschriften stammen aus dem 15. Jh.! In der Werkstatt DIEPOLD LAUBERS in Hagenau diktierte ein Vorleser einer ganzen Gruppe von Schreibern. Die Tatsache, daß die mittelalterlichen Versepen in Prosaromane umgestaltet wurden, deutet darauf hin, daß die Bücher nunmehr auch (leise) gelesen wurden und nicht mehr nur Vorlage für das Vorlesen, den epischen Vortrag waren. Damit wird ein individueller, freierer Umgang mit den Texten möglich. Mit dazu beigetragen haben mag die Einführung des Lesesteins bzw. der Lesebrille im 14. Jh., die es auch dem älteren (oft zahlungskräftigen) Publikum ermöglichte, sich mit (kleinformatigeren) Texten zu beschäftigen. Die Erfindung des Buchdrucks ist dann nur eine Folge dieser Entwicklungen.

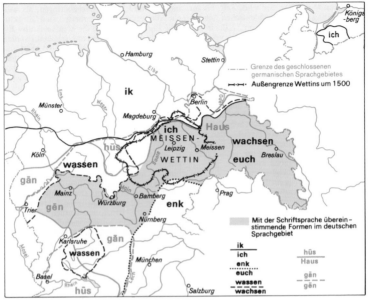

Kombinationskarte von Theodor Frings

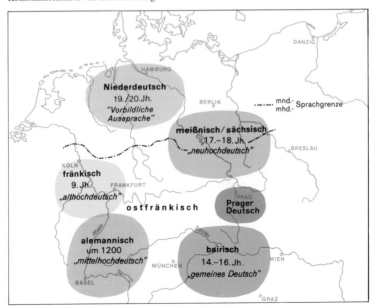

Thesen von regionalen Zentren bei der Entstehung überregionaler Sprachformen des Deutschen

KARL MÜLLENHOFF (1863) stellte die Entwicklung der nhd. Schriftsprache als Abfolge von Hochsprachen am Hof der Karolinger (8./9. Jh.), Staufer (12./13. Jh.) und Luxemburger/Habsburger/Wettiner, deren Sprache er einheitlich glaubte (14./15. Jh.), dar, wobei er mittelalterliche Einheitstendenzen (S. 77 u. S. 91) mit der Einheit des Nhd. gleichsetzte. Er nahm eine Wanderung und Kontinuität der Hochsprache vom Fränkischen über das Alem. zum Böhmischen und von da aus zum Thüringisch-Obersächsischen (als der Sprache LUTHERS) an.

KONRAD BURDACH glaubte das Nhd. aus der Prager Kanzlei Kaiser Karls IV. hervorgegangen, der er in Überschätzung der Bedeutung des Prager Humanismus und der kaiserlichen Kanzleischreiber eine überragende Rolle zuwies. Dort sollte die Synthese zwischen mitteldt. und oberdt. Sprache gelungen sein, denn der Norden des deutschsprachigen Böhmen war mitteldt., der Süden bairisch.

Zwar läßt sich eine Schreibsprache, die die wesentlichen lautlichen Kennzeichen des Nhd. (wenn man sie mit dem Mhd. vergleicht) besitzt, in Prag schon um 1350 nachweisen, doch hat dieser Schreibstand nach L. E. SCHMITT bei weitem nicht die Einheitlichkeit, die BURDACH ihm zuweisen wollte. Außerdem lassen sich wesentliche Elemente der nhd. Schreibsprache schon vorher in den Kanzleien von Plauen, Gera (K. GLEISSNER), Nürnberg, Eger und Regensburg nachweisen (E. SKÁLA).

Auch die politischen Verhältnisse des 15. Jhs. waren nicht dazu angetan, Prags Einfluß zu unterstreichen. Karl IV. selbst sorgte sich kaum um die Pflege des Deutschen, und die hussitische Bewegung des 15. Jh. ließ Prag für das Deutsche vollends unbedeutend werden. Ab 1415 verschwinden dort die dt. Quellen.

Das **gemeine Deutsch:** Aus dem 14. bis 16. Jh. ist uns diese Bezeichnung verschiedentlich überliefert. In der älteren Forschung wurde dieser Ausdruck dahingehend interpretiert, daß im Südosten, vor allem im Umkreis der Wiener Kaiserlichen Kanzlei, bereits im 15. Jh. eine überregionale Schreibsprache mit diesem Namen vorhanden gewesen sei, mit einem Geltungsbereich von Wien bis Augsburg, von Innsbruck bis Nürnberg (S. 95). Tatsächlich ist die Schreibsprache im Osten und Südosten sehr großräumig, und die kaiserliche Kanzlei wird in dieser Zeit öfters als sprachliches Vorbild genannt. Selbst MARTIN LUTHER hält die kaiserliche Kanzlei der kurfürstlich-sächsischen gleich.

Man kann diese relative Einheitlichkeit des südöstlichen Raumes als eine frühe Zwischenform der Entwicklung zu einer deutschen Gemeinsprache ansehen, nur die Zeitgenossen haben mit dem Ausdruck »gemeines Deutsch« in erster Linie wohl etwas anderes gemeint, nämlich eine stilistisch schmucklose, einfache Stilform, die im Gegensatz stand zu einer am lat. Vorbild ausgerichteten rhetorisch überhöhten Schreibart, wie sie von den Kanzleien gepflegt wurde.

Ostmitteldeutsche Verkehrssprache

Dem ostmitteldeutschen Sprachraum wurde von THEODOR FRINGS eine besondere Rolle bei der Konstituierung des Nhd. zugeschrieben. Dort soll aus der Verkehrssprache herausgebildet haben, die alle Züge einer vermittelnden Ausgleichssprache zwischen Nord-(Nieder-) und Süd-(Ober-)Deutschland getragen habe. Diese gesprochene Verkehrssprache soll dann die Kanzleien erobert und von da aus zur Bildung des Neuhochdeutschen beigetragen haben.

Da über die gesprochene Sprache des Spätmittelalters aus dem Mitteldeutschen so gut wie keine Quellen vorhanden sind, ergeben sich die Argumente für diese Theorie aus den heutigen Mundartverhältnissen und sind vor allem politisch-geographisch-siedlungsgeschichtl. Art: Im mitteldeutschen Osten der Mark Meißen trafen sich Siedlerströme aus dem niederdeutschen, dem mitteldeutschen und dem oberdeutschen Raum, die sich mischten und eine Ausgleichssprache als Kompromiß zwischen allen eingebrachten Elementen bildeten. Die Lage des Mitteldeutschen zwischen den Polen Oberdeutsch und Niederdeutsch legt einen Ausgleich oder Übergang ohnedies nahe.

Diese dort entstandene Verkehrssprache fand politischen Rückhalt im Territorium der Wettiner in Sachsen, deren Land im Spätmittelalter – nach dem Aussterben der Luxemburger in Böhmen – neben dem der Habsburger den mächtigsten Staat im Reich bildete. Dieser Staat besaß ein bedeutendes Kulturleben (Universitäten Leipzig und Erfurt) und eine zentrale Stellung im Ost-West- und Nord-Süd-Handel.

Als sprachliche Zeugen für die Einigungskraft der gesprochenen Sprache des ostmitteldeutschen Raumes benennt FRINGS einige Phänomene, die in den dortigen Mundarten zu Hause sind und gleichzeitig auch Merkmale der nhd. Schriftsprache bilden. Demgegenüber hat man betont, daß die Liste der sprachlichen Gemeinsamkeiten zwischen ostmitteldeutscher gesprochener Sprache und nhd. Schriftsprache keinesfalls umfassend genug ist, um als Beweis zu genügen. Wesentliche Elemente des Nhd. stammen aus anderen Landschaften, ähnliche Kennzeichen lassen sich auch fürs Westmitteldeutsche feststellen, und die gesprochene Sprache des omd. Raumes (d. h. die Dialekte dort) ist bei weitem nicht so einheitlich, wie es FRINGS wahrhaben wollte, und sie unterscheidet sich in elementaren Punkten vom Nhd. z. B. bei der Durchführung des 2. LV (S. 64) oder der Entrundung (S. 148). Bei der Entstehung der nhd. Schriftsprache ist nicht von einzelnen Städten oder isolierten Landschaften auszugehen, sondern es ist der gesamte mitteldeutsche und oberdeutsche (hier vor allem der östliche) Raum einzubeziehen. Es handelt sich, um es zu betonen, daß die Entwicklung zur Einheitssprache zuerst im Bereich der Schriftlichkeit stattfand und von da aus erst sekundär in viel späterer Zeit in die gesprochene Sprache eindrang (S. 91).

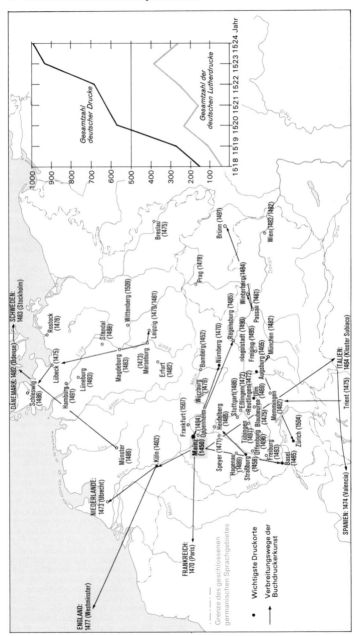

Verbreitung der Buchdruckerkunst im 15 Jh.

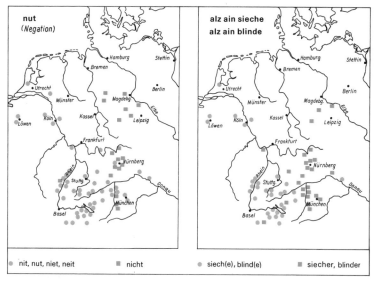

Beispiele zur Sprachgeographie des 15. Jhs.

Für das 15. Jh. hat W. BESCH 68 Handschriften eines Werkes religiöser Massenliteratur untersucht.

Die **Schreiblandschaften,** die er anhand einer großen Anzahl von Karten herausarbeiten konnte, lehnen sich mehr oder weniger an die großräumige Mundartgliederung des dt. Sprachraums an:

– Häufig ist ein klarer oberdeutsch-mitteldeutscher Gegensatz, wobei das Niederdeutsche meist mit dem Mitteldeutschen zusammengeht, z.B. md. nd. *quam,* obd. *kam* (für ‘kam’, 3. Pers. Sg. Impf. von ‘kommen’). Doch ebenso häufig sind Karten, bei denen das Mitteldeutsche in Ostfranken und am Oberrhein eindringt, z.B. *könig* gegen obd. *künig,* wo die md. Form auch schon in Nürnberg und Straßburg auftaucht.
– Im Oberdeutschen ist das Bair. relativ gut vom Alem. abgetrennt. Das schwäb. Augsburg geht meist mit dem Bairischen.
– Das Ripuarische (der Kölner Raum) hat eine Sonderstellung. Es schließt sich meist dem Niederdeutschen bzw. Niederländischen an.
– Das Ostmitteldeutsche steht unter starkem und intensivem ostfränk. Einfluß. Der Nord-Süd-Gegensatz ist im Osten weit weniger ausgeprägt als im Westen, obwohl auch hier bei gewissen Erscheinungen von einem rhein. Zusammenhang gesprochen werden kann. Insge-

samt ist die Einheitlichkeit der Schreibsprachen des Ostens/Südostens gegenüber dem Westen/ Südwesten sehr groß.
– Dem Ostfränkischen kann nicht der Charakter einer eigenen Schreiblandschaft zugesprochen werden. Es ist nach Süden und nach Norden offen, wenn man auch feststellen muß, daß der Zusammenhang mit dem Bairischen enger ist.

Die Schreiblandschaften sind vor allem gekennzeichnet durch Gemeinsamkeiten im graphemat. und morpholog. Bereich. Hier dominieren die tradierten Formen; die Texte mit fremden Eigentümlichkeiten werden beim Kopieren an den eigenen Gebrauch angeglichen, das Verständnis des Lesers braucht dadurch nicht zu leiden. Das gilt nicht für den Wortschatz. Unbekannte Wörter fremder Dialekte können zu Mißverständnissen führen und die Benutzung der Texte erheblich erschweren. Das kann umgangen werden, wenn man einfach zwei regional möglichst weit verbreitete Synonyme nebeneinanderstellt. Wer das eine nicht versteht, dem wird wenigstens das andere bekannt sein: *dicke* und *oft, wissage* oder *prophētie, bekorunge* oder *versuochunge, oblade* und *hostie* und andere mehr. Diese Doppelformen sind charakteristisch für das Deutsch des 15. und den Anfang des 16. Jhs. Auf diese Weise ist man schon damals vor der Erfindung des Buchdrucks in den Hss. um möglichst große Überregionalität bemüht.

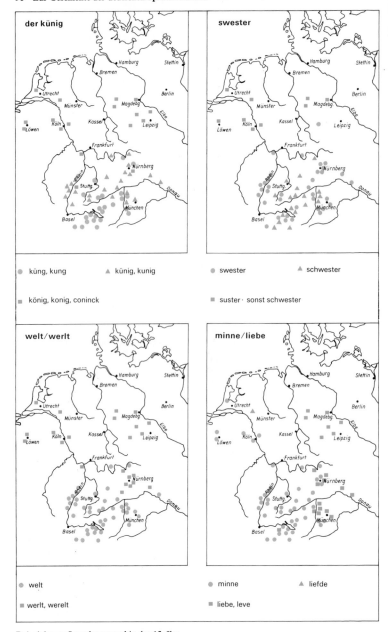

Beispiele zur Sprachgeographie des 15. Jhs.

Auf **Martin Luther** als sprachl. Vorbild berufen sich Grammatiker und Schriftsteller bis ins 18. Jh. hinein vor allem im protestant. Bereich. Seine ungeheure Wirkung im Religiösen hat zu einer Überschätzung seines Einflusses bei der Entstehung der nhd. Schriftsprache geführt. Die erste Auflage von Luthers Neuem Testament (1522) war trotz einer mutmaßlichen Auflage von 3–5000 nach zwei Monaten ausverkauft. Luthers Schriften gingen wie ein Lauffeuer durch das ganze Reich. Die dt. Drucke der damaligen Zeit bestehen zu einem hohen Anteil aus seinen Werken (S. 94). Daß sein Wortschatz aber nicht überall so ohne weiteres verstanden wurde, zeigt die Tatsache, daß der Basler Nachdrucker von 1522 eine Wortliste mitgibt, die »die ausländischen Wörter auf unser Teutsch anzeigt«.

Luther war nicht der erste, der die Bibel ins Deutsche übersetzt hat: aber er war der erste, dessen Übersetzung sich in weiten Kreisen durchsetzte. Er will den Sinn, den Inhalt des Urtextes erfassen und ans Volk vermitteln, wenn er sich dabei auch oft von einer wörtlichen Übersetzung entfernt. So fügt Luther viele Modalwörter in seine Übersetzung ein, Wörter, die in der Vorlage selten sind, aber den Text flüssiger machen und zur Verdeutlichung des Sinnes beitragen. Solche »Würzwörter« wie *allein, doch, nur, schon* geben seinen Schriften mehr Unmittelbarkeit, sie nähern sie der gesprochenen Sprache, appellieren an den Leser und vermitteln ein Verhältnis der Vertrautheit.

Luther hält einen Mittelweg zwischen Hypotaxen und Parataxen: während die Geschäfts- und Gelehrtensprache damals durch übermäßigen Gebrauch von Hypotaxen kaum verständlich war und eine volkstümlichere Sprachschicht vorwiegend parataktisch und damit relativ ungelenk war, verbindet Luther beides, indem er in ausgewogenem Gebrauch beider Satzbauprinzipien eine verständliche und auch beweglich glatte Prosa schafft, daher auch seine Tendenz, bei Überarbeitungen nominale Fügungen durch verbale zu ersetzen. So in Psalm 89, 10, wo er 1523 übersetzt: »Die Zeyt unser iare ist siebenzig iar«, an der 1545 so aussieht: »Unser Leben wehret (währt) siebenzig Jahr.«

Luthers Ringen um den sinntreffenden Begriff hat viele Ausdrücke neu entstehen lassen, manches Wort erfuhr durch seine neue Theologie und seine Sprachkraft eine Umprägung seiner Bedeutung. So das Adj. *fromm* 'tüchtig', 'rechtschaffen', das durch Luther auf eine Bedeutung 'gläubig', 'gottergeben' eingeengt wurde, *Beruf* wurde 'Amt' 'Stand' gegenüber älterer Bed. 'Berufung'. Unter seine Wortneubildungen fallen u.a. *Bubenstücke, Feuereifer, friedfertig, Herzenslust, wetterwendisch, gastfrei, ihr Kleingläubigen, Glaubenskampf, Gnadenbild* und *gottesgelehrt, Ehescheidung, Lückenbüßer, Machtwort, Schwarmgeist.*

Zur Zeit Martin Luthers ist der Sprachausgleich im deutschen Sprachgebiet voll im Gange. Luther schafft keine neue Sprache (in grammatikalischer Hinsicht), auch kein neues Schreibsystem; in dieser Beziehung nimmt er das bereits Vorhandene auf und führt es in Richtung von schon länger wirksamen Tendenzen weiter. Bei Luther lassen sich keine syntaktischen Fügungen nachweisen, die nicht auch schon im Sprachgebrauch seiner Zeitgenossen vorhanden sind, wie der Ersatz der begründenden schwerfälligen Konjunktion *wan* (aus mhd. *wande*) durch *denn* bzw. *weil*. Seine Wortfolge steht in ihren freieren Variationsmöglichkeiten der gesprochenen Sprache nahe.

Sein Einfluß ist vor allem im stilistischen Bereich zu suchen und darin, daß er mit der Popularität seiner Schriften einer Schreibform, die sich bereits früher im ostmd., ostfränk.-bair. Raum herausgebildet hatte, zu weiter Verbreitung verhilft. Luther als »Schöpfer« des Nhd. zu bezeichnen, ist verfehlt. Man muß sogar feststellen, daß Luther zeitlebens in einigen sprachlichen Erscheinungen hinter den Entwicklungen seiner Zeit zurückblieb (z.B. fehlt ihm das *ä* weitgehend).

Luther bemüht sich bis an sein Lebensende, sein gedrucktes Werk vor allem in der Schreibung und im Bereich der Flexion zu vereinheitlichen, wobei er die vielen Varianten der frühen Drucke später zugunsten einer am überregionalen Gebrauch orientierten Schreibe aufgibt. Häufig ist es der Fall, daß Luther anfänglich zwischen ostmd. (nördlichen) und süd(öst)lichen Formen schwankt, sich später für die süd(öst)lichen entscheidet, die sich dann auch im Nhd. durchsetzen wie z.B. *wilch/welch, wortzel/wurtzel, sulch/solch, sall/soll, zichtigen/züchtigen, gahn/gehen, disser/dieser, brengen/bringen.* – Es gibt aber auch den Fall, daß Luther anfänglich zwischen mehr süd(öst)lichen und mehr nördlichen Varianten schwankt und er sich schließlich für die nördlichen Formen entscheidet: *brinnen/brennen, sundern/sondern, sunne/sonne,* die sich dann auch durchsetzen. Hierher gehört auch das Phänomen der Apokope unbetonter Endvokale: *ich mach/ich mache.* Hier ist Luthers (nördliche, ostmd.) Form auch ins Nhd. eingegangen, bei anderen Beispielen hat sich die südliche Form (gegen Luthers Gebrauch) durchgesetzt: *glauben/gleuben, ruffen/rüffen, Jude/Jüde.* Auch bei 'Hilfe' entscheidet sich Luther für das nördl. 'Hülfe', das hat eine Konkurrenz zwischen diesen beiden Wörtern zur Folge, die erst im Duden des Jahres 1929 zugunsten von 'Hilfe' entschieden wird. Doch solche Fälle sind selten.

Luther hält selbst die Aussprache Niedersachsens, der Mark Brandenburg und Hessens für vorbildlich. Sein Ausspruch (»ich rede nach der sächsischen Kanzlei«) meint, daß er in seiner Aussprache – nach dem Prinzip der Schreiblautung (S. 101) – der sächsischen bzw. kaiserlichen Kanzlei folge. Er wurde nach 1555 dazu benutzt, das Sächsisch-Meißnische als vorbildlich zu propagieren.

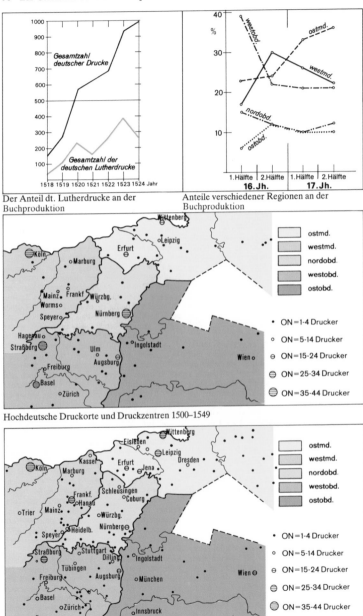

Der Anteil dt. Lutherdrucke an der Buchproduktion

Anteile verschiedener Regionen an der Buchproduktion

Hochdeutsche Druckorte und Druckzentren 1500–1549

Hochdeutsche Druckorte und Druckzentren 1600–1649

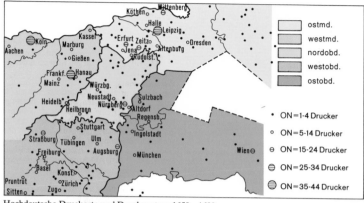

Hochdeutsche Druckorte und Druckzentren 1650 – 1699

Um 1445 beginnen die ersten Drucke JOHAN-
NES GUTENBERGS in Mainz zu erscheinen. Seine
Technik, bewegliche Lettern in einem einfachen Verfahren aus Metall zu gießen, ist revolu-
tionär. Aber zunächst entwickelt sich der **Buchdruck** nur langsam. Handschriften behalten
noch lange ihre Bedeutung; es gibt Forscher,
die annehmen, erst um die Mitte des 16. Jhs. (!)
habe der Druck die Hs. überflügelt.
Noch um 1520 sind 90% aller gedruckten Bücher lat. abgefaßt und 1570 sind es noch immer
70%. Erst um 1680 ziehen die deutschen Druk-
ke in der Anzahl mit den lateinischen gleich.
Die erste lat. Bibel ist die 42-zeilige von JOH.
GUTENBERG, um 1452–56 gedruckt, eines der
schönsten Bücher, die je geschaffen wurde; die
erste dt. Bibel wurde von JOHANN MENTELIN
1466 in Straßburg hergestellt. Als Vorlage für
die Drucker dienten ältere Hss.; erst 1494 erscheint mit SEBASTIAN BRANTS ›Narrenschiff‹
das erste dt. Buch, das für den Druck geschrieben wurde. Die Drucker stehen lange Zeit ganz
in der Tradition der bisherigen Hss., von deren
Schreibern und deren Landschaftsgebunden-
heit. Sie bilden Handschriften nach mit den
gleichen Kürzeln und Schrifttypen, es wurde
von Hand koloriert und illustriert, erst um 1483
erscheint der erste Druck mit einem Titelblatt.
Die Auflagen waren anfangs begrenzt (durchschnittlich 250) und für einen regionalen Markt
bestimmt. Die Preise der Bücher waren zwar im
Verhältnis zu den Hss. geringer, aber deswegen
noch lange nicht für jeden erschwinglich.
Jeder Drucker hatte zwar ein Interesse daran,
daß sein Werk von möglichst vielen in einem
möglichst großen geograph. Umkreis gelesen
würde, doch konnte er diesem Ziel nur bedingt
nahekommen: auch die Drucker konnten sich
zunächst keiner einheitl. Sprachform bedienen,
weil es eine solche allgemein anerkannte Sprachform einfach noch nicht gab. Andererseits wird
von den Lesern nichts Einheitliches erwartet, da

sie ohnehin ganz anders sprachen/lasen als im
Buchstabenbild vorgegeben war. Ein Drucker
konnte sein Werk, auch in der sprachlichen
Form, nur nach dem regionalen Markt ausrich-
ten, für den er es bestimmt hatte.
Ein schönes Beispiel bietet der Züricher MAR-
TIN FROSCHAUER: Seine billige und leicht trans-
portable Taschenausgabe der Bibel druckt er
mit den damals im ganzen östlichen obd. Raum
schon vorhandenen Diphthongen *ei, au, eu,*
während die teureren großformatigen Folio-
drucke die alte Lautstufe, die auch der Mundart
seiner Umgebung entspricht, eher bewahren.
Die Taschenausgabe ist für einen größeren
Markt bestimmt, die große Bibel aber für den
heimischen alem. Raum.
Der Buchdruck verändert die Erscheinungsformen des Publikationswesens total: Jede Handschrift wurde für einen bestimmten Benutzer
oder eng umschriebenen Benutzerkreis geschaffen. Der Kopist nimmt bei der Herstellung in
der Regel darauf Rücksicht und verändert dabei seine Vorlage, indem er den Text in Schreibung und Wortschatz den Erwartungen des
Adressaten anpaßt. Beim Buchdruck ist eine
neue Situation entstanden: Das Werk wird für
einen anonymen Leser vervielfältigt, das Werk
soll möglichst vielen Benutzern entgegenkom-
men, soll möglichst viele Käufer finden. Je
mehr Lesern der gedruckte Text auch sprachlich entgegenkommt, desto größer können die
Auflagen werden, desto größer ist auch der
Einfluß dieser Sprachform auf andere, die die
gleiche Wirkung erzielen wollen.
So ist es also kein Wunder, daß vom
16. Jh. an der Buchdruck langsam eine Vorrei-
terrolle in der Sprachentwicklung einnimmt.
Gleichzeitig entstehende Handschriften zeigen
fast immer »ältere«, dialektnähere Schreibformen als der entsprechende Druck und sie zeigen auch in sich eine größere Variationsbreite
der Schreibung als vergleichbare Drucke.

Das 15. und 16. Jh. ist geistesgeschichtlich vom **Humanismus** bestimmt. Er widmet sich dem Studium der Antike, entdeckt das Griechische neu und orientiert sich am Lat. der klass. röm. Schriftsteller. Das Mittellatein des Mittelalters, das fast den Status einer lebenden Sprache besitzt, wird als »Küchenlatein« abgetan.

Die neue Bildungsschicht gewinnt durch den Buchdruck einen erheblichen Einfluß. Die relig. Spaltung provoziert ein reiches geisteswiss. Schrifttum. Lateinisch ist die Sprache der Wissenschaft, des Verkehrs und der Dichtung. LU-THER, sprachmächtig im Deutschen, schreibt von 2531 erhaltenen Briefen 1507 lat., 1024 deutsch. Das Lat. wird vor allem im Mündlichen mit dem Deutschen gemischt, ähnlich dem Englischen heute in den Bereichen Luftfahrt und Computer (S. 105). Trotzdem verschmilzt es weit weniger mit dem Alltagsdeutschen, als es wohl ohne den Humanismus der Fall gewesen wäre, weil es, am klassischen, antiken Latein ausgerichtet, auch etwas von der Lebendigkeit und damit der selbstverständlichen Formbarkeit des mittelalterlichen Lateins verliert.

Die im Mittelalter entwickelte Möglichkeit, mit lat. und gr. Wurzeln dt. Wörter zu bilden, haben die Wissenschaften aber bis heute bewahrt: es handelt sich hier in der Regel um **Internationalismen**, d. h. Wörter, die, im Stamm gleich, nur oberflächlich der jeweiligen Sprache angepaßt wurden. Die Nützlichkeit dieses Wortbildungsprinzips zeigt sich an Bildungen der neueren Zeit wie *multilateral, Automobil, nuklear, Psychoanalyse* und *Television* (über das Englische).

Im Humanismus erlebt das schon früh auch aus dem Französischen entlehnte Suffix *-ieren* (S. 87) eine Blüte in Wörtern wie *annektieren, imponieren, lamentieren, operieren;* das lat. Suffix *-ianus* wird produktiv in Wörtern wie *Grobian, Schlendrian;* lat. *-tio* wird zu *-tion* in *Deportation, Operation, Position* und *Definition;* lat.*-antia, -entia* wird zu *-anz* bzw. *-enz* z. B. in *Distanz, Instanz* bzw. *Audienz, Eloquenz;* mlat. *-ista* > *-ist* (später produktiv z. B. in *Marxist, Lagerist, Hornist*); die lat. Part.-Präs.-Endung taucht auf als *-ant* bzw. *-ent* in *Vagant, Kollaborant* (später: *Lieferant, Musikant*), *Assistent, Skribent;* zwei lat. Endungen zusammengestellt ergeben die Bildungen auf *-ismus* wie in *Atheismus* (später *Marxismus* u. a.; S. 81).

Nicht nur Lehnwörter, sondern auch viele Lehnbildungen (vor allem Lehnübersetzungen) sind die Folge des engen Kontaktes des Deutschen mit dem Lateinischen. So ist z. B. *minderjährig* eine wörtliche Übersetzung von mlat. *minorennis,* genauso wie *Völkerrecht* von lat. *ius gentium, Hauptsache* von lat. *causa principalis, obliegen* von *incumbere.*

Auch das **Griechische** liefert seinen Anteil an Wörtern. So sind *Analyse, Paraphrase, Metamorphose, Aristokratie, Autodidakt* u. a. m. griechischen Ursprungs. Die Verehrung des Lateinischen und Griechischen geht so weit, daß die Gelehrten ihre dt. **Personennamen** in die Fremdsprache übersetzen. Da erscheint dann ein *Schwarzerd* als *Melanchthon,* ein *Fischer* als *Piscator,* und wer vorher *Weber* oder *Busch* hieß, nennt sich *Textor* bzw. mit lat. Endung *Buschius.* Diese Erscheinung tritt zwar schon im MA. auf, häufig dagegen wird sie unter den dt. Humanisten im 16. Jahrhundert.

Wortneubildungen

Die immer größeren Ansprüche, die an das Deutsche gestellt werden, bringen in diesem gelehrten Zeitalter eine Menge von dt. Wortneubildungen hervor. Es handelt sich hier vor allem um Wortzusammensetzungen: *Jahrbuch, Augenschein, Hemmschuh, Witzbold, Störenfried, Hochachtung, Unterstützung, Verwechslung, Beherzigung,* dazu Adjektive wie: *unaufhörlich, unerschwinglich, unersättlich.*

Syntax

Fast jedem lat. Wort, das danach ins Deutsche eingegangen ist, sieht man auch heute noch seine Herkunft an. Hintergründiger ist jedoch der Einfluß des Lat. auf die Syntax des Deutschen. Nicht durchsetzen konnte sich die lat. Konstruktion des Akkusativs mit Infinitiv, obwohl sie in der ganzen Übersetzungsliteratur des Mittelalters, vom Ahd. angefangen, vorkommt: *ille feminam dicebat animal esse = ein sprach ein frowen sin ain tiere* (bei NICOLAS VON WYLE) (nhd.: er sagte, daß eine Frau ein Tier sei). Ähnlich ist es mit dem Tempussystem der Deutschen: Das heutige System mit Plusquamperfekt, Perfekt, Imperfekt, Präsens, Futur I, Futur II hat sich in der Schulgrammatik und in gewissen gehobenen Stilschichten eingebürgert; doch wurde dieses System aus dem Lat. zwar in die dt. Sprache transportiert, konnte sich aber in der Alltagssprache nicht durchsetzen. In der Wortstellung ist die Tendenz zur Endstellung des finiten Verbs im eingeleiteten Nebensatz, die im 16./17. Jh. zur Regel und von den Grammatikern zur Norm erhoben wird, durch lat. Einfluß verstärkt worden: »Er freute sich, weil er eine Woche Urlaub bekommen *hatte*.« Dadurch wird die im Mhd. noch große Freiheit in der Wortfolge ziemlich beschränkt.

Mit der immer fester werdenden Wortfolge wird nur die Entwicklung weitergeführt, die auch schon beim Übergang vom Ahd. zum Mhd. beobachtet wurde (S. 73), nämlich der Übergang vom eher synthetischen zum eher analytischen Sprachbau. Das zeigt sich v. a. auch im Verhältnis von Haupt- und Nebensatz: während im Mhd. Haupt- und Gliedsatz noch ziemlich unverbunden nebeneinander stehen können, wird im Nhd. das Verhältnis zwischen ihnen im Sinne einer Bei- oder Unterordnung durch Konjunktionen genau geregelt. Auch diese Tatsache ist großenteils dem Einfluß des Lateinischen zu verdanken. So kann es im Mhd. heißen: *er ist doch âne schande, ist er in minem bande,* wobei der Nebensatz nhd. nur so »... wenn er auch in der Fessel der Minne liegt« ausgedrückt werden kann, soll er dem mhd. Sinn gerecht werden.

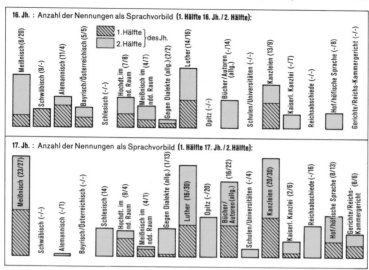

16. Jh. : Anzahl der Nennungen als Sprachvorbild (1. Hälfte 16. Jh. / 2. Hälfte):

1. Hälfte ⎫
2. Hälfte ⎬ des Jh.

Meißnisch (6/20) · Schwäbisch (9/-) · Alemannisch (11/4) · Bayrisch/Österreichisch (5/5) · Schlesisch (-/-) · Hochdt. im ndl. Raum (7/8) · Meißnisch im nddt. Raum (4/7) · Gegen Dialekte (allg.) (2/2) · Luther (14/16) · Opitz (-/-) · Bücher/Autoren (allg.) (-/14) · Schulen/Universitäten (-/-) · Kanzleien (13/9) · Kaiserl. Kanzlei (-/7) · Reichsabschiede (-/-) · Hof/höfische Sprache (-/8) · Gerichte/Reichs-Kammergericht (-/-)

17. Jh. : Anzahl der Nennungen als Sprachvorbild (1. Hälfte 17. Jh. / 2. Hälfte):

Meißnisch (23/27) · Schwäbisch (-/-) · Alemannisch (-/1) · Bayrisch/Österreichisch (-/-) · Schlesisch (14) · Hochdt. im ndl. Raum (9/4) · Meißnisch im nddt. Raum (4/1) · Gegen Dialekte (allg.) (1/13) · Luther (16/30) · Opitz (-/20) · Bücher/Autoren (allg.) (16/22) · Schulen/Universitäten (-/4) · Kanzleien (20/30) · Kaiserl. Kanzlei (2/6) · Reichsabschiede (-/16) · Hof/höfische Sprache (8/13) · Gerichte/Reichs-Kammergericht (6/6)

Sprachvorbilder im 16. und 17. Jahrhundert

Sprachvorbilder in der Geschichte des Nhd.

Im 16. Jh. werden Aussagen häufiger, die einzelne Sprachformen bewerten, d. h. positiv oder negativ darüber urteilen. Die Aussagen lassen sich nicht auf einen Bereich der Sprache festlegen, sondern betreffen unspezifiziert wohl alle Bereiche (wie z. B. Schreibung, Aussprache, Wortwahl). Unabhängig davon läßt sich auch schon für das 16. Jh. (und erst recht die folgenden Jh.) für die Aussprache eine über allem anderen stehende Autorität feststellen, nämlich die der Schreibung. Man spricht, lautet nach der Schreibung, ein Prinzip (S. 109), das im wesentlichen auch heute noch gilt (Schreiblautung).
Im 16. Jh. sind es vielfach landschaftliche Autoritäten, die als vorbildlich gelten. Von diesen steht das Meißnische Obersachsens, das auch LUTHER für vorbildlich hält, mit 26 Nennungen an erster Stelle. Im 17. Jh. gehen sprachlandschaftliche Autoritäten zugunsten von anderen zurück. Auffällt, daß die Autoren vor allem die Sprache ihrer eigenen Region loben. Im 17. und 18. Jh. bestimmen vor allem ostmitteldeutsche Autoren das Bild (S. 104). So ist es kein Wunder, daß das Meißnisch-Sächsische führt.
Im katholischen Bayern und in Österreich dominiert im 17. und in der ersten Hälfte des 18. Jh. das Latein als Bildungssprache. Dafür sorgt das von Jesuiten geprägte Bildungswesen. Dadurch hat der Süden mit der Weiterentwicklung der Einheitsschreibsprache nichts mehr zu tun. Der Schreibstandard des Südens gilt vom Blickwinkel Sachsens aus als provinziell, altmodisch. Die wenigen (z. B. GELASIUS HIEBER im

›Parnassus Boicus‹ 1723 ff.), die sich im Süden mit der deutschen Sprache beschäftigen, plädieren an SCHOTTEL (S. 104) anknüpfend für ein Hochdeutsch, das über allen Regionen steht und wenden sich gegen den letztlich regionalistischen Anspruch der Mitteldeutschen.
Nachdem auch im Süden in der 2. Hälfte des 18. Jh. die Aufklärung durchdringt, und sich auch die Jesuiten in ihren Regelwerken und damit in ihrem Schulwesen an GOTTSCHED orientieren, ist die Bahn frei für den inzwischen im Mitteldeutschen geprägten Standard. Auch das lange bekämpfte »sächsische«, »lutherische«, »ketzerische« *e* in Wörtern wie *Füß-e; Bot-e, ich mach-e* wird nun üblich.
Am Ende des Jhs. zweifeln selbst die protestantischen Gelehrten der Mitte und des Nordens an der Vorbildlichkeit des Meißnisch-Sächsischen und LUTHERS. LUTHERS Sprache wirkt damals schon veraltet (obwohl die Bibelausgaben orthographisch dem Stand der Entwicklung angepaßt wurden), und Meißens Anspruch wird immer mehr am tatsächlich dort Gesprochenen gemessen. Die Schreibsprachen sind von der Mitte des 18. Jhs. so einheitlich, daß man wenigstens in der Schreibung keinen großen Unterschied mehr erkennt, ob ein Text nun aus Leipzig, Köln oder Augsburg stammt. Damit kann sich das sprachliche Ansehen einer Landschaft nur mehr auf das dort gesprochene Deutsch beziehen, wobei als Ideal immer noch eine Aussprache gilt, die möglichst nahe am Geschriebenen steht. Vom Anfang des 19. Jh. an bis heute ist das Ansehen des Sächsischen nicht sehr groß (S. 136).

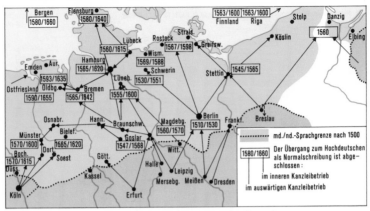

Der Übergang von der niederdeutschen zur hochdeutschen Schriftsprache

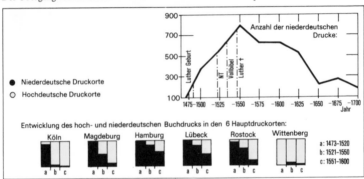

Die Entwicklung des niederdeutschen Buchdrucks

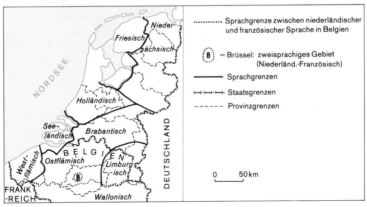

Dialekte des Niederländischen (schematisch)

Das **Niederdeutsche**

Im Grenzbereich zum Ostmitteldeutschen hin wird schon im 15. Jh. ein größeres Gebiet hochdeutsch: Die Sprecher und Schreiber entschließen sich, ihre angestammte nd. Sprache zugunsten des angrenzenden Mitteldeutschen aufzugeben. Diese Entwicklung geht von den städtischen Oberschichten aus: um 1470 sprechen z. B. in Halle die höheren Stände schon md., das einfache Volk noch nd. Teilweise bis ins 20. Jh. dauert es in den übrigen nd. Städten, bis das Plattdeutsche als Sprechsprache nicht mehr gewählt wird. Diesen Sprachwechsel gibt es auch in der Schreibsprache (vgl. Abb.). In der Regel dauert es einige Jahrzehnte, bis eine Kanzlei ihre ganze Schriftlichkeit aufs Hd. umgestellt hat. Dieser Wechsel ist oft verbunden mit dem Wechsel des Kanzleileiters. Doch treten erhebliche Schwankungen auf, die abhängig sind von der Art des Textes und vom Adressaten des Schriftstückes (S. 85). Ein Objekt der städtischen Traditionspflege wie das Lübecker Oberstadtbuch (vergleichbar mit dem heutigen Grundbuch) wird erst ab 1809 hd. geschrieben, obwohl die Umstellung der lübischen Kanzlei schon in der zweiten Hälfte des 16. Jhs. erfolgte.

Auch mit dem nd. Buchdruck geht es von 1550 an ständig abwärts; um 1700 spielt das Nd. im Verhältnis zu den anderen Druckersprachen keine Rolle mehr. Obwohl zu LUTHERS hd. Schriften jeweils fast parallel eine nd. Fassung erscheint, vermag auch das den »Abstieg« nicht mehr aufzuhalten: Diese nd. Luthertexte sind zu sehr am hd. Vorbild ausgerichtet und zu wenig genuin niederdeutsch. Damit erreichen sie bei weitem nicht die Sprachkraft des Originals (S. 97). Die Reformation ist sogar der Vorkämpfer für die neue Sprache: Die landesherrlichen neuen Kirchenordnungen machen hd. Texte verbindlich, auch das hd. Kirchenlied dringt immer mehr vor. Auch Luthers Bibel wird bald zur einzigen: 1622 wird in Lüneburg die letzte nd. Bibel aufgelegt, als bibliophile Prachtausgabe im Großformat, in dieser Form nicht mehr für den täglichen Gebrauch geeignet.

Als Ursache, warum die nd. Sprache von den Oberschichten vom 16. Jh. an als minderwertig, als barbarisch, sozial niedrig (S. 78) und als altmodisch gilt, werden folgende Fakten angeführt:

– Schon viel früher besaß die hd. Dichtersprache eine gewisse Anziehungskraft für Niederdeutsche (S. 78).

– Ins 15. Jh. fällt der Niedergang der Hanse, bei gleichzeitigem wirtschaftlichem Aufstieg der oberdeutschen, reichsstädtischen Wirtschaftszentren (Augsburg, Nürnberg).

– Im Gefolge des röm. Rechts, das von den Obrigkeiten favorisiert wird, gewinnt das Hd. an Ansehen; wichtige polit. Institutionen sitzen im Süden (Kaiser, Reichskammergericht).

– Adel und Bürgertum orientieren sich zunehmend nach Süden, nicht nur weil der Süden politisch und wirtschaftlich führend war, sondern zunehmend auch eine kulturelle Vorreiterfunktion bekam.

Das **Niederländische,**

urspr. vom Hd. sprachlich nicht weiter entfernt als das Nd., entwickelt sich zu einer eigenständigen Sprache. Schon in früher mhd. Zeit hatte sich im limburg.-brabant. Raum mit HEINRICH VON VELDEKE eine Dichtersprache entwickelt. Im 13. Jh. prägt der westflämische Universalgelehrte JACOB VAN MAERLANT in seinen Werken eine über den Mundarten stehende Literatursprache auf flandr.-brabant. Grundlage. Sie wird die Sprache der mnl. Literatur. Reiche südl. Handels- und Industriestädte wie Gent und Brügge schaffen die Voraussetzung für die literarische Blüte. Diese Sprachform nannten die Niederländer im Mittelalter dietsch, duitsch oder duytsch (vgl. engl. dutch).

Das 15. Jh. brachte den Niedergang der Wirtschaftsmacht des süd- und westnl. Raumes, die Führung ging auf Antwerpen und nach seiner Eroberung durch die Spanier (1585) auf die nördlichen Teile der Niederlande über. Doch lange noch behält die südl. geprägte Schriftsprache ihre Bedeutung.

Im 17. Jh. wird der Amsterdamer Dialekt zur Norm. Das ist vor allem dem Dichter JOOST VAN DEN VONDEL (1587–1679) zu verdanken, der, obwohl aus Antwerpen stammend, allmählich sich immer mehr der Schriftsprache der Amsterdamer Dichter anschließt. Die offizielle Bibelübersetzung von 1626-37 verschafft dieser Sprachform auch in anderen Gegenden der Niederlande Bedeutung. Auch friesische Elemente gehen in die nnl. Schriftsprache ein. Heute ist das Niederländische auch Schriftsprache im nördlichen (flämischen) Teil Belgiens. Es ist Standardsprache für ca. 20 Mill. Menschen. Folgende Voraussetzungen sorgten dafür, daß sich das Niederländische als eigene Sprachform vom Deutschen absetzen konnte:

1. Es bestand in den Niederlanden vom Mittelalter an ein reges geistiges Leben und eine Literatur im Landesdialekt.

2. Die Massierung bedeutender Städte auf kleinem Raum schuf eine viel dichtere soziolog. Basis als z. B. der weite nd. Raum.

3. Der Adel hatte keine Affinität zum Hochdeutschen, sondern prägte vielmehr schon in früher Zeit eine eigene Kultur, die vom Süden eher kopiert wurde.

4. Der Freiheitskampf der Niederländer gegen die Spanier zeugt von früh entwickeltem Nationalbewußtsein.

5. Auch die religiöse Sonderung im Calvinismus ließ Gemeinsamkeiten mit dem kath. rhein. und prot. norddt. Raum nicht aufkommen.

Eine Tochtersprache des Niederländischen ist das **Afrikaans,** die Sprache der Buren in Südafrika. Es wird heute noch von ca. 2 Millionen Menschen gesprochen. Sein Hauptkennzeichen ist der Verlust der Endungen in Konjugation und Deklination.

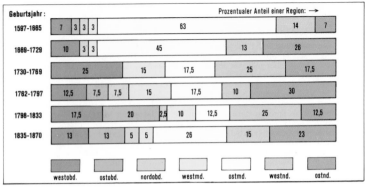

Geburtsjahr:				Prozentualer Anteil einer Region: →			
1597-1665	7	3	3	3	63	14	7
1669-1729	10	3	3		45	13	26
1730-1769	25		15	17,5		25	17,5
1762-1797	12,5	7,5	7,5	15	17,5	10	30
1798-1833	17,5		20	2,5 10	12,5	25	12,5
1835-1870	13	13	5 5	26		15	23

| westobd. | ostobd. | nordobd. | westmd. | ostmd. | westnd. | ostnd. |

Herkunftsregionen von Schriftstellern in verschiedenen Zeitabschnitten

Die Arbeit der Grammatiker

Im 15./16. Jh. beginnt neben dem Buchdruck ein weiteres neues Element in der dt. Sprache wirksam zu werden: man versucht, die Regeln der dt. Sprache zu beschreiben. Anfangs ist es nur einfache Buchstabenlehren, Anleitungen zum Lesen lernen (die früheste: Augsburg 1486). Einigermaßen vollständige Beschreibungen der dt. Sprache tauchen aber erst gegen Ende des 16. Jhs. auf (z. B. die von JOH. CLAJUS 1578); sie wurden zunächst in lat. Sprache geschrieben. Erst im 17. Jh. gibt es größere deutsche Grammatiken deutscher Sprache. Hervorzuheben ist hier das momumentale Werk von JUSTUS GEORG SCHOTTEL von 1648 (›Ausführliche Arbeit von der Teutschen Haubt Sprache‹, 2. Aufl. 1663). Im 18. Jh. sind die Grammatik von JOH. CHRIST. GOTTSCHED (1748, ›Grundlegung einer dt. Sprachkunst‹) und ADELUNGS Werke vom Ende des Jahrhunderts am bekanntesten geworden. Insgesamt sind bis 1800 ca. 120 solcher Werke erschienen. Und sie sind weit verbreitet und wurden viel benutzt, z.B. an Schulen; sonst gäbe es nicht so viele in so vielen Auflagen und sonst wären nicht so viele von Schulmännern verfaßt. Sie wirkten damit normativ. Man berief sich auf sie in Zweifelsfällen. Von WIELAND, GOETHE und SCHILLER ist uns überliefert, daß sie sich an ADELUNGS 5-bändigem ›Grammatisch-kritischen Wörterbuch der hochdeutschen Mundart‹ (1774–1786) orientierten. Die Grammatiker sind sicher nur in ganz wenigen Fällen »Trendsetter«. Ein Beispiel dafür ist M. OPITZ (1624) mit seinen Regeln zu Synkope und Apokope für die Sprache der Poesie; sie wirken, indem sie den vorhandenen Schreibgebrauch kodifizieren, in Regeln fassen und diese logisch begründen, stabilisierend und normierend. Ihr Ziel ist es, die Anzahl der zulässigen Varianten zu beschränken. Dieses Bemühen hängt auch mit dem immer stärker werdenden Gewicht der Schriftlichkeit zusammen. Im 18. Jh. wird das Leise-Lesen allgemein, vorher war Lesen immer Vorlesen, jeder Text war auf das Vorlesen hin konzipiert, da spielten Formalien der Schriftlichkeit eine viel geringere Rolle.

Mit den Grammatikern sind nun erstmals in der dt. Sprachgeschichte Werke vorhanden, die aufzeigen, was »richtig« ist und was »falsch«. Vorher mußte man nur so schreiben, daß das Ziel der Kommunikation erreicht wurde, daß ein geeigneter (Vor-)Lesetext entstand. Jetzt reichte das nicht mehr aus, das Geschriebene mußte außerdem noch »richtig« sein. Diese Grammatiken versuchen das Phänomen Sprache genauso zu beschreiben wie die aufkommenden Naturwissenschaften mit der Formulierung von sog. Naturgesetzen die Phänomene der Natur. Der Gedanke der Aufklärung, daß die Welt nach rationalen Gesichtspunkten geordnet ist und sich ordnen läßt, hat zur Folge, daß in Fällen, in denen die sprachliche »Wirklichkeit« davon abzuweichen scheint, eine verstandesmäßig begründbare Regel den »richtigen« Zustand herzustellen versucht. Bei SCHOTTEL wird das, was er als »Sprachrichtigkeit« bezeichnet (d. h. die logisch begründbaren Regeln), über den Sprachgebrauch gestellt. ADELUNG und seine immer wieder erwähnte Autorität stellt einen relativen Abschluß in der Entwicklung zu einem einheitlichen Neuhochdeutsch dar. Eine solche relative Einheitlichkeit war auch mit den gedruckten Werken der Klassiker um 1800 gegeben. In handschriftlichen Aufzeichnungen ist diese Einheitlichkeit weit weniger vorhanden, in der gesprochenen Sprache kann davon überhaupt keine Rede sein (S. 103, S. 119, S. 135).

Auch bei den im 17. und 18. Jh. wirksamen Grammatikern stammt der größte Teil aus dem ostmd. Bereich. Zusammen mit dem Übergewicht dieses Raumes bei der Anzahl der Schriftsteller und der Drucker (S. 99) unterstreicht das die Bedeutung des Omd. bei der Formung der nhd. Schriftsprache während dieser Zeit. Allerdings waren die Grundzüge des Neuhochdeutschen schon weitgehend fest (S. 100).

Französischer Einfluß

Der Aufstieg der frz. Kultur, die Macht des frz. Königtums und die politische Zersplitterung auf dt. Boden sind die Voraussetzungen für den breiten Strom französischer Wörter, der ins Deutsche dringt und zwar nicht nur in die oberen Bildungsschichten, sondern herab bis in die Sprache des einfachen Alltagslebens. Man faßt diese ganze Bewegung, die vom 16. Jh. bis ins 18. Jh. hinein dauert, unter dem im 17. Jh. geprägten Wort **Alamodewesen** zusammen. Seit KARL V. (1519–1556) seine Korrespondenz mit den dt. Höfen französisch abwickelte, nahm die frz. Sprache in den Adelskreisen der vielen kleinen Höfe des Reichs einen besonderen Platz ein. Man blickte wie gebannt nach Frankreich und kopierte frz. Sitten und Mode. Die Hugenottenkriege brachten viele frz. Einwanderer niederer Stände, und der Dreißigjährige Krieg mit seiner fremden Soldateska auf deutschem Boden sorgte dafür, daß das Alamodewesen breiten Fuß fassen konnte. So ist uns aus dem Jahr 1638 ein anonymes ›Klaglied eines Teutschen Michel‹ erhalten, das diesen Zustand dokumentiert:

Fast jeder Schneider / will jetzt und leyder
Der Sprach erfahren sein / und redt Latein,
Wälsch und Frantzösisch / halb Japonesisch ...

Die Kavalierstour, die jeder junge Mann aus gutem Hause absolvierte, brachte ihn in jedem Fall auch einige Zeit nach Frankreich. Die Sprache der Gesellschaft wurde Französisch; und vom Hof des Preußenkönigs FRIEDRICH II. kann VOLTAIRE um 1750 noch berichten: »Ich bin hier in Frankreich. Man spricht unsere Sprache, das Deutsche ist nur für die Soldaten und die Pferde.« Wer den Frz. nicht mächtig war, der versuchte wenigstens möglichst viele Fremdwörter unters Deutsche zu bringen: Er machte *Complimente*, trieb *Plaisir, Coquetterie* oder *Conversation*, er amüsierte sich mit *Karessieren, Maskieren* und *logierte* im *Palais, Hôtel, Kabinett, Salon* oder in der *Etage*, mit *Möbeln, Sofa, Gobelins, Galerie, Balkon* und *Terrasse* ... Und jede *Dame* wie jeder *Lakai* fand ein *Plaisir* daran, so zu *parlieren* und bei jeder *Occasion* den anderen sich durch derartige *Complimente* zu *obligieren* (nach P. VON POLENZ u. W. FLEMMING). Bis 1936 war Französisch die erste moderne Fremdsprache an den Gymnasien in Deutschland. Erst dann wurde es vom Englischen abgelöst.

Englischer Einfluß

Der englische Einfluß auf die deutsche Sprache war im Mittelalter auf relativ wenige Fachausdrücke der Seefahrt beschränkt (z. B. *Boot* < mengl. *bôt*, 13. Jh.; *Lotse* < mengl. *lodesman*, um 1400). Zum Ahd. S. 69.

Noch um 1650 gab es in Deutschland kaum jemanden, der die englische Sprache beherrschte. Erst die Hinrichtung Karls I. (1648) erregt als »Königsmord« ganz.Europa, damals gerät England in den Blickpunkt der Deutschen. So sind es zunächst auch englische Ausdrücke der **Politik**, die in der deutschen Sprache auftauchen; das englische parlamentarische System ist lange Vorbild für die Demokratisierungsversuche auf dem Kontinent; *Unterhaus (Lower House,* 1649 zuerst belegt), *Oberhaus (Upper House,* 1661), *Debatte* (1689), *Sprecher (Speaker* bed. Sprecher des Parlaments, 1688), *Hochverrat (high treason,* 1668). Im 18. und 19. Jh. kommen weitere Lehnformen dazu: *Pressefreiheit (freedom of the press), Opposition, Parlamentarier, Koalition, Jungfernrede (maiden speech), Selbstverwaltung (selfgovernment), europäisches Gleichgewicht (balance of power), Demonstration, Streik, Hört! Hört!* (im Parlament: *hear, hear!),* zur Ordnung rufen *(to call to order).*
In der **Dichtung** lösen im 18. Jh. engl. Vorbilder allmählich die französischen ab: Damit werden auch engl. Termini übernommen: *Elfe, Blankvers, Klumpen, tote Sprachen (dead languages), empfindsam* (1768 von Lessing für *sentimental* empfohlen), *Steckenpferd (hobby horse), Volkslied (popular song), Ballade.*
Auch **Philosophie** und **Naturwissenschaft** werden von England her beeinflußt: *Freidenker (freethinker,* Lehnübersetzung), *Materialist, Rationalist, Blutkreislauf (circulation of the blood), Barometer, positiv, negativ.*
Finanzwesen und **Industrie:** *Banknote (bank note), Budget, Export* und *Import, Nationalschuld (national debt), Blitzableiter (lightning conductor), Dampfmaschine (steam engine), Patent, Ventilator, Flanell, Flintglas, Manchester, Mull, Repetieruhr.*
Seefahrt: *Brigg, Brise, Kutter, Linienschiff (ship of the line), Schoner.*
Allgemein: *Schal* (urspr. pers.), *Gin, Grog, Brandy, Blaustrumpf ('gelehrte Frau',* engl. *blue-stocking),* boxen, *Bulldogge, Clan, Partner, Portwein; Sherry, Whisky, Tourist.*
Das 19. Jh. bringt vor allem in folgenden Gebieten engl. Lehnformen:
Gesellschaft: *Dandy, exklusiv, Snob, Selfmademan, jemanden schneiden (to cut someone* 'jmd. übersehen'), *smart, Flirt.*
Sport: *Jockey, Sport, Training,* starten, *Favorit, Handicap, Fußball (football),* kicken, *Tennis.*
Industrie: *Kartell, Trust, Waggon, Lokomotive, Tunnel, Lift, Koks, Dampfer (steamer).*
Die überlegene wirtschaftliche Macht und das liberale politische System verhalfen im 18. u. 19. Jh. dem Englischen zu dem Ansehen, das diesen Strom der Lehnbildungen zur Folge hatte. Im 20. Jh. traten die Vereinigten Staaten von Amerika in die Fußstapfen Englands und trugen dazu bei, daß dieser Strom sich noch verstärkte. Besonders nach dem 2. Weltkrieg ergoß sich eine wahre Flut solcher Anglizismen auf die deutsche Sprache. Das führt sogar so weit, daß auf Teilgebieten, z. B. im **Flugwesen,** in der **Werbung,** im Bereich des **Computers,** die ganze Fachsprache en bloc englisch übernommen wird und nur noch die Syntax deutsch bleibt: »Ich fliege *leader.* Wir machen den *climb-out in parade formation.* Wenn wir *air-*

borne sind und das *landing-gear* hoch ist, gibt jeder ...«. So ein deutscher Luftwaffenoffizier 1963 (zitiert nach BAUSINGER; dazu auch S. 100).

Mit amerikanisch-englischen Wortlisten im heutigen Deutsch lassen sich ganze Bücher füllen, hier seien die Stichworte von S. 100ff. eines dieser Bücher zitiert (CARSTENSEN 1965): *Bikini, Blazer, Blue Jeans, Body Building, Boom, Boss, Bowling, Box, Boy, Braintrust, Bulldozer, Bungalow, Business, Cafeteria, Callgirl* usw.

Der Einfluß auf Syntax und Morphologie ist bisher gering, er dürfte mit der Zeit (parallel zur Vermehrung der Englischkenntnisse) größer werden.

Sprachpflege/Purismus

Im Laufe des 17. Jhs. konstituieren sich **Sprachgesellschaften**, die sich der Pflege der deutschen Sprache annehmen. Die bekannteste und bedeutendste von ihnen ist die »Fruchtbringende Gesellschaft«, auch »Palmenorden« genannt. Sie wurde 1617 von Fürst LUDWIG VON ANHALT-KÖTHEN in Weimar nach dem Vorbild der florentinischen »Accademia della crusca« (gegr. 1582), deren Mitglied LUDWIG geworden war, gegründet. Zu ihren Mitgliedern gehörten im Laufe des 17. Jhs. Dichter wie A. GRYPHIUS, G. PH. HARSDÖRFFER, F. V. LOGAU, J.M. MOSCHEROSCH, M. OPITZ, J. RIST, PH. V. ZESEN, sowie die Grammatiker CH. GUEINTZ und J.G. SCHOTTEL.

Neben ihren Bemühungen, das Deutsche als Literatursprache hoffähig zu machen, und der Pflege einer umfassenden Gelehrsamkeit versuchte sie die dt. Sprache von »ausländischen« Wörtern zu reinigen. Unter ihren Fittichen entsteht die Grammatik von J.G. SCHOTTEL (S. 104).

Die Wirkung der Gesellschaft liegt in der Stärkung deutscher Dichter, die Muttersprache zu gebrauchen und Fremdwörter durch deutsche zu ersetzen. In ihr werden zahlreiche neue Termini der Grammatik deutsch geprägt, z.B. *Einzahl* für *Singular*, *Fall* für *Kasus*, *Geschlecht* für *Genus*, *Hauptwort* für *Substantiv*. Wo kein deutsches Wort vorhanden war, bemühte man sich um Neubildungen.

PHILIPP VON ZESEN († 1689) war in dieser Hinsicht besonders fruchtbar: ihm verdanken wir Neuprägungen wie *Anschrift* für *Adresse*, *Bücherei* für *Bibliothek*, *Grundstein* für *Fundament*, *Nachruf* für *Nekrolog*, *Mundart* für *Dialekt*, *Glaubensbekenntnis* für *Credo*, *Vollmacht* für *Plenipotenz* u.a.m. Seine Versuche, Lehnwörter wie *Fenster*, *Kloster* und vermeintliche Lehnwörter wie *Nase* in *Tageleuchter*, *Jungfernzwinger* und *Gesichtserker* zu verdeutschen, waren des Guten zuviel.

Rigorose »Eindeutscher« wie ZESEN haben im 18. Jh. keine Bedeutung. Vielmehr wird der Ausbau des Deutschen weitergeführt. Z.B. im Bereich der Philosophie, wo CHR. WOLFF (1679–1754) viele Begriffe prägt, die in die Allgemeinsprache eingegangen sind wie *Bewegrund, Bewußtsein, Begriff, Aufmerksamkeit, Verständnis, Umfang*. Erst an der Wende um 19. Jh. treten in der Fremdwortfrage wieder extremere Positionen in den Vordergrund. Hier ist vor allem J.H. CAMPE zu nennen, dessen Verdeutschungswörterbücher (1801 und 1807) einen großen Einfluß ausübten. Viele der Einträge sind Neubildungen CAMPES, wie z.B. *Stelldichein* (für *Rendezvous*), *Freistaat* (*Republik*), *Zerrbild* (*Karikatur*), *auswerten* (*evaluieren*), *befähigen* (*qualifizieren*), *Erdgeschoß* (*Parterre*), *Ergebnis* (*Resultat*), *Lehrgang* (*Kursus*), *Voraussage* (*Prophezeiung*). CAMPES Ideen waren aufklärerisch-pädagogisch-moralisch: Er wollte mit seiner Sprachreinigung die Verständlichkeit der Texte erhöhen und die »sittliche Ausbildung« auch des einfachen Menschen fördern. Mit Verdeutschungen wie *Zwangsgläubiger* (für *Katholik*), *Freigläubiger* (*Protestant*) und *Menschenschlachter* (*Soldat*) schießt er übers Ziel hinaus.

Diese strenge Richtung des Purismus gewann im 19. Jh. viele Anhänger. Auch E.M. ARNDT und (der Turnvater) F.L. JAHN kämpfen gegen Fremdwörter. Auf JAHN gehen Wortprägungen wie *volkstümlich* (statt *populär*), *Eilbrief* (*Estafette, Kurier*), *Schriftbild* (*Faksimile*) zurück.

Es wurden sogar Gesellschaften gegründet, die aggressiv diesem Purismus huldigten. Ihre Arbeit war aber regional begrenzt und durch die Starrheit ihrer Ziele oft auch ohne große Wirkung. Seit 1885 gab es ›den Allgemeinen deutschen Sprachverein‹, der diese Kräfte sammelte und in Richtung eines gemäßigten Purismus zu lenken versuchte, indem zwischen »entbehrlich« und »unentbehrlich« geschieden wurde, wobei sämtliche Lehnwörter (S. 71) als »unentbehrlich« angesehen wurden. Dieser Verein hatte 1891 11000 Mitglieder in 160 Zweigvereinen, 1932 in 500 Zweigvereinen 50000 Mitglieder. Seine größte Wirkung hatte er in der Einführung einer deutschen Terminologie in den Amtssprachen. Deshalb bezahlen wir heute z.B. keine *Autosteuer* sondern *Kraftfahrzeugsteuer*. Im Bereich der Post ist das erst Ende der achtziger Jahre rückgängig gemacht worden: Erst seit 1987/88 bekommen wir ein *Telefonbuch* statt eines *Fernsprechbuches* und einen *Telefonanschluß* statt eines *Fernsprechanschlusses*.

Es ist verfehlt, alle Fremdwörter abzulehnen. z.B. ist das Wort *Dialekt* das Normalwort der Süddeutschen für das, was eine gelehrte Bildung als *Mundart* bezeichnet. *Baby* füllt eine Lücke im Feld von *Kleinkind/Säugling/Kindchen/Kindlein*. *Job* unterscheidet sich von *Arbeit* und *Beruf* und ist auch keine *Gelegenheitsarbeit*.

In England und Frankreich gibt es den Begriff »Fremdwort« überhaupt nicht. Bei der Diskussion vergleichbarer Wörter ging es vor allem um deren Integration. Sie heißen dort deshalb auch *hard words* 'schwere Wörter' bzw. *mots savants* 'gelehrte Wörter'.

Die Entwicklung des nhd. Graphemsystems
Im Frühnhd. stehen anfangs die verschiedensten regionalen Schreibsysteme nebeneinander. Am Ende steht eine relative Einheitlichkeit des Deutschen. Die endgültige Festlegung aller Einzelheiten der Schreibung ist die Arbeit der Grammatiker vom 17. Jh. bis zum Ende des 19. Jhs. Auffallende Kennzeichen des nhd. Graphemsystems sind die Umlautbuchstaben *ü* und *ö*. Im größten Teil des hochdt. Schreibraumes wurden dafür die entrundeten Formen *i* und *e* gesprochen und vielfach auch geschrieben (S. 149). Obwohl von der gesprochenen Sprache keine Unterstützung vorhanden ist, setzen sich *ü* und *ö* durch. Sie dienen der etymologisch-morphologischen Durchsichtigkeit in der Schreibung (*Hut–Hüte, groß–größer, los–lösen*).
Der Umlaut *ä, ä*, der in Opposition zum *e* steht, ist als eigenes Graphem bei LUTHER noch sehr selten und z. B. in der Dresdner Stadtkanzlei am Ende des 16. Jhs. noch nicht durchgedrungen. Auch dieses »neue« Graphem dient dazu, die etymologische Verwandtschaft von Wörtern zu kennzeichnen: *Gräben* (zu *Graben*), *Fähre* (zu *fahren*), *Bäche* (zu *Bach*), *Nägel* (zu *Nagel*) (morphologisches Prinzip in der Rechtschreibung).
Wo man den Umlaut nicht erkannte, blieb das alte *e* stehen: z. B. in *Eltern* (Komparativ zu *alt*), *edel* (zu *Adel*), *Gehege* (zu *Hag*). Diese Beispiele zeigen deutlich die Tendenz zur »Funktionalisierung« vorhandener Zeichen in der Entwicklung des Neuhochdeutschen sowie die Tendenz, formal-ausdrucksseitig vorhandene Unterscheidungen auch grammatisch-semantisch zu nutzen. Was ursprünglich Variante war, wird in den Dienst morpholog. Unterscheidung gestellt.
Die auch im 17. Jh. noch vorhandene Sitte der »Letternhäufelung« (HARSDÖRFFER), heute noch in der Schreibung von Familiennamen erhalten (z. B. *Godthardt, Goerttler, Lüdtcke*), wird im 18. Jh. überwunden.
Um gleichlautende Wörter (Homonyme) auseinanderzuhalten, werden Schreibvarianten benutzt, die eine Scheidung der Bedeutungen auch im graph. Bild ermöglichen: Man trennt damit *Meer* von *mehr*, *Leib* von *Laib*, *viel* von *fiel*, obwohl kaum Gefahr besteht, diese Wörter im Kontext zu verwechseln (Prinzip der Homonymentrennung).
Das nhd. graphematische System trennt Lang- und Kurzvokale in der Regel ziemlich deutlich: als Längenzeichen können z. B. fungieren: *e (Liebe, viel)*, *h (nehmen, Zahl)*, Doppelschreibung (*Meer, Saal*), die Folgekonsonanz (*Namen: Hammer, Schafen: schaffen*).
Doppelkonsonanz als Kürzeanzeiger: Im Ahd. konnten einfache und doppelte Konsonanten sowohl nach Kurz- wie auch nach Langvokalen stehen, z. B. *släffan* 'schlafen', *offan* 'offen', *ih* 'ich', *zît* 'Zeit'. Schon in ahd. Zeit begannen die Schreiber nach Langvokal die Geminanten zu vereinfachen (S. 63). Damit gab es Doppelkonsonanten nur mehr nach Kurzvokalen, was sy-

stembildend in der Weise wirken konnte, daß Kurzvokale durch folgende Doppelkonsonanz gekennzeichnet wurden, auch wenn etymologisch keine Geminate vorlag wie z. B. bei *Hammel* (ahd. *hamal*), *Hammer* (ahd. *hamar*), *Sitte* (ahd. *situ*).
Das **e als Längezeichen:** Durch die nhd. Monophthongierung waren alle mhd. *ie* (wie in *liet* > *Lied*) zu langem *i*-Laut geworden. Die Schreibung änderte sich nicht, das *e* wurde als Längeanzeiger angesehen, das in dieser Funktion später auch bei Wörtern auftritt, wo nie ein Diphthong *ie* vorhanden war (z. B. mhd. *nider* > *nieder*).
Das **h als Längeanzeiger:** Im Mhd. gab es auch im Inlaut ein gesprochenes *h*, das intervokalisch zum Nhd. hin verstummte: mhd. *vêhede* > *Fehde* (mit Synkopierung des *e*, S. 159), mhd. *gemahel* > *Gemahl* (mit Synkopierung und Dehnung, S. 153). Da intervokalisches *h* immer auch von vorhergehender offener Silbe begleitet ist, stand nach der Dehnung (S. 153) geschriebenes *h* nur nach Langvokal. Nach dem Schwund des *h* in der gesprochenen Sprache wurde es als Anzeiger von Länge interpretiert, was dadurch offensichtlich wird, daß es in dieser Eigenschaft auch in Wörter eindringt, bei denen etymologisch nie ein *h* vorhanden war (z. B. mhd. *nemen* > *nehmen*).
Doch gibt es im Nhd. auch viele Inkonsequenzen bei der Bezeichnung der Quantitäten. Keinen Längeanzeiger haben z. B. folgende Wörter: *Krone, schon, schön, dir, hoch, Maß*. Unbezeichnete Kürze liegt bei folgenden vor: *Loch, mischen, naß*. Die Grapheme *ch, sch* und *ß* sowie die Konsonantenverbindungen *st, tsch, sp* können als Kürzenanzeiger nicht verdoppelt werden (vgl. *Ostern–Osten*, aber *schart–scharrt*).
Im Frühnhd. verschiebt sich die Opposition der Grapheme *s* und *z* derart, daß *z* nurmehr die Affrikata *ts* bezeichnet, während *s* durch die Entstehung der festen Graphemverbindung *sch* für *š* entlastet wird und dadurch an die Stelle des Reibelauts *z* treten kann. *z* bezeichnete ahd. auch den in der 2. LV entstandenen Frikativ, z. B. ahd. *wazzar* 'Wasser'. Das *sz* (das scharfe *ß*) tritt allmählich immer mehr ein, um das stl./fortis *s* zu bezeichnen.
Die Verschlußlautoppositionen *b:p, d:t, g:k* bleiben den Graphemsystem erhalten. Dies ist um so bemerkenswerter, als die binnenhochdeutsche Konsonantenschwächung (S. 149) diese Gegensätze in der gesprochenen Sprache des größten Teils des hd. Raumes neutralisiert hat. Im Auslaut wurde im Mhd. nur *p, t, k* geschrieben (mhd. Auslautverhärtung, S. 73). Im Nhd. ist die diesen Schreibungen zugrundeliegende Aussprecheeigenheit noch vorhanden (*Tag* wird gesprochen *ta:k*), doch sie wird graphisch nicht bezeichnet. Auch hier zeigt sich (wie bei den Umlauten) die Tendenz des Nhd., etymologisch durchsichtig zu bleiben: Es wird versucht, ein Wort durch alle Flexionsformen hindurch gleich zu schreiben.

Es werden groß geschrieben:					
					Bücher
					Woche=Tage
					Werktage
				Festtage	Sonntage
				Thiere	Festtage
				Laster	zahm=, wilde Tiehre
			Künste	Tugenden	Laster
		gewicht	Aembter	Künste	Tugenden
		Muntz	Secten	Beambte	Künste
		Flecken	Völcker	Secten	Beamte
	dörffer	Dorffer	Dörffer	Völcker	Völker
	schlösser	Schloss	Schlösser	Dörffer	Dörffer
lant	länder	Lender	Landen	Länder	Länder
Stat	stetten	Stedt	Stätten	Städte	Städte
fursten	mannen	man	Männder	Taufnahmen	Tauffnahmen
oder andere	frouwen	Frawen	Weiber	Zunahmen	Zunahmen
eygen nam	eygene nammen	namen	Namm	eigene Nennwörter	Nahmen
schryfftspiegel **1527**	**KOLROSS** **1530**	**FABRITIUS** **1532**	**SATTLER** **1607**	**GUEINTZ** **1641**	**Perfertischer Muusen Schlüssel 1645**

Großschreibung bei einigen Grammatiken des 16. und 17. Jhs.

Die Entwicklung der Rechtschreibnormen

Vom 8.–17. Jh. gibt es keine Normen in unserem heutigen Sinne. Es gibt verschiedene regionale, von der Schreibtradition bestimmte Schreibformen (S. 91). Seit Anfang des 16. Jhs. werden von Grammatikern Regelwerke ausgearbeitet. Sie hinken bis ins 18. Jh. dem tatsächlichen Gebrauch in den Drucken etwas nach. Doch sie werden immer mehr als normgebend, als Autorität angesehen. Trotzdem hatte am Anfang des 19. Jhs. noch jede Druckerei eine eigene Hausorthographie, und an verschiedenen Schulen wurden verschiedene Rechtschreibungen gelehrt. Doch der Spielraum der Varianten war damals schon relativ gering.

In der ersten Hälfte des Jhs. gewinnt die sog. historische Schule an Einfluß: Begründet von JACOB GRIMM und angeführt von KARL WEINHOLD will sie so schreiben, »wie es die geschichtliche Fortentwicklung des Neuhochdeutschen verlangt«: GRIMM fordert deshalb nach historischem Vorbild z. B. die konsequente Kleinschreibung der Substantive; er will die Länge von Vokalen in der Regel unbezeichnet lassen, sz statt ß schreiben, t statt th, f in deutschen, v in Fremdwörtern, i statt y. Extremere Vertreter fordern z. B. die Schreibung von e und ä sowie der s-Laute nach mhd. Gesichtspunkten. Demgegenüber stand die sog. phonetische Schule mit RUDOLF VON RAUMER als Exponenten, die insgesamt nur wenig am bestehenden Schreibgebrauch ändern, ihn vielmehr nur vereinheitlichen wollte. Dieser Gelehrtenstreit, der sich inzwischen auch an den Schulen bemerkbar machte, ruft von 1850 an staatliche Stellen auf den Plan.

Es erscheinen nun die ersten (halb-)amtlichen Rechtschreibverordnungen: 1855 Hannover, übernommen in Bayern, 1857 Leipzig, 1861 Baden-Württemberg, das damals einen ersten Vorstoß in Richtung einer einheitlichen Rechtschreibung für alle deutschen Staaten unternimmt. Diese zeigen mehr oder weniger den Einfluß der histor. Schule. Die Reichsgründung bringt neue Impulse: Auf Einladung des preußischen Kultusministers findet 1876 in Berlin eine Konferenz statt, die aufgrund eines Entwurfs von R. v. RAUMER verbindliche Rechtschreibregeln erarbeiten soll. Das Ergebnis ist ein behutsam einigender Vorschlag, z. B. eine Einschränkung des Gebrauchs des th-, k für c in Kasse, Kanal u. a., -ieren für die damals noch konkurrierenden Formen -iren und -ieren, der aber in der Öffentlichkeit wie praktisch alle Reformvorschläge bis in unsere heutige Zeit überwiegend negativ aufgenommen wird. 1879 erschienen dann auf dieser Grundlage Regeln für Bayern und Österreich, Preußen zieht 1880 nach, doch der Reichskanzler BISMARCK selbst verbietet deren Anwendung im amtlichen Gebrauch. Trotzdem setzt sich diese Orthographie allmählich durch. Diese Regelverzeichnisse unterscheiden sich nur mehr in Einzelheiten voneinander. 1901 gibt es eine neue Konferenz in Berlin, deren Regelwerk von allen Länderregierungen und auch von der Schweiz angenommen wurde. KAISER WILHELM II. lehnt die neue Rechtschreibung jedoch bis 1911 ab: offizielle Schriftstücke werden für ihn umgeschrieben, er korrigiert selbst die th und gibt Schriftstücke mit der »neuen« Rechtschreibung zurück. Mit diesen »amtlichen Regeln« von 1902, die mit ca. 20 Seiten Umfang bei weitem nicht alle Fälle abdecken können, beginnt eine Phase der Normierung vor allem durch die Wörterbücher von KONRAD DUDEN. Er hatte schon 1872 ein Regelverzeichnis mit Wörterbuch geschaffen, das er 1880 (nach den preußischen Regeln), 1902 (nach den Regeln der Konferenz von 1901) überarbeitet herausbringt. Da dieses Wörterbuch insbes. bei den Fremdwörtern lückenhaft ist, erscheint 1903 speziell für die

Buchdruckereien ein vollständiges Wörterbuch. 1915 wird dieser »Buchdruckerduden« mit seinem Orthograph. Wörterbuch verschmolzen. Dazu kommen nun auch Regeln für die Zeichensetzung, für Zusammen- und Getrenntschreibung, die in den amtlichen Regelbüchern nicht vorhanden waren. Diese wurden in der BRD erst 1955 amtlich mit einem Beschluß der Kultusministerkonferenz, die den ›Duden‹ als maßgebend in Zweifelsfällen anerkennt. Eine Aktiengesellschaft ist damit für den deutschsprachigen Raum zum normhütenden Organ geworden.

Die Entwicklung der Großschreibregeln
In ahd. Zeit gab es Großbuchstaben nur am Anfang von Texten, Absätzen oder Strophen. Erst im 13. Jh. tauchen auch im Satzinnern Majuskeln auf und zwar nur bei besonders wichtigen Wörtern wie Nomina Sacra: *Gott, Jerusalem;* hohen Amtsbezeichnungen *Kaiser, König* und deren Namen. Dieses Prinzip, wichtige, besonders hervorzuhebende Dinge und Personen mit Großbuchstaben auszuzeichnen, dehnte sich zunächst langsam (im 16. und 17. Jh. aber sehr stark) immer weiter aus: wenn man jemandem eine besondere Ehre bezeugen wollte, schrieb man seinen Namen (oder auch das Personalpronomen, das diese Person bezeichnete) mit einem großen Anfangsbuchstaben (heutiger Rest: Großschreibung des Anredepronomens in Briefen). Auf diese Weise kommt es im 17. Jh. zu einer regelrechten »Majuskelschwemme«. Alles, was nur irgend hervorhebenswert schien, erhielt große Buchstaben, die im 17. Jh. sogar ins Wortinnere eindrangen (z. B. »HErr« für Christus, um seine Gott- *und* Menschnatur aufzuzeigen). Allmählich aber bildete sich ein regelmäßiger, mehr von formalen Gesichtspunkten her bestimmter Schreibgebrauch heraus: im 2. Viertel des 16. Jhs. werden in den Drucken Großbuchstaben bei Eigennamen fest, desgleichen im letzten Drittel des 17. Jhs. die Großschreibung der Substantive, die man nun auch »Hauptwörter« nennt.

Die Entwicklung der Zeichensetzung
Das System der antiken Grammatiker war einfach: tiefer Punkt für eine kurze Lesepause (comma), mittlerer Punkt für die mittlere Pause (colon), hoher Punkt für das Ende eines Satzes. Im Mittelalter bis in die ersten Jahrzehnte des 16. Jhs. hinein wurden insgesamt sehr wenig Satzzeichen gesetzt, es wurde vor allem der Punkt verwendet. Im 15. und 16. Jh. stellen zwar Theoretiker (an italienischen Vorbildern orientiert) umfangreiche Satzzeichensysteme auf, sie dringen aber nur allmählich in die deutschen Drucke ein (zuerst in Bibelübersetzungen). Satzzeichen dienen vor allem dazu, Sprechpausen beim Vorlesen zu markieren (rhetorische Zeichensetzung). Von der 2. Hälfte des 16. Jhs. an kommen auch grammatisch-syntaktische Gesichtspunkte zum Tragen, die

aber erst im 20. Jh. völlig durchdringen. Noch im 19. Jh. gibt es Texte, bei denen die Interpunktion wesentlich von rhetorischen und nicht von grammatischen Regeln bestimmt ist. Bei den Satzzeichen sind die Grammatiker im Gegensatz zu vielen anderen Phänomenen dem tatsächlichen Gebrauch voraus. Während der *Punkt* alt ist, entwickelt sich das *Komma* nicht aus seinem antiken Namensvetter (.), sondern aus der *Virgel* (/) zu lat. *virgula* (dim. zu *virga* 'Stab', 'Rute'). Diese tritt vom 13. Jh. an auf und wird um 1700 zum *Komma* (,) umgewandelt. Das *Fragezeichen* (?) gibt es zwar schon im 14. Jh., allgemein wird es erst im 16. Jh. Das *Ausrufezeichen* (!) setzt sich im 17. Jh. durch, genauso wie der *Strichpunkt*, die runde *Klammer* () und die *Anführungsstriche* („ oder »). Der *Doppelpunkt* (:) dient lange noch zur Kennzeichnung größerer Einschnitte, seine heutige Funktion überwiegt seit dem 18. Jh.

Die Entstehung der Aussprachenormen
Die relativ einheitliche Schreibsprache um 1800 erlebte geographisch die unterschiedlichsten Aussprachen. Wir wissen, daß SCHILLER geschwäbelt und GOETHE sein Frankfurterisch nie verleugnet hat. Wenn GOETHE reimt »*ach neige, du Schmerzensreiche . . .*« spürt man seine hessische Aussprache noch: *neische/reische.* Auch am Ende des 19. Jhs. sprach der gebildete Süddeutsche noch *heren* statt *hören, Huat* statt *Hut.* Im nd. Bereich richtete man nach der Übernahme der hochdeutschen Schreibsprache die Aussprache an der Schreibung aus. Es war hier viel leichter, das Ideal der Schreiblautung (S. 100) zu verwirklichen, da die niederdeutsche Mundart vor allem aufgrund des stark abweichenden Konsonantismus nicht aufs Hochdeutsche hin »zurechtgeredet« werden konnte. Aber auch im mitteldeutschen Raum (weniger im Süden) bemühten sich die Sprachgelehrten, das Ideal der Schreiblautung durchzusetzen: In ihren Grammatiken oder als selbständige Lehrwerke gibt es auch noch im 19. Jh. Sammlungen von Wortkontrastpaaren (*fühlen* ≠ *fielen*), die dazu dienen sollten, die verbreitetsten Aussprachegewohnheiten, die nicht der Schreiblautung entsprachen, auszumerzen. Wie z. B. entrundete Aussprache von *ö* (als *e*) (S. 149), Verwechslung von *b* und *p, d* und *t* (S. 148), sowie Aussprache des -*g*- als *ch*.
Mit der Entstehung einer klassischen Tragödie kurz vor und nach 1800 bestand für Bühnenaufführungen die Notwendigkeit einer Ausspracheform, die frei von Werturteilen über den immer irgendwie positiv oder negativ besetzten Regionalsprachen stand. GOETHE, der sich am Theater in Weimar um eine solche Ausspracheform bemühte, berichtet über Nöte mit den Schwaben, Österreichern und Sachsen und lobt die Norddeutschen. Er fordert die lautreine Aussprache aller Buchstaben. Am Ende des 19. Jh. laufen zwei Auffassungen parallel: 1. Das beste Hochdeutsch wird in Norddeutschland gespro-

chen. 2. Das beste Hochdeutsch wird im ernsten Drama auf der Bühne gesprochen.
Davon gingen die Theaterdirektoren und die Germanisten aus, die sich 1898 in Berlin versammelten, um über eine einheitliche Bühnenaussprache zu beraten. Der tatsächliche Gebrauch an guten Bühnen sollte kodifiziert werden, und dem sollten die mit niederdeutschen Lautwerten ausgesprochenen Buchstaben der im hochdeutschen Raum entstandenen Schriebsprache entsprechen. Noch 1898 erscheint die ›Deutsche Bühnenaussprache‹ von THEODOR SIEBS, die bis in die 60er Jahre des 20. Jhs. (als neue Aussprachewörterbücher entstanden) alleiniges Vorbild war.

Zur Entwicklung des nhd. phonolog. Systems

Die Entstehung der nhd. Schriftsprache war die Geschichte einer Einigung in der geschriebenen Sprache. Eine einsträngige Geschichte des phonolog. Systems des Nhd., das die gesprochene Sprache zum Gegenstand haben müßte, annehmen zu wollen, ist verfehlt. Eine ungebrochene Entwicklung vom Ahd. übers Mhd. zum Nhd. gibt es nicht. Man kann nur feststellen, daß bestimmten mhd. Graphemen oder Phonemen bestimmte nhd. Grapheme oder Phoneme entsprechen. In Anbetracht dieser Tatsachen kann man das Mhd. und das Nhd. nur vergleichend gegenüberstellen und nur mit den eben geschilderten Einschränkungen das eine System aus dem anderen ableiten.

Das nhd. phonolog. System der SIEBSschen Norm ist gegenüber dem Mhd. durch folgende Eigenheiten gekennzeichnet:
1. Die im Mhd. sehr stark aufgespaltene *e*-Reihe (5 verschiedene phonolog. relevante *e*-Phoneme) ist vereinfacht. Die graphemat. Unterscheidung *e*, *ä* stützt im süddt. und westdt. Sprechern die Opposition *ē* ≠ *ǟ*, die sonst weitgehend aufgehoben ist.
2. Die fallenden Diphthonge *ie*, *üe*, *uo* sind in den Langvokalen aufgegangen (Monophthongierung, S. 147).
3. Die mhd. Reihe *ī̆*, *ū̆*, *ü* fällt mit den alten steigenden Diphthongen in *ai*, *oi*, *au* zusammen (vgl. Diphthongierung, S. 147).
4. Die Phonemisierung der (velaren) Nasals *ŋ*, der im Ahd. z. B. noch Stellungsvariante des *n* vor *g* und *k* war: *siŋgen*, *baŋgen*. Im Nhd. heißt es *siŋen*, *baŋen*, die zu *sinnen*, *bannen* in Opposition stehen können und damit das *ŋ* als eigenes Phonem erweisen.
5. Das System der dental-alveolaren Frikative erfährt eine Umgestaltung: ahd./mhd. standen *s* (altes germ. *s*, in der Aussprache dem *š* nahestehend) in Opposition zu *z* (aus germ. *t*, ausgesprochen wie nhd. *ß*) und einem *š*, das sich aus der Verbindung *sk* entwickelt hatte und das im Anlaut vor *t*, und *p*, *n*, *m*, *r* und *l* im Nhd. obligatorisch wurde. Dafür fiel altes *s* und *z* auslautend zusammen und bildet heute nur mehr intervokalisch einen Gegensatz sth.-stl., z. B. in *reisen* (zu ahd. *reisōn*) und *reißen* (zu ahd. *rīzan*, as. *wrītan*). (S. 151.)

6. Folgende Erscheinungen betreffen weniger die Entwicklung des Phonemsystems als Phoneminventar als die Verteilung der Phoneme innerhalb des Wortschatzes
– Dehnung in offener Tonsilbe (S. 153)
– Kürzung (S. 153)
– Rundung und Entrundung (S. 149)
– Senkungs- und Hebungserscheinungen, die Einzelwörter betreffen: mhd. *günnen* – nhd. *gönnen*; *sunne* – *Sonne*; *māne* – *Mond*.

Morphologie und Syntax

Die Entwicklung des nhd. morphologischen Systems, vor allem des Deklinations-und Konjugationssystems, ist geprägt von jenem umwälzenden Ereignis, das die Geschichte aller german. Sprachen zeichnet: die Festlegung des im Idg. freien Akzents auf die erste Silbe und dem daraus folgenden fortschreitenden Verfall der Endungen. Dieses eigentlich phonolog. Ereignis hat auf dem Gebiet der Morphologie in fast jeder sprachgeschichtl. Epoche seine Auswirkungen (S. 73). Verluste formalisierter grammat. Funktionen, die an den Endungen auftraten, wurden durch andere (zumeist syntakt.) Mittel ausgeglichen.
Im Idg. gab es einst acht Fälle (Kasus) des Substantivs; im Ahd. wurden in der Regel noch vier unterschieden, deren Funktion durch Beiwörter (Artikel und Präpositionen) unterstützt wurde. Im Nhd. ist der Akkusativ beim Substantiv gleich dem Nominativ, und die Kennzeichnung des Dativs geht zurück. Die Funktion der Kasusendung wird von anderen Elementen übernommen, z. B. Artikel, Pronomen, Präpositionen; dazu gehört auch die immer verbindlicher werdende Wortfolge im Satz, z. B. die immer starrer werdende Folge von Subjekt, Objekt, die nicht nötig wäre, wenn z. B. der Akkusativ gekennzeichnet wäre: *Fritz schlägt Hans* (Akk.). *Hans schlägt Fritz* (Akk.). Im Idg. trugen die Endungen des Substantivs, die für alle Flexionsklassen praktisch gleich waren, Kasus- und Numerusinformation. Zwischen der Wurzel und der Endung gab es noch ein stammbildendes Suffix, das je nach Flexionsklasse verschieden war. Im Ahd. sind Endung und stammbildendes Suffix verschmolzen. Im Gen. und Dat. Plural läßt sich wie im Idg. noch eine einheitliche Endung feststellen.

Im Nhd. ist die Endung weniger Trägerin einer Kasusinformation, dafür aber drückt sie deutlicher als im Mhd. und Ahd. den Numerus aus. Dazu tragen die folgenden historischen Entwicklungen bei:
– Die Plurale auf *-er* betrafen im Ahd. nur eine winzige Gruppe von neutr. Substantiven (aus dem Bereich der Landwirtschaft) wie *kalb*, *lamb* (‘Kalb’, ‘Lamm’). Die Anzahl dieser *-er*-Plurale hat sich bedeutend erhöht, vor allem dadurch, daß die Endung an Wörter trat, die im Ahd. ohne Pluralkennzeichen waren wie z. B. *Kind*. Zum Nhd. hin nehmen sogar Maskulina diese Pluralform an.

Mittelhochdeutsch			Neuhochdeutsch		
Mask.	Neutr.	Fem.	Mask. = Neutr.		Fem.
-∅ *engel*	-∅ *wort*	-∅ *gebe*	-∅ *Engel* *Zimmer*		—
-e *tage*	—	-e *zîte*	-e *Tage* *Jahre*		-e *Kenntnis*
U(+-e) *epfel//geste*	—	U+-e *krefte*	U(+-e) *Väter/Gäste Klöster*[1]*/Flöße*[1]		U(+e) *Mütter/Kräfte*
—	(U+)-er *rinder/bleter*	—	(U+)-er *Leiber/Männer Rinder/Wörter*		—
-n *boten*	-n *herzen*	-n *zungen*	-(e)n *Bauern/Strahlen Augen*[2]*/Herzen*		-(e)n *Wochen/Frauen*
—	—	—	-s *Vatis* *Hochs*		-s *Muttis*

U =	Umlaut	+	Plus-Zeichen
( )	Elemente, die auch fehlen können	1 , 2	Fälle in denen es nur 1 bzw. 2 Beispiele gibt.
-∅	Keine Endung		

Schema zur Geschichte der Numerusflexion im Deutschen

– Mit der Übernahme engl., franz. und nd. Wörter ins Hochdeutsche erscheint auch -*s* als Pluralendung nicht nur bei diesen Fremd- und Lehnwörtern, sondern z. B. auch bei Namen (*die Neumanns*) und Substantiven, die auf Vokal enden (*die Mamas*).

– Im Ahd. war der i-Umlaut (S. 65) phonologisch bedingt. Der Umlaut trat nur auf, wenn ein *i* in der Folgesilbe vorhanden war, bei einer Flexionsgruppe auch im Singular (ahd. *kraft, krefti, krefti, kraft*). Nachdem das verursachende *i* verschwunden war (S. 73), wurde der Umlaut zum Pluralkennzeichen, weil er vor allem in Pluralformen vorkam. Die Umlautformen im Singular wurden im Mhd. langsam beseitigt. Als morphologisch bedingter Umlaut drang er dann auch in Wörter ein, bei denen nie ein *i* in der Endsilbe vorhanden war (z. B. ahd. *kranza* 'die Kränze'), und diente der besseren oder der alleinigen Kennzeichnung der Mehrzahl, wobei er sogar bei neutralen Substantiven Anwendung findet. Im Vergleich zum ahd. und mhd. Zustand ist die Numerusflexion deutlicher, durchsichtiger geworden.

Wie die Kasusflexion geht auch die Verbalflexion zurück. Funktionen wie z. B. der Konjunktiv, der ursprünglich mit Suffixen deutlich gemacht wurde, werden allmählich immer mehr von einer Anzahl verschiedener Wörter übernommen. Der Ablaut und der Umlaut (S. 47) übernehmen morphologische Funktionen: auch hier ist die Einbeziehung des Wortstammes als allomorphisches Element; auch hier wird immer mehr Wortmaterial nötig, um eine gleiche Menge von Information zu transportieren. Das Verb

selbst ist allmählich nur noch Träger der Tempusfunktion; Numerus, Modus und Person werden von anderen Elementen übernommen, z. B. ahd. *suohtim* ist 1. Ps. Pl. Konj. Präteriti, vergleichbar mit nhd. 'wir würden suchen': eine Entwicklung vom synthet. zum analyt., vom flektierenden zum isolierenden Sprachbau (S. 35, 73).

Beispiele für die Funktionalisierung und Durchsichtigmachung grammatischen Formenreichtums liefert die Wortbildung. Das nhd. Adjektivsuffix -*bar* (zu ahd. *-bāri* zu *beran* 'tragen') erscheint im Mhd. bzw. Spätmhd. als -*bære* bzw. -*ber*. Zu dieser Zeit kann von einer einheitlichen Funktion dieses Ableitungssuffixes nicht die Rede sein: Bei *fruhtbære* 'Frucht tragend, -bringend' ist die alte Bedeutung noch vorhanden, bei *klagebære* 'Klage von sich gebend', 'beklagenswert' ist das nur noch in der ersten der Fall; *gruozbære* 'einen Gruß bringend' und 'zu grüßen verpflichtet', *eselbære* 'sich wie ein Esel benehmend' und *līhtbære* 'leicht' lassen keine eindeutige Funktion erkennen. Als Basis dienen jeweils nur Substantive und Adjektive. Zum Nhd. hin ändert sich das: Einmal gibt es im Nhd. nur mehr Ableitungen von Verben, und zum anderen ist die semantische Funktion eindeutig: *drehbar* ist etwas, was gedreht werden kann. *Explodierbar* ist etwas, was explodieren kann. -*bar* ist zur Trägerin passivisch- oder aktivisch-potentieller Bedeutung geworden. Wörter wie *wunderbar* und *kostbar* sind Bildungen, die heute nur mehr als Relikte der mhd. Wortbildungsverhältnisse zu erklären sind, sie sind lexikalisiert.

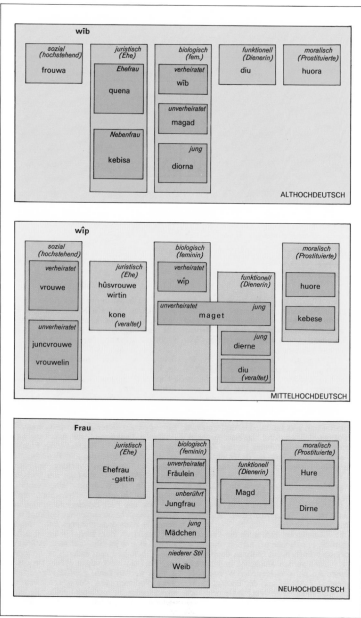

Entwicklung des Wortfeldes *Frau* vom Althochdeutschen zum Neuhochdeutschen (vereinfacht; vgl. auch S. 22 und 144)

Der **Wortschatz** ist der Teil einer Sprache, der sich am schnellsten verändert. Wenn sich die Dinge, die durch ein Wort bezeichnet werden, ändern, z.B. durch eine gesellschaftliche Umwälzung oder neue Techniken, dann ändert sich die Bedeutung eines Wortes. Viele Wörter sterben mit der Sache, die sie bezeichnen, ab, neue werden zur Bezeichnung neuer Dinge und Verhältnisse gebildet oder aus fremden Sprachen entlehnt. Wörter sterben auch aus, einfach, weil sie nicht mehr »modern« sind. Sie werden durch andere, neue ersetzt.

Die Entwicklung des Wortschatzes der deutschen Sprache des Mittelalters zum Neuhochdeutschen ist ein einziger großer Anpassungsprozeß an die sich wandelnden gesellschaftlichen, produktionstechnischen und weltanschaulichen Verhältnisse. Das soll am Beispiel des Wortfeldes *Frau* erläutert werden (vgl. auch S. 145, 167). Ahd. *frouwa* ist die vornehme, hohe Frau, die 'Herrin', eine Bildung, die zu ahd. *frô* 'der Herr', 'Feudalherr' zu stellen ist (vgl. nhd. noch *Frondienst*). Ahd. *quena* 'Ehefrau' steht im Gegensatz zu *kebisa* 'nicht angetraute (Neben)-Frau' (KARL DER GROSSE hatte mehrere davon, die Kinder aus solchen Verbindungen hießen »Kegel«, heute noch im Stabreim *Kind und Kegel* erhalten). In mhd. Zeit, mit der zunehmenden christlichen Durchdringung des Volkes, sterben beide Begriffe ab. Eine »Frau« kann ahd. und mhd. sowohl verheiratet als auch nicht verheiratet sein. Die junge Herrin ist die *juncvrouwe*, ein Wort, das erst seit dem Spätahd. belegt ist. Das allg. Wort für »Frau« ist ahd. wie mhd. das Wort *wîb/wîp*, das die unverheiratete Frau ist im Ahd. *magad* (mit der Betonung auf »unverheiratet«) und *diorna* (das auch 'junges Mädchen' ganz allgemein heißen kann). Im Mhd. hat sich dieses Verhältnis bereits so weit verschoben, daß *maget* den Bereich 'Dienerin', 'Magd' mit abdeckt und *dierne* nur mehr in diesem Feld zu finden ist und sich im 16. Jh. zur heutigen Bedeutung verschlechtern kann. Durch diesen »Schub« ist *diu* (das ältere Wort für die 'Dienerin') überflüssig geworden, es stirbt daher dann auch ab.

Im Nhd. hat sich das Feld völlig neu gegliedert: Die durch den immer weiter ausgedehnten Gebrauch und den Niedergang des hochmittelalterlichen Adels entwerteten Ausdrücke der hohen Stilschicht bzw. der hohen gesellschaftlichen Schichten, wurden durch Entlehnungen aus dem Romanischen ausgeglichen. Im 17./18. Jh. sprach man in den höheren Bildungsschichten nur mehr von *Madame*, *Demoiselle* und *Mamsell*, die Sittenverwilderung des absolutistischen Adels macht ein neues Wort für die ahd. *kebisa* 'Mätresse' notwendig. Heute ist davon noch die *Dame* (seit dem 17. Jh.) für »vornehme Frau« geblieben, die *Gattin* 'Ehefrau' ist eher im hohen Stil gebräuchlich. *Frau* ist das Normalwort geworden und hat *Weib* in niedere Sprachschichten zurückgedrängt.

Jungfrau ging parallel mit der *Frau*, spezialisierte sich aber auf sexuelle Unberührtheit und Ju-

gend (im Gegensatz zur Variante *Jungfer*, die nur mehr im Kontext »alt« zu verwenden ist). *Fräulein*, im Mhd. noch ein echtes Diminutiv zu *Frau*, bezeichnet die unverheiratete junge Frau, die noch jüngere Person weiblichen Geschlechts bezeichnet das Wort *Mädchen*, das als Diminutivbildung (seit dem 15./16. Jh. belegt) zu mhd. *maget* im nhd. *Magd* ganz auf die Bedeutung 'Dienerin' beschränkt ist.

Das Wort *Dirne* lebt dialektal im Südosten als Normalwort für Mädchen fort (S. 167). *Fräulein* wird immer weniger gebraucht, es wird in der Anrede zunehmend durch *Frau* ersetzt. Im ganzen ist eine Tendenz der einzelnen Wörter zum sozialen Abstieg festzustellen. Eine Nicht-Ehegattin als Partnerin des Mannes ist von unserer Gesellschaft nicht sanktioniert, deswegen besteht kein eigener (offizieller) Ausdruck dafür; der Tatbestand kann aber gleichwohl ausgedrückt werden, z.B. euphemistisch durch *Freundin*. Diese Darstellung gibt nur ein grobes Bild von den auch schon im Mittelalter komplizierten Verhältnissen. Denn neben stilistischer Differenzierung ist auch mit geographischer Variation zu rechnen. In den deutschsprachigen Urkunden kommen vor 1250–1300 u.a. folgende Bezeichnungen für 'Ehefrau' vor: *wîf/wîb/êlich wîb, wirtinne/êlichiu wirtinne/êwirtinne/hûswirtinne, vrouwe/elichiu vrouwe, hûsvrouwe/elichiu husvrouwe, kône/ekône*. Diese Wörter sind ganz klar geographisch verteilt: Im Norden *wîf*, im Südwesten (ungefähr ab Mosellinie) *wirtinne*, daneben auch *wîb, husvrouwe, vrouwe*, im Südosten (ungefähr Lechlinie) gilt *hûsfrouwe*, und *kône* gibt es nur noch im Südosten, im heutigen Österreich.

Ein zweites Beispiel der völligen inhaltlichen Neuordnung eines Wortfeldes vom Mhd. zum Nhd. soll das der »Tierwelt« sein, das parallel zur wissenschaftlichen Erforschung dieses Bereiches geht: Im Mhd. gab es noch keinen Oberbegriff »Tiere«, man faßte nur die Haustiere im »Vieh« zusammen und bezeichnete ansonsten alles, was schwimmt, als »Fisch«, alles, was fliegt, als »Vogel«, alles, was kriecht, als »Wurm« und alles »Tier« alles, was läuft. Das waren die Einteilungskriterien des MA. Die wissenschaftliche Biologie hat dieses Feld völlig umgeformt: Der Walfisch wird nicht mehr zu den Fischen gezählt, sondern zu den Säugetieren, obwohl sein Name immer noch an die alte Einteilung erinnert. Und die Fledermaus gehört heute auch nicht zu den Vögeln, sondern zu den Säugetieren; die Schlangen gehörten zu den Würmern und die Hirsche und Rehe zu den »Tieren« (vgl. engl. *deer* 'Rotwild').

Diese Einteilung hatte auch prakt. Folgen: So konnte das warmblütige Säugetier Biber an den Abstinenztagen gegessen werden, da man es zu den Fischen zählte. Wenn die Alltagssprache auch nie die komplizierte Einteilung der Wissenschaft übernehmen kann, so sind doch die Inhalte der Wörter von unserem rationalist. Verständnis her der Sache (Einteilung des Tierreichs) angemessener als es im MA. der Fall war.

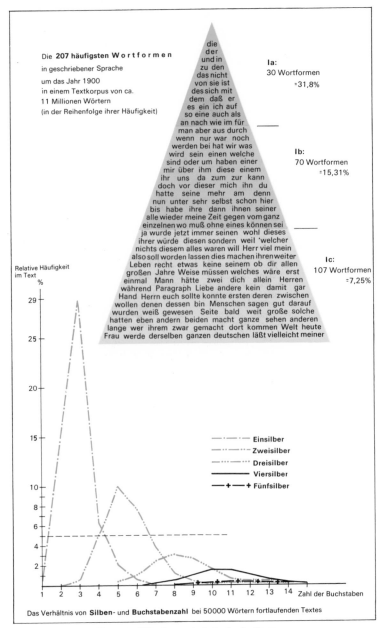

Die **207 häufigsten Wortformen**

in geschriebener Sprache

um das Jahr 1900
in einem Textkorpus von ca.
11 Millionen Wörtern
(in der Reihenfolge ihrer Häufigkeit)

die
der
und in
zu den
das nicht
von sie ist
des sich mit
dem daß er
es ein ich auf
so eine auch als
an nach wie im für
man aber aus durch
wenn nur war noch
werden bei hat wir was
wird sein einen welche
sind oder um haben einer
mir über ihm diese einem
ihr uns da zum zur kann
doch vor dieser mich ihn du
hatte seine mehr am denn
nun unter sehr selbst schon hier
bis habe ihre dann ihnen seiner
alle wieder meine Zeit gegen vom ganz
einzelnen wo muß ohne eines können sei
ja wurde jetzt immer seinen wohl dieses
ihrer würde diesen sondern weil 'welcher
nichts diesem alles waren will Herr viel mein
also soll worden dies machen ihrenweiter
Leben recht etwas keine seinem ob dir allen
großen Jahre Weise müssen welches wäre erst
einmal Mann hätte zwei dich allein Herren
während Paragraph Liebe andere kein damit gar
Hand Herrn euch sollte konnte ersten deren zwischen
wollen denen dessen bin Menschen sagen gut darauf
wurden weiß gewesen Seite bald weit große solche
hatten eben andern beiden macht ganze sehen anderen
lange wer ihrem zwar gemacht dort kommen Welt heute
Frau werde derselben ganzen deutschen läßt vielleicht meiner

Ia:
30 Wortformen
=31,8%

Ib:
70 Wortformen
=15,31%

Ic:
107 Wortformen
=7,25%

Relative Häufigkeit
im Text
%

29 –

25 –

20 –

15 –

10 –
8 –
6 –

5 ----

4 –

2 –

- — - — Einsilber
- — - — Zweisilber
- — · — Dreisilber
——— Viersilber
—+——+ Fünfsilber

1 2 3 4 5 6 7 8 9 10 11 12 13 14 Zahl der Buchstaben

Das Verhältnis von **Silben-** und **Buchstabenzahl** bei 50000 Wörtern fortlaufenden Textes

Häufigkeit deutscher Wörter und Wortformen in fortlaufenden Texten

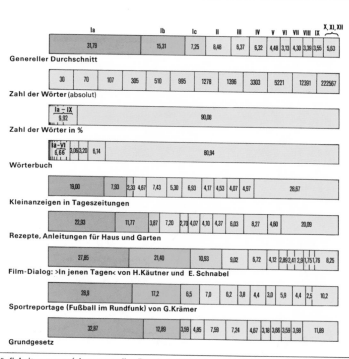

Häufigkeitsgruppen (eines generellen Durchschnitts) bei verschiedenen Texten

Der lebenslangen Auszählarbeit des Sprachforschers HELMUT MEIER verdanken wir es, daß wir heute gesicherte Ergebnisse über die **Statistik von Teilbereichen der deutschen Sprache** besitzen. Den Ausgangspunkt seiner Bemühungen bildet das Häufigkeitswörterbuch von WILHELM KAEDING (1843–1928), das 1897/98 erschien. Die Grundlage bilden Texte des 19. Jhs. mit insgesamt 10.910.777 Wörtern.

So wissen wir heute über die Häufigkeit der einzelnen Wortformen Bescheid: Es verblüfft, daß die häufigsten 30 Wortformen 31,79% aller Wörter des Textes stellen, die häufigsten 207 Wörter bereits 54,35% des Textes ausmachen, und 5,12% der häufigsten Wortformen 90,83% der Textwörter ausmachen. Diese Durchschnittszahlen lassen bei verschiedenen Textsorten breite Streubereiche zu. Das Verhältnis von Gesamtzahl der Wörter des Deutschen zu ihrer Häufigkeit in Texten wird bei einem Wörterbuch deutlich.

Einsilber sind zweifellos die häufigsten Wörter. Je länger ein Wort, desto geringer seine Häufigkeit. Eine Silbe umfaßt im Durchschnitt 3,03 Phoneme, ein Wort ist im Deutschen durchschnittlich 1,83 Silben lang. Das häufigste Phonem des Deutschen ist das *n*, gefolgt vom *ə*, dem unbetonten *e* in Vor- und Endsilben, z.B. *gəgessən* 'gegessen'. Die Vokale bilden durchschnittlich 39% der Phoneme von Texten, die Konsonanten 61%. Die häufigsten vier Phoneme bilden zusammen bereits ⅓ der Phoneme eines fortlaufenden Textes, die häufigsten acht (der insgesamt ca. 40 Phoneme des Deutschen) bereits die Hälfte.

Das Deutsche verfügt über ca. 4000 Grundmorpheme. Aus diesen Elementen bildet sich der Wortschatz. Die Rechtschreibung des ›Duden‹ hat ca. 110000 Einträge, die größten Wörterbücher ca. 2–300000 mit bis zu ½ Million Bedeutungen. Wenn man die Fachsprachen und Namen noch dazu nimmt, kommt man auf Millionen von Wörtern; die Schätzungen gehen hier weit auseinander. Von den 107000 Lemmata des WAHRIGschen Wörterbuchs kannten Versuchspersonen 88%. Der aktive Wortschatz eines Menschen ist aber sehr viel geringer. Selbst bei Schriftstellern übersteigt der tatsächlich verwendete Wortschatz selten die Zahl 20000. Wer eine Fremdsprache lernt, sollte ca. 8000 Wörter verstehen und ca. 2000 selber zu gebrauchen wissen.

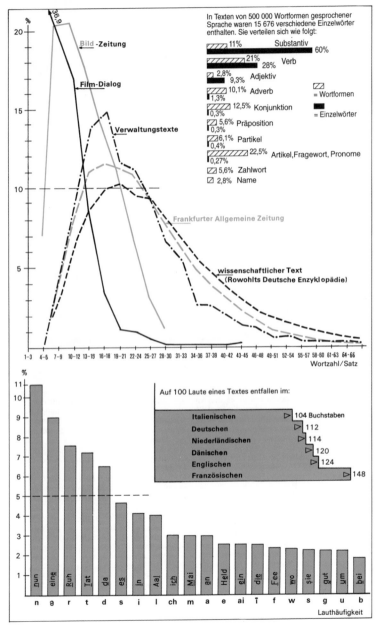

In Texten von 500 000 Wortformen gesprochener Sprache waren 15 676 verschiedene Einzelwörter enthalten. Sie verteilen sich wie folgt:

11%	Substantiv 60%
21%	Verb 28%
2,8%	Adjektiv 9,3%
10,1% Adverb / 1,3%	▨ = Wortformen
12,5% Konjunktion / 0,3%	■ = Einzelwörter
5,6% Präposition / 0,3%	
6,1% Partikel / 0,4%	
22,5% Artikel, Fragewort, Pronomen / 0,27%	
5,6% Zahlwort	
2,8% Name	

Bild-Zeitung

Film-Dialog

Verwaltungstexte

Frankfurter Allgemeine Zeitung

wissenschaftlicher Text (Rowohlts Deutsche Enzyklopädie)

1-3 4-6 7-9 10-12 13-19 16-18 19-21 22-24 25-27 28-30 31-33 34-36 37-39 40-42 43-45 46-48 49-51 52-54 55-57 58-60 61-63 64-66

Wortzahl/Satz

Auf 100 Laute eines Textes entfallen im:

Italienischen	▷ 104 Buchstaben
Deutschen	▷ 112
Niederländischen	▷ 114
Dänischen	▷ 120
Englischen	▷ 124
Französischen	▷ 148

nun eine Ruh Tat da es in Aal ich Mai an Held ein die Fee wo sie gut um bei

n ə r t d s i l ch m a e ai î f w s g u b

Lauthäufigkeit

Satzlänge (oben) und Lauthäufigkeit (unten) in fortlaufenden Texten

Auf Veränderungen im Deutsch des 20. Jhs. haben zuerst Sprachkritiker aufmerksam gemacht, die das zeitgenössische Deutsch an der Sprache der Klassiker und der Literatur des 19. Jhs. maßen und dabei die Neuerungen als »unschön« oder gar als Zeichen des »Sprachverfalls« bezeichneten. Dabei verkennen sie oft, daß verschiedene Textsorten verschiedene funktionale Stile erfordern und daß an der »schönen Literatur« gewonnene sprachliche Maßstäbe z. B. einer Gebrauchsanleitung nicht gerecht werden.

So sind z. b. abstrakte Oberbegriffsbildungen (*Abschreibungsobjekt, Lebenshaltungskosten, Sozialhilfeempfänger*) in der Sprache der Verwaltung sehr häufig, in einer Boulevardzeitung aber kaum zu finden; statt: »Der Preisindex der Grundnahrungsmittel steigt« heißt es da: »Brot, Milch und Fleisch werden teurer!« So ist es mit fast allen Erscheinungen, sie sind je nach Textsorte, Schreiber und Sprechsituation verschieden häufig anzutreffen, und es gibt sogar Leute, die heute fast noch so reden und schreiben wie ein Literat des 19. Jhs. Zwar hat man alle Erscheinungen, die heute von Sprachpflegern als »anstößig« empfunden werden, auch schon im Deutsch des 18. und 19. Jhs. nachweisen können, doch einzelne Belege zählen hier wenig: die für das 20. Jh. charakteristischen Erscheinungen sind damals zwar im Sprachsystem als Möglichkeit vorhanden, werden aber kaum ausgenützt.

Als derzeit vorhandene Tendenzen sollen folgende Phänomene aufgezählt werden:
1. Das Mittelhochdeutsche kennt nur zweigliedrige **Wortzusammensetzungen** (*herzeleid, liebesschmerz* u. ä.), im 17. Jh. fangen sie an, sich stark zu vermehren, im 19. Jh. kommen dann schon dreigliedrige Bildungen vor (*Hauptbahnhof, Oberfeldwebel*). Heute sind viergliedrige nicht mehr selten (*Bundesbahnhauptsekretär, Jungviehaufzuchtstation, Damenoberbekleidungsindustrie*); daß fünfgliedrige häufiger werden, ist nur noch eine Frage der Zeit (*Atomkraftwerkstandortsicherungsprogramm*). Diese Bildungen finden ihre Anwendungsgrenzen da, wo sie unhandlich und unverständlich werden. Auf zwei Weisen hilft sich die Sprache gegen solche »Wortungetüme«:
a) **Klammerformen:** *Autobus* aus *Auto*(mobilomni)*bus*, *Skikarte* aus *Ski*(fahrerfahr)*karte*, *Kohlenferien* aus *Kohlen*(mangel)*ferien*, u. a.
b) **Abkürzungen:** Aus Anfangsbuchstaben (*Durchgangszug = D-Zug, Universitätsbibliothek = UB*) oder Anfangssilben, besonders häufig in den 20er Jahren (*Kommunistische Internationale = Komintern*); oder man verwendet nur Stummelwörter: *Auto*(mobil), *Labor*(atorium), (*Omni-*)*Bus*. Bes. im Fachjargon und in Gruppensprachen sind Abk. verbreitet.
2. **Substantivierungstendenzen:** »Es besteht ein Muß zur Entwicklung neuer Energieträger« statt »Man muß neue Energieträger entwickeln«. Der **Nominalstil** ist ein Kennzeichen vor

allem der Verwaltungssprache. Die verbalen Satzglieder werden dabei sehr oft sinnentleert und machen rein syntaktisch motivierten »Funktionsverben« (S. 119) Platz. Das ermöglicht eine abstrakte, unpersönliche Formeln begünstigende Aussageweise. Die Schilderung individueller Verläufe und Sachverhalte tritt demgegenüber zurück. Außerdem lassen sich auf engerem Raum mehr Informationen unterbringen. Neubildungen einfacher Verben sind eher selten: *röntgen, funken, starten, landen, wassern*.
3. Statistische Untersuchungen haben gezeigt, daß die **Satzlänge** im Vergleich zum 18. und 19. Jh. abgenommen hat. In schöngeistiger Literatur waren damals Sätze mit 25–35 Wörtern die häufigsten (LESSING 24, GOETHE 30), heute sind es in diesem Bereich Sätze mit 10–12 Wörtern. Damals wie heute gibt es Ausnahmen (z. B. CHR. F. GELLERT, † 1769, 15,8 Wörter) und stilistisch bedingte Unterschiede. In wissenschaftlicher Gebrauchsprosa (›Rowohlts Deutsche Enzyklopädie‹) entfallen 40% aller Sätze auf die mit 12–23 Wörtern, die von 15–18 Wörtern sind die häufigsten (vgl. S. 116 oben). Dabei besteht heute generell die Tendenz, weniger abhängige Sätze zu bauen, dafür aber einzelne Satzglieder aufzuschwellen durch komplexe Nominalgruppen.
4. Der **Genitiv als Objekt** kommt in mittleren und unteren Stilschichten immer mehr außer Gebrauch. *Ich freue mich des Sommers* ist selten und wird durch präpositionale Fügungen ersetzt: *Ich freue mich über den Sommer*. Der Genitivus partitivus (*ein Glas Weines*) wird immer seltener; und der Genitivus possessivus vom Typ *des Vaters* wird vor allem umgangssprachlich durch Bildungen wie *das Haus vom Vater* oder *dem Vater sein Haus* ersetzt.
Dafür aber behaupten in Sprachschichten, die eher dem Nominalstil frönen, Genitivkonstruktionen, die einzelne Glieder nebeneinander reihen, ihren Platz: *Die Qualität der einzelnen Bände des Romane des Dichters XYZ . . .* So beträgt der Anteil der Genitive im Verhältnis zu den anderen Kasus in wissenschaftlicher analysierender germanist. Prosa 20 und mehr Prozent, in rein beschreibenden Partien kann er auf 7% sinken.
Außerdem verschwindet das *s* als Genitivanzeiger bei Eigennamen immer mehr. Bei GOETHE heißt es noch: *Die Leiden des jungen Werthers*, heute *die Bürger des freien Europa*. Der Artikel macht die syntaktischen Beziehungen klar. Wenn er fehlt, heißt es *der Bürger Europas*. Weitere Beispiele: *die letzten Tage des September, die Zeit des Barock*.
5. Die Formen des **Konjunktivs** werden vor allem in der gesprochenen Alltagssprache immer mehr durch umschreibende Bildungen ersetzt. Dabei tritt vielfach der morphologisch besser erkennbare und ursprünglich dem Prät. vorbehaltene Konj. II an die Stelle des Konj. I. *Er sagte, daß er komme* (Konj. I) wird ersetzt durch *Er sagte, daß er käme* (Konj. II), was

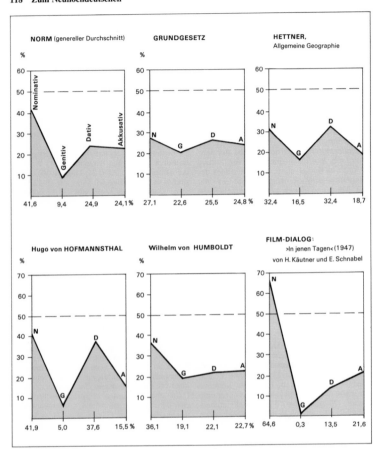

Kasushäufigkeit in verschiedenen neuhochdeutschen Texten

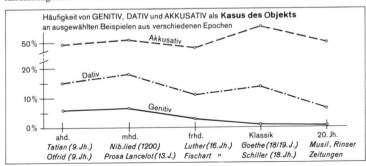

Historische Entwicklung der Häufigkeit verschiedener Objektskasus

selbst wieder von Bildungen wie *Er sagte, daß er kommen würde* verdrängt wird. Konjunktivformen wie *beföhle, bärge, bewöge, schmölze* klingen heute schon antiquiert. Sie stellen eine Belastung beim Spracherwerb dar, die durch die Umschreibung mit *würde* ausgeschaltet ist.

6. Die **starken Verben** bilden im Neuhochdeutschen eine unproduktive Gruppe, die immer mehr zurückgeht. Das schwach gebildete Präteritum *backte* für *buk*, *haute* für *hieb*, *saugte* für *sog*, *steckte* für *stak* u.v.a. dringt vor allem im oberdt. Raum in die Hochsprache ein. Im Oberdeutschen besitzen die Mundarten kein Imperfekt (S. 163), dessen Formen werden nicht erlernt, sie sind deswegen der systematischeren schwachen Präteritalbildung unterlegen.

7. Die sog. **Funktionsverbgefüge** vom Typ: *zur Entscheidung-*, *in Erfahrung-*, *zur Durchführung bringen*, *in Wegfall kommen*, *in Erwägung ziehen* statt *entscheiden*, *erfahren*, *durchführen*, *wegfallen*, *erwägen* wurden zunächst als »Stilkrankheit« gerügt. Später wurde ihr stilischer Wert und ihre semantische und syntaktische Leistung erkannt: »zur Entscheidung bringen« unterscheidet sich nämlich von »entscheiden« durch die Aktionsart. Bei ersterem wird der Verlauf, die der eigentlichen Entscheidung vorhergehende Phase stark betont. Bei *entscheiden* liegt das semantische Hauptgewicht auf der Entscheidung als punktuellem Ereignis. Zum Ausdruck verwaltungstechnisch komplizierter, lang andauernder Vorgänge ist daher die Funktionsverbkonstruktion eine Bereicherung der Sprache (*Diese Frage muß im Bundestag noch in dieser Legislaturperiode zur Entscheidung gebracht werden*), in vielen Fällen aber auch unangebracht (*Ob ich morgen komme, werde ich heute abend zur Entscheidung bringen*). Wortgruppen wie *in Gang bringen*, *in Verruf bringen*, ...*kommen*, ...*bleiben*, ...*halten*, ...*geraten*, ...*sein* drücken jeweils verschiedene Ursachen- und Verlaufsformen des Geschehens aus. Damit bringen sie neue systematische Möglichkeiten in der Semantik und sind damit, wenn sie angemessen verwendet werden, als Bereicherung des Deutschen zu betrachten.

8. In der Verwaltungssprache der Gegenwart stehen 26% aller Sätze im **Passiv** (15,3% in allgemeinsprachlichen Texten), dazu kommen noch 14% Sätze, die passivischen Charakter tragen: *Abzugebende Vorgänge sind stets über die Registratur zu leiten.*
Auf die Adjektivableitungen auf *-bar* mit ihrem »passivisch-potentiellen Charakter« wurde oben (S. 111) schon hingewiesen. Wörter wie *machbar, verwertbar, durchführbar, verwendbar* werden immer häufiger. Auch die Konstruktionen mit den Funktionsverben bringen gegenüber ihren verbalen Entsprechungen (*abschließen – zum Abschluß bringen*) eine Entpersönlichung, eine Verschiebung ins Passivische.

9. Der **Dativ** als Kasus des direkten Objekts wird oft durch einen Akkusativ ersetzt: das trifft z.B. Bildungen wie *einem antworten*, dafür

steht *einen Brief beantworten, auf eine Frage antworten, eine Frage beantworten.* Statt: *einem Waren liefern* geht geläufiger von der Zunge: *einen mit Waren beliefern.* Bei diesem Vorgang der **Akkusativierung** fällt die Person, die Ziel der Handlung ist, oft ganz weg oder sie wird in den Akkusativ gesetzt. Nur Verben, die einen Akk. nach sich haben, können ins Passiv gesetzt werden. Dabei wird das Akk. Objekt zum »be«-handelten, wird aus seiner ursprünglich »gleichberechtigten« Stellung herausgerissen und gerät gegenüber der handelnden Person (oder gegenüber einem nicht genannten Handlungsträger) in Abhängigkeit: *Ich schlage ihn; Er wird (von mir) geschlagen.* Die »Leitfunktion«, die Ohnmacht gegenüber dem handelnden Etwas ist stärker betont.

Sprachkritiker haben diesen Phänomenen gegenüber das Schlagwort vom »inhumanen Akkusativ« geprägt. Grammatische Kategorien sind wertneutral, keine moralischen Größen. Die Gewohnheit der Sprecher, den Dativ durch den passivnahen Akkusativ zu ersetzen, hat Ursachen in Verhältnissen unserer Gesellschaft, die man durchaus als »inhuman« bezeichnen kann. Denn das Vorrücken von passivischen oder potentiell passivischen Fügungen (besonders alarmierend in der Verwaltungssprache) ist Spiegel des stetigen Verlusts des persönlichen Freiraums, die Menschen werden immer mehr in die Rolle des »Behandelten« abgedrängt. Es ist ein Ausdruck der Produktionsverhältnisse, der bis ins Extrem getriebenen Arbeitsteilung (Fließband), die das Individuum zum Rädchen in einem großen System werden läßt, in dem das anonyme Rollenverhalten der Persönlichkeit, die Anweisung, die Mode die individuelle Entscheidung ersetzt.

10. Im Deutschen werden bei umschrieben gebildeten Zeitformen (wie Perfekt, Futur usw.) und bei mehrteiligen Prädikaten die größte Zahl der weiteren Satzglieder vom finiten Verb einerseits und infiniten Verbformen bzw. eng zum Verb gehörenden Elementen umklammert (finite Verbform = Personalform, im letzten Satz: *werden*, 3. Pers. Pl.; infinite Verbform ist das Partizip und der Infinitiv, im letzten Satz *umklammert*, Part. Perf.). Diese Umklammerung wird heute häufig vermieden, um ein »Nachklappen« des Verbs zu verhindern und den Satz semantisch durchsichtiger zu machen. Man antwortet so sehr viel früher den Sinn einer Satzkonstruktion. Beispiel: *die Veranstaltung findet statt am ... um ...* an Stelle von *Die Veranstaltung findet am ... um ... statt.* Auf diese Weise wird der sonst übliche prädikative Rahmen gesprengt.

11. Auch in der Norm der Rechtschreibung gibt es Wandlungen: das alte *ph-* wird durch *f* ersetzt, in Wörtern wie *Stefan, Foto, Telefon.*

12. Einen wesentlichen Einfluß übt die engl. Sprache derzeit auf das Dt. aus (vgl. S. 105).

Mitteldeutschland als sprachlicher Begriff

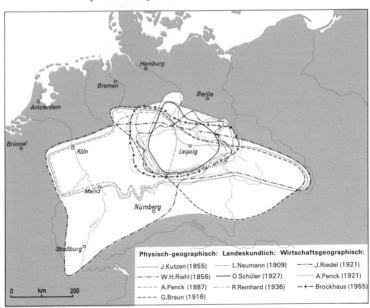

Mitteldeutschland als geographischer Begriff

Zur Sprache des Nationalsozialismus

Die Sprache der Politik ist erst in der heutigen Zeit zum Gegenstand der Forschung geworden: Dabei wurde die Macht von Sprachlenkung und Propaganda bei weitem überschätzt. Denn so gewiß man annehmen kann, daß Sprache das Denken und damit auch das Verhalten beeinflussen kann, so schwierig ist abzuschätzen, ab wann und in welchem Grade eine solche Steuerung erfolgt. Sprache ist ein Mittel, das jedem, der es gebraucht, zuhanden ist. Je besser es jemand zu gebrauchen versteht, desto besser erreicht er den gewünschten Kommunikationseffekt. Von einem Mißbrauch der Sprache zu sprechen, auch wenn mit dem Mittel Sprache unmenschliche Vorgänge bezeichnet (beschönigt, verfälscht) werden bzw. wenn an sich harmlose Wörter zur Bezeichnung von Verbrechen verwendet werden, ist verfehlt. Die sprachlichen Handlungen dienen zur Etablierung und Aufrechterhaltung eines verbrecherischen Systems, nicht die Sprache ist anzuklagen, sondern die Menschen, die mit ihr eine Realität erzeugen, die der Durchführung ihrer schlimmen Interessen dient. Etwas anderes ist es aber, solch beschönigenden, verfälschenden Sprachgebrauch und die dahinterliegenden Interessen aufzudecken und anzuprangern.

Sprachen sind in dauernder Veränderung; wer sie bewußt durch betrügerische Manipulation verändert (indem er z. B. das Wort *Jude* immer nur in negativen Zusammenhängen verwendet), begeht kein Verbrechen an der Sprache, sondern an den Juden. Sprachen sind geschichtliche Gebilde, die in konkreten gesellschaftlichen Situationen angesiedelt sind. Der Agitator kann für sich keine ganz neue bauen, er muß die allen vertraute so gebrauchen, wie sie ist, er kann sie nur mit den in jeder Sprache vorhandenen Möglichkeiten verändern, z. B. durch einseitigen Gebrauch in gewissen Kontexten, der Bedeutungen verändern kann. Doch kann ein Wort wie *Jude* nicht in wenigen Jahren durch reine Propaganda zum Schimpfwort werden, wenn es nicht vorher schon antisemitische Traditionen gegeben hat.

Die Sprache des Nationalsozialismus hat wie seine Ideologie ihre Wurzeln im 19. Jh. *Propaganda* wurde schon vorher positiv verwendet, ebenso *fanatisch*. *Menschenmaterial* ist nicht spezifisch nationalsozialistisch, sondern im Gefolge der industriellen Revolution anzusiedeln. Vor dem Ersten Weltkrieg warnte man vor der *Gelben Gefahr* oder den *asiatischen Horden* und 1933–45 war es der *Ansturm der Hunnen*. Das sind Variationen des gleichen Themas.

Kennzeichnend für die Sprache des Nationalsozialismus ist ihre Roheit und Vulgarität, wenn es darum geht, den Gegner zu verunglimpfen (*Jaltagangster, Zuhälter de Gaulle, Judensau*) und eine »Pseudomonumentalität«, wenn es darum geht, sich selbst darzustellen: Neigung zu Superlativen (*die großartigste Siegerehrung, die germanischste Demokratie*), Pleonasmen (*harter und unbeugsamer Wille, . . . wanken und weichen nicht*); Nähe zur Religion (*Drittes Reich, Glaube an das ewige Deutschland*), völkisch archaisierend (*Wehrstand, Rechtswahrer* für 'Jurist', *Ostmark* für Österreich), überhöhend (*Führertum, Jungen- und Mädeltum*), Anlehnung an den Wissenschaftsstil der Biologie und Medizin (die Juden als *Spaltpilze der Menschheit, Parasiten, Infektion, verfaulte Demokratie, bolschewistisch verseuchte Opposition*).

Die Terminologie der »Bewegung« durchdrang alle Lebensbereiche: Auch die Germanistik nahm eine *heldisch-kämpferische Haltung* an und glaubte, indem sie sich *gleichschalten* ließ, das *germanisch-deutsche Erbe* besser bewahren zu können. *Mutig* und mit *brutaler Entschlossenheit* wurden Gegner *restlos* und *total ausgemerzt* und *totaler* und *radikaler ausgerottet* als das vorher je geschehen konnte. Das sind die Worte eines verbrecherischen Staates, der gleichwohl ein System von Euphemismen gebrauchte, als er daran ging, das vorher Verkündete in die Tat umzusetzen.

Da wurde man in *Schutzhaft* genommen, *Konzentrationslager* (*KZ* übrigens ein Abkürzungswort, das in fast alle Sprachen der Welt eingegangen ist) wurden gebaut; *liquidieren*, ein Wort aus der Kaufmannssprache, wurde für den offenen Mord, *Sonderbehandlung* für den verdeckten Mord gebraucht, » . . . habe 21 Personen . . . sonderbehandelt . . . Die Exekution ging glatt vonstatten . . . « (SS-Bericht 1942). Die Juden wurden von der Gestapo *betreut*, die sich an der *Endlösung der Judenfrage* rege beteiligte.

Die Sprachregelungen des Reichspropagandaministeriums hatten zweifelhaften Erfolg; z. B. gab es die Anweisung, das Wort *antisemitisch* zu vermeiden und stattdessen das Wort *antijüdisch* zu gebrauchen. Diese aus außenpolitischen Gründen gegebene Regelung drang kaum durch; sie wurde zwar oft wiederholt, das Wort war aber zu verbreitet und hatte eine zu starke Tradition, als daß es verdrängt werden konnte. Selbst die Bezeichnung »Drittes Reich« (eine nationalsozialistische Prägung), die vom Juli 1939 an durch »Großdeutsches Reich« ersetzt werden sollte, war nicht mehr auszurotten. »Führer« war ab 1939 nurmehr ADOLF HITLER vorbehalten, eine Regelung, die sich durchsetzte, weil sich schon vorher eine solche Entwicklung angebahnt hatte.

Im Krieg gab es nicht *Niederlage* oder *Flucht* oder *Rückzug*, sondern höchstens *Frontbegradigungen, planmäßige Absatzbewegungen*, der Feind *erleidet große Verluste*. Solche »Sprachregelungen« sind alt und überall verbreitet: erlitt CAESAR in Gallien eine Niederlage, so meldete er im allerschlimmsten Fall eine *calamitas* ('Schaden', 'Unheil') nach Rom; ein Volk ausrotten hieß und heißt *pacare* 'befrieden', und im Vietnamkrieg »dienten« die Bombenteppiche auf Hanoi dazu, *Leben* (amerikan. Soldaten) *zu retten*.

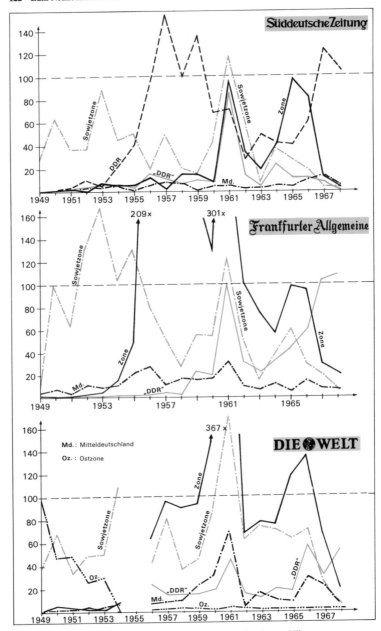

Die Bezeichnungen für die DDR in drei Tageszeitungen der Bundesrepublik

Die sprachlichen Folgen der **Teilung Deutschlands** sind oft überschätzt worden. Es wurde von zwei deutschen Sprachen gesprochen: Bei einer Gemeinsamkeit von 98% des Wortschatzes und bei einer Identität des übrigen Sprachkörpers konnte davon keine Rede sein. Nur die gegensätzliche politische Entwicklung hat in der Sprache ihren Ausdruck gefunden.

Die alte BRD nahm viele engl. Fremdwörter auf (S. 107), die übrigens vielfach auch in der DDR heimisch wurden. Der russ. Einfluß auf die Alltagssprache der DDR war geringer, als der engl. in der BRD. Sprach man im Westen von einem *Team* oder einem *Astronauten*, so war es dort ein *Kollektiv* und ein *Kosmonaut*. Typisch für sehr viele Lehnwörter aus dem Russ. ist, daß sie auch als gelehrte Bildungen direkt aus dem Griech. und Lat. abgeleitet werden können: *Traktorist, Kombinat, Kursant, Diversant* ('politischer Störer'), *Revanchist*. Größer als die Zahl der Lehnwörter waren im Osten die der Lehnbildungen nach russ. Vorbild. Lehnübersetzungen sind z.B. *Abenduniversität, Personenkult, Selbststudium*.

Dabei müssen Zitatwörter wie *Kolchose* und *Sowchose* außer Betracht bleiben, da es diese landwirtschaftlichen Organisationsformen in der DDR genauso selten gab wie *Plantagen* und *Farmen* in der BRD. Unserem *Bundestag* stand *Volkskammer* gegenüber, *Marktwirtschaft* der *Planwirtschaft*. Doch das sind nicht zwei deutsche Sprachen, deren Wörter hier zitiert werden, sondern es ist eine Sprache, in deren Wortschatz versch. Dinge auch versch. Bezeichnungen haben. Aber auch im Bereich des alltäglichen Wortschatzes zeigten sich Unterschiede: So ist ein 'Brathähnchen' ein *Broiler*, 'Plastik' heißt *die Plaste, Grilletas* sind Hamburger, eine *Ketwurst* ist das, was man im Westen 'Hotdog' nennt, und jede Art von Defekt wird als *Havarie* bezeichnet. Solche Sonderentwicklungen des Wortschatzes, des administrativen wie des alltäglichen, gibt es aber genauso auch in Österreich und in der Schweiz. Der Ausdruck »Sonderentwicklung«, so wie er hier verwendet wird, geht von einem normgebenden, normdiktierenden Zentrum BRD aus. Vom Osten aus, auch von Österreich und der Schweiz aus gesehen ist das, was nur in der BRD vorkommt bzw. vorkam, genauso »Sonderentwicklung«, z.B. Wörter wie *Arbeitsbeschaffungsmaßnahme, anmotzen, absegnen* und *Abenteuerspielplatz*.

In der Sprache der Politik waren generelle Verständigungsschwierigkeiten vorhanden: Denn hier hatten die gleichen Wortkörper inzwischen verschiedene Bedeutungen angenommen. *Parteilich* bedeutete in der DDR z.B. 'der Linie der Partei entsprechend' und *Opportunismus* war auf das Verraten der Klasseninteressen des Proletariats, meist auf »rechte« Abweichungen eingeschränkt. Diese Sprache war ursprünglich die Gruppensprache einer Partei, die dieses Idiom zur allgemeinen und einzigen polit. Sprache eines Staates machen konnte. Die Begriffe waren in ihrem Geltungsbereich genau abgegrenzt

(*Aggression* = imperialistische, kapitalistische Aggression), ihre Wertung (*Agitation* entsprechend der Tradition des kommunist. Parteien positiv) festgelegt.

Eine Prüfung dieses Begriffssystems an der Wirklichkeit wurde dadurch erschwert, daß andere Systeme, die gewisse Phänomene besser beschreiben, dem Durchschnittsbürger nicht oder nur über das Westfernsehen zur Verfügung gestellt wurden. Denn die Verwendung der offiziellen polit. Sprache ist der Indikator für das Einverstanden-Sein mit dieser Politik, sprachliche Abweichungen können Grade der polit. Abweichung signalisieren: Auch in der polit. Sprache des Westens gab und gibt es solche Fälle: Aus dem Gebrauch der Bezeichnungen *DDR, sog. DDR, »DDR«, Mitteldeutschland, sowjetische Besatzungszone, Zone* u.a. ließ sich der Grad der Übereinstimmung des Sprechers mit der offiziellen Deutschlandpolitik ablesen. Das unpolit. *drüben* und auch *Mitteldeutschland* ist eine Ausweichlösung, die es erlaubte, sich zwischen den Fronten unerkannt zu bewegen. *Mitteldeutschland* ist erst in den 50er Jahren in Bedeutung »DDR« in Gebrauch gekommen. Vorher bezeichnete es den Teil Deutschlands, der zwischen Nord und Süd gelegen war (S. 120). Es erschien aber auch in den offiziellen Richtlinien des Ministeriums für Gesamtdeutsche Fragen als für den »allgemeinen Sprachgebrauch« geeignet. Es erfüllte alle Anforderungen der damaligen Ostpolitik: *Westdeutschland, Mitteldeutschland* und *Ostdeutschland* (als Name für die Gebiete jenseits von Oder und Neiße) bilden ein Bezeichnungssystem: Neben der Vermeidung (und damit Nicht-Anerkennung) der DDR blieb der Anspruch auf die »Ostgebiete« erhalten. Trotzdem wurde dem Wort ein neutraler, nicht propagandistischer Charakter zugeschrieben (im diametralen Gegensatz z.B. zur *sowjetischen Besatzungszone*), gleich bewertet mit *Ostdeutschland*, das vielfach auch mit DDR in einen Topf geworfen wurde.

Auch der Gebrauch der Abkürzung »BRD« wurde und wird von verschiedenen Stellen abgelehnt, weil irgendwann einmal jemand darin ein Wort der DDR und die von der DDR verfolgten politischen Ziele gesehen hat. Tatsächlich ist BRD eine Abkürzung, die schon im Juni 1949 (also zwei Monate nach Inkrafttreten des Grundgesetzes) in einem westdeutschen juristischen Kommentar verwendet wird; 1950 gilt sie im Kleinen Brockhaus als »verbreitet« und 1958 kommt sie selbst in dem vom Bundesministerium für Gesamtdeutsche Fragen herausgegebenen Nachschlagebuch ›SBZ von A bis Z‹, also in bestimmt »unverdächtiger« Umgebung, vor. Nach der »Stigmatisierung« dieser Abkürzung war sie unbefangen nicht mehr zu verwenden, und es wird sicher noch einige Zeit dauern, bis sie wieder mit der Frühgeschichte angemessenen Wertfreiheit gebraucht werden wird. Wie sich der Wortschatz der ehemaligen DDR im vereinigten Deutschland entwickeln wird, bleibt abzuwarten.

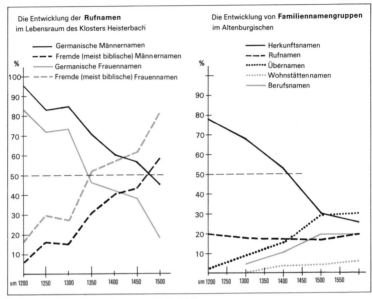

Ruf- und Familiennamengebung vom 12. bis 16. Jh.

1. Müller, -ue-	7. Weber	13. Bauer	19. Wolf	25. Weiß, -ss
2. Schmid, -dt, tt	8. Becker	14. Koch	20. Neumann	26. Richter
3. Maier, -ay-, -ei-, -ey-	9. Wagner	15. Klein	21. Braun	27. Krause
4. Schneider	10. Lang(e)	16. Schröder, -oe-	22. Zimmermann	28. Krüger, -ue-
5. Hof(f)mann	11. Schäfer, -ae-	17. Schmitz	23. Huber	29. Werner
6. Fischer	12. Schulz	18. Schwarz	24. Hartmann	30. Peters

Die häufigsten Familiennamen in der damaligen BRD (1970)

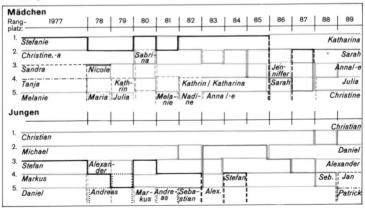

Die beliebtesten Vornamen in der damaligen BRD (1977–89)

Germanische Zeit: Der Grundstock der deutschen Rufnamen rekrutiert sich aus german. Bildungen. Diese sind in der Regel aus zwei Gliedern zusammengesetzt, eine Eigenschaft, die das Germanische mit anderen indoeuropäischen Völkern gemeinsam hat. Bei diesen Fügungen handelt es sich um einfache Addition, semantische Beziehungen zwischen den Gliedern sind für die germ. Zeit kaum mehr, im Ahd. sicher nicht mehr anzunehmen. Durch die Möglichkeit der Kombination von zwei Elementen wurde der Namensschatz beträchtlich erweitert. Das dürfte mit einer der Gründe für die Einführung der zweigliedrigen Namen gewesen sein (vgl. unten: Familiennamen). Eingliedrige Namen bestanden weiter (*Karl, Bruno*) oder bildeten sich neu als Kurzformen durch Zusammenziehung (*Audoberht > Otto, Hugberht > Hugo, Kuonrat > Kurt*).

Germ. Namen beziehen ihre Bestandteile:
– aus der Welt des Kampfes:
Hilde-gund 'Kampf-kampf'
Hari-bald 'Heer-kühn'
Lud-wig 'berühmt-Kampf'
– von Tieren:
Arn-helm (zu ahd. *aro* 'Adler')
Bern-wart (zu *Bär*)
Eber-hart (zu *Eber*)
– aus dem Bereich des Kultes:
Alfred (zu *alb* 'Elfe')
Gotthard (zu ahd. *Gott*)
– aus menschlichen Eigenschaften und dem Gefühl:
Hug-bert (ahd. *hugo* 'Geist', 'Verstand')
Hart-mut (ahd. *muot* 'Gemüt', 'Geist')
Wal-traud (ahd. *trût* 'traut', 'lieb')
– aus dem Bereich von Sippe und Besitz:
Adal-bert (zu *adal* 'edles Geschlecht')
Ul-rich (aus *uodal-rîh* zu ahd. *uodal* 'Besitz', 'Erbgut', *rîh* 'reich')
– aus Stammesnamen:
Walah-frid, During (zum alten Namen der Romanen, S. 128, und Thüringer).

Neben diesen traditionellen Bildungen gibt es im Ahd. aber auch spontane Bildungen: *Funtan* ('gefunden'). *Boran* ('geboren'), *Liobsun* ('Lieb-Sohn'), *Filoliub* ('viel-lieb').

Bemerkenswert ist bei den Germanen gegenüber dem Befund bei anderen Völkern, daß kaum die Namen von Einzelgöttern oder von Blumen vertreten sind. Der Stabreim innerhalb eines Namens (*Guntger*) wird meist vermieden, dafür aber innerhalb der Sippe gern gebraucht (die Brüder *Totila* und *Teja*). Die Einzelglieder sind in Vor- und Nachstellung festgelegt, auch auf das Geschlecht spezialisiert (männlich: *-bald, -berht, -hart*; weibl.: *-swind, -lind*).

Mittelalter: Namenmoden gab es damals wie heute: *Heinrich* nach den sächsischen bzw. salischen Kaisern, *Dietrich* nach der Heldensage. In der zweiten Hälfte des 8. Jhs. ist eine erste schwache Welle von christlichen Namen aus dem Alten Testament festzustellen, die aber wieder vererbt und sich erst am Ende des 12. Jhs. unter romanischem Einfluß neu formiert. Aber jetzt sind es nicht mehr primär alttestamentarische Namen, die auftreten, sondern Heiligennamen. Sie breiten sich vom Westen nach Osten aus. *Johannes, Nikolaus, Petrus* und *Jakob* sind die häufigsten. 1532 heißen in Dachau 32% der Männer Johannes. Im 16. Jh. haben Namen christlicher Prägung überall im deutschen Sprachgebiet die Mehrheit. Bei den Frauen sind *Elisabeth, Anna, Ursula* und *Margarethe* die beliebtesten. *Maria* wurde aus religiösen Gründen gemieden, sie ist in den romanischen Ländern häufiger und bleibt in Deutschland bis ins 16. Jh. selten.

Der Adel und der hohe Klerus hielten länger an den alten germ. Namen fest. Mehrere Vornamen für eine Person werden erst im 16. Jh. häufiger; die Vornamenhäufung erlebt Exzesse im Adel: eine österreichische Prinzessin z. B. bekam 1841 20 Vornamen.

Heutige Vornamengebung
Die Spitzenreiter der vergebenen Taufnamen sind über das Gebiet der BRD hin erstaunlich übereinstimmend verteilt. Ausnahmen ergeben sich nur selten, z. B. beim Norddeutschen *Jan*, der aber auch schon im Süden beliebt wird. Gegenüber Österreich zeigen sich Übereinstimmungen und Abweichungen: z. B. finden sich dort 1984 von den beliebtesten 10 Bubennamen der BRD 7 unter den ersten 12. Sebastian (BRD 2. Platz) und Benjamin (7.) und Jan (9.) aber sind in Österreich an 37., 52. und 116. Stelle. Bei den Mädchennamen sind nur 6 der ersten 10 der BRD unter den ersten 15 in Österreich. 1987 sind in Leipzig 6 der 10 beliebtesten männlichen Vornamen auch in der »Hitliste« der ersten 10 der BRD vorhanden, bei den Mädchen nur 5.

Familiennamen
Die heutigen Kennzeichen der Familiennamen, daß sie gesetzlich geschützt (und damit kaum verändert werden können) und daß sie vererbt werden, treffen fürs Mittelalter kaum zu. Vielfach ist nur sehr schwer zwischen Familienname und Beiname zu unterscheiden: Wenn z. B. in einer Quelle *Josef Schmid* auftritt, kann das auch eine ganz normale Berufsangabe sein. Tritt die Kombination aber öfters für die gleiche Person auf, eventuell sogar in mehreren Generationen, dann handelt es sich in der Regel um einen Familiennamen. Sicher ist man aber erst, wenn es heißt: *Josef Schmid, Hafner*.

Im hohen Mittelalter wurde bei gleichbleibender Anzahl der Rufnamen die Zahl der Menschen, insbesondere derer, die an einem Ort zusammen wohnten und die gleichen Namen trugen, immer größer. Mit dem Aufblühen der Städte (Köln hatte um 1200 fast 30000 Einwohner) wurden zusätzliche Kennzeichnungen nötig. So sind die ersten Familiennamen auch zuerst in den Städten nachzuweisen: In Köln hatten z. B. um 1150 bereits 18% der Personen einen Beinamen, um 1250 sind es ungefähr 80%. In Wien tritt nach 1288 kein einzelner Vorname mehr auf.

Verbreitung der Namentypen:
Friedrichsen
Friedrichs

Familiennamen aus
Herkunftsnamen:
—+—+— Südgrenze des Typs =
bloßer Ortsname
— — — Nordgrenze des Typs = -er
Typ : von, van

Laut- und Wortgeographie
in deutschen Familiennamen

Bildungstypen
deutscher Familiennamen

Deutsche Personennamengeographie

Auf dem flachen Land dauert dieser Vorgang sehr viel länger: So zwingt NAPOLEON den Friesen erst um 1811 einen Zunamen auf, und den Juden werden vom Ende des 18. Jhs. an ebenfalls Familiennamen verordnet. Die Weigerung der Ostjuden, einen solchen anzunehmen, liefert sie der Willkür der namengebenden Kanzleibeamten aus: *Veilchenduft, Sternenfels, Morgentau* sind die Resultate.

Daß aus urspr. Beinamen erbl. Familiennamen wurden, hat folgende Gründe:

– 1037 hatte ein Gesetz KONRADS II. dem Adel die Erblichkeit und Unentziehbarkeit der Lehen zugesichert. Damit wurden die Wohnstätten, die der Adel als Beinamen führte (Berthold von Zähringen), auch erblich und zum Namen der Sippe, der germanische Brauch, Sippen durch stabende oder gleiche Vornamen zu binden, wurde abgelöst.

– Haus, Hof, Beruf, Amt des Vaters gingen in der Regel auf den Sohn über, so daß ein Beiname, der sich darauf bezog, auch weiter verwendet und allmählich fest wurde.

– Romanischer Einfluß: in Oberitalien, das in der Entwicklung der Städte voranging, sind schon im 8. Jh. Familiennamen nachzuweisen; in Deutschland wirkte vor allem das französische Vorbild.

– Eine entscheidende Rolle spielte die kommunale Verwaltung, die ohne feste Familiennamen allmählich nicht mehr auskam.

Als hauptsächlichste Bereiche, aus denen sich die Familiennamen ableiten, sind zu nennen:

Vornamen: *Andresen, Petersen* enthalten die Vornamen *Andreas* und *Peter* sowie ein aus *Sohn* abgeschwächtes Suffix *-sen*. Bei *Behrends, Carstens* ist das Wort *Sohn* geschwunden, aber man merkt am Genitiv *-s*, daß hier ursprünglich eine Bildung wie *Bernhards Sohn* oder *Carstens Sohn* vorgelegen hat. Auf schwache Genitivbildung deuten Namen wie *Wolfen* (zu Wolf), auf latinisierte Genitivformen Namen wie *Caspari*. Wenn das Genitivzeichen weggefallen ist, bleibt der bloße Rufname als Familienname (*Otto, Werner*). In sehr vielen Namen stecken Vornamen, auch wenn es auf den ersten Blick nicht zu erkennen ist, z.B. in *Siefert*, wo sich ein alter *Siegfried* bewahrt hat, oder in *Appelt*, in dem sich *Albrecht* verbirgt. Auch Rufnamen mit Ableitungssuffixen sind möglich: *-er: Wilhelmer, Lexer* (zu Alex); *-ing: Henning* (zu Hans), *Uhlig* (zu Ulrich); Diminutivendungen auf *-el* und *-ke*: *Hänsel* (zu Hans), *Künzel* (zu Konrad), *Hartke* (zu Hartmut), *Henneke* (zu Hans).

Herkunftsnamen: Alt ist die Koppelung von Vornamen und Herkunftsnamen durch ein *von* (*Heinrich von Braunschweig > Heinrich Braunschweig*). Sie wird nur vom Adel weitergepflegt, hält sich aber in den Randgebieten, in der Schweiz und in den Niederlanden (*von Greyerz, van Wijk*). Bildungen auf das Suffix *-er* (Heinrich *Wiener*) sind auf Fügungen der Art »Heinrich der Wiener« zurückzuführen und kennzeichnen den Namensträger als Bewohner des Ortes. So treten auf: Städte und kleinere Orte (*Scheuringer* zu Scheuring/Obb.), Landschaften (*Allgäuer*), Stämme (*Bayer, Böhm(e)*), Länder (*Schweizer, Russ*).

Wohnstättennamen: Innerhalb kleinerer Städte und Dörfer ist es heute noch üblich, Personen weniger nach ihren bürgerlichen Namen als nach dem Haus, aus dem sie stammen, zu bezeichnen (z.B. *des Kreuzbauern Ludwig* nach dem Hofnamen *Kreuzbauer* = der Hof, an dem ein Kreuz steht). Auf diese Weise sind sehr viele Namen, die ursprünglich an einem Hof oder einem Geländestück hingen, zu Familiennamen geworden, z.B. *Berger* (zu Berg), *Gasser, Geßner* (zu *Gasse*), *Lindner* (zu *Linde*), auch Tiernamen (nach Häusernamen *Zum Bär, Zum Löwen*: früher hatten in der Stadt alle Häuser einen Namen, heute nur noch bei Gaststätten) wurden so zu Zunamen.

Berufsnamen: Da sich der Beruf meist vom Vater auf den Sohn weitervererbte, sind die Berufsbezeichnungen als Familiennamen von hervorragender Bedeutung. Unsere häufigsten Namen: *Maier* (Vorsteher auf einem grundherrl. Gutshof), *Huber* (Erblehenbauer), *Lehmann* (besitzt ein Lehengut) sowie *Bauer* stellen versch. soziale und geograph. Differenzierungen des häufigsten Berufes überhaupt dar.

Übernamen: Hervorstechende körperliche und geistige Eigenschaften des Menschen wurden immer schon zu Beinamen verwendet. So sind Familiennamen wie *Lang, Kurz, Weißhaupt, Ehrlich, Zänker* nicht selten. Dazu selten auch aus mehreren Gliedern bestehende »Satznamen«, bei denen satzartige Gebilde zusammengefaßt wurden: z.B. *Suchenwirt* ('sucht den Wirt'), *Hablützel* ('habe wenig') oder *Thugut*.

Die dt. Familiennamen zeigen eine deutliche **geographische Schichtung** und zwar nach

– der Lautgeographie: was im Süden *Miller*, ist im Md. *Müller* und im Nd. *Möller*;

– der Wortgeographie: entsprechend *Hafner/ Töpfer/Pöttner*;

– der Bildungsweise: Die Namen auf *-sen* vom Typ *Wilhelmsen* oder *Friedrichsen* gibt es hauptsächlich im Norden (seltener im Südwesten), ostmd. ist der bloße Name *Wilhelm*, im Südosten der Typ *Wilhelmer* verbreitet;

– nach dem Benennungsmotiv: Wohnstättennamen sind in Westfalen, im Schwarzwald und den Alpen (Hofsiedlung) häufig, Süddeutschland bietet wegen seiner entwickelten mittelalterlichen Stadt- und Handwerkerkultur verhältnismäßig viele Berufsnamen;

– auch die Vornamen besitzen eine gewisse geographische Gliederung: z.B. mied der protestantische Norden die »jesuitischen« Namen *Xaver* und *Ignaz*, genausowenig gab es im Süden einen *Ulf, Detlev* oder *Uwe*.

Lokal besonders verehrte Heilige haben Auswirkungen auf die Namengebung der Gegend: *Ulrich* im Augsburger Raum, *Kilian* in Franken, *Emmeran* um Regensburg. Herrscherhäuser wirken ähnlich: *Rupprecht* und *Luitpold* in Bayern, *Friedrich, Wilhelm, Charlotte* und *Luise* in Preußen, *Balduin* in Flandern.

Die im antiken Schrifttum überlieferten Ortsnamen keltischer oder germanischer Herkunft

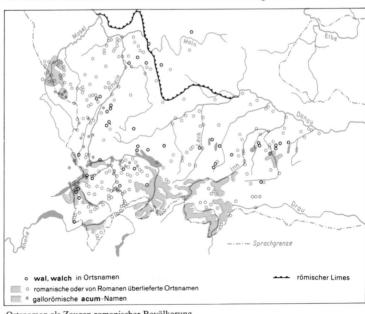

Ortsnamen als Zeugen romanischer Bevölkerung

Gewässernamen führen uns am weitesten in die Vergangenheit zurück (S. 43). Von der vorgerm. keltischen Besiedlung des mitteleuropäischen Raumes zeugen die Namen der *Lahn* (kelt. **lugna* 'gewundener Fluß'), der *Enns*, des *Inn* (kelt. **an* 'Sumpf', irisch *en* 'Wasser') und der *Donau* (kelt. **dan* 'Fluß').

In die germ. und ahd. Zeit fallen Gewässernamen mit dem Bildungselement *-aha*, *-au* (vgl. ahd. *aha* 'Fluß') wie *Aach* allein oder in *Rottach*, *Weißach*, *Schwarzach*, *Salzach*. Als *-a* erscheint dieses Suffix aufgrund von Kanzleischreibungen vom 16. Jh. an bes. im Hessisch-Thüringischen: *Fulda* (752: *Fuldaha*, mundartlich: *Full*), *Geisa* (782: *Geysaha*, Nebenfluß der Fulda).

Gewässernamen auf *-bach* fallen in die Zeit des Landesausbaus in spätahd. und mhd. Zeit. Ihres relativ geringen Alters wegen ist ihre Bildung meist durchsichtig: *Breitenbach*, *Tiefenbach*, *Lauterbach*, *Steinbach*. Noch jünger sind Zusammensetzungen mit *-graben: Mühlgraben*.

Raumnamen unterscheiden sich von Ländernamen im allgemeinen dadurch, daß sie nicht politisch begrenzt sind und meist kleinere Gebiete als jene bezeichnen. Die germ. Zeit benennt weniger den Raum als die Bewohner, die dort wohnen. Polit. Einheiten definieren sich als Organisation von Menschen (»Personenverbandsstaat«). Die Bayern werden zum ersten Mal 532 als Personenverband *(bajuvarii)* genannt, aber erst 806 findet sich der erste Beleg für den Raumnamen *(bajuvaria)*.

Im Mittelalter wird das Reich von einem Netz von Gaunamen gegliedert, die zur näheren Bestimmung von Ortsangaben dienen. (Der Anschluß erfolgt durch die Formel: *in pago . . .*). Davon sind viele noch lebendig: Allgäu, Breisgau, Thurgau usw. Jünger sind Raumnamen, die sich nach Ortsnamen gebildet haben: Mecklenburg, Luxemburg, Schleswig u. a. oder gar erst von der Geographie oder der Touristenbewegung geprägt wurden: Norddeutsche Tiefebene, Ruhrgebiet, Weinstraße.

Ortsnamen

Die älteste Ortsnamenschicht, die uns heute greifbar ist, ist uns aus der Antike in latinisierter Form überliefert. Sehr oft sind darin ältere Elemente enthalten. Häufig sind keltische Bestandteile: z. B. kelt. *magos* 'Ebene', 'Feld', in Remagen (< *Rigomagus*), Worms (< *Borbetomagus*), *briga*, *dūnum* 'Berg', 'Burg', in Bregenz (< *Brigantia*) und Kempten (< *Cambodunum*).

Die ehemals röm. Gebiete sind mit einem dichten Netz röm. Ortsnamen überzogen. Personennamen erscheinen relativ häufig in römischen Ortsnamen. Die urspr. kelt. Ableitung auf *-acum* ist dabei beliebt: *Jülich* (< *Juliacum*), Echternach (< *Epternacum* vom kelt. Personennamen **Epotoros*), Lorch (< *Lauriacum* vom Personennamen *Laur(i)us;* Kaisernamen bei größeren Gründungen: Köln (< *Colonia Agrippina*), Konstanz (< *Constantia*), Augsburg (< *Augusta Vindelicum*); genauso Völker-

namen: die Treverer sind in Trier (< *Augusta Treverorum*), die Vindelicier in Augsburg (s. o.), die Bataver in Passau (< *Castra batava*) enthalten. Die militärische Präsenz der Römer zeigt sich in Bildungen mit *Castellum* und *Castra:* Bernkastel (< *Princastellum*), Kastel bei Mainz (< *Castellum Mattiacorum*).

Das römische Verkehrswesen spiegelt sich in: Detzem bei Trier (< **ad decimum (lapidem)* 'beim 10. Meilenstein'), ebenso Quint bei Trier ('beim 5.'). Das Schweizer Muttenz kommt wohl von lat. *mutationes* und deutet auf den Pferdewechsel einer Poststation, die Namen mit *pfunz* weisen auf lat. *pons* 'Brücke' (Pfunds in Tirol), *pforz/porz* auf lat. *portus* 'Hafen'.

Auch rein germanische Ortsnamen sind uns von antiken Schriftstellern überliefert. So *asciburgium* (heute Asberg) bei TACITUS, was soviel wie Eschenstadt bedeutet, oder *silva bacenis* bei CAESAR (im 8./9. Jh. *buconia*, *boconia silva*) Buchenwald, für den heutigen Harz (?).

Die lat. Worte *vicus* 'Dorf', 'Ansiedlung', *villa* 'Haus', 'Hof' wurden als Appellative ins Germanische aufgenommen und für die spätere Ortsnamengebung von großer Bedeutung. *Vicus* fand eine Stütze in nd. *-wiek*, da germ. Herkunft ist (asächs. *wīk*, nord. *vỹk* 'Bucht', 'Meerbusen'). Oft ist eindeutige Zuordnung nicht möglich: Braunschweig (861 *Brunonis vicus*) ist zum Lat. zu stellen, Schleswig (849 *Sliaswich*) und Reykjavik (Island) zum Germ.

Germanische Siedlungsnamen treten für uns in größerer Zahl erst in der Zeit der Landnahme auf. Dem Charakter des germ. Staatswesens als Sippenverband geht es bei der Benennung von Wohnstätten zunächst auch weniger um die Orte als um die Personen, die dort wohnen (Insassennamen). Die Namen sind wie die Personennamen in der Regel zweigliedrig und mit einem Personennamen sowie dem Zugehörigkeitssuffix *-ing* gebildet. Sigmaringen bedeutet dann soviel wie: 'bei den Leuten des *Sigmar*', bei Thübingen hat ein *Tuwo* Pate gestanden. Der Schwund des *-en* im Bair. (Freising, Straubing, Scheuring) ist erst sekundär eingetreten.

Ebenso in relativ früher Zeit (8. Jh.) kommen vor die Namen auf *-weil*, *-weiler*, alem. *-wil* (zu lat. *villa*, *villare*) und die auf *-heim*/bair. *-ham*/ nl. *-hem*/nd. *-um* (Rappoldsweiler, Wyl, Hergatsweiler; Hildesheim, Hausham, Arnhem, Beckum). Doch kann man die Ortsnamentypen im allgemeinen nicht ausschließlich einer bestimmten Zeitperiode zuordnen. Das Appellativ *Weiler* bleibt in seiner Bedeutung 'kleinere Hofsiedlung' bis in die Neuzeit hinein produktiv; es gibt kaum Ortsnamentypen, die auf nur einen geographischen und zeitlichen Raum zu beschränken sind. Vielmehr ist auch bei der Ortsnamengebung mit Moden zu rechnen, die verschiedene Gegenden zu verschiedenen Zeiten erfassen können. So sind die *-ingen*-Orte zwar in der Hauptsache aus der Landnahmezeit, das Suffix wird aber auch in späterer Zeit regional noch (z. B. in der Lüneburger Heide oder in Friesland) verwendet.

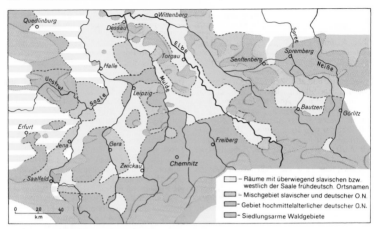

Deutsch-slavische Ortsnamensbereiche

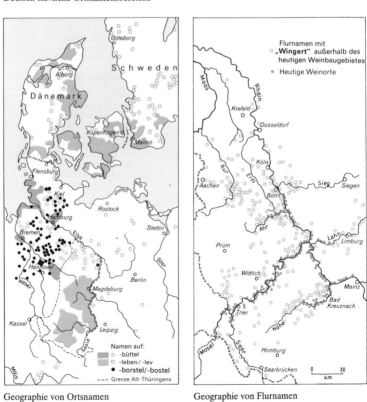

Geographie von Ortsnamen

Geographie von Flurnamen

Trotzdem lassen sich in der Frühzeit der deutschen Stämme gewisse Vorlieben für Ortsnamentypen feststellen: die *-heim*-Namen bei den Franken, die auf *-leben* (zum got. *laiba*, anord. *leif* 'Überbleibsel', 'Erbhinterlassenschaft') und *-stedt* bei Thüringern und Sachsen (Eisleben zum Personennamen *Iso*, Helmstedt zum Flußnamen *Helme*). Die *-heim*-Namen ausschließlich den Franken, die auf *-ing* den Alemannen und Bayern zuzuschreiben, wie es in der älteren Forschung geschah, hat sich nicht als haltbar erwiesen.

Der Landesausbau des hohen Mittelalters bringt einen Schub neuer Ortsnamen: auf *-hausen, -hofen, -feld(en), -dorf* (das regional auch für sehr viel ältere Siedlungen gilt); nd./md. *-rode/-rade*, obd. *-reut/-ried* (zu *roden*), *-schwand* (zu *schwenden* 'roden') (Reinhartshausen, Döpshofen, Lengenfeld, Markdorf, Wernigerode, Sterkrade, Bayreuth, Herisried, Menzenschwand). Die letzteren Namen spiegeln die Erschließung der großen Wälder und Gebirge, die bisher von der Siedlung nicht berührt worden waren. Weitere Rodungsnamen sind die auf *-grün* (vor allem im Egerland, Ostfranken und Thüringen: Bischofsgrün), auf *-schlag* und *-hau*, auf *-schneid, -mais* und *-wald(e)*, auf *-tal, -scheid* und *-wede*: Hermannsschlag, Schellerhau, Sulzschneid, Bodenmais (zu mhd. *meiz* 'Holzschlag'), Greifswald, Joachimsthal, Lüdenscheid (zu 'aus dem alten Flurverband scheiden'), Worpswede (zu *wede* 'Gehölz').

Ortsnamen auf *-bach, -au*, und *-born, -bronnen* zielen auf das Gewässer in der Nähe (Offenbach, Berau, Hamborn, Bronnen), *-furt* und obd. *-wörth*/mhd. *-werda*/nd. *-werder* (Schweinfurt, Donauwörth, Liebenwerda, Finkenwerder) bezeichnen einen seichten Flußübergang. Im Norden sind Namen auf *-büttel* ('Anwesen', 'Haus', 'Hof': Wolfenbüttel) und *-borstel*/*bostel* (< *bürstal* 'Hof': Fallingbostel) verbreitet, im Süden entsprechende *-beuren* (zu ahd. *bür* 'Hauswesen': Blaubeuren).

Die Kirche ist auch nicht ohne Einfluß geblieben: Orte wie Pfarrkirchen, Bischofswiesen, Pfaffenhausen, München ('bei den Mönchen') und die Namen mit *münster* (zu lat. *monasterium* 'Kloster': Münsterschwarzach), *-zell* (zu lat. *cella* 'Zelle': Frauenzell) und *kloster* (Klosterneuburg) zeugen davon. Auch Heiligennamen wurden verwendet: Benediktbeuern, St. Gallen, St. Pölten (zum heiligen *Hippolytus*).

Walchenorte zeugen von ehemaliger roman. Besiedlung: Walchensee, Welschensteinach.

Slawische Grundformen liegen in vielen Ortsnamen von ehemals slawisch besiedelten Gebieten vor: Berlin (zu slaw. *br̩l* 'Sumpf'), Leipzig (zu slaw. *lipa* 'Linde'). Die alten Typen auf *-ingen, -leben, -heim, -hofen, -weiler* und *-hausen* wurden hier im östl. Neusiedelland nicht mehr produktiv, dafür aber die Rodungsnamen. In der Neuzeit, als der absolutistische Staat neue Gebiete kolonisierte, wurden oft exotische Bildungen zu deutschen Ortsnamen. So im Warthebruch: Jerusalem, Ninive, Jamaica, Charlestown, Japan sowie alte deutsche Städtenamen: Stuttgart, Mannheim.

Die **Städtenamen** haben ihre eigene Entwicklung. Im 19. und 20. Jahrhundert wurden infolge der Industrialisierung oft ehemalige Dörfer zu Städten, oder mehrere Orte wurden zu Städten zusammengefaßt, wie z. B. Wuppertal (1929) oder Leverkusen (1930, nach dem Chemiker und Fabrikanten Leverkus). Alte Stadtgründungen aber erkennt man meist noch an ihren Namen. Bis ins 12. Jh. hinein war das alte germanische Wort für die Stadt (Burg: got. *baurgs*) produktiv: Augsburg, Duisburg, Merseburg. Die Gründungen danach erhielten das Suffix *-stadt*: Darmstadt, Ingolstadt. Auch der Burgenbau vom 10. Jh. an brachte viele Namen: *-burg* (Habsburg < Habichtsburg), *-berg* (Nürnberg zu *Nür* 'Fels'), *-stein* (Liechtenstein), *-fels* (Drachenfels), *-eck* (Saaleck). Die Wappentiere der Ritter spiegeln sich in Namen wie Falkenstein, Greifenstein, Lauenburg (< Löwenburg).

Flurnamen teilen das Gelände ein und tragen zur Orientierung und Identifikation bei. Sie wurden und werden (von wenigen Ausnahmen abgesehen) von den ansässigen Bewohnern geprägt; sie wurden oft ohne schriftliche Fixierung mündlich weitergegeben. Keine andere Namengruppe besitzt eine solche Vielfalt und einen so vielseitigen Zeugniswert wie die Flurnamen: Innerhalb der **Namen-** und **Wortforschung**: Das Benennungsmotiv ist bei den Flurnamen eher zu greifen, der in ihnen vorhandene appellativische Wortschatz ist sehr viel reicher und differenzierter als z. B. bei den Ortsnamen.

Der **Mundartkunde** wird es dadurch möglich, ihre historischen Belege in dieser Weise zu ergänzen. Namen sind in der Regel Lautentwicklungen gegenüber konservativer, der Verlust der appellativen Funktionen läßt sie in ihrer Form erstarren und versteinern.

Die **Archäologie** gewinnt ebenfalls von der Flurnamenforschung: Denn wo ein Flurname oder Ortsname *Burgstall* oder *Schloßberg* vorhanden ist, fördern Grabungen in der Regel auch das Bezeichnete zutage.

Ältere Flurformen, im Rhein versunkene Inseln, frühere Besitzverhältnisse und Bewirtschaftungsformen, verschwundene Torfstiche, Lehm- und Kalkgruben, Friedhöfe, Mühlen und Bergwerke lassen sich so nachweisen. Der Anbau von Wein kann durch Flurnamen wie *Wingert* auch in Gegenden nachgewiesen werden, wo dieser heute nicht mehr vorhanden ist. Man erhält Kenntnis von ehemaligen Wäldern, Sümpfen, Seen.

Flurnamen leben nur in der Mundart des jeweiligen Ortes. Bei kontinuierlicher Siedlung können sie oft aus sehr früher Zeit stammen: so werden die vielen Flurnamen auf *-gand/-gund* für Geröllhalden in den Alpen der vorrömischen Bevölkerung zugeschrieben.

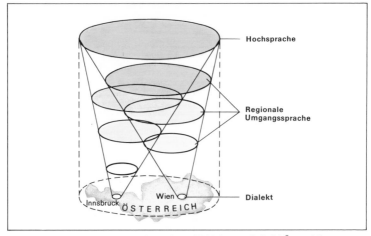

Kommunikative Reichweite von Hochsprache und Dialekten am Beispiel Österreichs

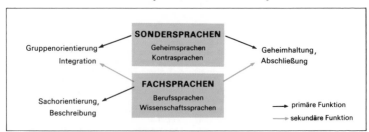

Funktion von Fach- und Sondersprachen

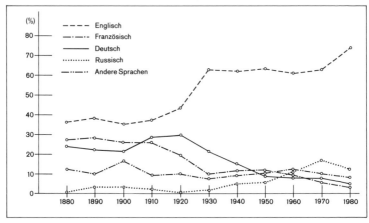

Die Sprache in wissenschaftlichen Zeitschriften (1880–1980)

Sprache. Situation und Rolle

Treffen sich zwei Personen, die auf dem Sportplatz als Freunde miteinander verkehren und deren Sprache in dieser Situation und Rolle wenig formell ist, am nächsten Tag in einer Prüfung in den Rollen »Prüfer« und »Geprüfter« wieder, dann ist mit der Situation auch deren Sprachverhalten ein anderes. Es wird unpersönlicher agiert, näher an der Standardsprache. Hält sich einer nicht an die für die Sprachsituation »Prüfung« vorgesehenen Normen, sagt man, er sei »aus der Rolle gefallen«.

Faktoren, die Situation, Rolle und die davon abhängige Sprachform bestimmen, sind u. a. die Sprecherzahl, der Rang der Sprecher, der Grad ihrer Vorbereitetheit bzw. Vertrautheit mit der Situation und untereinander, der Öffentlichkeitsgrad und bes. das besprochene Thema.

Neu zu bewältigende Situationen machen in der Regel Schwierigkeiten: Die Situation einer Gesprächsrunde verändert sich, wenn ein neues Mitglied teilnimmt; auch einer, der zum erstenmal, wenn auch nur als Zeuge, vor Gericht geladen ist, braucht einige Zeit, bis er sich entsprechend ausdrückt und verhält: ein Polizeibeamter, der öfter in dieser Rolle ist, weiß, wann und was er hier zu sprechen hat.

Zwei Menschen, die sich nur von einer Rolle (z. B. Pfarrer – Gemeindemitglied, Schüler – Lehrer) her kennen, müssen ihre Rollen neu definieren, wenn sie sich außerhalb des gewohnten Rahmens z. B. auf einer Demonstration begegnen. Die veränderte Situation bedingt ein Gespräch, das von dem in der bisherigen Rollenverteilung in aller Regel abweicht.

Sprache und soziale Gruppe

Die Soziologie bezeichnet jede Vereinigung von Menschen, die gemeinsame Merkmale haben, als Gruppe. Solche Gruppen gibt es viele in jeder Gesellschaft und jedes Individuum gehört vielen Gruppen an. Z. B. kann jemand neben seiner Berufsgruppe (Elektriker) auch noch anderen soziolog. Gruppen angehören: Jäger, Hausbesitzer, Familienvater, Mitglied eines Freundeskreises. Die Gruppen haben die Herausbildung eigener sprachl. Formen zur Folge. Diese »Sprachen« unterscheiden sich i. d. R. von der Gemeinsprache nur im Wortschatz.

Bei den **Fach-** und **Berufssprachen** steht nicht die soziale Gruppe am Anfang, sondern die Arbeitsteilung der modernen Gesellschaft ließ in der Auseinandersetzung der Spezialisten mit den ihnen jeweils eigenen Sachbereichen sehr stark ausdifferenzierte und spezialisierte Fachsprachen enstehen. In der Gemeinsprache reicht i. a. ein Wort für ›brünstig‹ aus. Der Bauer hat dagegen mehrere: z. B. *läufig* ist die Kuh, *bockig* die Ziege und das Schaf, *rüsslig* das Schwein, *rossig* das Pferd, *streichig* die Hündin, die Katze *rammelt* (Niedersonthofen/Allgäu). Der Normalsprecher kennt zwar ein Radio, von Transistoren und Dioden mag er zwar schon gehört haben, ihre Funktion aber kennt er nicht.

Diesen sachorientierten Fachsprachen stehen die gruppenorientierten **Sondersprachen** gegenüber. Der Übergang ist fließend; z. B. erfordert das Soldatenhandwerk eine eigene Fachsprache, das ständige Zusammenleben läßt aber auch Bildungen, die auf andere Bereiche übergreifen, entstehen, so z. B. wenn *Blindgänger* (urspr. ›nicht explodierte Granate‹) auf Menschen angewendet wird, oder die Feldküche zur *Gulaschkanone* wird.

Von der Gruppe her bestimmt ist die **Jägersprache.** Hier führte die Absonderung einer Gruppe (Jagd als Privileg des Adels) zur Ausbildung einer eigenen Terminologie. Da sind die Ohren des Hasen seine *Löffel,* der hintere weiße Fleck des Rehs ist der *Spiegel,* seine Beine die *Läufe* und sein Blut der *Schweiß.*

Sondersprachen bedingen die Integration einer Gruppe und ihre Abschließung nach außen. Eine gemeinsame Sprache erweckt Gemeinschaftsgefühl und erschwert die Aufnahme von Gruppenfremden. **Kontrasprachen** liegen dann vor, wenn man sich ohne objektive Geheimhaltungsgründe von der Gesellschaft und ihrer Ordnung absetzen will, als äußeres Anzeichen der Sonderung, »als Abzeichen dieses Kontra« (H. BAUSINGER), z. B. bei Sondersprachen von Schülern und jugendl. Gruppen, Studenten, Gammlern und Strafgefangenen.

Ein Sonderwortschatz bildet sich fast überall, wo Menschen enger zusammenleben. Bestimmte Vorfälle und gemeinsame Erlebnisse lassen in solchen Gruppen einzelne Wörter ihren semantischen Gehalt verändern. Wenn man in einem Boot gemeinsam gekentert ist oder beim Zelten einmal sehr gefroren hat, werden die Ausdrücke *zelten* und *Boot fahren* andere Reaktionen als gewöhnlich hervorrufen. Solche Gruppensprachen enthalten sehr oft auch euphemist. Deckwörter (z. B. *leiherwerben* oder *organisieren* für ›stehlen‹).

Die Sonderung kann im Laufe der Zeit so weit gehen, daß bestimmte Gruppensprachen zu **Geheimsprachen** werden. Die bekannteste und älteste davon ist das **Rotwelsche,** das Jenische, als Sprache der Landfahrer. Sie ist schon im 13. Jh. bekannt und enthält je nach Ausprägung Wörter aus dem Hebräischen und Zigeunerischen. Hier nur ein paar Beispiele von Wörtern für ›Geld‹, die auch in die Gemeinsprache eingegangen sind: Blech (blechen), Kohle, Pulver, Lappen, Torf (zu hebr. *tarefltoref* ›Raub‹ ›Beute‹), Kies (hebr. *kiß* ›Geldbeutel‹), Moos (hebr. *ma'ōth* ›Münze‹), Zaster (zigeunerisch *sáster* ›Eisen‹).

Trotz der Beschränkung der Fach- und Sondersprachen auf relativ begrenzte Gruppen ist ihr Einfluß auf die Allgemeinsprache doch nicht gering anzuschlagen. So z. B. ist die Sprache des Sports schon weltweit Allgemeingut geworden. Da sollte es auch in der Politik *fair* zugehen, man sollte keine *Fouls* machen, zwar schießt man manchmal ein *Eigentor,* doch wenn man *in Form* ist, wird man die nächste *Runde* schon noch bestehen und trotz mancher *Handicaps das Rennen machen.*

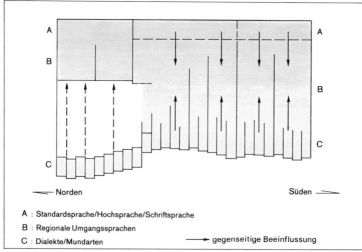

A : Standardsprache/Hochsprache/Schriftsprache
B : Regionale Umgangssprachen
C : Dialekte/Mundarten   ——→ gegenseitige Beeinflussung

Standardsprache, regionale Umgangssprachen und Dialekte im Deutschen

Frage: "Können Sie die Mundart hier aus der Gegend sprechen?" Ja: 1966 = 59 %, 1980 = 53 %
Frage an Personen, die die Mundart der Wohngegend beherrschen (ab 16 Jahre, Bundesgebiet mit West-Berlin) :
"Wenn Sie Mundart oder Dialekt sprechen - bei welchen Gelegenheiten tun Sie das meistens?"

	In der Familie		Im Freundes-kreis		Bei der Arbeit		Immer		Eigentlich nie, bzw. keine kon-krete Angabe	
in %	1980	1966	'80	'66	'80	'66	'80	'66	'80	'66
Insgesamt	70	67	67	62	35	40	7		10	13
Männer	69	64	72	65	44	49	6		8	12
Frauen	71	70	64	57	27	31	9		11	15
ALTERSGRUPPEN										
16-29 Jahre	73	65	68	62	46	44	7		11	14
30-44 Jahre	70	64	68	55	39	38	7		8	15
45-59 Jahre	70	66	62	63	34	46	8		13	12
60 Jahre und älter	67	75	70	65	22	31	8		10	13
SCHULBILDUNG										
Volksschule	74	73	70	65	38	45	7		8	10
Höhere Schule	60	44	58	46	25	21	8		16	29
REGIONALE BEREICHE										
Norddeutschland mit West-Berlin	54	50	55	53	36	30	4		17	21
Nordrhein-Westfalen	65	59	60	51	22	28	5		17	19
Rhein-Main/Südwest	78	74	75	71	37	47	9		4	9
Bayern	77	78	74	65	43	51	10		7	7
ORTSGRÖSSEN										
Unter 5000 Einwohner	78		78		47		6		7	21
5000 – u. 20000 Einwohner	76		73		35		6		7	19
20000 – u. 100000 Einw.	72		68		31		8		10	9
100000 und mehr Einwohner	57		53		28		10		16	7

Verbreitung und Gebrauch des Dialekts 1966 und 1980

Sprache und soziale Schicht

Unsere geschriebene Einheitssprache ist zum Zweck einer weitreichenden Kommunikation entwickelt worden. Solche weiträumige Kommunikation gab es nur bei den Oberschichten, daher war und ist Beherrschung der nhd. Schriftsprache auch primär dort verbreitet. Im Zeitalter, in dem Handel und industrielle Verflechtungen immer weiträumiger wurden, ergab sich für alle, die verwaltend tätig waren, d. h. auch für mittlere Schichten, die Notwendigkeit, die höhere Sprachform zu beherrschen. Sie war und ist die Voraussetzung für den Aufstieg. Erlernt wurde und wird sie beim Lese- und Schreibunterricht in der Schule. Die Schichten, die mit der Hand arbeitend in der Produktion tätig sind, kommen mit der in der Familie erlernten Sprache aus, für ihre berufliche Tätigkeit sind auch heute noch keine weiterreichenden sprachlichen Fähigkeiten notwendig (Gastarbeiter). Deswegen beherrschen die Unterschichten heute aktiv in der Regel nur eine Sprache, die man auf dem Land als »Mundart«, »Dialekt« bezeichnet. Für die Sprache der großstädtischen Arbeiterschicht gibt es keinen Spezialausdruck, man scheut sich andererseits, deren Sprache »Mundart« zu nennen.

Rundfunk und Fernsehen haben zwar die passive Beherrschung der Einheitssprache auch bei diesen Schichten gefördert, doch die aktive Beherrschung bleibt wegen mangelnder Übung begrenzt. Zudem darf diese passive Beherrschung nicht zu weit angesetzt werden: Untersuchungen haben ergeben, daß Nachrichtensendungen von großen Teilen der Bevölkerung gar nicht oder nur falsch verstanden werden.

Die Ober- und Mittelschichten beherrschen vielfach (zumindest im oberdeutschen Raum) die Mundart und der Schriftsprache angenäherte Redeformen. Sie variieren im Gebrauch nach Situation und Thema.

Hochsprache, Umgangssprache, Dialekt

Diese drei Begriffe suggerieren drei voneinander abgrenzbare hierarchisch angeordnete Sprachformen. Während sich die beiden Pole Hochsprache und Dialekt leicht fassen lassen, ist das bei dem, was man Umgangssprache nennt, nicht der Fall. Im hochdt. Raum ist es manchmal praktischer, die Verhältnisse als »dialektale Stufenleiter« zu bezeichnen, um die vielen Zwischenstufen, die sein allmählichen Übergang von »unten« nach »oben« ergeben, zu beschreiben. Dieses Modell schließt nicht aus, daß die Umgangssprache (»neuer Substandard« G. BELLMANN) verschiedentlich auch Elemente besitzt, die eigenständig, also weder dialektal noch hochsprachlich sind.

Ein Beispiel für die vielen möglichen Schritte von der Grundmundart zu dem, was man Hochsprache nennt, bringt R. GROSSE für die Meißnische Sprachlandschaft:

(1) *s ward bäe uanfang mid räin*

(2) *s ward bäle änfang mit rän*

(3) *s wärd balde änfang mit rächn*

(4) *s werd balde anfang dse rächn*

(5) *s wird bald anfang dsu rếchnen*

(es wird bald anfangen zu regnen)

Diese fast unübersehbare Variabilität ist konstitutiv für die Umgangssprachen des Südens und der Mitte. Sie kann man synchron in den meisten Fällen als Sprachkontakterscheinung aus der an der Schreibsprache orientierten Standardsprache und den gesprochenen Dialekten beschreiben (MUNSKE) (vgl. auch S. 233 ff.). Welche der vielen Varianten innerhalb des Spektrums von den Sprachteilhabern jeweils ausgewählt wird, hängt von pragmatischen Faktoren ab, z. B. von den Kommunikationspartnern, von der Sprechsituation, vom Thema, von der beabsichtigten Wirkung auf die Ansprechpartner, aber auch von der Tatsache, welche Varianten dem Sprecher überhaupt zur Verfügung stehen. Das Modell auf S. 134 vernachlässigt diese Kriterien alle, trotzdem kann es einige Dinge verdeutlichen: Die Standardsprache ist im Vergleich zu den Umgangssprachen nur wenig regional gegliedert (vgl. S. 244 f.), sie beeinflußt aber in hohem Maße die regionalen Umgangssprachen. Diese selbst weisen größere geographische Unterschiede auf, die größten in der Mitte und im Süden. Im Norden wird unter Umgangssprache eher eine stilistisch niederere, »lässigere«, gleichsam abgesunkene Form der Standardsprache verstanden. In der Mitte und im Süden dagegen jene »Zwischenschicht« mit den vielen Übergangsformen, die heute interpretierbar sind als Tendenz der Sprecher, Formen zu verwenden, die der Einheitssprache näher stehen. Diachron ist diese heutige Zwischenschicht, die man Umgangssprache nennt, wohl der Vorgänger dieser Einheitssprache bei den Gebildeten, eine regional geprägte Verkehrssprache, die Merkmale meidet, die nur kleinräumig verbreitet sind.

Die Dialekte des Nordens sind wegen der nicht durchgeführten 2. LV (S. 63) weiter vom Standard entfernt als die Dialekte der Mitte und des Südens; hinsichtlich der Tatsache, daß die Dialekte jeweils die Sprachform sind, die die stärksten geographischen Unterschiede vorweist, unterscheidet sich Süden und Norden nicht.

Die Hochsprache hat die größere kommunikative Reichweite, nicht nur geograph., sondern auch von der Zahl der Situationen her, in denen sie, ohne daß gesellschaftliche Sanktionen drohen, angewandt werden kann.

Im **Norden** hat sich das Hochdeutsche als Sprache der Städter (und damit der gebildeten Schichten) schon früh durchgesetzt (S. 103). Die Schulsprache das Hochdeutsche, das von genuinen Plattsprechern als Fremdsprache erlernt wird, der Unterschied zwischen Mundart und Schriftsprache ist zu groß. Das Plattdeutsche ist praktisch nur noch auf das flache Land im Norden des niederdt. Raumes beschränkt. Das Platt ist in Situationen mit größerem Öffentlichkeitsgrad praktisch ausgeschaltet, als Alltagssprache der Familie wird es jedoch noch einige Zeit weiterbestehen. In den Städten ist die Sprache der Unterschichten eine Mischung aus Platt und Hochdeutsch.

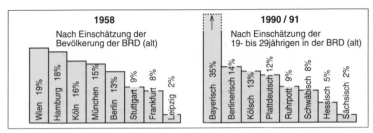

Beliebtheitsgrad deutscher Dialekte

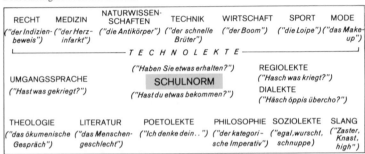

Subsysteme des Deutschen

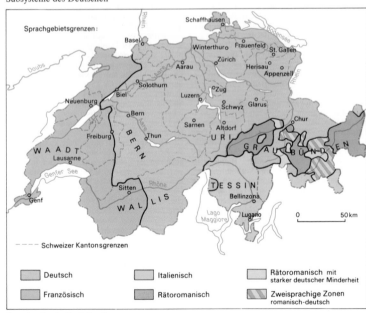

Sprachenkarte der Schweiz

Das **Schweizerdeutsche** ist keine einheitliche Sprache, sondern setzt sich aus vielen regionalen Untermundarten alem. Prägung zusammen. Diese werden in Stadt und Land, hinauf bis in die höchsten sozialen Schichten gesprochen. Zwar pflegen Schule und Wissenschaft die nhd. Hochsprache, doch nach dem Unterricht spricht der Lehrer mit den Schülern, der Professor mit den Studenten in der Mundart. Im Fernsehen und Radio wird mit Ausnahme weniger Sendungen Dialekt gesprochen. Es herrscht praktisch eine mediale Diglossie (vgl. S. 37): Gesprochen wird Schweizerdeutsch, geschrieben wird Hochdeutsch. Die Situation allein, nicht das Thema, bestimmt, ob Dialekt oder Hochdeutsch verwendet wird. Je ritualisierter, je formaler eine Sprechsituation ist, desto eher kann sich das Hochdeutsche noch halten.

Vor dem Ersten Weltkrieg bestanden starke Tendenzen zum Hochdeutschen: die öffentliche Kommunikation war in weiten Teilen bereits von der Schriftsprache beherrscht, Philologen errechneten schon die Termine für das Aussterben der Mundarten. Die beiden Weltkriege aber ließen in der Schweiz eine »geistige Landesverteidigung« gegen das Deutsche wachsen, eine »Schwyzer-Schproch-Biwegig« förderte die Mundart, so daß jetzt das Deutsche vielfach gleichsam als Fremdsprache empfunden wird. Heute ist die Mundart in fast allen Bereichen des öffentlichen Lebens akzeptiert. Die romanischsprachigen Schweizer sind die Leidtragenden dieser Entwicklung, denn sie verstehen eher die Hochsprache als den Dialekt. Die hohe Mobilität unserer heutigen Zeit läßt aber auch in der Schweiz Sprachformen entstehen, die mit den Umgangssprachen Deutschlands die Aufgabe kleinräumig verbreiteter Merkmale gemeinsam haben.

Das Schweizerdeutsche ist nicht nur regional, sondern auch sozial gegliedert. Berühmt waren die Verhältnisse in Bern: da gab es ein Patrizierberndeutsch, das sich durch eine besondere Nähe zum Frz. auszeichnete; darunter stand die Sprache des alteingesessenen Bürgertums, die an archaisierenden Formen reich war; die Zugewanderten sprachen eine den umliegenden Landmundarten verpflichtete Sprache. Am tiefsten stand die Sprache der Industriearbeiterschaft, das »Mattenenglisch«, durchsetzt mit Wörtern aus dem Rotwelsch. Diese scharfe, bewußte Gliederung gab es ungefähr bis zum Ersten Weltkrieg, heute ordnen sich die verschiedenen Sprachformen nach neuen Kriterien (vgl. auch S. 224).

Im **übrigen hochdeutschen Sprachraum** sind Mundart und Hochsprache soziolog. wie sprachl. nicht so weit voneinander entfernt. Die gesprochene Hochsprache ist (besonders in Österreich) sehr viel mehr mundartlich gefärbt, beide Sprechweisen gehen fast gleitend ineinander über. Sehr viel mehr Angehörige der Oberschicht beherrschen die Mundart als z. B. in Norddeutschland.

Sprachbarrieren

Der Engländer BASIL BERNSTEIN hat auf das Phänomen der ungleichen sprachlichen Ausstattung verschiedener sozialer Schichten aufmerksam gemacht. Er ging dem Phänomen nach, daß Kinder aus den unteren Sozialschichten bei gleicher allgemeiner nichtverbaler Intelligenz im Vergleich zu den Mittelschichten beim Aufsatzunterricht schlechter abschneiden. Die Erforschung dieses Phänomens der **Sprachbarrieren** kam dabei zu dem auch für Deutschland (OEVERMANN) gültigen Ergebnis, daß städtische Unter- und Mittelschichten verschiedene Ausformungen der Muttersprache gebrauchen, die als »restringiert« (etwa: eingeschränkt) und »elaboriert« (etwa: entwickelt, differenziert) bezeichnet wurden.

Diese beiden Sprachformen haben unter anderen folgende Kennzeichen:

»restringierte« Sprache:
– kurze, einfache, oft unvollständige Sätze
– wenig Konjunktionen, wenig untergeordnete Sätze
– wenig Präpositionen
– begrenzter Wortschatz
– eher konkret, direkt

»elaborierte« Sprache:
– komplexere Satzkonstruktionen
– mehr Konjunktionen, genaue syntaktische Ordnung
– mehr Präpositionen
– reicherer, differenzierterer Wortschatz
– eher abstrakt, unpersönlich

Diese Definitionen vermitteln die Ansicht, die Sprache der Arbeiter sei gegenüber der der Mittelschichten zurückgeblieben, mangelhaft, minderwertig. Denn hier wurde die Sprache der Mittelschichten zum Maßstab genommen. Die hier zu urteilen haben – in der Regel die Lehrer in den Benotungen der Schulaufsätze – gehören den Mittelschichten an, sie stellen sprachliche Aufgaben, die mit dem »elaborierten Code« auch besser bewältigt werden können.

»Kompensatorische« Spracherziehung soll die Benachteiligung »restringiert« Sprechender mildern. Die Unterschichten hätten danach die Sprache der Mittelschicht anzunehmen, sich in ihr zu üben.

Die »elaborierte« Sprache der Mittelschicht und das, was sie impliziert, wird dabei unreflektiert als besser angesehen. Positive Eigenschaften des »restricted code«, z. B. seine Realitätsnähe, Direktheit und relative Unkompliziertheit, bleiben ganz außer acht.

Die Benachteiligung der Unterschichten ist in hohem Maße gegeben: Was ein Sprecher »höherer« Sprachformen mit in die Wiege gelegt bekommt, nämlich einen Code mit großer kommunikativer Reichweite (geographisch und sozial mit seiner Anwendbarkeit in den verschiedensten sozialen Situationen), muß ein Mensch, der mit einer Sprachform mit geringer kommunikativer Reichweite, z. B. auch einem Dialekt, ausgerüstet ist, erst erlernen.

Bearbeitungsgebiete der großlandschaftlichen Wörterbücher der deutschen Dialekte

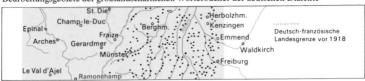

Das Belegnetz des Atlas linguistique de la France und das des DSA

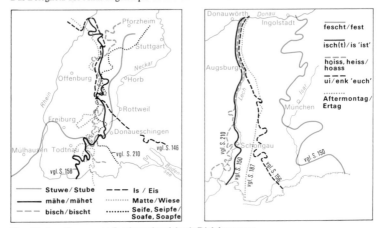

Verschiedene Formen von Isoglossenbündeln als Dialektgrenzen

Der Erforschung der Mundarten mußte ihre Entdeckung vorausgehen. Und die war erst möglich, als es eine Sprachform gab, die im Gegensatz zum Dialekt stand.

Solange die nhd. Schriftsprache nichts als Schreibsprache war, bestand kein Anlaß, Dialekte zu erforschen und aufzuzeichnen. Wenn die Sprachforscher des 16./17. Jh. sich mit der **Mundart** beschäftigten, dann mit den Problemen, die gesprochene Sprache im Gegensatz zu geschriebener bot. Das Wort *Mundart* selbst ist 1640 bei ZESEN zuerst belegt: die Bildung betont den gesprochenen Aspekt dieser Sprachform und nicht den regionalen, wie es heute der Fall ist. Übrigens ist die künstliche Bildung *Mundart* ein Gelehrtenwort geblieben. Das Wort der Mundartsprecher heißt *Dialekt* (südd.) oder *Platt* (md., nordd.).

Die ersten Arbeiten, die Mundart in ihrem regionalen Aspekt behandeln, entstehen im 18. Jh. zunächst in Niederdeutschland, wo der Unterschied zwischen Dialekt und Hochsprache besonders groß war und das Nhd. als gesprochene Sprache in der städtischen Bevölkerung schon früh gepflegt wurde, später dann auch im hochdeutschen Bereich. Es sind dies Wörterbücher, die landschaftliche Eigenheiten und Besonderheiten aufzeichneten. Beispiele: RICHEY (Hamburg) 1743, STROTHMANN (Osnabrück) 1756, TILING und DREYER (Bremen und Niedersachsen) 5 Bde. (1767ff.), SCHMIDT (Schwaben) 1795.

Die eigentlich wissenschaftliche Beschäftigung mit der Mundart begann im 19. Jh. im Rahmen der Erforschung der Sprachgeschichte und historischen Grammatik des Deutschen. Man entdeckte die Dialekte als eigenständige Gebilde, im Gegensatz zur Hochsprache, als das Ergebnis einer kontinuierlichen organischen Entwicklung. Als Anreger und Forscher stehen hier JAC. GRIMM (Deutsche Grammatik, 1819–37), F. J. STALDER (Die Landessprachen der Schweiz, 1819) und J. A. SCHMELLER (Die Mundarten Bayerns grammatisch dargestellt, 1821) an der Spitze. In dieser Zeit wurden auch schon die ersten wissenschaftlichen Wörterbücher begonnen, so STALDERS ›Schweizerisches Idiotikon‹ (1806–12) und SCHMELLERS ›Bayerisches Wörterbuch‹ (1827–37).

Eine neue Stufe in der wissenschaftlichen Erforschung der Dialekte möglich zu dem Zeitpunkt, da die Phonetik das Rüstzeug für adäquate Beschreibung der Laute zur Verfügung stellt und auch Schattierungen eines Lautes noch kennzeichnen kann. Die erste vorbildliche Arbeit in dieser Hinsicht schuf JOST WINTELER in der Schweiz: ›Die Kerenzer Mundart‹ (1876). Ihm folgten bis heute eine große Anzahl sog. Ortsgrammatiken, die in der Regel die Laute einer Mundart im Vergleich zum Mhd. beschrieben. Bald schon wurde nicht nur die Sprache eines Ortes sondern die Sprache von mehreren mit ihren Unterschieden aufgenommen: Der Schwabe KARL HAAG ging mit seiner Dialektgeographie in Deutschland den anderen voran (Die Mundarten des oberen Neckar- und Donaulandes, 1898).

Diese Methode, einen phonet. ausgebildeten Forscher an Ort und Stelle einen Dialekt aufzeichnen zu lassen, wurde von der Romanistik in großlandschaftlichem Rahmen gepflegt. Auf diese Weise entstand der französ. Sprachatlas von J. GILLIÉRON u. E. EDMONT (Atlas linguistique de la France, 1903–1910).

Im deutschsprachigen Raum nahm die überregionale Dialektgeographie eine völlig andere Entwicklung. Hier hatte GEORG WENKER 1876 im Rheinland die ersten Bogen mit 40 Sätzen in die Dörfer geschickt, damit sie in die dort heimische Mundart übersetzt würden. Nach und nach wurde das ganze deutsche Sprachgebiet auf diese Weise erfaßt.

Dem »Forschungsinstitut für deutsche Sprache, Deutscher Sprachatlas« in Marburg liegen heute 52800 ausgefüllte Fragebogen vor. Aus diesem Material sind bis heute 129 Karten zu 79 Erscheinungen veröffentlicht (von 1926–1956). Eine weitere große Anzahl von Karten liegen nur handschriftlich vor. Dieser **Deutsche Sprachatlas** (DSA) hat zwar den Vorteil einer sonst kaum erreichten Belegdichte, seine Belege beruhen aber auf den Schreibungen von Laien, die sich redlich bemühten, den jeweiligen Laut mit den ihnen zur Verfügung stehenden Mitteln zu charakterisieren. Daß das vielfach nicht gelang, leuchtet ein. Und so ist der Deutsche Sprachatlas zwar hervorragend geeignet, bestimmte Probleme wie Lautverschiebung (S. 63) oder nhd. Diphthongierung (S. 147) in ihrer geographischen Verbreitung darzustellen: Ob *Pfund* oder *Pund, wachsen* oder *wassen*, oder *Huus* oder *Haus* gesagt wird, läßt sich mit den Mitteln des Alphabets gut ausdrücken. Differenziertere Probleme der Lautlehre wie z. B. Dehnungserscheinungen oder die binnenhochdeutsche Konsonantenschwächung (S. 149) lassen sich mit diesem Material aber überhaupt nicht fassen. Letztere ist mindestens ebenso wichtig für die Einteilung unserer Mundarten wie die Diphthongierung. Sie ist aber von der Forschung bisher kaum behandelt worden. Es fehlen die klaren Karten, wie sie bei der Diphthongierung vorliegen.

In der Wortgeographie hat sich das Sprachatlasverfahren bewährt. Ob in einem Dialekt *Ziege* oder *Geiß* gesagt wird, kann auch ein Laie beantworten. Der Fragebogen zum **Deutschen Wortatlas** (DWA) wurde von WALTHER MITZKA in den Jahren 1939 und 1940 versandt: Er enthielt 200 Einzelwörter; ca. 48000 Antworten liegen in Marburg vor: davon wurden 22 Bände bis 1951 bis 1980 veröffentlicht. 1977 wurde von JÜRGEN EICHHOFF ein ›Wortatlas der deutschen Umgangssprachen‹ publiziert, der als drittes großes sprachgeographisches Werk den gesamtdeutschen Sprachraum erfaßt (vgl. S. 232ff.). Der größte Teil der im vorliegenden Buch verwendeten Sprachkarten stammt mittelbar oder unmittelbar aus DSA und DWA und aus J. EICHHOFFS Atlas.

Dialektgrenzen:

- ▬▬ 1. Grades
  (ca. 500 sprachliche Unterschiede zwischen den Orten)
- ─── 2. Grades
  (mehr als 30 Untersch.)
- ─ ─ ─ 3. Grades
  (10–30 Unterschiede)
- ·········· 4. Grades
  (weniger als 10 Unterschiede)

Kombinationskarte zur Darstellung von Dialektgrenzen (am Lech, südlich von Augsburg)

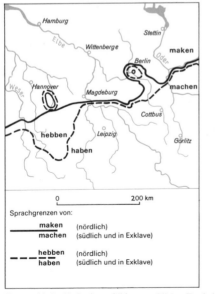

Entwicklung von mhd. *î* im Oberdeutschen

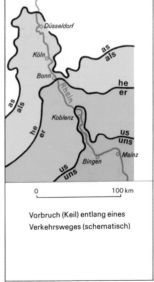

Sprachgrenzen von:

maken (nördlich)	
machen (südlich und in Exklave)	
hebben (nördlich)	
haben (südlich und in Exklave)	

Vorbruch (Keil) entlang eines Verkehrsweges (schematisch)

Geographische Verbreitungsbilder sprachlicher Erscheinungen

Östlich des mittleren Lechs sagt man *neibel*, westlich davon aber *neebel* zu 'Nebel'. Man kann diesen Sachverhalt auch auf einer Karte darstellen: Die Linie, die in diesem Fall entlang des Lechs geht, nennt man **Isoglosse**. Isoglossen machen Landkarten zu Sprachkarten.

Mit Hilfe von Isoglossen legt man Dialektgrenzen fest; je mehr Isoglossen es aber zwischen zwei Orten bzw. Gebieten gibt, desto einschneidender ist die Sprachgrenze. Auch die Art des sprachlichen Phänomens, das eine Isoglosse begrenzt, ist bedeutend für das Gewicht, das man ihr bei der Interpretation zumißt: Eine Isoglosse, die *Ziege* und *Geiß* voneinander trennt, ist als weniger bedeutend zu werten als eine, die *he* und *er*, oder gar eine, die Gebrauch von Perfekt und Imperfekt als Erzählzeit der Vergangenheit voneinander trennt. Auf solche Weise kommt man bei (meist kleinräumigen) dialektgeograph. Arbeiten zu »Kombinationskarten«, auf denen die Stärke der Grenzlinie ein Maß dafür ist, in wievielen und welchen gewichtigen Eigenheiten sich zwei Dialekte unterscheiden.

Die Mundarten, die von Isoglossen begrenzt werden, sind gesprochene Sprache. Und diese befindet sich dauernd in einem – wenn auch von dem einzelnen Sprecher kaum bemerkten – Wandel. Eine Sprachkarte hält nur den zum Datum der Aufnahme bestehenden Zustand einer Sprachlandschaft (bei soziologisch einheitlicher Sprecherschicht) fest. In welcher Richtung und in welcher Weise diese »Sprachlandschaft« in Bewegung ist, läßt sich durch Interpretation von Isoglossenkonstellationen feststellen. Die Verteilung sprachlicher Phänomene in der Landschaft (**Diatopie**) läßt sich als Abbild ihrer historischen Entwicklung (**Diachronie**) interpretieren.

Wenn wir die Karte der Entwicklung des mhd. *-î-* im Obd. von Westen nach Osten betrachten, so sehen wir dieses *î* im Westen in seinem alten Wert erhalten über einen sich immer weiter öffnenden Diphthong von *ei* über *ae* zu *äe* werden, das im Osten wieder zum Monophthong *ā* oder gar *ǫ* werden kann. Hier spiegelt die Karte die phonetischen Vorgänge, die von mhd. *î* zum *ā* (des Wienerischen) geführt haben. Ein direkter Übergang vom *î* zum *ā* ist als Lautwandel phonetisch undenkbar.

Es gibt immer wiederkehrende Isoglossenkonstellationstypen, die meist nach zwei Seiten hin interpretiert werden können: Der **Kreis** beschränkt ein bestimmtes sprachliches Phänomen auf eine bestimmte Region. Befindet sich z.B. eine größere Stadt in seiner Mitte, so ist meist eine Neuerung gegeben, die von dieser Stadt ihren Ausgang nahm und sich ins Umland hinein verbreitete.

Findet sich diese Neuerung in der Nähe eines größeren zusammenhängenden Gebietes, dann spricht man von einem **Horst**: die Neuerung hat sich, das flache Land überspringend, in der Stadt festgesetzt, z.B. die Form *haben* in Berlin (S. 140).

Ein Kreis kann aber auch ein **Reliktgebiet** begrenzen: hier ist eine sprachliche Neuerung an einer verkehrsfernen Gegend (Waldgebiet, Gebirge) vorbeigegangen und hat dieses Gebiet unberührt gelassen.

Der **Fächer** entsteht, wenn sich ein Isoglossenbündel, das mehrere gemeinsam verlaufende Linien enthält, auffächert und jede Linie zwar noch in einer gleichen Generalrichtung, aber doch ihren eigenen Weg geht. Der Fächer kann auf zweierlei Art entstanden sein, entweder durch Auffächerung eines älteren Linienbündels oder durch Zusammendrängung einer älteren Stufenlandschaft an einer Barriere. Vgl. Abb. Rheinischer Fächer S. 64.

Der **Keil** tritt meist bei Neuerungen auf, die entlang eines Verkehrsweges vordringen oder die von einer größeren Stadt gleichsam angesaugt werden. Berlin als hochdeutscher Horst im Niederdeutschen besitzt z.B. eine solche Wirkung für das Hochdeutsche. Keil- oder trichterförmig stoßen hochdeutsche Eigenheiten in Richtung Berlin vor. Es sind aber auch Keile denkbar, die Reliktgebiete begrenzen. Vgl. die Keile (Vorbrüche) entlang des Rheins (S. 140).

Mit Hilfe von Isoglossendarstellungen und insbesondere von Kombinationskarten scheint es ein Leichtes zu sein, einen Dialekt von einem anderen abzugrenzen. Dies ist aber deswegen sehr problematisch, weil niemand anzugeben vermag, in wieviel Eigenheiten sich zwei Sprachgebiete unterscheiden müssen, damit man von zwei Dialekten sprechen kann. Die Übergangszonen zwischen zwei Großdialekten können sehr breit sein. Reist man von Ort zu Ort, so nimmt man nur sehr geringe Unterschiede wahr, diese summieren sich aber im Vergleich zum Ausgangsort der Zeit derart, daß man irgendwann einmal glaubt, eine andere Qualität vor sich zu haben und diese Sprachform dann auch mit einem eigenen Namen belegt. Es können aber auch relativ starke Isoglossenbündelungen vorkommen (wie am Lech, südlich und nördlich von Augsburg, S. 138), bei denen es keine Schwierigkeiten macht, eine eindeutige Grenze festzulegen (S. 230).

Die Dialektologie unterscheidet zweierlei Arten von **Dialektmerkmalen: Fakultativ** (auch primär) sind hervorstechende Merkmale, die einem sehr kleinen regionalen Bereich angehören, die ein Sprecher auch ablegen kann. Er bleibt als Sprecher eines Großdialektes erkennbar. Die Merkmale, die er beibehält, nennt man **obligatorisch** (sekundär).

Ein Beispiel: im größten Teil von Bayerisch-Schwaben gilt *ao* für mhd. *â* in Wörtern wie *Straße, Abend, schlafen*. Dieses auffällige (fakultative) Merkmal wird von Sprechern sofort abgelegt, wenn sie sich nach Osten (ins Bairische) oder nach Westen (ins Schwäbische) bewegen. Hier gilt *ǫ* für den gleichen Laut. Die Sprecher passen sich diesem Gebrauch sofort an. Sie bleiben dadurch aber jederzeit als Sprecher einer süddeutschen Mundart erkennbar.

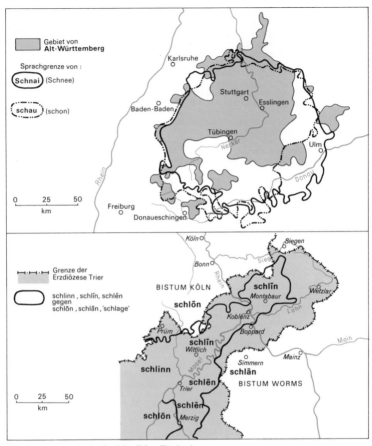

Sprachgrenzen und spätmittelalterliches Territorium

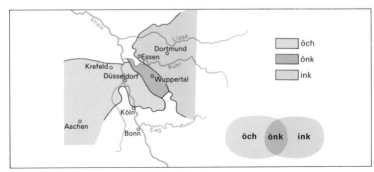

Beispiel für eine Mischbildung im rheinischen Raum (vgl. S. 156)

Die ursprünglichen Siedlungsgebiete der germ. Stämme glaubte man im 19. Jh. in den modernen **Mundartgrenzen** gefunden zu haben. Man hat zwar in der deutschen Sprachgeschichte von diesen teils mehr, teils weniger verwandten Stämmen auszugehen (S. 53), doch haben auch noch nach der Landnahmezeit eine so große Anzahl von Sprach- und Sprecherbewegungen stattgefunden, daß die heutigen Sprachgrenzen Ergebnis der verschiedensten Typen von Entwicklungen sind.

Nur in ganz seltenen Fällen ist es bisher gelungen, Sprachscheiden als die Reflexe alter **Stammesgrenzen** zu identifizieren, z. B. an der sog. Dreistämmesecke (im Ries), wo auch heute noch fränkische, schwäbische und bairische Dialekte zusammenstoßen. Doch ist hier nicht von einer andauernden unmittelbaren Nachbarschaft der drei Stammesgruppen auszugehen, sondern es lagen ursprünglich große unbesiedelte Gebiete (Wald, Ödland) dazwischen, so daß auch in diesem Fall die Mundartforschung nicht in der Lage ist, mit Hilfe der heutigen Dialektgrenzen eine exakte Bestimmung des Siedlungsraumes der Landnahmezeit zu liefern.

Sprecherbewegungen sind im Verlauf der deutschen Geschichte zahlreich. Sie haben das dialektgeographische Bild des Deutschen in den Neusiedelgebieten (Ostsiedlung S. 75) des Mittelalters geprägt. Es gab aus verschiedenen Gründen (wirtschaftlichen, religiösen, politischen) aber auch Siedelbewegungen innerhalb älter besiedelter Gebiete, so z. B. von Walsern, die im 14. Jh. Hochtäler im heutigen Vorarlberg und Liechtenstein besiedelten und bis heute ihre sprachliche Eigenart bewahrten, oder von Schwaben, die in Ostpreußen im Kulmer Land (1780 bis 1790) siedelten. Sie alle bildeten Inseln in den sie umgebenden älter besiedelten Landschaften.

Die größte Wirkung auf das dialektgeographische Bild wird den **spätmittelalterlichen Territorien** zugeschrieben. Diese Staatsgebilde bildeten im deutschen Sprachgebiet von ihrem Entstehen im Spätmittelalter bis um 1800 ziemlich stabile Grenzen aus.

Die relative Einheitlichkeit des bairischen Sprachraums dürfte auf die politische Kontinuität, wenn überhaupt, nur großräumig geteilter Staatsgebilde vom Mittelalter bis in die Neuzeit hinein zurückzuführen sein. Den mundartlich zerrissenen Räumen des Fränkischen und des Südwestens entspricht die politische Zerrissenheit dieser Gebiete. Besonders von der rheinischen Forschung wurde die Einheit von Sprach-, Kulturraum und spätmittelalterlichem Territorium betont. Man suchte Übereinstimmungen von Brauchtum, Volkstum und Sachkultur, von historischen und geographischen Gegebenheiten (Siedlung, Territorium, Wirtschaft, Verkehr, Kirchenorganisation) mit den heutigen Mundartlandschaften und fand sie z. B. in einer Dreigliederung des Rheinlandes in die zwei kurfürstlichen Territorien Trier und Mainz sowie die Territorien im Kölner Raum.

Die **naturräumliche Gliederung** beeinflußt Wirtschaft und Verkehr. Sie wird so zum Schlüssel für viele sprachgeographische Gegebenheiten. Wo Gebirge, Sumpfgebiete oder große Wälder den Verkehr hemmen, da können sich Mundartsprecher auch kaum gegenseitig beeinflussen. Einer Verkehrsstraße entlang ziehen immer auch sprachliche Neuerungen und lassen verkehrsferne Gebiete abseits liegen. Die Wasserstraße des Rheins bildete nie eine große Mundartscheide. Sprachbewegungen sind ihm meist entlang gegangen. Große Wirtschafts- und Verkehrsräume haben die Tendenz, eigene einheitl. Sprachformen auszubilden.

Auch **heutige politische Grenzen** sind sprachgeographisch wirksam. Die Grenze zu den Niederlanden, zu Österreich und der Schweiz bildet sich immer mehr auch zu einer Sprachgrenze für die bäuerlichen Basisdialekte aus. Im 18. Jh. waren die heutigen Landesgrenzen nicht mehr als ein paar von Hunderten von Territorialgrenzen, ihre Bedeutung für die Sprache entsprechend gering. Heute sind sie prominent, an ihnen sammeln sich psychologische, hochsprachliche, wirtschaftliche, juristische, politische, bildungsinstitutionelle u. a. Unterschiede. Dialektale Sprachbewegungen haben es schwer, sie zu überspringen, sie kommen (von beiden Seiten) an ihnen zum Stillstand. Viel stärker als in den Basisdialekten sind die Landesgrenzen Sprachgrenzen im Bereich der Hochsprache und der regionalen Umgangssprachen (vgl. S. 232ff.), und vor allem bei der Domänenverteilung von Dialekt, Hochsprache und ihrer Zwischenschichten. Auf diese Weise werden die Landesgrenzen immer mehr auch zu Grenzen, die unterschiedliche Sprachverwendungsweisen (welche Sprachform wird in welcher Situation bei welchem Thema gesprochen?) trennen. Was man in Österreich noch im Dialekt sagen kann, erfordert in der BRD vielfach schon die Hochsprache (S. 135, 232f.).

Was immer als Ursache von Sprachgrenzen auftreten kann, solche Sprachgrenzen können eine Eigendynamik entwickeln, sie können zu sätzlich zu psychologischen, zu Bewußtseinsgrenzen werden (verstärkt auch durch die Tatsache, daß man verschieden spricht). Sie können dadurch immer mehr Phänomene auf sich ziehen. Man spricht in einem solchen Fall von Grenzversteifung. Damit wird eine Sprachgrenze zu einer Bewußtseinsgrenze und kann von daher selbst wieder wirksam für die Konstitution neuer Sprachgrenzen werden.

Sprachgeographie und allgem. Sprachwissenschaft

In der Gascogne ist lat. *ll>t* geworden: lat. **gallus** 'Hahn' wurde ebenso wie lat. **cattus** 'Katze' zu *gat*. Damit hatten in diesem Gebiet zwei wichtige Haustiere auf dem Bauernhof den gleichen Namen bekommen. Folgenreiche Verwechslungen waren möglich geworden. Deshalb entwickelten die Dialekte dort neue Wörter für den Hahn,

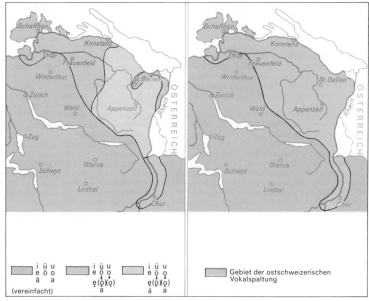

Ostschweizerische Vokalspaltung

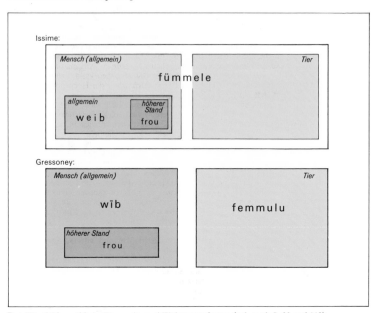

Das Wortfeld »*weibliche Wesen*« in zwei Walsermundarten (vgl. auch S. 22 und 112)

nämlich die mit *gat* unverwechselbaren *bigey* 'Dorfrichter', *(h)asâ* 'Fasan' und *pout* (aus lat. *pullus* 'Küken'). Homophonenflucht nennt man so einen Vorgang. Der Zusammenfall der Isoglossen der neuen Wörter für den Hahn und der der Lautentwicklung *ll* > *t* ist der Beweis dafür, daß diese beiden Entwicklungen tatsächlich miteinander ursächlich zusammenhängen.

Auf diese Weise trägt die Sprachgeographie dazu bei, Fragen der historischen und allgemeinen Sprachwissenschaft zu lösen. Auch Mischbildungen können durch den sprachgeographischen Befund als solche einwandfrei erwiesen werden. Ist nämlich eine Form, von der man annimmt, sie sei eine Mischbildung, auch geographisch zwischen den beiden sich mischenden Elementen angeordnet, dann ist diese Bildung als solche erwiesen (S. 142).

Strukturelle Sprachgeographie

Die traditionelle deutsche Sprachgeographie war vor allem darauf ausgerichtet, ihren Befund mit außersprachlichen Faktoren in Beziehung zu setzen und so zu erklären.

Mit dem Aufkommen der strukturalistischen Sprachbeschreibung war der Schritt zur Kartierung ihrer Ergebnisse nicht mehr weit. Schwierigkeiten ergaben sich hierbei insofern, als diese Methode mehr und genaueres Material erfordert als in den meisten herkömmlichen germanist. Grundlagenwerken geboten wird. Deshalb ist vor allem in Gebieten, wo moderne Atlaswerke zur Verfügung stehen (wie z.B. in der Schweiz), Sprachgeographie auf der Basis strukturalist. Methoden getrieben worden.

Insbesondere zur Klärung verschiedener Fragen der allgemeinen Sprachwissenschaft ist die Dialektgeographie geeignet, Argumente beizubringen. Das Problem »Lautwandel durch innere Kausalität« ging W. G. MOULTON am Beispiel der ostschweizerischen Vokalspaltung an: Das System der mhd. Kurzvokale ist unsymmetrisch (S. 72). Vier Stufen in der vorderen Reihe entsprechen nur drei in der hinteren. Wenn man nun von der Tatsache ausgeht, daß phonologische Systeme die Tendenz haben, Asymmetrien auszugleichen und den Abstand zwischen den Einzelphonemen möglichst gleich zu halten, dann konnte die Symmetrie des Systems auf verschiedene Weise wieder hergestellt werden: Wenn bei einem Phonemzusammenfall (von *ę* und *ë*) in der vorderen Reihe das überoffene mhd. *ä* erhalten blieb, entstand ein harmonisches Vierecksystem, das ganz parallel zum ausgewogenen System der Langvokale ging (braune Fläche). Wo dies nicht der Fall war, gab es zwei Möglichkeiten: daß *ä* fiel mit *ë* zusammen und bildete ein unausgeglichenes Dreiecksystem (rote Fläche) oder die überlastete vordere Reihe mit ihren drei verschiedenen *e* blieb erhalten (grüne Fläche). Eine neue Symmetrie wurde durch eine entsprechende Lautentwicklung, nämlich durch die **»ostschweizerische Vokalspaltung«**, wiederhergestellt. Dabei spaltete sich das mhd. *o* und *ö* in zwei Phoneme, in eine geschlossene und eine offene Variante.

Die Spaltung vor bestimmten Konsonanten war ursprünglich nur allophonischer Art, durch das Hinzukommen neuer Wörter mit gleichen postvokalischen Konsonanten wurde der Gegensatz *o* ≠ *ǫ*, *ö* ≠ *ǫ̈* dann phonologisiert. Was nun auffällt, ist die Tatsache, daß von wenigen Ausnahmen abgesehen, die Vokalspaltung nur in jenen Dialekten durchgeführt ist, in denen durch die spezielle Entwicklung der vorderen Reihe eine Lücke in der hinteren Reihe geblieben ist. Sie beweist nun zwar nicht zwingend, daß die Vokalspaltung notwendige Folge jener Asymmetrie im System war; daß aber ein Zusammenhang besteht, legt umgekehrt auch das Faktum nahe, daß eine vergleichbare Vokalspaltung dort, wo die Symmetrie über einen Ausgleich in der vorderen Reihe hergestellt wurde, so gut wie nicht zu beobachten ist.

Ein Beispiel aus dem Wortschatz: Das Wort *Korn* gibt es im ganzen deutschen Sprachgebiet, es besitzt aber regional verschiedene Bedeutung. Wo es *Roggen* oder eine andere spezielle Art bedeutet, fällt es als Kollektivbegriff aus; hier müssen dann andere Wörter dafür einspringen: *Frucht, Getreide, Gewächs* (S. 202f.). Nur ein In-Beziehung-Setzen von mehreren Karten von semantisch zusammenhängenden Erscheinungen in verschiedenem Blickwinkel (onomasiologisch-semasiologisch) hat Aussicht, der Vielfältigkeit der Sprache gerecht zu werden. Dies gilt insbesondere für Wortfelder. Ihre Glieder sind nur im Zusammenhang sinnvoll darzustellen.

Hier soll ein Beispiel, das die Verschiedenheit der Gliederung von Wortfeldern in zwei südwalesischen Mundarten zeigt, dargestellt werden. In Issime und Gressoney ist die mhd. Unterscheidung von *vrouwe* und *wîp*, nach der *vrouwe* immer eine Dame höheren Standes bezeichnet, noch vorhanden. Da aber in der eingeborenen Bevölkerung der beiden Dörfer solche Standesunterschiede fehlen, wurde der Ausdruck *frou* auf die im Ort weilenden Urlaubsgäste übertragen. Auch wenn sie eigentlich einer tieferen sozialen Schicht angehören, in ihrer Kurgastrolle werden sie als *herre* und *froue* bezeichnet. Die Einheimischen dagegen sind *manna* und *wîber*. Da im Dialekt jede *frou* ein *wîb* ist, umgekehrt aber ein *wîb* keine *frou* zu sein braucht, ist *wîb* der allgemeine Ausdruck, der *frou* miteinschließt.

Was die Wortfelder der beiden Orte aber trennt, ist die Bedeutung des Wortes *fümmele* bzw. *femmulu*, das beide Dialekte aus dem sie umgebenden roman. Dialekten entlehnt haben. In Issime gilt das Wort für weibliche Wesen bei Mensch und Tier ohne abwertenden Beigeschmack, in Gressoney hingegen ist *femmulu* auf Tierweibchen eingeschränkt.

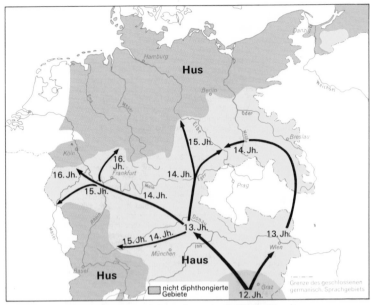

Ausbreitung der neuhochdeutschen Diphthongierung in schriftlichen Zeugnissen

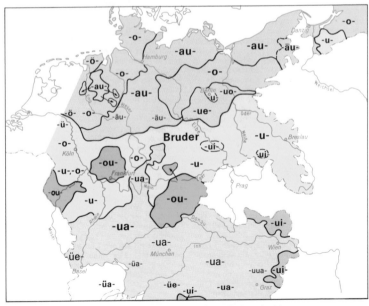

Die Geographie des Stammvokals von Br-*u*-der im ehem. dt. Sprachgebiet

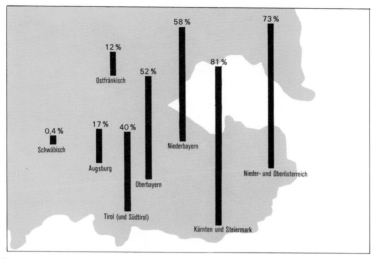

Prozentualer Anteil diphthongierter Formen gegenüber nicht diphthongierten in Urkunden um 1290

Die deutsche Dialektologie war bisher wie magisch fixiert auf die 2. LV und ihre Grenzen. An ihr und den wenigen Beispielen aus dem Deutschen Sprachatlas wurde die großräumige Mundartgliederung des Deutschen festgelegt. Dabei gibt es auch andere Erscheinungen, die, blickt man auf das ganze System, mindestens ebenso einschneidend für die Geschichte der dt. Dialekte waren, z. B. die binnenhochdeutsche Konsonantenschwächung (S. 148f.). Im folgenden wurden solche systematisch bedeutenden Entwicklungen dargestellt.

Die **nhd. Diphthongierung** der mhd. Langvokale $\bar{\imath}$, $\bar{u}$, iu (ausgesprochen $\ddot{u}$) zu ei, au, eu (in Wörtern wie $w\bar{\imath}n > wein$, $h\bar{u}s > haus$, $hiute > heute$) taucht in Kärntner Urkunden vereinzelt schon am Anfang des 12. Jhs. auf. Die Diphthongschreibung verbreitet sich bis zum 16. Jh. allmählich ins Fränkische und Schwäbische bis ins Mitteldeutsche. Unabhängig davon ist der Lautwandel in der gesprochenen Sprache erfolgt, obwohl die allmähliche Ausbreitung der Diphthongschreibung ein Vorrücken des Wandels von Südosten nach Nordwesten suggeriert. In dem der slawischen und romanischen Sprachgrenze nahen Kärnten wurde auf Grund der Zweisprachigkeit der Schreiber der Diphthongcharakter der neuen Laute zuerst bewußt, und so nahm die neue Schreibung von hier aus ihren Anfang (S. 29).
Ansonsten handelte es sich hierbei um einen polygenetischen Vorgang paralleler Entfaltung, dessen Anfänge sicher in die späthochdeutsche Zeit (um das Jahr 1000) zurückreichen. Vereinzelte Diphthongschreibungen aus dem 12. Jh.

im Ostfränkischen und im Meißnischen bezeugen das frühe Auftreten der Diphthongierung auch für Gebiete, wo sie in der Normalschreibung erst im 15./16. Jh. vorherrschend wird.
Ein Vorgang in der umgekehrten Richtung ist die **Monophthongierung** von mhd. ie, uo, $\ddot{u}e$ zu $\bar{\imath}$, $\bar{u}$, $\ddot{u}$ (*lieb, guot, brüeder > līb, gūt, brūder*). Sie kommt heute vor allem im Mitteldeutschen, aber auch im Ostfränkischen und (nur gering) im Niederalem. vor. Auch dies ist ein polygenetischer Sprachwandel, der schon sehr früh eingesetzt haben muß. Nur ist er in Schreibungen schwierig zu belegen, da sogar das Nhd. noch die digraphische Schreibung ie wie in *lieb, bieten, schieben* für den Monophthong $\bar{\imath}$ bewahrt hat.
Das ursprüngliche Gebiet, in dem die Monophthongierung durchgeführt wurde, ist sehr viel größer, als es die Karte, die die Verhältnisse um 1900 darstellt, widerspiegelt. Auch die mitteldeutschen und nordbair. ou- und $\bar{o}$-Lautungen sowie ostfränk. ua beruhen auf ursprünglich monophthongierten Formen. Die au- und $\bar{o}$-Lautungen in Niederdeutschland gehen nicht auf ahd. uo zurück, da im Altsächsischen germ. $\bar{o}$ nie diphthongiert wurde. Den nd. Lautungen, die in der Karte nur in gröbster Schematisierung nach den Laienschreibungen des DSA eingetragen werden konnten, liegt dieses germ. $\bar{o}$ zugrunde.
Monophthongierung und Diphthongierung sind zwei wichtige Erscheinungen der deutschen Sprachgeschichte. Daß zwischen beiden ein struktureller Zusammenhang besteht, ist durch die so ungleiche Verteilung übers deutsche Sprachgebiet wenig wahrscheinlich.

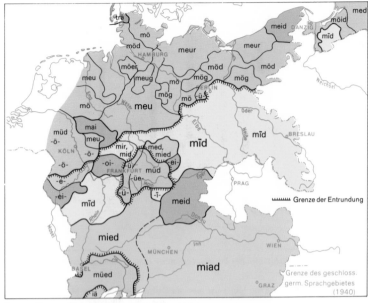

Geographie von *müd*-e im ehem. dt. Sprachgebiet

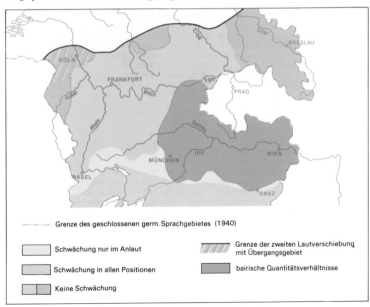

Verbreitung der binnenhochdeutschen Konsonantenschwächung

Binnenhochdeutsche Konsonantenschwächung

Im Althochdeutschen und heute noch in einigen konservativen Dialekten am Südrand des Alemannischen sind sechs Möglichkeiten der Anordnungen von Vokal- und Konsonantenphonemen möglich, wenn man von der Silbe als kleinster Einheit ausgeht. Man unterscheidet dabei offene Silben, die auf Vokal auslauten, und geschlossene Silben, die auf Kons. bzw. Kons.-Gruppen enden.

Die offene Silbe kann auf
– Langvokal (ahd. *snīdan* 'schneiden', *rītan* 'reiten') oder auf
– Kurzvokal enden (ahd. *bodem 'Boden', giritan* 'geritten').

Die geschlossene Silbe kommt vor als:
– Kürze + Lenis (bzw. sth.) Kons. (ahd. *smid* 'Schmied', *wëg, stal, gras*);
– Kürze + Fortis (bzw. stl.) Kons. (oder Kons.-Verbindung) (ahd. *kopf, satz, wald*);
– Länge + Lenis (bzw. sth.) Kons. (ahd. *wīb, hūs, sneid* 'er schnitt');
– Länge + Fortis (bzw. stl.) Kons. (ahd. *guot, nōt, strīt* 'Streit').

Im klass. normalisierten Mhd. sind im Bereich der geschlossenen Silben die Silbentypen Kürze + Lenis (bzw. sth. Kons.) und Länge + Lenis durch die Auslautverhärtung beseitigt. Genauso ist es im Nhd. der SIEBSschen Norm. Der sth. Laut im Silbenauslaut ist nicht möglich. Er wird in dieser Position stimmlos; es gibt keine geschlossene Silbe mit auslautender Leniskonsonanz. Im größten Teil der hd. Mundarten wurde dieses System noch sehr viel weiter vereinfacht: die binnenhochdeutsche Konsonantenschwächung beseitigte die Opposition Lenis-Fortis (regional ausgenommen das *kh*, das damit in die Reihe der Affrikaten *pf, ts, kh* trat) bei Verschluß- und Reibelauten, und zwar im Anlaut weitergehend als im Inlaut.

Während im größten Teil des Westobd. das neue System mit Lenes zeigt, gilt im Mittel- und Nordbair., daß einem kurzen Vokal nur eine Fortis, einem langen Vokal nur eine Lenis folgen kann. Damit gibt es hier nur noch zwei Silbentypen. Da alle Vokale in einsilbigen Wort (S. 153) gedehnt wurden, wurde die auslautende Konsonanz lenisiert. Bei Zweisilbern gilt dasselbe: in offener Silbe wird der Vokal gedehnt und daher der folgende Kons. lenisiert, in geschloss. Silbe, wenn etym. Geminata oder Affrikata vorlagen, bleibt der Vokal kurz bzw. etym. Langvokal wird gekürzt (vgl. z. B. mbair. *sloffn* zu ahd. *släffan*).

Nördlich der LV-Linie im größten Teil des Nd. haben (nach MITZKA) auch Kons.-Erweichungen stattgefunden, natürlich (genauso wie im Dänischen) ein etym. ganz anderes Kons.-System betreffend (vgl. 2. LV, S. 63).

Die ersten Zeugnisse für eine Kons.-Schwächung im Obd. finden wir in ahd. Zeit.

Rundung und Entrundung

Schon in mhd. Zeit (13. Jh.) tauchen im Bair. Schreibungen auf, die normal mhd. *ö, ü, œ, öu* und *üe* mit *e, i, ē, ai (ei)* und *ie* wiedergeben (z. B. *virsten* 'Fürsten' und Reime wie *zīten: liuten, köpfe: nepfe)*. Im Elsässischen beginnt das Phänomen auch im 13. Jh. aufzutreten, im rheinischen Westen im 15. Jh., im md. Osten erst im 16. Jh. Diese Schreibungen zeugen von einem Vorgang in der gesprochenen Sprache, der unter dem Terminus **Entrundung** zusammengefaßt wird. Dabei fiel die Reihe der vorderen Vokale mit der gerundeten, durch Umlaut oder Analogie entstandenen zusammen.

So konsequent dieser Zusammenfall in den meisten hochdeutschen Mundarten durchgeführt ist, so wenig dringt er im Schreibsystem durch. Reflexe zeigen sich nur in Fehlschreibungen, in denen gerundete und ungerundete Vokale verwechselt werden, weil die Trennung zwar von der Schreibtradition gefordert wurde, in der gesprochenen Sprache aber nicht mehr vorhanden war. Schreibungen wie *bes* für *böse, heren* für *hören, mide* für *müde* sind in Schriften und Drucken vom 15. Jh. bis 18. Jh. keine Seltenheit. Selbst Goethe reimt *müde: Friede, König: wenig* und *schweigen: zeugen* und schreibt mitunter *leichten* statt *leuchten* und *zeigt* statt *zeugt*, ein Hinweis darauf, daß Goethe die entrundeten Formen sprach.

Im 17., 18. Jh. und noch im 19. Jh. waren in der gesprochenen Sprache die entrundeten Formen erlaubt. Einige dieser entrundeten Formen sind sogar in die Schreibung und damit Aussprache des Nhd. eingegangen, z. B. *Pilz* (zu mhd. *bülz, i*-Schreibung seit dem 16. Jh.), *Kissen* (mhd. *küssen*, seit 18. Jh., wohl wegen der Verwechslung mit dem Verb *küssen*), *spritzen* (zu mhd. *sprützen*, seit 16. Jh.).

Im Niederdeutschen wurde die Entrundung (von einem Gebiet im Osten und einem kleinen Gebiet um Bremen abgesehen) nicht durchgeführt, im Gegenteil, dort gab es zusätzlich eine Anzahl von Rundungsvorgängen. Diese im nd. Platt vorhandenen gerundeten Vokale stützen die Vokalgrapheme *ü* und *ö* des Hochdeutschen. Sie boten für die an der Schreibung orientierte Aussprache der Niederdeutschen keine Schwierigkeiten (S. 107).

Der Entrundung entgegengesetzt sind **Rundungsvorgänge**, die im hd. Raum oft nicht von Zentralisierungen zu trennen sind. Sie waren im Hochdt. ohne große Konsequenz und wirkten in den meisten Mundarten nicht systembildend in dem Sinne, daß eine neue Reihe gerundeter Vokale entstand. In einigen Wörtern, mit gerund. Vokal ins Nhd. eingegangen sind, wie z. B. *löschen* (mhd. *leschen), schöpfen (schepfen), schwören (swern), Hölle (helle), zwölf (zwelf), ergötzen (ergetzen), wölben (welben), Würde (wirde)*, ist dieser Vorgang weniger als eine Folge eigentlicher Rundungs- und Zentralisierungserscheinungen zu deuten, denn schon als hyperkorrekte Schreibungen des großen Rundungsgebietes zu deuten, die den Weg in die nhd. Schriftsprache gefunden haben.

Geographie von *Schwest*-er im ehemaligen deutschen Sprachgebiet

Geographie von *dresch*-en im ehemaligen deutschen Sprachgebiet

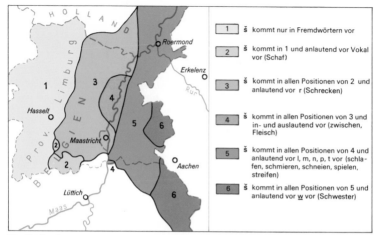

Distributionskarte zum Vorkommen von š im Limburgischen

Die s-Laute

Das Alt- und Mhd. unterscheidet in der Schreibung zwei verschiedene s-Laute: das alte germ. s (singan, lesan) und das in der Lautverschiebung aus t entstandene s, das als z (wazzar) geschrieben wurde. Dieser konsequenten Scheidung in der Schreibung (z. B. ahd. messa 'Messe' gg. ahd. mezzan 'messen') liegt auch ein Unterschied in der Aussprache zugrunde: germ. s wurde als ein dem š nahekommender Laut mit dem Zungenrücken (dorsal) je nach Stellung sth. oder stl. ausgesprochen. Das z wurde als Affrikata ts oder als stl. Laut wie nhd. β ausgesprochen (S. 67).

Die š-Aussprache des s bezeugen uns einmal deutsche Lehnwörter in den westslawischen Sprachen: Hier ist das alte s durch š bzw. ž vertreten, vgl. in Lehnwörtern poln. žołd ('Sold'), Griže ('Greis') oder Ortsnamen wie Žatec ('Saaz'). Zum anderen ist in konservativen Walser- und bairischen Sprachinsel-Mundarten am Südrand der Germania das alte s auch vor und zwischen Vokal als š bzw. š-ähnlicher Laut bewahrt.

Im Laufe der mhd. Zeit wird die graphemat. Scheidung von s und z als Frikativlaute immer mehr aufgegeben, das System ordnet sich neu, und das Graphem z wird auf die in der 2. Lautverschiebung entstandene Affrikata ts eingeschränkt, wie es auch heute noch in der nhd. Schriftsprache der Fall ist (Zeit, Zahl, Ziel).

In gewissen Konsonantengruppen wird das alte s im Nhd. auch als š ausgesprochen: vor l, m, n, r und w wird diese Aussprache auch in der Schrift wiedergegeben. Dieser Wandel in der Schreibung erfolgt vom Mhd. zum Nhd. (z. B. mhd. släfen 'schlafen', mhd. smal 'schmal', mhd. snel 'schnell', mhd. swimmen 'schwimmen'). Bereits vom Ahd. zum Mhd. werden die Lautgruppen sk- bzw. skr- mit sch geschrieben, was als Zeugnis für einen entsprechenden Lautwandel gelten kann (vgl. ahd. skrīban, mhd. schrīben 'schreiben'; ahd. skīn, mhd. schīn 'Schein'; vgl. S. 107, 110).

Anlautend vor p und t (Spiel, Stiel) wird das s in der Norm als sch ausgesprochen. Dieses sch ist aber nicht ins Schriftbild eingedrungen, wahrscheinlich deswegen, weil es so häufig vorkam und hier die alte Schreibtradition (auch im Lat. gibt es diese Kons.-Gruppen st und sp, und es fehlen sw, sr usw.) die Oberhand behielt (historische Schreibung).

Im gesamten oberdeutschen Raum wurde einst auch inlautend št, šp gesprochen. Für -št- haben wir in der Karte Schwester die Grenzen, -šp wird auch heute noch neben dem Alemann.-Schwäbischen überwiegend im Ostfränkischen gesprochen.

Dieser Lautwandel ergreift im Südwesten auch das alte z vor t (vgl. die Karte Samstag S. 186 zu ahd. sambaztag).

Die Aussprache rš für die mhd. Graphemgruppe rs ist obd. und md. verbreitet: deswegen ist sie auch in verschiedenen Fällen ins Nhd. eingegangen (vgl. mhd. kirse 'Kirsche', birsen 'pirschen').

Der Nordwesten des deutschen Sprachgebiets war an all diesen Entwicklungen nicht beteiligt. Im Niederdeutschen hat die zweite LV nicht stattgefunden, es gab keine zwei nebeneinander stehenden s-Laute; das alte s erhielt sich im Nordwesten nicht nur in den Stellungen, in denen es im Hochdeutschen erhalten ist, sondern in allen Positionen, sogar bei sk. Stufenweise tritt s im Westen in immer mehr Positionen auf (vgl. die Abb. oben; Stufe 6 entspricht praktisch dem nhd. Sprachstand, Stufe 1 dem niederländischen).

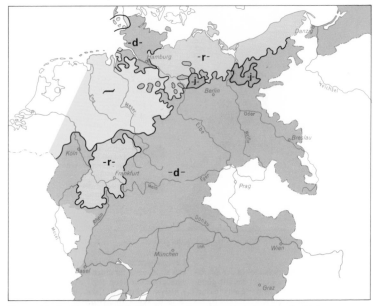

Geographie des intervokal. *-d-* in Bru-*d*-er im ehemaligen deutschen Sprachgebiet

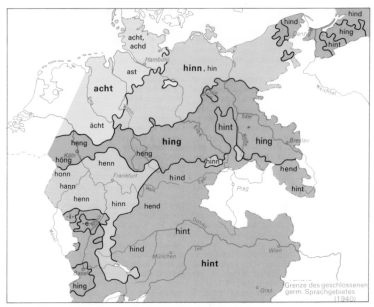

Geographie von *hint*-en im ehemaligen deutschen Sprachgebiet

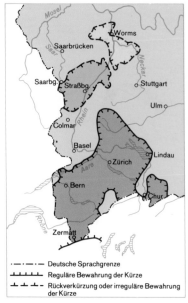

— · — · — Deutsche Sprachgrenze

⊥⊥⊥⊥⊥ Reguläre Bewahrung der Kürze

⊥ ⊥ ⊥ ⊥ Rückverkürzung oder irreguläre Bewahrung der Kürze

Bewahrte Kürze und Rückverkürzung in offener Tonsilbe (Beispiel: Ofen) im Südwesten

Dehnungen und Kürzungen

In ahd. Zeit ist die Quantität jedem Vokal »von Natur aus eigen«, unabhängig von Silbenstruktur und kons. Umgebung. Die Vokale sind in versch. Texten (z.B. NOTKER von St. Gallen, WILLIRAM von Ebersberg) graphisch sorgfältig in Lang- und Kurzvokale geschieden. Diese Quantitätsverhältnisse sind heute grundlegend verändert.

Die **Dehnung in offener Tonsilbe** (S. 149) begegnet nicht nur im Deutschen, sondern auch im Englischen und den skandinavischen Sprachen. Man nimmt an, daß sie von Norden nach Süden vorgerückt ist. Sie ist in bair. Texten schon im 12. Jh. nachzuweisen. Ahd. *wagan* mit kurzem Stammvokal wird zu nhd. *Wagen* mit langem Stammvokal, ahd. *faran* zu nhd. *fahren* u.v.a.m. Sie ist im ganzen dt. Sprachgebiet verbreitet mit Ausnahme des südl. Alem. Vor *t* sind Dehnungen seltener, sie fehlen ganz im größten Teil des Alemannischen.

Bei folgendem Leniskonsonant gibt es auch Fälle von **analoger Dehnung:** Das Paradigma *Tag* (Nom., Akk.), *Tages* (Gen.), *Tage* (Dat.) hat zwei zweisilbige Formen mit offener Silbe. Diese offenen Silben wurden allgemein gedehnt. Nom. und Akk. nehmen aber oft analog die gleichen Quantitäten an. Ins Nhd. sind gedehn-

te (oder analoge) und nicht gedehnte Formen eingegangen. Im Niederdeutschen und Ripuarischen sowie teilweise im nördl. Ostmd. und in Teilen des Südbairischen sind die alten Kürzen in Einsilbern noch erhalten (vgl. die norddeutsche Aussprache von *Glass, Tagg, Grass* für *Glas* usw.).

Der geogr. Übergang von gedehnten Formen zu nicht gedehnten erfolgt stufenweise, je nach Vokal und Folgekonsonanten. Eine solche Auffächerung und Stufung zeigt auch die **Einsilberdehnung.** Hier werden Wörter wie *Kopf, Dach, Tisch* (ahd. mit kurzem Vokal und Fortiskons. bzw. Kons.gruppe) oft zu den entsprechenden Wörtern mit langem Vokal. Ihr genaues Verbreitungsgebiet ist, vom Alem. und Bair. abgesehen, nicht bekannt, doch scheint sie auch in Teilen des Ostmitteldeutschen durchgeführt zu sein.

Im Mittelbair. und Ostfränkischen gilt die Einsilbendehnung in jedem Fall, auch vor auslautender Fortis bzw. Konsonantengruppe (z.B. *Köpf, Säck, Däch, Löch*). Es bleiben aber die Pl. kurz, weil sie ursprünglich zweisilbig waren und daher in geschlossener Silbe (S. 149) standen wie heute noch z.B. im Zillertal *Köpf*, Pl. *Kepfe*. Die einsilbigen Plurale *Kepf, Säck* für *Köpfe, Säcke* sind sekundär durch Apokope (S. 157) entstanden.

Ins Neuhochdeutsche ist die Dehnung in offener Tonsilbe eingegangen, auch die analoge Dehnung. Vor *t* hat die Dehnung teilweise nicht stattgefunden: *Sitte, Kette, Gatte* (alle mhd. noch mit einfachem *t*, aber: *Vater, Bote, beten.* Im Ahd. gab es Kurzvokale in offener Tonsilbe nur vor stimmhaftem Lenislaut (z.B. *b, d, g, s*) und vor *t*. Aufgrund dieser Verhältnisse könnte man die Dehnung in offener Tonsilbe im Ahd. auch als Dehnung vor sth. Lenislaut interpretieren. Das Nhd. (mit nur teilweiser Dehnung vor *t*) könnte man als Mischform infolge der Konkurrenz zweier Regeln (Dehnung i.o. TS vs. Dehnung vor sth. Lenis) beschreiben.

Kürzungen von Langvokalen sind in deutschen Dialekten bei weitem nicht so häufig wie Dehnungen. Sie haben im ostmitteldt. Raum und in den angrenzenden ostfränk. und hessischen Mundarten die größte Verbreitung gefunden. Auch im westl. Mitteldeutsch und in obd. Mundarten gibt es sie, teils systematisch (z.B. im Bair., S. 149), teils in Einzelwörtern. Diese Kürzungen sind teilweise auch in die Ausspracheform des Neuhochdeutschen eingegangen. Beispiele: *brachte* (ahd. *brāhta), dachte (dāhta), Licht* (ahd. *liocht*), aber auch *Lerche* (ahd. *lērahha), ging* (ahd. *giang*). Im md. Raum (bes. wmd.) gibt es Gebiete, in denen die D.i.o. TS rückgängig gemacht wurde. Diese »Rückverkürzungen« traten besonders bei folgendem *-el* und *-er* (seltener bei *-em* und *-en*) auf. Ins Nhd. sind solche Formen bei Wörtern wie *Himmel* und *Donner* (mhd. *himel, doner* mit o. TS) eingegangen.

Karte 1

Nördlich der eingezeichneten Linien sind jeweils Nominativ/Dativ/Akkusativ (N/A/D) zusammengefallen in einer Kasusform bei folgenden Elementen:

- - - best. Artikel mask.;
······· adj. mask.;
⎰ best. Art. fem., adj. fem.;
⎱ best. Art. neutr., pron. 3. ps. neutr, adj. neutr.;
─ ─ ─ unbest. Art. mask.;
═ ═ ═ unbest. Art. neutr.;
─── unbest. Art. fem.;

● In diesen Orten ist die Genusunterscheidung in allen Genera beim unbest. Art. aufgehoben.

o In diesen Orten ist beim unbest. Artikel die Genusunterscheidung zwischen mask./neutr. aufgehoben.

Karte 2

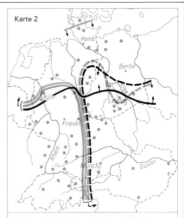

Es gelten N-AD Systeme für folgende Erscheinungen des Maskulinums:

─── best. Artikel ;
─── pers. Pronomen ; → Die Pfeile zeigen in
─ ─ ─ unbest. Artikel ;   Richtung der Gebiete
─ ─ ─ adj. ;   mit N-AD Systemen.
─── Sg. Pron. 1. Ps. ;

Karte 3

Westlich und südlich der eingezeichneten Linien gelten NA–D Systeme für folgende Erscheinungen des Maskulinums:

Legende wie bei Karte 2
───→ Die Pfeile zeigen in Richtung der Gebiete mit NA–D Systemen
● Erhebungsorte (gelten für alle 4 Karten)

Karte 4
Im Süden entspricht die Farbe den Ländergrenzen und nicht den Sprachgrenzen

Die Unterscheidung von N–A–D ist vorhanden bei folgenden Elementen:

o Pronomen 1. Ps. Sg.
◕ Pron. 3. Ps. Sg.
● Pron. 1., 3. Ps. Sg.
φ Pron. 1. Ps. Sg.   + bestimmter Artikel
⧪ Pron. 1., 3. Ps. Sg. + best. Art.
◉ Pron. 1., 3. Ps. Sg. + Adjektive
✦ Pron. 1., 3. Ps. Sg. + best. + unbest. Art.
✸ Pron. 1., 3. Ps. Sg. + best. + unbest. Art. + Adj.

Zur Morphologie des Nomens im Deutschen

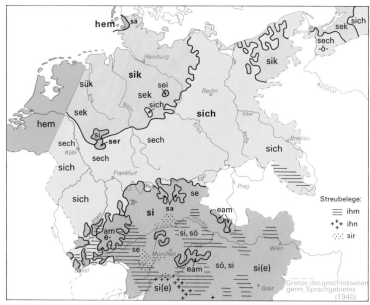

Reflexivpronomen (»Sein Bruder will *sich* zwei schöne neue Häuser bauen«)

Ein Hauptereignis der dt. Sprachgeschichte ist der Zusammenbruch des einst ausgeprägten **Kasussystems** (S. 111). In dieser Entwicklung ist der größte Teil der Mundarten sehr viel weiter gegangen als das Hochdeutsche. Während dort im Bereich von Artikel und Pronomen die Unterscheidung der Kasus noch voll vorhanden ist, sogar bei Substantivendungen (z.B. Genitiv, Dativ bei der starken Deklination), ist das Deklinationssystem der deutschen Dialekte in seiner Entwicklung von der Kasus- zur Numerusunterscheidung schon sehr viel weiter, z.B. im Obd. durch konsequenteren Ausbau des analogen Umlauts (z.B. schwäb. *Täg* 'Tage', *Hünd* 'Hunde'). Durchgehendes Kennzeichen der deutschen Dialekte ist das Fehlen eines lebendigen Genitivs wie in der Schriftsprache. Er ist nur noch relikthaft in Formeln vorhanden und wird in der Regel durch präpositionale Fügungen mit Dativ oder Akkusativ ersetzt (S. 117). Im Bereich der Substantive ist es nur noch der Dativ, der regional (vgl. Karte S. 159) gekennzeichnet wird: und zwar durch -*e* im Sg. bei einsilbigen Mask. und Neutra und -*(e)n* im Pl. aller Geschlechter.
Im Bereich von Artikel und Pronomen ist die Kasusunterscheidung Nominativ – Dativ – Akkusativ am besten noch beim mask. bestimmten

Artikel gewahrt. Er bildet nur im höchsten Norden des deutschen Sprachgebietes einen Einheitskasus mit *d* (vgl. engl. *the*). Bei den anderen Artikeln geht die vereinheitlichte Form schon sehr weit in den Süden.
Ansonsten gliedert sich das heutige deutsche Sprachgebiet grob gesehen in Landschaften, bei denen Nominativ und Akkusativ, oder Akkusativ und Dativ zusammengefallen sind oder die Unterschiede zwischen allen drei Kasus erhalten geblieben sind (vgl. Karten).

Das **Reflexivpronomen** lautet im Nhd. für Dativ und Akkusativ *sich* (er hat *sich* den Fuß gebrochen). Im Ahd. war das noch getrennt: Der Dativ wurde durch das Pers. Pron. der dritten Person (*imu, iru*) gebildet. Dieser Unterschied hat sich in einigen Regionen Oberdeutschlands bis heute gehalten (vgl. die *(e)am*-Formen auf der Karte *sich*). Das Niederdeutsche besaß ursprünglich, wie heute noch das Englische, Friesische und Niederländische, kein eigenes Reflexivpronomen. Das hochdeutsche *sich* ist dort erst in histor. Zeit eingedrungen. Das Süddeutsche *si* beruht auf Abfall des *-ch* in unbetonter Stellung, Formen mit *-r* beruhen auf Analogie zu *mir* (Dat.) und *mich* (Akk.).

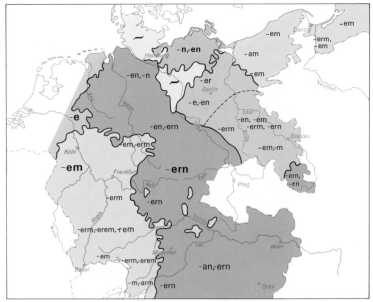

Dativ-Singular-Endung des Possessivpronomens (»Hinter uns-*erem* Hause ...«)

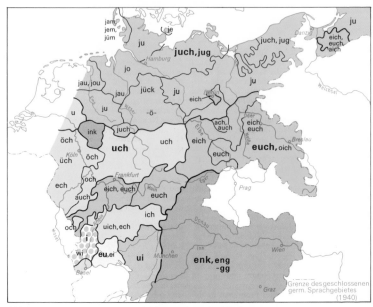

Akkusativ des Personalpronomens (»Ich verstehe *euch* nicht«)

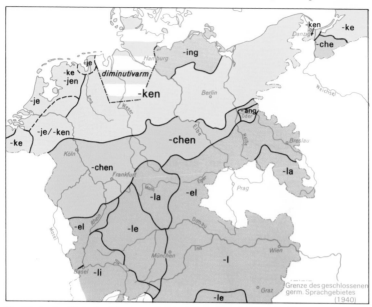

Das Diminutivsuffix in den Mundarten des ehemaligen deutschen Sprachgebiets

Die Geographie der **Verkleinerungssuffixe** ist durch einen Nord-Süd-Gegensatz geprägt. In großen Teilen des Niederdeutschen ist ein Diminutivsuffix nicht vorhanden. Frühe Belege erscheinen uns in gotischen Personennamen *(wulfila* 'Wölfchen'). Im Altsächs. gibt es nur wenige in Glossen, ebenso ist es im Altenglischen, Neuengl. und den skandinav. Sprachen sehr selten. Im Ahd. sind Diminutivbildungen in Glossen häufiger als in zusammenhängenden Texten, was auf eine Beeinflussung durch das Lat. deutet. NOTKER, dessen Vorlagen solche reich enthalten, verwendet sie kaum, ebensowenig OTFRIED und WILLIRAM. LUTHER verwendete zwei Formen nebeneinander: in den Tischreden eher die auf *-chen*, in seinen Druckschriften überwiegend die auf *-lin*. Auch heute stehen in der nhd. Schriftsprache zwei Formen nebeneinander. Nur ihr Verwendungsbereich hat sich getrennt: In der hohen Prosa überwiegen die Formen auf *-chen*, stilistisch ist *-lein* eher Kennzeichen eines volkstümlichen Tones.

In den Dialekten steht eine Vielzahl von Formen nebeneinander: Die *j*-Formen im Nordwesten sind durch Palatalisierung entstanden, *-ken* und *-chen* unterscheiden sich durch die 2. Lautverschiebung, das *-ing* in Pommern entwickelt sich erst im 19. Jh. zum Diminutivsuffix, als das alte *-ken* sich auf *-k* reduziert hatte und damit seine Aufgabe nicht mehr erfüllen konnte. Das schlesische *-ang* ist das Produkt einer Vokalisierung aus *-(e)l(e)n*. Im Schweizerdt. ist der größte

Reichtum an Diminutivformen vorhanden: neben dem *-li* stehen Formen auf *-il/-in-*, im Wallis gibt es *-ti*, *-si*, *-tschi* und *-i*. Insgesamt kann die Karte nur einen groben Überblick geben, da das Dim.Suffix je nach Wort wechseln kann, und sich z. B. nördl. *-chen* im südl. *-l-* Gebiet finden können und umgekehrt.

Die Pluralbildung des Dim.Suffixes ist nicht einheitlich: im Norden tritt an die *-k-* bzw. *-j-* Formen ein *-s* an (z. B. *Hüskens)*, im *-chen*-Gebiet sind Formen mit *-r-* die Regel *(Häuscher* im Westen und *Häusercher, Stühlerchen* im Osten). Im Nordwesten des *-la*-Gebiets ist *-lich* *(Häuslich)* vorhanden, in großen Teilen des obd. Raumes gibt es neben häufigem *-n* Suffix keine Kennzeichnung.

Das **Pronomen** der 2. Pers. Pl. Dat. u. Akk. *euch* hat im deutschen Sprachgebiet eine für ein Pronomen vielfältige Synonymik. Ahd. ist Dat. u. Akk. noch getrennt: *iu* (Dat.), *iuwih* (Akk.). Auf diese beiden Varianten gehen die außerbairischen Formen des Pronomens zurück. (Zum *j*-Vorschlag im Nd. vgl. engl. *you*). Bair. *enk* und rhein. *ink* gehen auf alte Dualformen zurück. Der Dual als Kategorie der Paarigkeit neben Sg. und Pl. ist im Westgerm. nur noch in solchen Resten erhalten geblieben, während er im Gotischen bei Pronomen und Verb lebendig ist. Das Pronomen der 1. Pers. Pl. Dat. *unserem* zeigt nur im Süden und im Westen Formen, die dem Nhd. entsprechen. Nur hier ist Nom., Dat. und Akk. unterschieden.

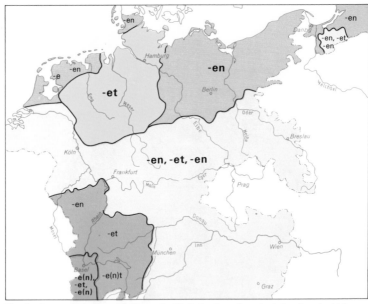

Pluralendungen der 1., 2. und 3. Person des Verbs im ehemaligen deutschen Sprachgebiet

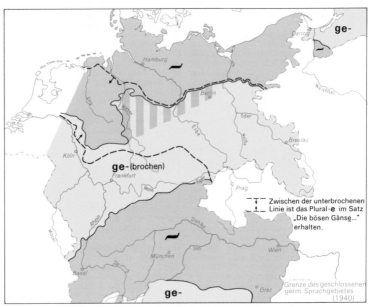

Synkope bzw. Apokope in *ge*-brochen bzw. Gäns-*e* (»Die bösen Gänse ...«)

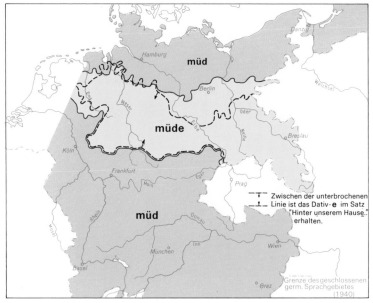

Apokope in *müde* (»Wir sind müde«) und *Hause* (»Hinter unserem Hause ...«)

Apokope und Synkope

Als **apokopiert** bezeichnet man alle Wörter, die nach der normalisierten mhd. Grammatik ein Endungs-**e** haben sollten, dies aber verloren haben. Die Apokope ist auch in der nhd. Norm in den meisten Fällen nicht durchgeführt: *ich fahre, im Hause, Gänse, müde, er sagte*. In Mundarten, in denen die Apokope durchgeführt ist, sagt man: *ich fahr, im Haus, Gäns, müd.* Als **synkopiert** bezeichnet man jene Wörter, in denen v.a. bei Präfixen ein unbetonter Vokal beim Zusammenrücken der ihn rahmenden Kons. ausgefallen ist: nhd. *gesagt,* dagegen obd. *gsagt,* nhd. *besonders,* obd. *bsonders.* **Apokope** und **Synkope** erfassen den größten Teil des deutschen Sprachgebiets. Dabei dürften die beiden nicht zusammenhängenden Gebiete im Süden und Norden auch unabhängig voneinander entstanden sein. Im oberdeutschen Apokopierungsgebiet tritt sie zuerst im 12. Jh. in bairischen schriftl. Quellen auf. Neben dem mittel- und nordwestdeutschen Erhaltungsgebiet gibt es auch am Südrand des deutschen Sprachgebiets im Wallis und in Tirol Mundarten, die nicht syn- und apokopiert haben (S. 161). So heißt es im Zillertal z.B. *Zehe* (Sg.), *Tische* (Pl.), *von der Olbe* 'von der Alp', *späte* 'spät', *gezōn* 'gezogen', *im Gesichte.* In diesen oberdeutschen Reliktmundarten sind auch noch einfache Präteritumformen erhalten,

obwohl das Perfekt auch schon hier eindringt (vgl. S. 163).
Im Niederdeutschen erscheint die Apokope in der 2. Hälfte des 16. Jh. zuerst in schriftl. Quellen Mecklenburgs. Dieses verhältnismäßig späte Auftreten war sehr wahrscheinlich der Grund dafür, daß es in den Dialekten im nd. Apokopierungsgebiet zu keinem Verlust des Präteritums kam. Denn in dieser Zeit begann schon mächtig die hd. Schriftsprache auf das Nd. einzuwirken. Die heutigen Umgangssprachen des Nordens haben nicht apokopiert (S. 243).

Morphologie des Verbums

Der Verlust des Präteritums (Imperfekts) und seiner Formen ist das Hauptkennzeichen der Verbalbildung der süddeutschen Mundarten (S. 163).
Ansonsten hat bei der Flexion des Verbums vor allem folgende Erscheinung das Interesse der Forschung gefunden: Im Norden und Südwesten des deutschen Sprachgebiets sind die Formen des Plurals beim Verb zusammengefallen (Einheitsplural). Also z.B. schwäb.: *mir machet, ihr machet, sie machet* für hd. 'wir machen', 'ihr macht', 'sie machen'. Diese Erscheinung beruht auf jungem Ausgleich, die Form (-*en* oder -*et),* die jeweils gesiegt hat, wechselt regional.

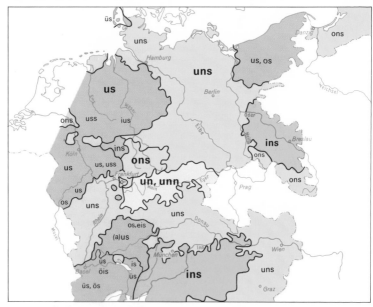

Lautungen des Pronomens *uns* (»Hinter *uns*-erem Hause ...«)

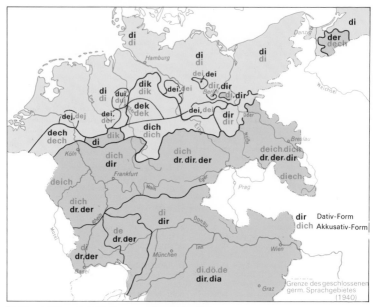

Dativ und Akkusativ beim Pronomen der zweiten Person

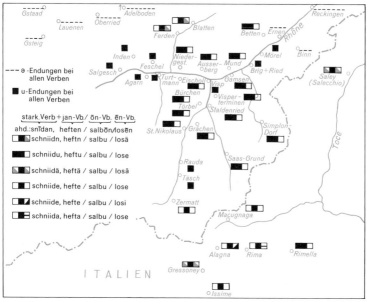

Verbalklassen in Walsermundarten (beim Infinitiv)

Morphologische Systeme am Südrand des deutschen Sprachgebiets

Im Schweizer Wallis und in den südbairischen Sprachinseln in Oberitalien sind morpholog. Verhältnisse erhalten geblieben, die uns an die ahd. Zeit gemahnen. Diese Hochgebirgssiedlungen waren abgeschlossen und von den Verkehrswegen weit abgelegen, so daß sie von den großen Sprachbewegungen nicht erfaßt wurden.

Als Beispiel einer solch altertümlichen Sprache seien hier charakterist. Elemente der Walsermundart von Visperterminen, so wie sie um 1910 beschrieben wurde, angeführt. Bei den Verben sind mit leichten Vermischungen noch drei Klassen vorhanden:

Bei der *jan*-Klasse der schwachen Verben sind die auf Dental auslautenden zu den schwachen der *ōn*-Klasse gestoßen, die anderen gehen mit den starken Verben. Die 3. Person des Präsens lautet z.B. (in Klammern die ahd. Formen) *nimt (nimit)* 'nimmt', *machot (machōt)* 'macht', *šparet (sparēt)* 'spart'. Die dritte Klasse der *ēn*-Verben ist noch produktiv in inchoativer Bedeutung: man kann also aus jedem geeigneten Adjektiv ein Verb machen, z.B. *alte* 'altern', *leide* 'häßlich werden', *chleine* 'sich verkleinern'.

In der Nominalflexion lautet das Paradigma für das starke Maskulinum:

	Sg.		Pl.	
Nom.	*tag*	(tag)	*taga*	(taga)
Gen.	*tagš*	(tages)	*tago*	(tago)
Dat.	*tag*	(tage)	*tagu(n)*	(tagum)
Akk.	*tag*	(tag)	*taga*	(taga)

oder für die konsonantische Deklination (Fem.)

	Sg.		Pl.	
Nom.	*tsunga*	(zunga)	*tsunge*	(zungūn)
Gen.	*tsungu(n)*	(zungūn)	*tsungo*	(zungōno)
Dat.	*tsungu(n)*	(zungūn)	*tsungu(n)*	(zungōm)
Akk.	*tsunga*	(zungūn)	*tsunge*	(zungūn)

Bemerkenswert ist vor allem, daß hier noch ein funktionstüchtiger Genitiv erhalten ist.

Die weitgehende Parallelität mit dem Ahd., die hier aufgezeigt wurde, darf nicht dazu verleiten, zu übersehen, daß auch bei diesen sehr konservativen Mundarten im Laufe der Geschichte tiefgreifende Veränderungen vor sich gegangen sind.

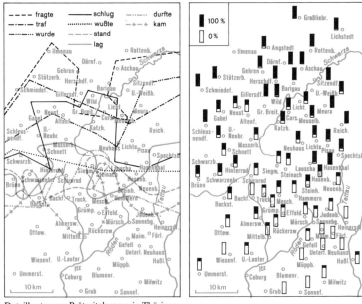

Detailkarten zur Präteritalgrenze in Thüringen

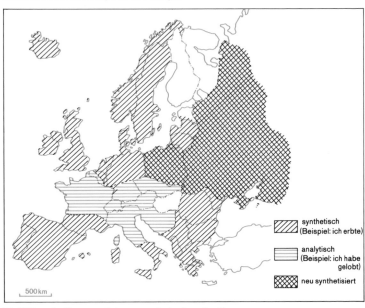

Die Bildung der Vergangenheitstempora in den Sprachen Europas

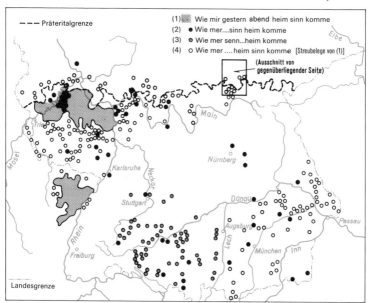

Wortstellungstypen einer Perfektkonstruktion im süddeutschen Raum

Die **Syntax** deutscher Dialekte gehört zu den am wenigsten erforschten Teilbereichen. Die Dialektologie, die sich hauptsächlich als Sprachgeographie verstand, betrachtete sie als ein vordergründig wenig lohnendes Arbeitsfeld. Dialektsyntax ist eher großräumig differenziert und läßt sich im Gegensatz zur Morphologie, Semantik und (z. T.) Phonologie nicht durch direkte Befragung oder mit Fragebogen erforschen. Es sind sehr viel aufwendigere Verfahren nötig (Korpusgewinnung, Transkription, statist. Auswertung), so daß es Karten, die die Regionalität syntakt. Probleme zeigen, verhältnismäßig wenige gibt.

Eine der wenigen großräumigen Syntaxkarten ist aus dem Material des Deutschen Sprachatlas von FRIEDR. MAURER gezeichnet worden. Es handelt sich um die Verbstellung in Nebensätzen vom Typ, wie sie WENKERS Satz 24 repräsentiert: »Als wir gestern abend zurückkamen, da ...«. Dieser Satz erschloß zwei syntaktische Probleme: einmal konnte man mit ihm die sog. **Präteritalgrenze** festlegen und zum andern etwas über die regional verschiedene Stellung des finitiven Verbs in Nebensätzen erfahren. Es ist eine allgemein bekannte Tatsache, daß in süddeutschen Dialekten das Präteritum fehlt, und das Perfekt die »normale« Erzählzeit darstellt.

Dieser Schwund tritt in der geschriebenen Sprache im 15. Jh. zuerst auf. Er wird in der Regel als direkte Folge der Apokope des *e* (vgl. S. 159) betrachtet. Als bei schwach gebildeten Imperfektformen wie *er sagte, lebte, steckte* usw. das *-e* wegfiel, war es in der 3. Pers. nicht mehr vom Präsens: *er sagt, lebt, steckt* zu unterscheiden. Zur Anzeige der Vorzeitigkeit mußte auf andere Formen ausgewichen werden: das Perfekt trat an die Stelle des Imperfekts und ist heute noch in den südd. Dialekten praktisch allein herrschend.

Die Präteritalgrenze trennt nördliche *kamen*-Formen von südlichen *sind gekommen*-Formen. Weitergehende Untersuchungen haben gezeigt, daß diese Grenze keineswegs so scharf ist, wie es die vorliegende Karte suggeriert. Vielmehr ist ein relativ breites Übergangsgebiet vorhanden, das im Süden keine Präteritalformen kennt (Ausnahme vielleicht: *war*) und in dem nach Norden hinein die Kenntnis und der Gebrauch von Präteritalformen immer mehr zunimmt.

Dessen ungeachtet gibt es im Mitteldeutschen und Niederdeutschen eine (wohl neuere) Tendenz, in der gesprochenen Sprache das Präteritum zu vermeiden und stattdessen das Perfekt zum Ausdruck der Vorzeitigkeit zu verwenden.

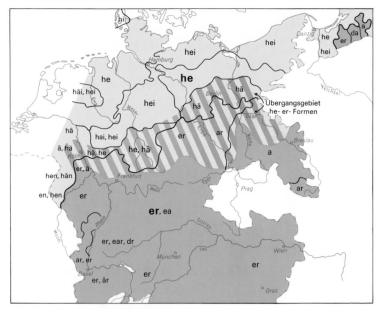

er im ehemaligen deutschen Sprachgebiet

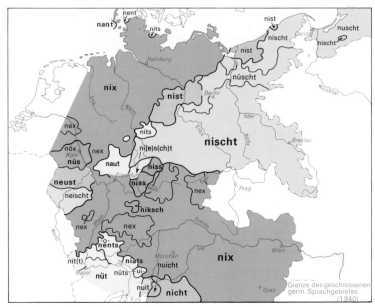

nichts im ehemaligen deutschen Sprachgebiet

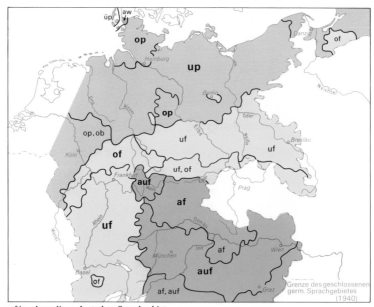

auf im ehemaligen deutschen Sprachgebiet

Unter der Leitung von ARNO RUOFF wird in der Arbeitsstelle »Sprache in Südwestdeutschland« in Tübingen die Syntax gesprochener Sprache dieses Raumes untersucht. Die bisherigen Ergebnisse z. B. über die Satzkonjunktionen (von FRITZ EISENMANN) liefern ein komplizierteres Bild, als es die traditionelle Mundartgeographie bietet. Durch die Verwendung von spontan gesprochenen Texten als Untersuchungsgegenstand müssen die syntaktischen Phänomene auch in Abhängigkeit von Geschlecht und Alter des Sprechers, Gesprächsart, Gesprächsinhalt und Sprachschicht untersucht werden. Dabei erwies sich z. B. der Gebrauch von Konjunktionen nicht nur vom landschaftlichen Merkmal bedingt, sondern fast ebenso stark von der Kategorie Geschlecht, weniger stark von den Merkmalen Sprachschicht und Alter. Bei **unterordnenden Konjunktionen** treten u. a. folgende Tendenzen auf:

– Sie werden häufiger von Männern als von Frauen verwendet;

– Frauen benützen sie mehr in niederer, Männer in höherer Sprachschicht;

– Frauen und Männer verwenden sie bei den Gesprächsinhalten »Lebenslauf, Land und Haus, Beruf« am meisten, Männer beim Gesprächsinhalt »Krieg« am wenigsten.

Suprasegmentale Merkmale
Noch ein Gebiet, das die Mundartforschung bisher sehr vernachlässigt hat, ist das der Verschiedenheit von Merkmalen, die über Phonem- und Morphemgrenzen hinausgehen: Akzent und Intonation in den Ausprägungen der einzelnen Landschaften. Gerade diese Merkmale eignen sich ausgezeichnet zur Charakterisierung einzelner Dialektgebiete (z. B. Tonfall eines Rheinländers oder Schwaben).

Diese Abstinenz hat ihre Ursache vor allem darin, daß von der Forschung bisher keine geeigneten Methoden entwickelt wurden, diese Merkmale adäquat darzustellen oder zu beschreiben. Eines der wenigen Beispiele:

Im Neuhochdeutschen wird ein Fragesatz vor allem durch die Wortstellung markiert: »Er kommt heute.« (Aussagesatz); »Kommt er heute?« (Fragesatz). Die Stimme wird zwar am Ende meist angehoben, doch ist der Tonhöhenverlauf bei echten Fragesätzen kein entscheidendes Merkmal. Wird aber ein Aussagesatz mit der Intonation eines Fragesatzes (d. h. mit Hebung der Stimme am Ende) ausgesprochen, dann wird nicht in jedem Fall eine Frage gestellt (wie z. B. im Frz.), sondern es kann auch der Inhalt dieses Satzes in Frage gestellt werden.

Die Westpfalz teilt sich in zwei Gebiete, die Unterschiede in der Intonation von Fragesätzen aufweisen. Im Norden unterscheidet sich ein Aussagesatz von einem Fragesatz nicht: bei beiden wird die Stimme am Ende gesenkt. Im Süden jedoch wird das letzte Wort des Fragesatzes in jedem Fall durch Anhebung der Stimme markiert.

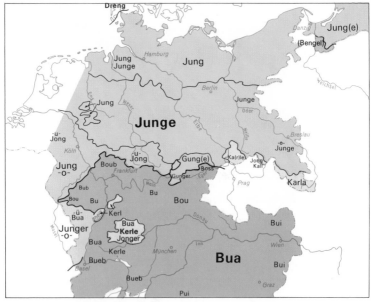

Die Bezeichnungen für *Junge* in den Mundarten des ehem. dt. Sprachgebiets

Die Bezeichnungen für *Mädchen* in den Mundarten des ehem. dt. Sprachgebiets

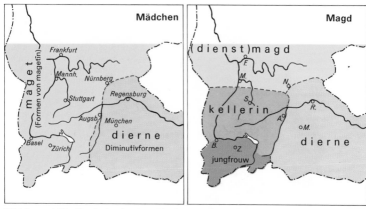

Mädchen und *Magd* im Süden des deutschen Sprachgebiets im 15. Jh.

Junge

Hier liegt der ungewöhnliche Fall vor, daß das eigentlich hochsprachliche Wort **Knabe** (spätahd. *knabo*) keine Verankerung in den Mundarten hat. Deshalb läßt es sich auch nur noch in Randbereichen der Hochsprache wie bei hohem Stil oder in Formeln (»alter Knabe«) oder regional (in der Schweiz) anwenden.

Knabe ist heute praktisch durch *Junge* (aus: *der junge Knabe*) ersetzt. Dabei war *Knabe* auch das oberdeutsche »Normalwort« bis in die Neuzeit hinein. Im tirolischen Lechtal ist es als solches auch noch erhalten. Die Ursprungsbedeutung findet sich noch in hess. *Knabe* 'Stift', 'Bolzen', schwed. mundartl. *knappe*, *knabb* 'Pflock'. Diese Bedeutungsentwicklung bezieht sich wie bei *Bengel* und *Stift* auf jenes Glied, das den Jungen vom Mädchen unterscheidet.

Bube (zu mhd. *buobe*, vgl. auch engl. *boy*) ist im MA. auch in der Bed. 'Bursche', 'Knecht' belegt. Von daher auch die pejorisierenden Bedeutungen *böser Bube*, *Bubenstück*. Im Spätma. tritt es im Oberdt. immer mehr an die Stelle von *Knabe*. Vor allem im Diminutiv treten die positiven Bedeutungen hervor.

Boss gehört wahrscheinlich zu mhd. *bôz* 'Schlag', 'Stoß'. Die Bedeutungsentwicklung wäre wie *Bengel* und *Stift* zu erklären, wie auch bei fries. **Dreng** zu anord. *drenger* 'junger, rascher, kecker Mann'. Norw. *dreng* 'Stock', 'Stütze' ist zum dänischen *dreng* 'Kind bis 18 Jahre' zu stellen.

Formen wie *Kerle* und *Junger* im Schwäbischen spiegeln Bedeutungsunterschiede. Der *Bua* ist jünger als *Junger*, *Kerle* aber wird meist pejorativ gebraucht. Pejorative Formen legt die Art der Abfrage nahe. Das Wort *Junge* wurde nämlich in folgendem Satzzusammenhang erhoben: *Junge, halt den Mund, gehorche lieber.*

Gung ist eine hyperkorrekte »Adoptivform«, die in einer Gegend entstanden ist, wo anlautend *j*- und *g*- lautgesetzl. zusammengefallen.

Mädchen

Mädchen/*Mädle* ist die Verkleinerungsform zu mhd. *maget* 'Jungfrau'. Diese Form beherrscht heute das deutsche Sprachgebiet. Sie breitete sich vom Md. her aus. LUTHER gebraucht in seinen Tischreden noch *Mägdchen*. Die heutigen Formen *Mäke* über *Märe* und *Mala* zu *Meitli* sind durch regionale Lautentwicklungen entstanden. Nur im Norden und im Südosten hat sich in *Deern* bzw. *Dirndl* das alte ahd. *diorna* erhalten. Die letzte Form in den Bedeutungen 'Mädchen' und 'Magd' (vgl. S. 112 f.).

Mensch und **Luit/Lüt** gehören zu den nhd. Wörtern *Mensch* und *Leute*, bei ihnen liegt eine parallele Bedeutungsentwicklung (mit Genuswechsel zum Neutrum) vor.

Wicht überlagert älteres *Deern* und gehört zu mhd./ahd./as. *wiht* 'Ding', 'Wesen', mnl./nl. *Wicht* 'kleines Kind'; *Weit* entstand aus *Wicht* durch Vokalisierung des *ch* vor *t*.

Marjell in Ostpreußen ist der Reflex eines altpreußischen *mergo* 'Jungfrau'.

Die friesischen Wörter **Famen/Fohn** gehören zu altfries. *fone*, *famne*, aengl. *fæmne*, *fæfne*, anord. *feima* ('schüchternes) Mädchen', as. *fêmea*.

Schmelle (mhd. *smelenge* 'Mädchen', 'Dienerin') dürfte die gleiche Wurzel wie *schmal* 'gering' besitzen.

Fehl wohl zu lat. *filia* 'Tochter'.

Metze ist Kurz- und Koseform zum Mädchennamen *Mechthild*, *Melz* auf hyperkorrekte Schreibungen von *Metze* (auf Grund der *l*-Vokalisierung im Bair.: bair. *moiz* 'Malz').

Die Herkunft von südtir. **Gitsche** ist ungeklärt.

In den deutschen Umgangssprachen sind die folgenden Wörter zugunsten der großlandschaftlich verbreiteten Formen aufgegeben: im Norden: *Wicht*, *Weit*, *Deern*, *Luit*, *Famen*; dafür steht **Mädchen**. Im Süden: *Fehl*, *Metz*; dafür steht *Mädle* bzw. *Dirndl*.

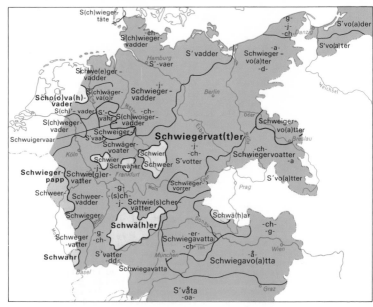

Die Bezeichnungen für *Schwiegervater* in den Mundarten des ehem. dt. Sprachgebiets

Die Bezeichnungen für *Schwiegermutter* in den Mundarten des ehem. dt. Sprachgebiets

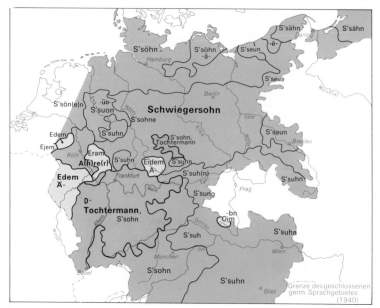

Die Bezeichnungen für *Schwiegersohn* in den Mundarten des ehem. dt. Sprachgebiets

Bezeichnungen der Heiratsverwandtschaft

Im Indogerman. (S. 38 ff.) gibt es nur Bezeichnungen für die Verwandtschaft des Ehemannes, die Verwandten der Frau werden nicht bezeichnet, sie spielen anscheinend keine Rolle. Daraus hat man auf patriarchal. Großfamilien geschlossen, bei denen die Ehefrauen durch Raub oder Kauf dazugewonnen werden.

Das Wort für den Mannesvater war *suékuros*, das Wort für die Mannesmutter *suekrús*. Der erste Bestandteil des Wortes wird zu idg. *sue-* 'eigen' (vgl. got. *swēs*, ahd. asächs. *swās* 'eigen'), der zweite zu einer Wurzel *kur-* 'Herr' (vgl. griech. *kýrios* 'Herr') gestellt.

Diese idg. Wörter sind in den deutschen Dialekten, von vereinzelten Streubelegen abgesehen, nur mehr im Schwäbischen (mit einem Übergangsgebiet zum Fränkischen), im Hessischen sowie im Elsaß vorhanden: Sie tauchen als **Schwieger** 'Schwiegermutter', **Schwäher** 'Schwiegervater' auf. Im Bairischen und Mitteldeutschen scheint sich die *Schwieger* besser gehalten zu haben, im Alemannischen und Fränkischen der *Schwäher*.

Ebenso sind die Erbwörter für 'Schwiegertochter' und 'Schwiegersohn' im Deutschen nur noch in Reliktgebieten erhalten. Wobei die Schwiegertochter **Schnur** bis ins Idg. zurückzuverfolgen ist: idg. *snusós* (vgl. lat. *nurus*, aind. *snusā*, aslaw. *snucha*).

Der Schwiegersohn **Eidam** ist erst eine spätere, westgerm. Bildung *aiþuma* (vgl. ahd. *eidum*, ags. *ādum)*, aber got.: *mēgs*, anord. *māgr*, im Idg. ist kein gemeinsames Wort bekannt. Daraus schließt man, daß eine Einheirat eines Mannes in die Familie seiner Frau erst später vorkam, denn nur mit dieser Möglichkeit war auch eine Bezeichnung für den Schwiegersohn notwendig geworden. Etymologisch scheint westgerm. *aiþuma* weder zu got. *aiþei* 'Mutter' noch zu got. *aiþs* 'Eid' zu gehören, sondern ist eher zu einer Wurzel zu stellen, die im osk. *aeteis* 'des Teils', griech. *aisa* 'Gebühr, Anteil', awest. *oito (aēta-)* 'gebührender Teil' aufscheint. Danach ergäbe sich eine Grundbedeutung 'einer, der am Erbe teilnimmt'; der in eine fremde Familie (mit nur Töchtern) einheiratende Mann wird dies kaum gemacht haben, ohne auch am Besitz teilzuhaben, was aber von der Frau verlangt wurde.

Schnur und *Eidam* hielten sich in einigen, vor allem mitteldeutschen Restgebieten. Im Fränkischen und Alemannischen traten dafür die Bezeichnungen **Söhnin** *(Söhnerin)* – **Tochtermann** (vor allem schwäbisch), im Elsaß und Lothringen **Sohnsfrau – Tochtermann**; dem steht ein vor allem fränkisches *Tochtermann* allein *(Schnur* ist dort fast ausgestorben) gegenüber.

Warum haben sich im Nhd. und in den meisten anderen deutschen Dialekten die neuen Komposita **Schwiegermutter – Schwiegervater – Schwiegersohn** durchgesetzt? Warum sind die alten Erbwörter im Aussterben begriffen? Das System *Schwieger-sohn, -tochter, -mutter, -vater*

Forts. S. 171

Die Bezeichnungen für *Schwiegertochter* in den Mundarten des ehem. dt. Sprachgebiets

Die Bezeichnungen für *Patin* in den Mundarten des ehem. dt. Sprachgebiets

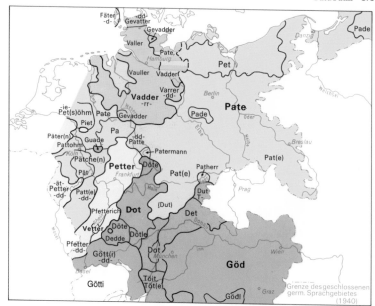

Die Bezeichnungen für *Pate* in den Mundarten des ehem. dt. Sprachgebiets

Pate/Patin

Der Taufpate war früher der wichtigste Verwandte eines Kindes. Nicht nur, daß er als »pater spiritualis«, geistlicher Vater, angesehen wurde, er hatte auch, wenn die Eltern aus irgendeinem Grund ausfielen, an deren Stelle zu treten. Er war es auch, der dem Kind bei den verschiedenen Anlässen Geschenke zu machen hatte. Aus diesem engen Verhältnis sind die Diminutiv- und Koseformen zu erklären, die auf der Karte auftauchen. Die Synonymik ist von wenigen Grundwörtern und ihren Ableitungen bzw. Kontaminationen bestimmt.

Pate/Patin, Lehnwort aus lat. *pater spiritualis,* mhd. *pate* ist nach der 2. LV entlehnt, *Pfetter* (mhd. *pfetter*) bereits vorher.

Gevatter, ahd. *gifatero* ist Lehnübersetzung von kirchenlat. *conpater* 'geistlicher Mitvater' (ags. *cumpæter).*

Gote ist zu einem ahd. **gotfater* zu stellen, das ags. als *godfæder* und anord. als *gudfader* belegt ist.

Dote, ahd. *toto* (mask.), *tota* (fem.), dürfte aus einer Koseform von *Vater* (vgl. *datte, daita*) abzuleiten sein, wie sie in einem Teil des Schwäb. (Baar) als *dotō* für 'Vater' noch erhalten ist.

Forts. v. S. 169

ist leichter zu erlernen und ökonomischer als das alte, das vier verschiedene neue Wortstämme besitzt, die zudem untereinander noch leicht verwechselt werden können (auch mit dem ähnlichen **Schwager,** seit dem Ahd. belegt), besonders in Dialekten, wo intervokalisches *g* ein Frikativ geworden ist (wo man also *Schwäher – Schwiher* und *Schwaher* spricht).

Die Ausrichtung des Paradigmas nach der **Schwieger** hat mit der größeren Bedeutung der Schwiegermutter (vgl. die Redensart von der »bösen Schwiegermutter«) zu tun; affekttragende Wörter sitzen tiefer im Bewußtsein. Beim Untergang von *Schnur* ist Homonymenfurcht in bezug auf *Schnur* ('Bindfaden'; kaum Verwechslungsgefahr) nicht anzunehmen.

Forts. v. S. 173

Fuß'. Heute bezeichnet dieser Wortstamm nur in einem kleinen Gebiet im Nordhessischen beide Körperteile (phonet. durch Umlaut getrennt: *Ank(en)* 'Genick', *Enkel* 'Knöchel').

Bei den meisten Bezeichnungen für den **Knöchel** steht im deutschen Sprachgebiet das Benennungsmotiv »hervorstehender Knochen« im Vordergrund (*Knoten, Enkel* usw.).

Ausnahmen sind bair. *Glied,* wo eine Ursprungsbedeutung 'Gelenk' vorliegt, und **Knöcksel, Knicksel,** Mischformen aus südnl. *Knoesel(e)* und nd. *Knöckel.* Dabei ist das nl. Wort mit nl. Siedlern im 12. Jh. in die Mark Brandenburg gekommen. In der Überlagerung der beiden Dialekte hat sich dann die Mischform ausgebildet.

Die Bezeichnungen für *Genick* in den Mundarten des ehem. dt. Sprachgebiets

Die Bezeichnungen für *Knöchel* in den Mundarten des ehem. dt. Sprachgebiets

Die Bezeichnungen für *Schnupfen* in den Mundarten des ehem. dt. Sprachgebiets

Schnupfen

Der Schnupfen zeigt eine überschaubare Anzahl an Hauptbenennungen:
Schnupfen/Schnuppen reicht quer übers ganze deutsche Sprachgebiet und ist im 15. Jh. erstmals als *snŭpfe, snuppe* belegt. Auf die gleiche Wurzel, aber mit anderer Ablautstufe geht *Schnauben/Schnuben* (15. Jh. *schnube*); *Schnöw* mit anderer Ableitung. Sie gehören zu der Wortsippe, die im Nhd. noch mit *Schnaufen/Schnauben, Schnüffeln* vorhanden ist. Mit Dental gebildet ist die Gruppe, zu der *Schnuder* gehört. Sie sind alle auf eine Wurzel *sneu- zurückzuführen.
Schnuppen hat sich von seinem Ursprungsgebiet aus sowohl nach Nordosten wie Südwesten ausgebreitet.
Pfnüsel wird zu einer Wurzel germ. *fnŭs/*hnŭs gestellt; auch in nhd. *niesen* vorhanden.
Strauchen (mhd. *strŭche*) gibt es nur im Bair.; es hat keine Verwandten mehr im Nhd., die Formen auf -k- (*Strauken*) sind schwierig zu erklären.
Im Nordwesten des dt. Sprachgebiets wird die Krankheit »Schnupfen« mit einem adjektivischen Partizip gebildet. Man *ist verkält* oder *verkouden*.
Bräte und **Brotech** in Ostpommern hängen mit *brechen* (*Ge-brechen*) zusammen.
Katarrh ist das einzige Fremdwort (zu griech. *katarrhëin* 'hinabfließen'), das sich ein größeres Gebiet schaffen konnte. Die Entlehnung ist sicher jung und aus der medizin. Fachsprache. Es

hat vor allem das Wort *Strauche* verdrängt, das früher den gesamtbair. Raum eingenommen hat. Restgebiete an den Rändern und Reliktgebiete beweisen das. Bei **Sucht** hat sich der allgemeine Krankheitsbegriff spezialisiert.

Genick und Knöchel

Die Karte 'Genick' zeigt in großen Gebieten zwei Leitformen: *Genick* und *Nacken* im östl. und nördl. Mitteldeutschland. Diese Wörter sind in jenen Gegenden zwar weitgehend synonym, dürften aber wie im Nhd. in verschiedenen Stilebenen gebraucht werden: Man wird eher sagen »einem das Genick brechen« als »einem den Nacken brechen«.
Nacken zu ahd. (h)*nac(h), anord. *hnakkr* 'Hinterhaupt', vgl. engl. *neck* 'Hals'. Eine Ableitung davon ist **Gnack**, *Geneck* mit einem kollektivierenden *ge-*Präfix; damit im Ablautverhältnis stehen **Genick**, **Nick** (mit nhd. *nicken* nicht verwandt).
Halskaut, -kaul sind ungeklärter Herkunft, mit einer Ursprungsbedeutung 'Grube'.
Naube (schwäb.), zu mhd. *nŭwe* 'Nacken'.
Nalle in Tirol kann mit ahd. *hnol* 'rundliche Spitze', 'Hügel', ags. *hnoll* 'Schädel' urverwandt sein. Hier wäre im Gegensatz zu *Kaute* 'Grube' der im Nacken vorstehende Knochen das Bezeichnete. Genauso ist es bei **Anke, -l, -n, Enkel, Äcke**. Die Vorläufer dieser Wörter im Ahd. (*anka, anchal, enchil*) haben schon zwei Bedeutungen: 'Genick' und den 'Knöchel am
Forts. S. 171

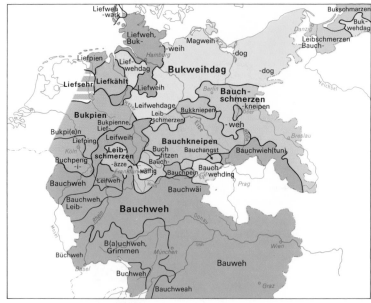

Die Bezeichnungen für *Bauchschmerzen* in den Mundarten des ehem. dt. Sprachgebiets

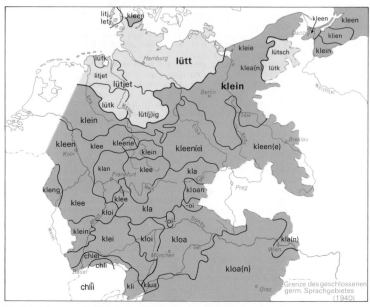

Die Bezeichnungen für *klein* in den Mundarten des ehem. dt. Sprachgebiets

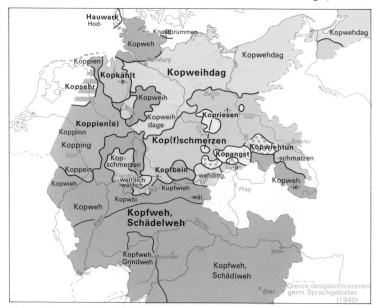

Die Bezeichnungen für *Kopfschmerzen* in den Mundarten des ehem. dt. Sprachgebiets

Schmerzbezeichnungen

Meist Zusammensetzungen; die Bestimmungs-
wörter zeigen eine wenig ausgeprägte Synonymik: Im Süddt. gilt neben *Kopfweh* auch *Schä-
del-* oder *Grindweh*, im Wallis und Nordfries-
land auch *Hauptweh*, im Nordwesten gibt es ein
Gebiet, in dem für Bauchweh *Leib-* gilt. Ins
Nhd. ist vom Md. her und durch den Einfluß
LUTHERS das Wort **Schmerz** eingegangen (ahd.
smërza, vgl. aind. *mardáyati* 'zerreibt', lat. *mor-
dere* 'beißen', vgl. auch engl. *smart* 'scharf',
'beißend', 'schneidig').

-sehr ist das alte deutsche Schmerzwort, erstarrt
noch erhalten in nhd. *sehr* und *unversehrt*. Heute nur noch am Rand des dt. Sprachgebietes (zu
ahd. *sēr* vgl. lat. *saevus* 'wütend');

-weh ist ein alter Schmerzensruf (vgl. lat. *vae*,
awest. *voyōi* 'Wehruf', ahd. *wēwo* 'Schmerz');

-wehtag (seit 13. Jh.) ursprünglich die Tage, an
denen man Schmerz empfand, ahd. *wētago;*

-not zu ahd. *nōt* (engl. *need*) bedeutet ursprünglich einen Zustand des Beengt- und Gedrängt-
seins. Die Entwicklung zur Bedeutung
'Schmerz' ist nur in einem kleinen md. Gebiet
aufgetreten. Das gleiche gilt für

-angst (vgl. lat. *angustiae* 'Enge', 'Klemme',
'Schwierigkeiten').

Qual tritt in der Form **-kählt** im NW auf. Es
gehört zu ahd. *quëlan* 'heftige Schmerzen haben' (ahd. *quëllan* sw. Vb., nhd. *quälen);*

-wark ist nur nordfries., hängt mit nhd. *Werk*
'Arbeit' zusammen.

Von röm.-lat. christl. Ursprung (Entlehnung):
-pein aus lat. *poena* 'Strafe' > mlat. *pēna* über
mhd. *pīne* zu nhd. *Pein. Pein* war urspr. die
Strafe für die Sünden, später als »peinliche Befragung« Verhör mit Folter; vgl. rhein. *pingelig*
(~ peinlich, S. 152).

-marter aus lat. *martyrium* tritt ahd. als *martira,
martara* auf, ursprünglich die Leiden Christi,
später auf Körperschmerzen übertragen.

klein

Die ahd. Hauptbezeichnung für 'klein' ist *luzzil*.
Sie kann für 'klein an Umfang' und 'klein an
Menge, Zahl', 'wenig' verwendet werden. Ahd.
kleini bedeutet 'zierlich', 'schlank', 'klug' (engl.
clean 'sauber' und griech. *glainoí* 'Schmuck').
Daneben gibt es im Ahd. noch andere Ausdrücke für klein: *smäh(i)* mit der Betonung auf
'klein', 'wertlos', *smal* mit 'schmal', 'eng', *(gi)-
ringi* mit 'leicht', *wēnag* mit 'elend' 'unglück-
lich'. Diese Vielfalt des Ahd. wurde zum Nhd.
hin durch Spezialisierung wesentlich verklei-
nert: Der Typ **lützel** fand nur noch in Mundarten Verwendung, *smähi* wird beseitigt, **schmal**
deckt nur noch 'eng' ab, **gering** ist auf Mengenangaben (meist negativ gefühlsbetont) beschränkt und **wenig** auf Mengenangaben spezialisiert. Ein Grund für das Aussterben von *lützel*
in der Hochsprache ist, daß das Gegenwort *michel* ('groß', 'viel') ebenfalls verschwindet und
durch *groß* ersetzt wird.

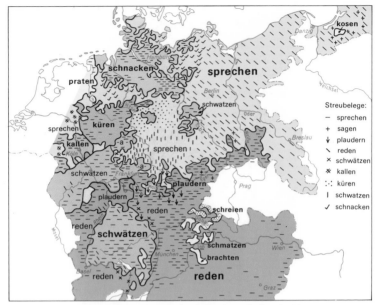

Die Bezeichnungen für *sprechen* in den Mundarten des ehem. dt. Sprachgebiets

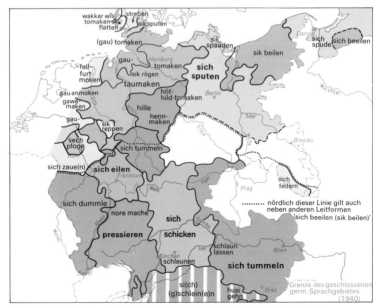

Die Bezeichnungen für *sich beeilen* in den Mundarten des ehem. dt. Sprachgebiets

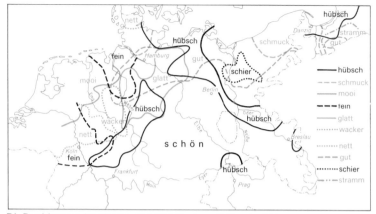

Die Bezeichnungen für *schön* im nördl. Teil des ehem. dt. Sprachgebiets

Affektiver Wortschatz

Eine Schwierigkeit stellt bei Wortkarten dar, daß das, was verglichen wird, auch vergleichbar ist. Beim Pferd z. B. hat man keine Schwierigkeiten. Der Gegenstand ist klar abgegrenzt. Das ist anders bei affektgeprägten Wörtern. Bei ihnen findet man schon innerhalb eines Dialektes eine Vielzahl fein abgestufter und sich überschneidender Ausdrücke – deshalb auch die relative Unübersichtlichkeit solcher Karten.

Im Deutschen Wortatlas sind z. B. ungefähr 700 Synonyme für 'sich beeilen' belegt. Die Karte zeigt nur einen geringen Ausschnitt aus dieser Menge: Es ist die Leitform, die in diesem Gebiet am häufigsten vorkommt.

Bei solchen Wörtern ist eine Darstellungsart vorzuziehen, die die Gebiete des Vorkommens überhaupt abgrenzt. Auf dem Kartenausschnitt **schön** in Norddeutschland ist das geschehen. Man kann z. B. daraus ablesen, daß man in einem Gebiet nördlich von Hannover mindestens drei Wörter für *schön* (im Kontext mit *Haus* und *Bäumchen*) besitzt: *hübsch, glatt, gut.* Ob und wie sie von der Bedeutung her differenziert sind, kann nur am jeweiligen Ort festgestellt werden. Interessant ist, daß die Wörter in der Mundart regionale Varianten sind, in der Hochsprache aber Bedeutungsvarianten verkörpern: z. B. *nett, schmuck, fein, gut, glatt, hübsch.*

Die Karte 'sich beeilen' gibt einen Begriff, der je nach Situation und Kontext verschiedene Ausdrücke kennt, weil die Frage zu allgemein gestellt war: »sich beeilen« (zum Bahnhof). Es bleibt offen, ob das Wort in einer Befehlssituation, einem erzählenden Bericht, einer Rechtfertigung o. a. gebraucht werden soll.

sich beeilen ist auch ein Wort, das durch seine Verwendung in eher kritischen und extremen Situationen zu Neubildungen herausfordert. Dieses doppelte Moment: Unschärfe des Begriffs beim Abfragen, sowie dauernde Erneuerung des Wortschatzes führt zu einer Vielfalt der Formen und einer derartigen Belastung der Karte, daß es in vielen Gebieten nicht mehr möglich war, Leitformen aufzustellen. Nicht einmal der Worttyp ist einheitlich. Adjektive, die Schnelligkeit ausdrücken, stehen neben Verben der schnellen Bewegung, transitive neben intransitiven Verben, präpositionale Fügungen neben adverbiellen.

Die Isoglossen der Karte konstituieren sich vielfach nach bloßen Zufällen, je nachdem, für welche der ihm zur Verfügung stehenden Formen sich der Beantworter des Fragebogens entschieden hat. Die in der Frage vorgegebene Form *sich beeilen* hat sicher dazu beigetragen, daß parallel dazu reflexive Verbformen überwiegen.

Relativ einheitliche Gebiete finden sich im Südosten mit *sich schicken* und *sich tummeln,* im Südwesten mit *sich dummle* und im Nordosten mit *sich sputen, sich beeilen.* In Ostthüringen, Sachsen und teilweise in Schlesien gibt es keine einheitliche Leitform. Die Gewährsleute scheuten sich, die dort übliche hochdeutsche Form als Antwort zu wiederholen, weil sie ja etwas Besonderes, etwas, was dem Hochdeutschen ferner steht (die Mundart!), bieten wollten. Deshalb die Vielfalt der Antworten dort. In Norddeutschland, wo es im Dialekt von der Hochsprache deutlich geschieden *sik beilen* heißt, ist dies als Hauptform auch im größten Teil des Gebiets vorhanden. Im Nordwesten ist die Synonymik teilweise so kleinräumig, daß sie nicht mehr dargestellt werden konnte.

Die Synonyme, die unsere Karte bietet, hängen fast alle mit anderen deutschen Wortfamilien zusammen. Ausnahme ist schwäb. *pressieren* (aus frz. *presser*).

In der Karte **sprechen** zeigen die das Bild prägenden »Mäanderlinien« und die hier in diese Abb. mitaufgenommenen Streubelege die Schwierigkeiten, die sich bei der Kartierung affektiven Wortschatzes ergeben.

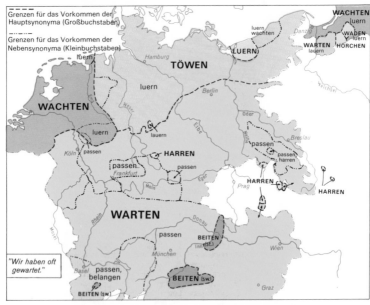

Die Bezeichnungen für *warten* in den Mundarten nach dem Material des DWA

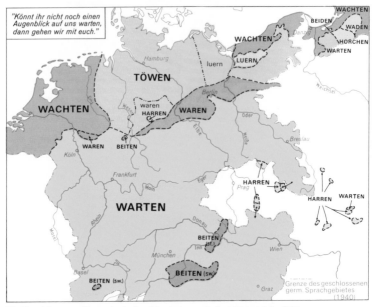

Die Bezeichnungen für *warten* in den Mundarten nach dem Material des DSA

warten

Für das nhd. Wort *warten* haben wir das Glück, daß es für das ganze deutsche Sprachgebiet in zwei verschiedenen Kontexten abgefragt vorliegt. *Warten* gehört mit zu den Wörtern, die je nach Kontext eine andere Synonymik bieten. Im Nhd. läßt sich für *warten* ein Feld von mindestens drei Gliedern feststellen: *warten* als allgemeines Wort, *lauern* eher für heimliches, *harren* eher für 'langandauerndes, geduldiges Warten', wobei *harren* meist nur in höheren Sprachschichten Verwendung findet.

Die Karten von DSA und DWA bieten teilweise verschiedene Verteilungen. Das liegt weniger am Zeitunterschied der Befragung, als daran, daß der verschiedene Satzzusammenhang verschiedene Varianten erscheinen läßt. Der DWA-Satz »Wir haben oft gewartet« ist semantisch so unbestimmt, daß dort eine Vielzahl von Varianten auftaucht, die meist in Richtung des andauernden, auch ungeduldigen Wartens gehen. Im einzelnen sind es sehr komplizierte, für jede Dialektlandschaft spezielle Entwicklungen und Bedingungen, die zu den auf den Karten abgebildeten Verhältnissen geführt haben. Und auch diese Abbildungen geben nur ein undeutliches Bild von den tatsächlichen Verhältnissen, da das Feld *warten* sehr oft drei- und vierfach besetzt ist.

Es gilt

Oberdeutsch: neben *warten* als neutralem Normalwort gibt es da noch *passen*, das eher für langes Warten, auch für auflauern gebraucht wird, *belangen* für sehnsüchtiges Warten, wenn einem die Zeit lang wird (nur im Südwesten), und *lauern*, *luren* für heimlich, scharf beobachten. In Reliktgebieten hält sich dort besonders in Imperativformen auch noch das alte Wort *beiten*.

Mitteldeutsch: linksrhein. *lauern* hat den Nebensinn des Unerlaubten, Hinterlistigen, aber auch oft nur einfaches 'warten'; rechtsrhein. und hess. *lauern* bed. 'warten auf etwas, was schwerlich eintritt'; *passen* bezeichnet die längere, mühsame, aufmerksame Tätigkeit; *beiten* nur aus dem 19. Jh. als Reliktbeleg noch bekannt; ostfränk./nordbair. *passen* wie obd.; ostmd. *lauern* ist im Dialekt im Gegensatz zum Hd. vieldeutig, es bezeichnet 'unmäßiges, ungeduldiges, oft hoffnungsloses Warten', es fehlt in den Karten, denn in den gegebenen Kontexten ist nichts Ungeduldiges vorhanden; schles. *passen* entspricht der rechtsrhein. und hess. Bed.; *harren* entspricht *warten* in allen Gebrauchsmöglichkeiten, es ist wie in den Sprachinseln Reliktwort.

Niederdeutsch: In der nl. Schriftsprache gibt es vier Ausdrücke: *wachten* entspricht hd. *warten;* *loeren* drückt eine aufmerksame, aufpassende Sehtätigkeit aus, oft unerlaubt, hinterlistig; *toeven* zielloses Warten, einfaches Verbleiben an einem Ort, immer ohne Objekt gebraucht; *beiden* nur im gehobenen Stil, entspricht *toeven*.

Nordwestdeutsch: *wachten* das Normalwort; *lauern*, eher horchen, oft etwas Hinterlistiges; *passen* 'ungeduldig warten'; *waren:* dort die lautgesetzliche Form des hd. *warten*. Tritt nur im DSA auf. Partizipien von *waren* und *warten* sind identisch; *töwen* ist nur in anderer Bed. ('aufhalten', 'sich aufhalten') vorhanden.

Ostfries. *luern* ist heimliches, böse gesinntes Spähen, gespanntes Horchen.

Nordsächsisch und **Mecklenburgisch/Vorpommerisch** *töwen* Normalwort; *luern* sehnendes, ungeduldiges, aufmerksames Warten.

Mittelmärkisch: *waren* entspricht hd. *warten*, das wegen des Part. im DWA nicht erscheint; *luern* gespanntere, ungeduldige Tätigkeit.

Hinterpommersch: Im DSA gibt es hier nur *wachten* und *luern*, *luern* im Süden bedeutend häufiger, im DWA herrscht dort *luern* allein vor. *Töwen* verdrängt *wachten* allmählich. Der Unterschied zwischen DWA und DSA ist auf die inzwischen stattgefundene diachrone Entwicklung zurückzuführen.

Ostpreußisch: *horchen* entspricht hd. *warten*, als alleiniges Wort auch *erhorchen* für erwarten, *warten* und *lauern* wie md. (und nhd.); *wachten* ist neutral; *luern* länger, ungeduldig; *waden* ist als *-ch-* lose Form schwer zu erklären.

Historische Entwicklung

Im Gotischen (S. 55), der ältesten uns greifbaren germ. Sprache, gibt es zwei Wörter für 'warten': *beidan*, das semantisch dem nhd. *warten* entspricht, und *wenjan*, das ein hoffendes, sehnendes Warten ausdrückt.

Ahd. gibt es aus einer Wurzel das starke Verb *bītan* und das davon abgeleitete sw. Vb. *beitōn;* *langēn* drückt ein sehnendes Warten aus, *wartēn* (vom ahd. st. Subst. *warta* 'Ausguck', 'Wache' abgeleitet) stellt das aufpassende Beobachten des militärischen Bereiches dar (mit anderen Worten des Heereswesens, S. 49, als frz. *garder*, it. *guardare* früh ins Romanische entlehnt) und *wachtēn* mit ähnlicher Bed. wie *wartēn* zu ahd. *wahta* 'Wacht', das mit nhd. *wecken* verwandt ist (vgl. engl. *watch* 'beobachten', lat. *vigil* 'Wächter').

Im Altsächsischen gibt es wieder die st. bzw. sw. Verben *bidan* bzw. *bīdōn*, und das sw. Vb. *wardōn*, dem ahd. *wartēn* entspricht.

Ahd. *wartēn* entwickelt sich im Laufe der Zeit zur heutigen Bedeutung und tritt an die Stelle von *beiten*, das damit allmählich ausstirbt und nur noch in einigen Restgebieten greifbar ist. In Tirol, wo das sw. Vb. *beiten* auch heute noch *warten* vertritt, ist das starke *beiten* als *baiten* für 'ausleihen' gebräuchlich. Auch nhd. *warten* hat eine doppelte Entwicklung: einmal zu 'warten', 'beiten', zum anderen zu 'sorgen', 'pflegen'. Die anderen Wörter der deutschen Dialekte treten alle erst später auf: *harren* (ostfränk., omd.) ist erst bei WOLFRAM um 1200 belegt, *lauern*, *luern* (seit dem 14. Jh.), *passen* dürfte aus dem Frz. entlehnt sein (zu *pas* 'Schritt'), *toeven* ist unsicherer Herkunft, es taucht im 15. Jh. zuerst auf.

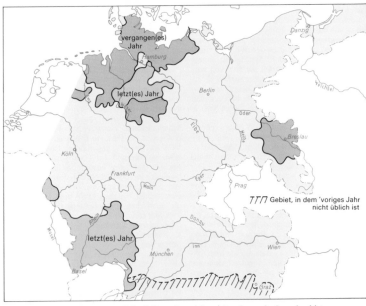

Die Bezeichnungen für *voriges Jahr* (höhere Sprachform) im ehem. dt. Sprachgebiet

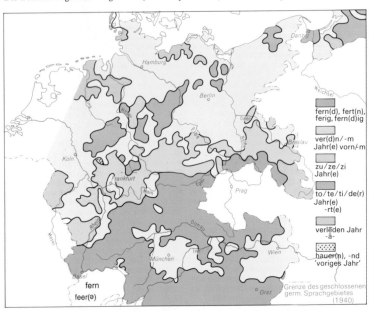

Die Bezeichnungen für *voriges Jahr* (Grunddialekt) im ehem. dt. Sprachgebiet

Die Bezeichnungen für *dieses Jahr* in den Mundarten des ehem. dt. Sprachgebiets

Zeiteinteilung

voriges Jahr

Bei diesem Begriff wurden die Antworten des DWA in zwei Karten aufgezeichnet. Bei der ersten wurde die alte gewachsene Mundart kartiert, bei der anderen Antworten, die Sprachschichten zuzuordnen sind, die näher bei der Standardsprache stehen. Es zeigt sich dabei, daß 1940 bei der Befragung die altererbten bodenständigen Wörter noch eher im Süden des deutschen Sprachgebietes vorhanden waren, obwohl sich auch da schon Einbrüche zeigten. Im Norden waren sie nur noch in einigen Inseln zu erhalten. Trotzdem läßt sich die alte Gliederung noch gut erkennen: Im Süden das Adverb *fern(d)*, das die älteste Bildung sein dürfte. Es ist umstritten, ob dem Wort eine ein- oder zweigliedrige Form zugrunde liegt: ahd. *firni* 'alt', got. *af jaírnin jēra* 'im vorigen Jahr', asächs. *fernun gēre*, ags. *fyrn* 'ehemalig' (vgl. *Firn* 'Altschnee') zeugen davon, daß das Wort ehemals im ganzen dt. Sprachgebiet verbreitet war.

An dieses südliche *fernd*-Gebiet schließt sich ein Gürtel an, in dem das Adverb alleine unverständlich geworden war und deshalb eine nähere Bestimmung erforderte: *ver(d)n Jahr(e)*, und mit volksetymologischer Umformung: *vorn Jahr(e)*.

Daran folgt von Südwesten nach Nordosten ein Gebiet von *to-/te-/ti-/de(r)-Jahr(e)*, *(de)r johr)* in einigen Gebieten mit Lautverschiebung (*ze-*

johr), Südschlesisch *zu Johr(e)* ist aus westmd. Siedlung des 13. Jh. zu erklären, *ze Johr* im Hochpreußischen geht wiederum auf Siedler aus diesem letzteren Gebiet zurück. *to/ jāre* ist eine alte Bildung, es ist im Nd. bereits im 13./ 14. Jh. bezeugt.

Schließlich kommt im Nordwesten des deutschen Sprachgebiets die Form **verleden Jahr,** das auch der Ausdruck der niederländischen Hochsprache ist. Es gehört zum nhd. Verb *leiden,* das im Ahd. noch in der Bedeutung 'gehen', 'fahren' belegt ist. Wort für Wort übersetzt heißt es also nichts anderes als 'vergangenes Jahr'.

Wenn wir diese Synonyma grammatisch klassifizieren, ergibt sich folgende Dreiteilung:
a) Adverb (ohne 'Jahr'): *fern, fert;*
b) Präposition + 'Jahr': *to/ zu Jahr,* und das aus *fern, fert* umgedeutete *vern/vorn/-m Johr;*
c) Adjektivattribut + 'Jahr': *verleden Jahr.*

Es fällt auf, daß das Wort der Hochsprache **voriges Jahr** in keiner der deutschen Mundartlandschaften verankert ist. Es dringt als verkehrssprachliches Wort allmählich in die Mundarten ein und ersetzt deren angestammte Ausdrücke. In vielen Gebieten bes. in Norddeutschland hat es bereits den Status des Mundartwortes erreicht. In einigen Gebieten aber dringt nicht das hochsprachliche Wort in die Mundarten ein, sondern Ausdrücke, die in um-

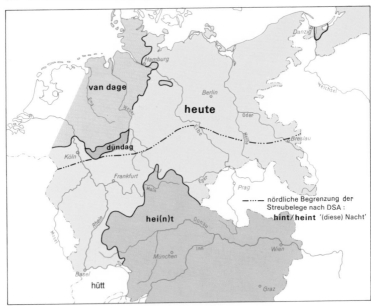

Die Bezeichnungen für *heute* in den Mundarten des ehem. dt. Sprachgebiets

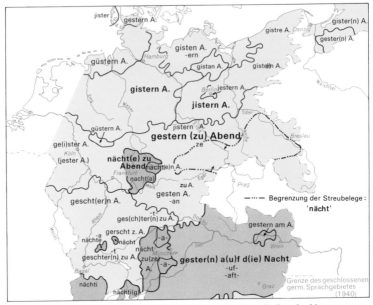

Die Bezeichnungen für *gestern abend* in den Mundarten des ehem. dt. Sprachgebiets

Die Bezeichnungen für *heute morgen* in den Mundarten des ehem. dt. Sprachgebiets

gangssprachlichen Schichten anzusiedeln sind. Hier ergibt sich eine dreifache Schichtung; im südwestlichen Gebiet dergestalt, daß dem *fern* der Mundart ein übermundartliches **letztes Jahr** gegenübersteht, das wiederum von hochsprachlichem *voriges Jahr* dominiert wird. Die verschiedenen Gebiete von *letztes Jahr* und **vergangenes Jahr** entstanden unabhängig voneinander. Drei Gründe sind angeführt worden, um den Sieg von **voriges Jahr** im Hochdeutschen zu erklären: Es entspricht erstens grammatisch unserer Stufe c) (Adjektivattribut + Jahr) und geht damit parallel zu den umgangssprachlichen Wendungen, die im letzten Abschnitt besprochen wurden. Es entspricht damit auch einer Tendenz des Nhd., analytisch gebildeten Formen den Vorzug zu geben. Und drittens steht das Wort *vorig* lautlich nahe beim alten Wort des Ober- und Mitteldeutschen *fernd*.

dieses Jahr
Hier zeigt sich eine ähnliche Gliederung von Südost nach Nordwest. Im Südosten das Adverb **heuer** (zu ahd. *hiuru* aus *hiu jāru* 'in diesem Jahr'), im Norden und Nordwesten die analytische Form **dieses Jahr,** das mit *heuer* in der Standardsprache des Südens konkurriert. **van(t) Jahr** im Nordwesten als präpositionale Fügung hat eine sehr schwache Stellung und wird allmählich von **dit jaar** ersetzt, das auch das Wort der nl. Hochsprache ist.

In den deutschen Umgangssprachen bietet sich eine vergleichbare Zweiteilung wie in den Dialekten. *Heuer* wird aber in den nördlichen Gebieten aufgegeben, es kommt nur noch im südlichsten Thüringen und Sachsen, in Oberschwaben und ganz Bayern, Österreich und der Schweiz vor. Dort verdrängt, von der Nordwestecke ausgehend, *das Jahr* das ältere *hüür*.

gestern/heute
Die Germanen rechneten die Zeit nach Nächten (S. 185). Relikte davon finden sich noch in einigen Gebieten, wo **nächt/nacht** für 'gestern' oder 'gestern abend' gilt. Da es sich in letzterer Bedeutung auf die Nacht bezieht, ist es hier auch noch sehr viel weiter verbreitet. Ebenso zeugt das **heit/heint**-Gebiet (im Schwäb. ist das n unter Nasalisierung des Vokals geschwunden) für 'heute' von der alten Formel *hiu nachtu 'diese Nacht', d. h. 'heute'.

Heute gehört etymologisch zur Formel *hiu tagu 'dieser Tag' zu ahd. *hiutu*. Während **gestern** in wechselnden Lautungen das ganze deutsche Sprachgebiet einnimmt, wird 'heute' im Nordwesten durch präpositionale oder pronominale Bildungen ausgedrückt: **dündag** und **vandage,** die aber beide schon so nahe zusammengerückt sind, daß sie als Adverbien empfunden werden. Dies ist mit ein Grund dafür, daß **vandage** einen sehr viel größeren Raum hat halten können und auch sehr viel weniger gefährdet ist als die parallele Bildung **vant Jahr** 'dies Jahr'.

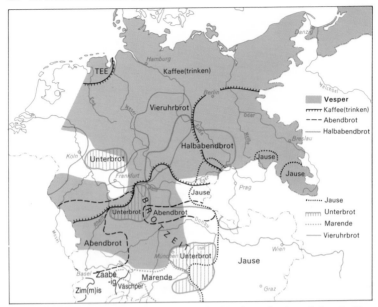

Die Bezeichnungen für die Nachmittagsmahlzeit in den Mundarten des ehem. dt. Sprachgebiets

Die Bezeichnungen für *Nachmittag* in den Mundarten des ehem. dt. Sprachgebiets

Tageszeiten

Die Germanen gliederten ihre Zeit nach dem Umlauf des Mondes. Zeitangaben geschahen nach dem Stand des Mondes, nach Voll- oder Neumond. Die Tage zählten sie nach Nächten. Unser *Weihnachten, Fastnacht,* engl. *fortnight* (= Zeitraum von 14 Tagen) und schwäb. alem. *heint* 'heute' (aus ahd. *hiu nachtu* 'diese Nacht') sind sprachliche Zeugen dieses Brauches.

Den Tag verstanden die Germanen als Zwischenraum zwischen zwei Nächten und bezeichneten ihn mit *untern,* was im Ahd. 'zwischen' (räuml. und zeitlich) bedeutet. Die Nächte wurden punktuell gesehen. Die Zeit schrumpft im Schlaf zu diesem Punkt zusammen. Später wurde der Gebrauch von *untern* auf einzelne Teile des Lichttages oder sogar auf Mahlzeiten, die während einer bestimmten Tageszeit eingenommen wurden, eingeschränkt.

Unsere heutige Tages- und Zeiteinteilung wurde uns von den Römern und dem Christentum vermittelt. Sie stammt letztlich von den vorderorientalischen Völkern, bei denen die Astronomie bereits eine große Höhe erreicht hatte.

Die Juden zählten die Nacht zum darauffolgenden Tag: der Sabbat dauerte von Freitagabend bis Samstagabend (vgl. unseren Heiligabend). Die Griechen und Römer aber rechneten die Nacht noch zum vorigen Tag, der neue Tag begann am Morgen in der Frühe. Das Auspizienwesen (die religiöse Beobachtung von Vorzeichen) aber ließ eine andere Einteilung notwendig werden: diese religiöse Einteilung von Mitternacht bis Mitternacht wurde von den Juristen später übernommen.

Im Christentum stießen alle drei Einteilungsarten aufeinander: die römische des Alltagslebens und die römisch-juristische, die schon in der Antike miteinander konkurrierten, und als dritte die jüdische. Erstere war auch noch bis ins 15. Jh. bei uns am weitesten verbreitet.

Den Ausschlag für die heutige Zählung von Mitternacht bis Mitternacht gaben die zu Beginn der Neuzeit sich entwickelnde naturwissenschaftliche Astronomie und die damit verbundene Entwicklung der Schlaguhren (Schlaguhr: Uhr + Glocke) in den Städten. Damit wurde das Wort *Tag* doppeldeutig. Es bezeichnete einmal einen Zeitraum von 12 Stunden (= Tag im engeren Sinne) und außerdem noch einen Zeitraum von 24 Stunden (= Tag + Nacht).

In Griechenland und Rom wurde der Lichttag in 4 Teile geteilt: die Einschnitte wurden um 9 Uhr (*hora tertia* 'die dritte Stunde'), um 12 Uhr (*hora sexta* 'die sechste Stunde'), um 15 Uhr (*hora nona* 'die neunte Stunde') gemacht. *Mane* (6 Uhr) bedeutete den Beginn des Tages, den Morgen, *vespera* (18 Uhr) das Ende des Tages, d. h. den Beginn der Nacht. Die Christen hielten sich an diese Tageseinteilung auch bei ihren Gebetszeiten. Tageseinteilung und Essenszeiten stehen eng miteinander in Beziehung, die Essenszeiten gliedern den Tag. Deshalb nimmt das Essen oft den Namen der Zeit an, zu der es eingenommen wird, oder die

Tageszeit wird nach dem Mahl bezeichnet. Bei den Germanen waren zwei Mahlzeiten am Tag üblich, wobei die Hauptmahlzeit auf den Abend fiel. Die Klöster führten das mittägliche Essen ein. Und erst die verfeinerte regelmäßige Lebensweise der Städter im 13. Jh. gestattete auch Zwischenmahlzeiten am Vormittag und am Nachmittag.

Tag hängt mit einem idg. Wort zusammen, das 'Hitze', 'Brand' bedeutet haben muß; vgl. aind. *dáha* 'Brand', lit. *dâgas* 'Sommerhitze'.

Nacht, aind. Bezeichnung für die lichtlose Zeit zu lat. *noct-,* aind. *nak(t)-.*

Abend ist urverwandt mit griech. *epí* 'auf', *epithe* 'spät', 'hinten', und bedeutete zunächst den hinteren Teil des Tages.

Morgen. Dieses Wort ist zu einem idg. Verbalstamm **mer-* zu stellen, der so viel wie 'flimmern', 'funkeln' bedeutet.

Ucht ist die alte Bezeichnung für die Morgendämmerung, den Tagesanbruch und die frühe Morgenzeit. Got. *ûhtwo,* ahd. *uohta,* mhd. *uhte, uohte* bedeuten alle 'Morgendämmerung'. Im Ostfries., Niedersächs. und Westfälischen ist es heute noch in dieser Bedeutung vorhanden, ferner im Alem. in der Bed. 'Nachtweide'. Es ist eine Form, die aus der Schwundstufe der idg. Form **nokt-* (vgl. *Nacht)* abgeleitet ist.

Reflexe der römisch-christl. Tageseinteilung sind auch heute noch vorhanden: Im Englischen lebt die *hora nona* als *noon* 'Mittag', *afternoon* 'Nachmittag' weiter. In **Vesper** (meist: 'Vor- oder Nachmittagszwischenmahlzeit'), *vespern* 'ein kleines Mahl einnehmen' ist die *hora vespera* noch enthalten. Dieser ursprüngliche Zeitbegriff nahm die Bedeutung der Mahlzeit an, die zu dieser Zeit gegessen wurde, nachdem die Vesper als christliche Gebetszeit im Laufe des Mittelalters aus praktischen Gründen in den Vormittag hinein verlegt worden war. Derselbe Vorgang liegt vor bei Bildungen wie »das Neune nehmen«, »zu vier Uhr essen«, die im dt. Sprachgebiet häufig sind. Diese Worte können aber erst nach der Einführung der Stundenuhr entstanden sein.

Das tirolerische **Marende** ist zu lat. *merere* 'verdienen', 'erwerben' zu stellen; *merenda* bezeichnete in Rom eine Mahlzeit.

Das vor allem österreichische **Jause** ist im 15. Jh. aus dem Slawischen entlehnt. Slow. *júžina* 'Mittagessen' zu aslaw. *jugŭ* 'Süden', 'Mittag', 'Südwind'.

Mittag ist eine zusammengesetzte Bildung von Adj. und Substantiv; ahd. *mittitag,* mhd. *mittetac* und flektierte Formen *nach mittem tag* (um 1350) zeigen das. Die Akzentverhältnisse vor dem Zusammenrücken zeigen z. B. die alemann. Mundarten: *mitåg.* Die Zwischenzeit zwischen Mittag und Abend bezeichnet im Hochdeutschen der *Nachmittag.* Regional verschieden wurde der Geltungsbereich von *Mittag* ausgedehnt, bzw. der von *Abend* nach vorne gezogen.

Die Bezeichnungen für *Sonnabend/Samstag* in den Mundarten des ehem. dt. Sprachgebiets

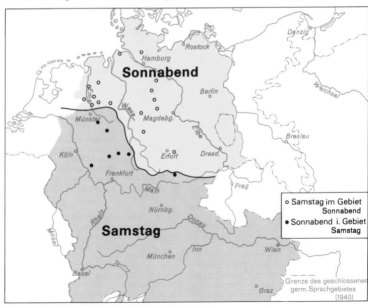

Die Bezeichnungen für *Sonnabend/Samstag* in den dt. Umgangssprachen

Die Bezeichnungen für *Dienstag* im Süden des dt. Sprachgebiets

Wochen- und Festtage

Die Einteilung des Jahres in Monate und Wochen zu sieben Tagen war in den alten oriental. Hochkulturen entstanden. Bei den Babyloniern wurden die Wochentage den sieben Planetengöttern zugeordnet. Über die Griechen und Römer kamen sie zu den Germanen.

Denn was den Babyloniern ihr Gott Marduk, war für die Griechen Ares, für die Römer Mars und für die Germanen Ziu, ihr Gott des Krieges. Aus dem lat. *marti-dies* (vgl. frz. *mardi*, it. *martedi*) wurde ein germ. ahd. *zīostag* (vgl. engl. *tuesday*). Die Göttin der Liebe war in Babylon die Astarte, in Griechenland die Aphrodite, in Rom die Venus (vgl. frz. *vendredi < Veneris dies*), bei den Germanen Freya (dt. *Freitag*).

Montag ahd. *mānatag*, ags. *mōn(an)dæg*, anord. *mānadagr*, ist der Tag des Mondes, lat. *dies lunae* (frz. *lundi*, it. *lunedi*), griech. *hēméra Selénēs*. Dieses Wort ist allen nord- und westgerm. Sprachen gemeinsam und wurde sogar früh ins Finnische als *maanantai* entlehnt.

Dienstag. Dem römischen Kriegsgott Mars entsprach der germ. **Tīwaz*, ahd. *Ziu*, ags. *Tīw*, anord. *Tȳr*, etymologisch der alte Gott des Himmels, griech. *Zeus*, lat. *Diēspiter*, *Jupiter* (vgl. lat. *deus* 'Gott', *dīvus* 'göttlich', aind. *dyáus* 'Himmel', 'Tag'). Die übliche Lehnübersetzung ergab einen anord. *tȳrsdagr*, ags. *tīwesdæg* (engl. *tuesday*) und einen auf. *zīostag*, der heute nur mehr im alemann. *Ziestag* vorhanden ist (die Formen *Zinstag* und *Ziischtig* sind spätere Anlehnungen an *Zins* 'Steuer').

Der niederrhein. Beiname des Kriegsgotts, *Thingsus*, gibt mnl. *dinxendach*, nl. *din(g)sdag*, den Namen, der sich von dort aus den größten Teil des dt. Sprachgebietes erobern kann und als *Dinstag* bei Luther ins Nhd. eingeht.

Im Bairischen kommt eine andere Gottheit zum Zuge: der griechische Ares, der nur über die Goten (S. 69) zu den Baiern gekommen sein kann. Die arianischen Goten werden wahrscheinlich an ihren Bischof Arius († 336) gedacht haben: deshalb war eine Übersetzung des urspr. Götternamens gar nicht nötig. So kommen wir auf abair. *erintag*, heute *Ertag* oder *Erchtag*. Zwischen das *Ertag-* und *Ziestag-Ge*

biet schiebt sich der *Aftermontag*. Die Bildung ist durchsichtig (vgl. engl. ahd. *after* 'nach', 'hinter') 'der Tag nach/hinter dem Montag'. Sie geht sicher auf die Geistlichkeit des Bistums Augsburg zurück, da sich das *Aftermontag*-Gebiet auch heute noch weitgehend mit dem Gebiet des Bistums deckt. Es sollte damit die Erinnerung an den heidnischen Gott Ziu ausgelöscht werden.

Vor dem gleichen Hintergrund entstand **Mittwoch.** Er tritt spätahd. als *mittawëhha* zuerst auf, übersetzt das kirchenlateinische *media hebdomas* und ersetzt die alte germ. Lehnübersetzung, die in ags. *wōdnesdæg*, (engl. *wednesday*), anord. *odinsdagr*, afries. *wōnsdei* vorliegt. Vorbild ist der lat. *Mercurii dies* (ital. *mercoledi*, frz. *mercredi*). Nur im Nordwesten hat sich noch die alte heidnische Bezeichnung durchsetzt (mit einem unerklärten *g: gudenstag*).

Donnerstag. Hier hat sich außerbairisch der Gott Donar halten können: ahd. *donares tag*, ags. *puuresdæg* (vgl. engl. *thursday*), anord. *pórsdagr* führen auf germ. *ponares dag* zurück. Der Wettergott Donar ersetzt Jupiter-Zeus (vgl. lat. *Jovis dies*, frz. *jeudi*, gr. *hēméra Diós*). Im Bair. gilt *Pfinztag*, das aus griech. *pémptē hēméra* (= der 5. Wochentag) abzuleiten ist.

Freitag ist lat. der Tag der Venus (*Veneris dies*). Die germ. Freya entspricht ihr auch etymologisch, denn beide sind verwandt mit aind. *priyá* 'Geliebte' (vgl. nhd. *freien* 'heiraten'). Ahd. *fria-*, *frĳetag*, ags. *frīgedæg*, altisl. *frīadagr*. Auch hier geht der Altbair. mit dem Got.-Griech.: altbair. *pferintag* stammt aus griech. *paraskeúē* 'Rüsttag', 'Vorbereitungstag' (auf den Sabbat). Heute ist der Ausdruck nicht mehr vorhanden.

Samstag/Sonnabend. Diese beiden Ausdrücke sind gleichermaßen hochsprachlich, je nach Region wird einem von ihnen der Vorzug gegeben. *Sonnabend* ist etymologisch durchsichtig: ahd. *sunnūn āband* ist der Abend vor dem Sonntag, dessen Bezeichnung sich auf die Benennung des ganzen Tages ausdehnte, wobei es sich hier um eine Klammerform handelt: Das mittlere Glied *-tag-* ist ausgelassen. Der *Samstag* ist vom Griechischen über die Donaustraße ins Bair. gedrungen und hat von da aus das hochdeutsche

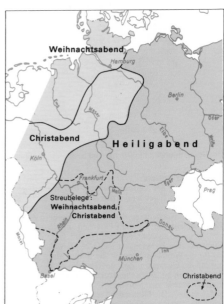

Die Bezeichnungen für *Ostern*

Die Bezeichnungen für *Heiligabend*

Die Bezeichnungen für *Werktag* in den Mundarten des ehem. dt. Sprachgebiets

Zu den Bezeichnungen für *Mittwoch* (oben) und *Donnerstag* (unten)

Gebiet erobert: Die vulgärlat. Form *sambati dies* ist zu jung, um als Vorform der deutschen in Betracht zu kommen. Vulgärgriech. *sámbaton* ergibt mit analog zu den anderen Wochentagen gebildeter Endung ahd. *sambaztag*.

Der lat. *Saturni dies* liegt dem *Satertag* im Nordwesten des deutschen Sprachgebiets zugrunde. Urkundliche Belege zeigen die einstige weitere Verbreitung des Wortes. Aus diesem Gebiet enger rom.-germ. Verflechtung dürfte das Wort ins Englische entlehnt worden sein: aengl. *sæterndæg* (engl. *Saturday*). Daneben ist aber auch aengl. *sunnanæfen* bezeugt, nach dessen Vorbild im Gefolge der angelsächs. Mission das deutsche *Sonnabend* gebildet sein dürfte. Wir sehen in den bairischen Sonderformen für *Dienstag*, *Donnerstag* und *Freitag* die heidnischen Götter eliminiert. Für den Dienstag kann *Ares* als *Arius* interpretiert werden. Hier wird kirchl. Bemühen und got.-arian. Einfluß (S. 69) in der bair. Frühzeit offenbar. Auch *Samstag* wird so ins Dt. eingedrungen sein.

In den deutschen Umgangssprachen wird *Satertag* praktisch nicht mehr verwendet. Das zeigt die Karte S. 186 u. ganz klar. *Samstag* und *Sonnabend* stehen sich alleine gegenüber, wobei der *Samstag* sich 1970 schon weiter nach Norden ausgebreitet hat, als es bei der ca. 1940 erhobenen dialektalen Basis der Fall ist. Nach der Vereinigung der beiden deutschen Staaten bleibt abzuwarten, ob dieser Trend weiterbesteht, oder ob sich der »Rückhalt«, den *Sonnabend* durch den östlichen Gebietszuwachs bekommt, dahingehend auswirkt, daß die Übernahme des Wortes *Samstag* in Niedersachsen gestoppt wird.

Sonntag entspricht lat. *dies solis*, griech. *hēméra hēlíou* ʼTag der Sonne': ahd. *sunnūn tag*, ags. *sunnandæg* (engl. *sunday*), anord. *sunnu(n) dagr*. Die Entlehnung muß vor dem 4. Jh. voll-

endet gewesen sein, denn damals wurde *dies solis* durch *dies dominica* verdrängt (vgl. it. *domenica*, frz. *dimanche*), das (ahd. *frōntag* ʼTag des Herrn') sich aber nicht durchsetzen konnte.

Pfingsten ist wiederum griech. Ursprungs, griech. *pentēkostē̂* (*hēméra*) ʼder fünfzigste' (Tag nach Ostern) wird im Got. zu *paíntēkustē̂*, das sich im Deutschen durchsetzen kann. Ahd. (alem.) *fona fimfchustim*, afries. *pinkostra*, anord. *pikkisdagar*, ags. *pentecosten*.

Weihnachten ist wie *Ostern* und *Pfingsten* ein erstarrter Dativ Plural; mhd. *ze den wîhen nahten* ʼin den heiligen Nächten' ist in der 2. Hälfte des 12. Jhs. erstmals belegt. Im Nl. gelten Bildungen mit *kerst*-(ʼChrist'), ebenso in Teilen des Md.

Das pommersche *Jul* ist aus dem Schwedischen übernommen. Dort lebt noch die alte germ. Bezeichnung für das Fest zur Wintersonnenwende: anord. *jól*, aengl. *geohhol*, *gēol* ʼJulfest', dän. und schwed. *jul* ʼWeihnachten'.

Ostern ahd. *ōstarūn*, ags. *ēastron* beruht auf den Namen der germ. Göttin des Frühlings *Austrō (zu aind. *usrā* ʼMorgenröte', vgl. lat. *Osten*, lat. *Aurora*). Ostern ist das Wort des Südens, das sich immer mehr gegenüber nördlichem *Paschen* durchsetzen konnte, welches im Spät-MA. noch nördlich der Linie Trier-Halle-Magdeburg zu belegen ist. *Paschen* stammt aus dem kirchenlat. *pāsca*, das wiederum aus dem Hebräischen stammt (Paschafest), vielleicht auch gestützt durch lat. *pascua* ʼWeide'.

Interessant ist der Gegensatz innerhalb Europas. Deutschland und England behalten das alte germ. Wort *Ostern/Easter*, sonst hat sich das Romanische durchgesetzt: asächs./afries. *pāscha*, anord. *pāskar*, got. *paska*, frz. *Pâques*, it. *Pasqua*, nl. *Pāsen*, dän. *Pāske*.

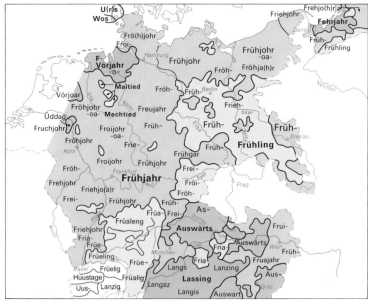

Die Bezeichnungen für *Frühling* in den Mundarten des ehem. dt. Sprachgebiets

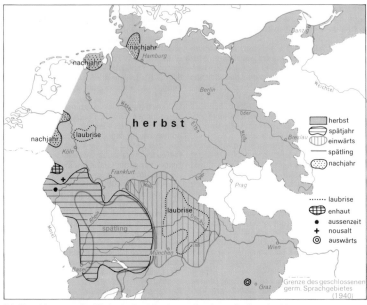

Die Bezeichnungen für *Herbst* in den Mundarten des ehem. dt. Sprachgebiets

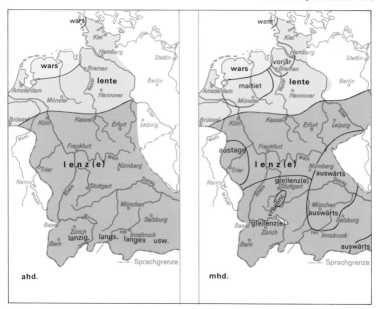

Die Bezeichnungen für *Frühling* in althochdeutscher und mittelhochdeutscher Zeit

Namen der Jahreszeiten

Die Germanen unterschieden nur zwischen Winter und Sommer; auch einen Begriff für das Jahr hatten sie ursprünglich wahrscheinlich nicht. Die Zeit wurde vor allem nach Wintern berechnet. Diese beiden Begriffe sind im Germ. auch synonymenlos geblieben: Sie gelten auch heute noch in allen germ. Sprachen und Mundarten.

Ähnlich zeigen im Romanischen diese beiden Begriffe ungleich weniger Synonyme als Frühling und Herbst. In Spanien aber gibt es sogar 5 Jahreszeiten: der Frühling wird in *primavera* und *verano* unterteilt. Tacitus scheint uns ein Zwischenstadium um Christi Geburt zu überliefern, indem er berichtet, daß die Germanen keinen Herbst kennen. In Teilen Schwedens haben die Mundarten bis heute noch kein Wort dafür. Bei einem viehzüchtenden Volk spielt der Herbst eine untergeordnete Rolle. Er wird erst bedeutend mit Obst- und Weinbaukulturen, wo z. B. in Südwestdeutschland auch die Weinlese selbst mit *Herbst, herbsten* bezeichnet wird.

Die beiden ältesten Bezeichnungen für den Frühling sind nur noch in Randgebieten vertreten:

Lenz, *Langis, Lanzig* (u. a. in Tirol) liegen ahd. *lenzo, langez* (aus *langto*) zugrunde. As. *lentin*, ags. *lencten* (aus *langtin*) führen auf eine germ. Zusammensetzung *langat-tin*. Got. *sinteins* 'täglich', aind. *dina,* aslaw. *dĭnĭ* »Tag« lassen

erkennen, daß im nhd. *Lenz* urspr. der länger werdende Tag bezeichnet wurde. Es ist das einzige Wort, das in ahd. Quellen erscheint.

Wos, *U(r)s,* nur noch in Resten im Nordfriesischen vorhanden, war ehemals weiter verbreitet. Das Wort ist zu afries. *wars,* anord. *vár,* schwed. *vår,* lat. *vēr,* griech. *éar,* awest. *vanri* 'Frühling', lit. *vasarà,* aslaw. *vesna* 'Sommer' und zu einer Wurzel idg. **ves-* 'leuchten' zu stellen; auch hier ist der länger werdende Tag das Benennungsmotiv.

Auswärts. Obwohl dieses Wort nicht vor dem 17. Jh. belegt ist, muß es sehr viel älter sein, da z. B. die Iglauer Sprachinsel, die im 13. Jh. von der Oberpfalz her (die heute noch *Auswärts* besitzt) besiedelt wurde, dieses Wort verwendet. Die Vorstellung, die hinter dieser Bildung steht, spiegelt sich in der mundartlich verbreiteten Redensart »das Jahr geht auswärts« oder »es geht auswärts«, wenn es Frühling wird, oder »es geht einwärts« (gegen den Winter). Entsprechend heißt der Herbst *Einwärts.*

Frühjahr steht im Gegensatz zu *Spätjahr* 'Herbst' und tritt erst im 17. Jh. auf. Es beruht wie **Vorjahr** und **Frühling** (gg. *Spätling* 'Herbst') auf der Annahme, im Frühling bzw. Sommer erst beginne das eigentliche Jahr. *Frühjahr* ist erst Ende des 17. Jhs. belegt und dürfte kaum viel älter sein; seitdem aber hat es sich in einem großen Teil des dt. Sprachgebiets ausgebreitet. Bei **Maitiet** ('Maizeit') hat der Monatsname *Mai* Pate gestanden.

Forts. S. 209

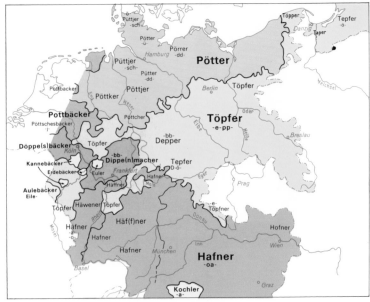

Die Bezeichnungen für *Töpfer* in den Mundarten des ehem. dt. Sprachgebiets

Die Bezeichnungen für *Klempner/Spengler* in den Mundarten des ehem. dt. Sprachgebiets

Die Bezeichnungen für *Böttcher* in den Mundarten des ehem. dt. Sprachgebiets

Töpfer

ist nach seinem Produkt benannt (S. 228). Häufige *Töpfer*-Meldungen im Süden sind durch das Eindringen der hochsprachlichen Bezeichnung für einen aussterbenden Beruf bedingt. Die Herstellung von Tongefäßen für den täglichen Gebrauch war schon um 1900 so weit konzentriert und auf einzelne Regionen beschränkt, daß es in vielen Gegenden überhaupt keine Töpfemacher mehr gab. Der **Hafner** war dort in erster Linie der Handwerker, der die Kachelöfen baute. Das im Süden noch vorhandene Wort **Kachler** zeugt von dieser Verbindung. Es gehört zu *Kachel* 'irdener Topf' ahd. *chachala*, vor der 2. Lautverschiebung aus dem Oberitalienisch-romanischen entlehnt; zu lat. *cac(c)abus*, vulgärlat. **cac(c)ulus*. Das Wort dürfte einst weiter verbreitet gewesen sein, und zwar wird es durch den seit dem 13. Jh. von Süden nach Norden vordringenden Kachelofen, der den gemauerten Lehmofen ersetzt, nach Norden getragen (vgl. *Topf*, S. 228).

Böttcher

Auch beim Böttcher hat vor allem sein Produkt namengebend gewirkt. *Böttcher* gehört wie **Böttner, Büttner** zur Gefäßbezeichnung *Bütte, Butte* (ahd. *butin(na)* aus mlat. *butina*). Die Verknüpfung von *Böttcher* mit *Bottich* (zu ahd. *botahha* aus mlat. *butica* 'Kübel') dürfte erst sekundär sein, da bei *Böttcher* wahrscheinlich das mnd. Handwerkersuffix *-ker* zu mnd. *bödde* 'hölzerne Wanne' (entspricht hd. *butte, bütte*) gefügt wur-

de. **Fasser** zu *Faß* (ein Wort, das im Germ. und auch im Idg. Entsprechungen hat), **Schäffler** zu *Schaff* (ahd. *skaph, skaf,* 'Gefäß für Flüssigkeiten', hängt mit dem nhd. Verbalstamm *schaffen* zusammen). **Küfer/Küper** zu *Kufe* 'Gefäß' (ahd. *kuofa* zu mlat. *côpa*).
Nur **Binder** leitet sich von der Tätigkeit des Böttchers ab, wenn er die einzelnen Bretter zum Gefäß zusammenfügt. *Faßbinder* ist eine jüngere Ableitung zu *Binder*. **Wa(h)ner** dürfte zu nhd. *Wanne* zu stellen sein (zu lat. *vannus* 'Getreide', 'Futterschwinge'). **Tünnenbüker** ist eine Zusammensetzung aus einem Wort, das nhd. *Tonne* entspricht und einer Form von *Böttcher*. *Tonne* ist ein urspr. kelt. Wort, das über das Lat. eingedrungen ist.

Klempner

hängt mit dem Verb *klempern* ('Blech auf dem Amboß schlagen') zusammen, **Spengler** ist von *Spange* abgeleitet. Er machte früher auch die Kleiderspangen und die Beschläge der Schilde und Helme. **Blickenschläger** ist nur nd. und entspricht hd. *Blechschläger* (zu mnd. *blik* 'Blech'). **Pootch** in der Pfalz gehört zu frz. *le pot* 'der Topf'.
In den Umgangssprachen des Südens und Westens (Umgangssprache: Schweiz) werden die jeweiligen Dialektwörter heute durch *Installateur* ersetzt. Das Wort ist eine Scheinentlehnung des 20. Jhs., weil es im Französischen in dieser Bedeutung nicht vorhanden ist.

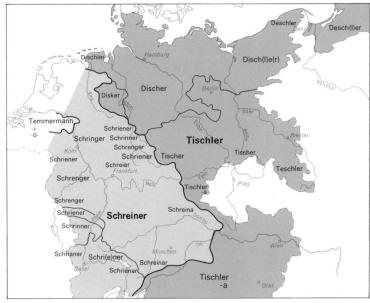

Die Bezeichnung für *Tischler/Schreiner* in den Mundarten des ehem. dt. Sprachgebiets

Die Bezeichnungen für *Wagner/Stellmacher* in den Mundarten des ehem. dt. Sprachgebiets

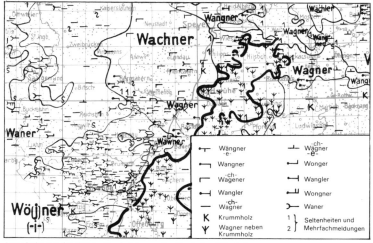

Ausschnitt aus der Originalkarte *Wagner* des Deutschen Wortatlas

Schreiner/Tischler

In ahd. Zeit bestand auch in den Städten noch der allergrößte Teil der Gebäude aus Holz. Sie wurden samt ihrer Einrichtung von der Berufsgruppe der Zimmerleute (ahd. *zimbar* 'Bauholz') hergestellt. Heute ist dieses Handwerk im wesentlichen dreigeteilt: der *Zimmermann* fertigt den Dachstuhl an, der *Bauschreiner* Fenster, Türen, Treppen und der *Möbelschreiner* die Zimmereinrichtung.

Fürs Mittelalter ist seit dem 12. Jh. mit dem Aufkommen einer anspruchsvolleren städt. Wohnkultur mit der Abspaltung eines eigenen Handwerkszweiges, der die Möbel herstellt, zu rechnen. Je nach charakterist. Möbelstücken wurde er benannt. **Tischer** ist Ende des 14. Jhs. in Breslau zuerst belegt, **Tischler** (zuerst Wien Mitte 15. Jh.) hat sein *l* analog zu Nomina agentis, deren Grundwort schon ein *l* besitzt, z. B. *Bettler* zu *betteln*, *Sattler* zu *Sattel*.

Schreiner ist im Oberdeutschen seit dem 13. Jh. nachweisbar. Es ist von *Schrein* abgeleitet, das als mhd. *schrîn* ein Möbel wie eine Kommode oder Truhe bezeichnete. Es ist als kirchliches Gerät entlehnt aus lat. *scrinium* 'runder Behälter zum Aufbewahren von Papieren, Büchern, Salben'; im Ahd. als *scrîni* belegt. **Kistler** (schon im 12. Jh. belegt) zu lat. *cista* 'Lade', 'Schrank' dürfte das alte westobd. Wort für Schreiner gewesen sein, das bis ins 18. Jh. von *Schreiner* verdrängt wurde. Als Ursache dürfte die Bedeutungsverengung von *Kiste* (früher eher: 'Lade', 'Truhe') anzusehen sein. Nur in einem Gebiet Oberbayerns ist es noch in der Bed. 'Schreiner' vorhanden. **Kistenmacher** ist das alte nd. Wort. Ihm erwächst im 15. Jh., als Reliefschnitzereien an Möbeln auftauchen, in **Schnitker** ein Konkurrent, bis beide von *Tisch-*

ler verdrängt werden. Im Nordwesten hat sich in **Timmermann** das ahd. Wort noch halten können.

In den Umgangssprachen dringt *Tischler* langsam von Norden vor. Im Süden bildet sich an der dt.-österreichischen Landesgrenze eine neue Sprachgrenze.

Wagner/Stellmacher

Süddt. **Wagner** (ahd. *waginari*) mit seinen vielen regionalen Varianten ist abgeleitet vom Produkt. Das im Norddt. entsprechende Wort ist **Wegener**, das im späten Mittelalter dort noch im ganzen Bereich nachzuweisen ist (mnd. *wegener*). Daneben entwickeln sich aber auch schon die Formen, die heute die regionale norddt. Synonymik bestimmen.

Stellmacher wird heute in Hd. neben *Wagner* gleichberechtigt gebraucht. Das Wort hat sich vom Ostmitteldeutschen aus verbreitet. Er war der Handwerker, der das 'Fahrgestell' des Wagens machte (zu mhd. *stelle* 'Gestell'). Den Aufbau (Leitern bzw. Bretter) stellte der Bauer selbst her. Der Unterwagen hieß und heißt *Stell*, das aus *Vorstell* und *Hinterstell* besteht.

Es gab Gegenden, in denen der Bauer den ganzen Wagen selbst herstellte oder nur die schwierigsten Teile von einem Spezialisten anfertigen ließ. Auf solchen Brauch dürften die folgenden Bezeichnungen zurückgehen. **Radmacher** mit seinen Formen *Ramaker*, *Reker* (mnd. *rademaker*); fries. **Weelmaaker**, **Wellmager** (vgl. engl. *wheel*) auf das gleiche Wurzel und dänischen Einfluß geht *Juler* zurück (vgl. mnd. *wêl*, anord. *hvêl*, *hjôl*, ags. *hwêol*, afries. *fiel* 'Rad').

Der **Achsmacher**/*Asser* machte wahrscheinlich nicht nur die Achsen, sondern auch Räder.

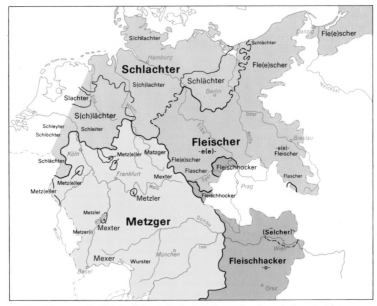

Die Bezeichnungen für *Fleischer/Metzger* in den Mundarten des ehem. dt. Sprachgebiets

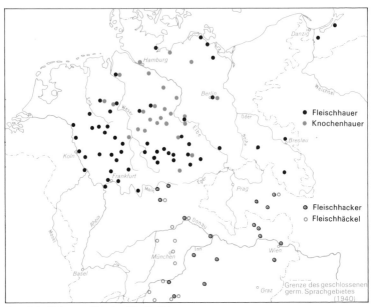

Historische Belege zu *Fleischer* (13.–15. Jh.)

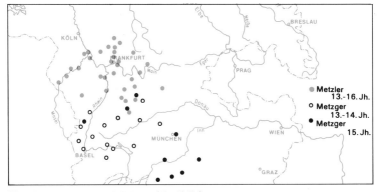

Historische Belege zu *Metzler/Metzger* (13.–16. Jh.)

Bei **Krummholz** im Elsaß und in Baden ist ein kennzeichnender Übername zur Berufsbezeichnung geworden. Der *Wagner* hat es im Gegensatz zum *Schreiner* meist mit Hartholz und meist mit krummem Holz zu tun. In Süddeutschland z. B. machte er auch den Schlitten, Stiele für Beil und Schaufel sowie die Breche für den Flachs.

Fleischer

Das Fleischerhandwerk zeigt schon früh Spezialisierung und Differenzierung. Denn besonders bei Großvieh war es bei den schlechten Konservierungsmöglichkeiten früherer Zeiten (Einsalzen u. Räuchern) dem Verbraucher nicht möglich, das ganze Schlachttier selbst zu verwerten. In den Städten bildeten sich deshalb schon früh Handwerker heraus, die Vieh aufkauften, töteten, verarbeiteten und verkauften.

Diese verschiedenen Tätigkeiten wurden mit der Einrichtung von städtischen Schlachthäusern seit dem 13. Jh. auch auf verschiedene Personen aufgeteilt, und es bildeten sich besonders in Norddeutschland verschiedene Handwerkszweige: der *Schlachter,* der *Küter* (Verarbeiter von Eingeweiden entspricht süddeutsch *Kuttler),* *Wurstmacher* (südd. *Wurster, Wurstler*). Der Einkauf der Tiere und der Verkauf der Waren blieb meist in einer Hand zusammen.

Schlachter/Schlächter ist eine Ableitung von ahd. *slahtōn* mit dem Suffix *-āri* (S. 51). Ahd. *slahtāri* ist noch keine Berufsbezeichnung, es bedeutet noch 'Zerfleischer'. Im Mhd. kommt das Wort nur in Zusammensetzungen vor: mhd. *manslachter* 'Mörder' läßt die ursprüngliche Bedeutung von *slahten* noch aufscheinen, nämlich: 'töten'. Bei mhd. *vleischslachter* tritt die Berufsbezeichnung in den Vordergrund. So weit aus mittelalterlichen Quellen erkennbar ist, bezeichnete *Schlachter* ursprünglich den Berufszweig auf dem Lande (wo es mehr Hausschlachtungen gab), in Hamburg und Lübeck den Hausschlächter im Gegensatz zum *Knochenhauer,* der seine Ware auf dem Markt verkaufte. Das erklärt auch, daß *Schlachter* nur ganz selten Bestandteil eines Straßennamens ist. Das Wort *Schlachter* ist als Entlehnung in nordische Sprachen eingegangen (norw. *slakter,* schwed. *slaktare,* lett. *slakteris*). Das heutige geschlossene *Schlachter*-Gebiet in Norddeutschland ist Ergebnis eines soziologischen Aufstiegs dieses Wortes bei gleichzeitiger Verdrängung des älteren *Knochenhauer* in den Städten.

Metzler ist auf lat. *macellarius* 'Fleischhändler' (zu *macellum* 'Fleischmarkt') zurückzuführen. Das Wort ist heute nur noch in wenigen Inseln vorhanden; sein Zentrum dürfte im Rheinfränk. gelegen haben, von wo aus es sich auf Kosten des älteren *Fleischhauer* ausdehnte.

Metzger ist etymologisch umstritten; daß ihm das lat. *macellum* 'Fleischmarkt' in irgendeiner Form zugrunde liegt, ist aber wahrscheinlich. Einleuchtend ist eine Herleitung über ein **maceum* zu mhd. *metzje* 'Fleischbank', wovon *metzjer, metzger* gebildet sein könnte. Das Wort *Metzger* war im 14. Jh. noch ganz auf das Alemannische beschränkt. Es dehnt sich in der Folgezeit aber stark nach N und O aus. In Frankfurt z. B. wechseln die Zunfturkunden im 16. Jh. von *Metzler* zu *Metzger.* Im O verdrängt es das ältere *Fleischhacker.*

Fleischhauer, Knochenhauer war ursprünglich übers ganze mitteldeutsche Gebiet verbreitet, kommt heute aber nur mehr vereinzelt vor. Genauso gebildet ist **Fleischhacker,** das sich im Südosten noch halten konnte.

Fleischer ist das Wort des mittel- und norddt. Ostens, heute das offizielle Wort des Metzgerhandwerks.

Das ganze Synonymenfeld überblickend läßt sich sagen, daß hier i. d. R. die zusammengesetzten Bildungen von einfachen verdrängt wurden: Trend zur Ökonomie.

In den Umgangssprachen dringt im Westen *Metzger* nach Norden vor; *Fleischer* verdrängt *Schlachter* in Mecklenburg sowie im südlichen Niedersachsen.

Die Bezeichnungen für *pflügen* in den Mundarten des ehem. dt. Sprachgebiets

Die Bezeichnungen für *Peitsche* in den Mundarten des ehem. dt. Sprachgebiets

Peitsche/Geißel

Die Germanen hatten als Zugtiere in der Regel Ochsen, das Pferd diente vor allem als Reittier. Das Antriebsinstrument für die Ochsen war der *Gart* (zu *Gerte*), ein (Holz-)Stecken mit einer Eisenspitze. Die Peitsche des Wagenlenkers hatte beim Pferdegespann weniger die Aufgabe, die Tiere anzutreiben, als sie zu dirigieren. Sie hatte und hat auch heute noch einen langen Stiel.

Der Typ Peitsche, der uns in frühen Quellen und das ganze Mittelalter hindurch begegnet, ist kurzstielig, meist mit drei Strängen, ihrer Funktion nach Züchtigungspeitsche. Sie heißt im Süden **Geißel** (ahd. *geisila*, langobard. *gīsil* 'Pfeil', anord. *geisl* 'Schistab' deuten auf eine Ursprungsbed. 'Stecken', 'Stab') und im Norden **Schwepe** (aeng. *swipu*, mnd. *swēpe*, anord. *svipa* 'Geißel', nhd. *Schweif* deuten auf eine Wurzel mit der Bed. 'biegen').

Die Geißlerbewegungen des 13. und 14. Jhs. kasteien sich mit diesem Instrument; auch Christus wurde mit ihm ausgepeitscht. Damit gelangt *Geißel* in den Umkreis der religiösen und biblischen Sprache. Auch LUTHER verwendet es meistens, so daß es heute in der nhd. Schriftsprache als Züchtigungspeitsche ein Wort höherer Sprachschichten ist und häufig auch in übertragener Bedeutung gebraucht wird (*Geißel des Krieges, Geißel Gottes*).

Dies ist insbesondere im Norddeutschen der Fall, wo *Geißel* als reines Bücherwort keinen Rückhalt in der gesprochenen Mundart hat. Daß sich *Geißel* auf diesen engen Bereich einschränken kann, ist dank eines anderen Vorgangs möglich: Die mittelalterliche deutsche Ostsiedlung überschichtete in jenen Gebieten sitzenden slawischen Völker und nimmt von ihnen neben anderem aus dem Bereich des Fuhrwesens, worin die Slawen überlegen waren (z.B. *Droschke, Kalesche* und *Kutscher*), auch das Wort *Peitsche* (aus sorb. *biči* 'schlagen', spätmhd. *pītsche*, zuerst belegt im 14. Jh.) auf.

Damit stehen der Hochsprache zwei Wörter zur Verfügung, so daß sich die oben geschilderte Differenzierung ausbilden kann.

In den Mundarten spielen sich ähnliche Vorgänge ab. Das Kartenbild vermittelt den Eindruck, als seien z.B. im süddeutschen Raum *Peitsche* und *Geißel* synonym. Dies ist jedoch nicht immer der Fall. *Peitsche* als hochsprachliches Wort für das Instrument des Wagenlenkers konnte auch dort eindringen; es ist im 16. Jh. im obd. Raum schon so bekannt, daß die dortigen Bibelglossare es nicht nötig finden, das Wort zu erklären.

Das Ergebnis ist ebenfalls eine Bedeutungsverengung: Während *Geißel* z.B. im Schwäbischen das normale Gerät bezeichnete, wurde *Peitsche* das aus einem gespaltenen Stab geflochtene Instrument. Im Bairischen ist *Peitsche* das kunstvollere, z.T. aus Leder bestehende, die *Geißel* das gewöhnliche Gerät. Im westl. Niederdeutschen stehen das alte *Schwepe* und das neuere

Pietsch nebeneinander, wobei das letztere als höherwertig gilt.

Schmecke ist wie *Schmacke* und *Kletsch* ein Nomen, daß aus einem Verb abgeleitet ist (vgl. schlesw.-holst. *smacken* 'schnalzen', 'mit der Peitsche knallen').

Riemen ist als pars-pro-toto-Bezeichnung zweimal im dt. Sprachgebiet unabhängig voneinander entstanden.

Peitsche wurde nicht nur im Ostmd. entlehnt, sondern auch im bairischen Kolonialgebiet. Die Entlehnung ist nicht nur im Zusammenhang mit slaw. Fuhrmannskunst zu sehen, sondern steht auch im Zusammenhang westlicher Unterdrükkungstradition dem Ostvölkern gegenüber. Ist das deutsche Wort für den Sklaven (aus *Slawe*) noch durch romanische Vermittlung ins Germanische (deren altes Wort für die Slawen war *Wenden*) gekommen, so sind eine ganze Reihe anderer Ausdrücke für peitschenartige Züchtigungsinstrumente direkt übernommen: *Kantschu, Karbatsche, Knute*.

pflügen

Es gibt mindestens drei Arten des Pflügens, die z.B. der schwäbische Bauer folgendermaßen unterscheidet: *brachen, falgen* oder *schälen* für das flache Umbrechen gleich nach der Ernte, *äckern* für das tiefe Umpflügen im Frühjahr und *umbrechen* für das Umpflügen einer Wiese, die damit zum Acker wird. Die DWA-Karte bietet nur einen Überblick über die zweite Art, die beiden anderen sind leider nicht erhoben worden.

pflügen, das nhd. Wort, ist abgeleitet vom Substantiv *Pflug*. Es erscheint in dieser Form aber nicht auf der Karte, sondern nur in der unverschobenen nd. Form *plögen*.

Pflug ist als ahd./mhd. *pfluoc*, as. *plōg*, anord. *plōgr* belegt. Got. *hōha* und die ahd. Diminutiv *huohili* erinnern noch an die primitivste Form des Pfluges, den einfachen Asthaken. Sie sind mit aind. *śākhā* und lit. *šakà* 'Ast' verwandt.

Das entwicklungsgeschichtlich älteste Wort für 'pflügen' tritt uns relikthaft im Md. in **ehren** entgegen. Es gehört zu ahd. *erran*, got. *arjan*, anord. *erja*, ags. as. *erian* und zu lat. *arāre* 'pflügen', lat. *arātrum*, südostbair. *Arl* 'Pflug'. Ob es aus dem Lateinischen entlehnt ist, ist nicht mehr festzustellen. Bildungen mit *Acker* nehmen den größten Teil des süddt. Raumes ein. Sie haben das isolierte *er(re)n* verdrängt. Sie tauchen erst seit mhd. Zeit auf. Dabei dürfte **zackern** eine Mischform aus *zu Acker fahren* und *ackern* sein.

Bauen als das dritte Wort mit größerer Verbreitung bedeutet als ahd. *būan, būwan* noch 'wohnen', 'bewohnen', 'bebauen', 'pflanzen' und hat sich von daher auf 'pflügen' eingeschränkt. Ein vom ahd. Wort abgeleitetes Nomen agentis *bū(w)āri* ergibt die Berufsbezeichnung *Bauer* 'Landwirt'.

Die Bezeichnungen für *wiederkäuen* in den Mundarten des ehem. dt. Sprachgebiets

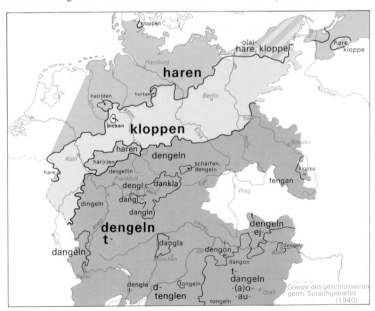

Die Bezeichnungen für *dengeln* in den Mundarten des ehem. dt. Sprachgebiets

Ausschnitt aus der Karte *wiederkäuen* (S. 200 oben)

wiederkäuen
nennt man das nochmalige Durchkauen der schwer verdaulichen pflanzlichen Nahrung von Rind, Schaf und Ziege. Wir haben es hier mit einer relativ geringen Anzahl von etymolog. Gruppen zu tun. Dafür sind diese (vor allem vom Hauptetymon ahd. *itaruchen*) vielfältig umgeformt und deformiert. 'Wiederkäuen' *itaruchen* war isoliert a) bedeutungsmäßig: es gab (ausgenommen an den Sprachgrenzen und mit dem heutigen Einfluß des Nhd.) keine Wörter mit gleicher Bedeutung; b) etymologisch: ahd. *itaruchen* ist eine Zusammensetzung, deren beide Teile im Laufe des MA. noch ausgestorben sind. Eine Anlehnung an die Simplicia ist deshalb nicht mehr möglich, außerdem werden die Bestandteile nicht mehr verstanden.
So zeigt die Typenkarte relativ großflächige Gebiete, der Ausschnitt (oben) die kleinräumige Deformation des Etymons.
Ahd. **itaruchen,** itarucken hat Verwandte in altnord. *jörtra* (aus *id-ruhtr*), aengl. *edreccan*. Es ist zusammengesetzt aus dem Präfix *ita-* 'wieder' (zu lat. *et* 'und', *iterum* 'wieder', griech. *éti* 'überdies', 'ferner', 'noch', got. *iþ* 'wieder'), das im 11. Jh. ausstirbt, und dem Grundwort *ruchen* aus *rukjan*, das schon im Ahd. nicht mehr alleine stehen kann. Es gehört zu einer idg. Wurzel *reug-* 'sich erbrechen', 'rülpsen', die auch in lat. *erugere, ructāre* 'rülpsen', 'ausspeien' vorliegt.
aderkauen, *ederkauen* (nd.) erscheint erst seit dem 15. Jh. in den Quellen, vorher galten Formen vom mnd. Typus *edericken,* das zu ahd. *itaruchen* zu stellen ist. Womit unsere Form als eine jüngere Umbildung zu verstehen ist, bei der Grundwort und Präfix – weil nicht mehr verstanden – falsch getrennt wurden. Das *r* von *ruchen* wurde zum Präfix gezogen.
wiederkäuen ist eine durchsichtige Bildung.
dauen, däuen, däuben (alem.) ist mhd. noch nicht in unserer Bedeutung belegt und geht zurück auf ahd. *douwen, dewen,* mhd. *douwen,* *döuwen,* was unserem nhd. 'verdauen' entspricht.
mäuen, *maien, maiben* im alemann. Raum ist etymologisch nur schwer zu deuten, da vergleichbare Wörter kaum vorkommen, weder in Quellen noch in rezenten Dialekten.
urkäuen (ostfränk.) ist eine alte Bildung aus dem Präfix *ur-* (aus germ. **us*, idg. **uds*, das in nhd. *Urlaub, Urkunde* noch vorliegt oder – abgeschwächt – im Präfix *er-* wie *erstehen, erlauben*). Seine Lautung bezeugt (obwohl es ahd. und mhd. nicht belegt ist) sein hohes Alter. Denn es muß schon gebildet gewesen sein, ehe im Germanischen der Akzent auf der ersten Silbe regelmäßig wurde (S. 45), sonst wäre die Vorsilbe zu *er-* abgeschwächt worden.
gramailen (tirolisch) wurde von den romanischen Vorbewohnern übernommen und gehört zu lat. *remagulāre* 'wiederkäuen'.
undarnen, *undarlen* (vorarlbergisch) zu ahd. *untarn* 'Mittag', mhd. *untern* 'Mittag', 'Mittagessen'. Auch heute noch in der Bed. 'Zwischenmahlzeit' gebräuchlich (S. 185).

dengeln der Sense
Die Synonymik des Wortes zeigt eine klare Dreiteilung, die zwar parallel, aber etwas nördlicher läuft als die übliche nd./md./obd.-Gliederung des deutschen Sprachraums. Der Süden und der südl. Teil Mitteldeutschlands haben **dengeln** zu ahd. *tangol* 'Hammer', mengl. *dingen* 'schlagen'. Das Ahd. ließe ein *t-* auch im Nhd. erwarten. Doch es liegt hier wohl eine hyperkorrekte Schreibform vor, weil die binnenhochdeutsche Konsonantenschwächung (S. 149) in den gesprochenen Mundarten das *t* zu *d* erweicht hatte.
kloppen ist die nd. Form zu nhd. *klopfen.*
haren ist zu ahd. *harm.* 'Schmerz', mhd. *harwe* 'schneidend', 'beißend', got. *haírus* 'Schwert' zu stellen und urverwandt mit lat. *culter* 'Pflugmesser'. Nhd. *hart,* nd. *herb* gehören zu der Wurzel.

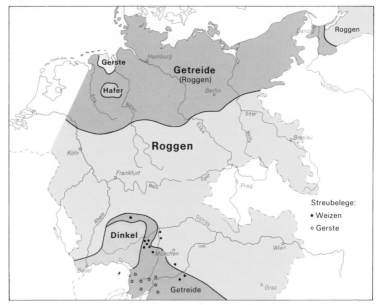

Die Bedeutungen des Wortes *Korn* nach dem Atlas der Dt. Volkskunde

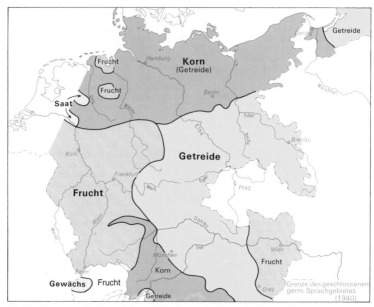

Die Bezeichnungen für *Getreide* in den Mundarten des ehem. dt. Sprachgebiets

Die Bezeichnungen für *Roggen* nach dem DWA

Getreidebezeichnungen

Roggen war Deutschlands wichtigste Brotfrucht, Roggen ist Handelsobjekt: seine Bezeichnungen sind deshalb relativ großflächig.

Das Wort **Roggen** für 'Roggen' wurde im md. und bair. Gebiet im 13. Jh. durch die Bezeichnung **Korn** verdrängt. 'Roggen' war das Korn schlechthin, so daß diese Sammelbezeichnung für ihn eintreten konnte.

In Norddeutschland fand diese Entwicklung nicht statt, da hier der Roggenanbau erst im 19. Jh. intensiviert wurde. In Ostpreußen ist er schon älter. Auch im schwäb.-alemannischen Raum und in großen Teilen der Grünlandwirtschaft der Alpen war der Roggen nicht die erste Getreideart. Hier zeigt die Bedeutungskarte des Wortes *Korn*, daß die ehemals hauptsächlich angebaute Getreideart, der Dinkel (Spelz), mit dem Kollektivbegriff *Korn* bezeichnet wird. Ähnlich ist es mit den Gebieten *Gerste* und *Hafer* im Nordwesten und Streubelegen von *Weizen* und *Gerste* im Süden. Die Bedeutungsunsicherheit in einem schmalen Übergangsgebiet zwischen 'Dinkel' und 'Roggen' wird durch die alte Bed. 'Getreide' für *Korn* gespiegelt.

In Niederösterreich gilt nach dem DWA **Troad** ('Getreide') für 'Roggen'. Wir wissen, daß man hier bis in neueste Zeit hinein *Korn* für 'Roggen' sagte. Hier hat also in überblickbarer historischer Zeit der Kollektivbegriff die Bezeichnung für die dominierende Frucht abgegeben. Ist dieser Vorgang einmal vollzogen, wird ein neues Wort für das Kollektivum, für alle Getreidesorten zusammen, nötig: **Frucht.**

Die oben beschriebene Entwicklung läßt sich allgemein so darstellen: Das zum Lebensunterhalt wichtigste landwirtschaftliche Erzeugnis zieht das Wort an sich, das als Kollektivbegriff den Ertrag des Bodens bezeichnet. Damit hat der allg. Ertrag des Feldes den gleichen Namen wie das Brotgetreide, was zu Verwechslungen führen kann. Ein neues Wort tritt als Kollektivum für die Gartengewächse und den übrigen landwirtschaftl. Ertrag auf.

Auch andere Sprachen kennen diese Entwicklung: engl. *corn* bedeutet in Amerika 'Mais', im Süden Englands 'Weizen' und in Irland und Schottland 'Hafer'.

Getreide bezeichnete als ahd. *gitragida, gitregida* (landwirtschaftl.) 'Ertrag', 'Einkünfte', 'Besitz', und *Frucht* kennen wir auch heute noch in der allgemeinen Bedeutung 'Früchte'.

Der Widerspruch zwischen den Karten auf S. 202 o. und 203 für Niederösterreich hängt mit den verschiedenen Fragemethoden der beiden Atlaswerke zusammen: Der Volkskundeatlas fragte nach der Bedeutung des in dieser Gegend absterbenden Wortes *Korn* und erhielt vielfach aus der Erinnerung überwiegend die Antwort 'Roggen'. Der DWA fragte zehn Jahre später nach der Bezeichnung für die Getreideart *Roggen* in der Mundart und erhielt überwiegend das neue Wort, nämlich 'Troad', und nur in Ausnahmefällen 'Korn'.

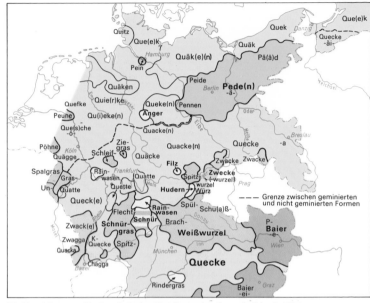

Die Bezeichnungen für *Quecke* in den Mundarten des ehem. dt. Sprachgebiets

Die Bezeichnungen für *Karotte* in den Mundarten des ehem. dt. Sprachgebiets

Die **Quecke**
ist eine Grasart, die als Ackerunkraut ihrer zähen, langen, immer wieder austreibenden Wurzel wegen kaum auszurotten ist.

Das große Quecke-Gebiet im Alpenraum ist auf die Tatsache zurückzuführen, daß bei dem dort wenig intensiven Ackerbau eine Bezeichnung für jenes Ackerunkraut fehlt und deshalb das hd. Wort gilt. Die Karte *Quecke* ist für die Forschung vor allem vom siedlungsgeschichtlichen und lauthistorischen Aspekt interessant.

Zur Lautgeschichte: In der sog. westgerm. Konsonantengemination wurden alle Konsonanten, die vor *j, w, l* und *r* standen, verdoppelt (S. 63). Das Wort *Quecke* ist auf eine germ. Wurzel *kwikw*- zurückzuführen, so daß also heutige -*ck*-Formen im Süden für die geminierte Form zeugen, heutige -*k*-Formen im Nd. und die seltenen -*ch*-Formen im Westoberdt. (Alem.) auf die nicht geminierte Form zurückgehen.

Die Verbreitung der geminierten Formen im Norden ließ die Theorie entstehen, daß diese frühe, noch vorahd. Lautentwicklung der westgerm. Konsonantengemination ihren Ursprung bei den oberdt., elbgerman. Stämmen der Baiern und Alemannen gehabt hat. Inwieweit so ein Schluß von den heutigen Mundartverhältnissen auf vorahd. Zustände zulässig und sinnvoll ist, bleibt fraglich.

Der Form **Quatte** liegt nicht geminiertes -*k*- zugrunde. Im westlichen *Quatte*-Gebiet ist nämlich ein Lautwandel eingetreten, bei dem *t* zu *k* wurde wie in *zik* 'Zeit' aus *zitt*, *lük* 'Leute' aus *lütt*. Da man bei *Quecke* den gleichen Wandel vorliegen glaubte, ersetzt man – diesen Wandel rückgängig machen wollend – das *k* durch *t*. Die weiter östlich liegenden *Quatte*-, *Quette*-Gebiete dürften durch sehr frühe Siedlung (8. Jh.) aus dem westl. Gebiet entstanden sein, da im Ostfränkischen ein Lautwandel von *k > t* nicht nachzuweisen ist.

Damit ergibt sich die Bedeutung des Wortes für die **Siedlungsgeschichte:** *Quecke* hat als Wort, das ein Unkraut bezeichnet, keinen Verkehrswert, es blieb von hochsprachlichen und modischen Tendenzen weitgehend verschont, es ist ein stationäres Bauernwort, das sich eher mit den Sprachträgern geographisch verbreitete, als daß es selbst geographisch wanderte.

Auf dem Neusiedelland westlich der Elbe dehnt sich ein sehr großes Gebiet mit *Pede/Päde* aus. Dieses Wort kann nur von niederländischen Siedlern, die im 12. Jh. zahlreich in die Mark Brandenburg eingewandert sind, mitgebracht worden sein. Daß es nicht nach Ostpreußen gelangt ist, zeigt die auch hist. gesicherte Tatsache, daß die Besiedlung dieses Gebietes auf anderen Siedelbewegungen beruht haben muß, als es beim langsamen Vorrücken innerhalb des *Pede*-Gebietes der Fall war. Auch *Pein* ist in dieser Zeit in das Marschgebiet südlich von Hamburg gekommen. Auch die *Zwecke*-Formen im Egerland dürften mit Siedlern aus dem Altland übertragen worden sein.

Quecke, ahd. *quecca*, ags. *cwice* ist verwandt mit dt. *keck*, engl. *quick* 'schnell' (vgl. dt. *Quecksilber*), das die Lebenskraft der Quekkenwurzel kennzeichnet. *Zwack, Zwecke* beruhen auf späterer lokaler Lautentwicklung.
Pede, nl. *pee, pede* ist ungeklärter Herkunft.
Baier ist Entlehnung aus dem Slawischen, zu slow. *pir(a)* 'Spelt', tschech. *pýr* 'Quecke'.
Grummen ist Entlehnung aus dem Romanischen zu lat. *gramen* 'Gras'.
Anger ist als Pflanzenname kaum gebräuchlich, als Flurname aber häufig. Westgerm. **angra*bezeichnete 'ungepflegtes, wildgrünes Grasland'. Die Bezeichnung des Standorts ist zu dem der Pflanze geworden (vgl. den nd. Pflanzennamen *angerwort* 'Angerwurzel').
Filz ist eine Übertragung, die öfters für Grasarten vorkommt, um deren dichten Wuchs zu kennzeichnen.
Hudern kommt als Pflanzenname nicht vor, gehört zur Sippe *Hadern* 'Lumpen' und bezeichnet als pejorative Metapher die Tatsache, daß die Quecke wertloses Zeug ist.

Karotte

Diese Gartenfrucht wurde schon von den Germanen angebaut. Ihr Wort dafür liegt uns heute noch in **Möhre** vor: ahd. *mor(a)ha* ags. *moru*. Wahrscheinlich mit der Sache aus dem Germanischen übernommen sind russ. *morkóv*, *morkva*, serb. *mrkva*.

Möhre hat einmal auch im gesamten süddt. Sprachraum gegolten. Darauf weisen Belege aus schriftlich obd. Quellen aus der Zeit vor 1500 hin. Danach beginnen die Zeugnisse für **gelbe Rübe** (zuerst 1527 bei PARACELSUS), das sich einen großen Teil des süddeutschen Raumes erobern kann. Zurück bleiben viele Orte, in denen sich *Möhre* bis auf den heutigen Tag resthaft halten konnte. **Mohrrübe** ist ein Kompositum aus *Möhre* und *Rübe*, wie *gelbe Rübe* oder *gelbe Möhre* gebildet, um das im Wortschatz isolierte *Möhre* zu verdeutlichen.
Wurzel ist eine jüngere Bildung als *Möhre*, aber älter als *gelbe Rübe*. Zur Zeit der Auswanderung der Angelsachsen muß im deutschen Nordwesten noch ein Wort des Typus *Möhre* gegolten haben, weil im Aengl. *moru* gilt. Die in einigen Rückzugsgebieten noch vorhandene Zusammensetzung *Mohrwurzel* bezeugt das gleiche. **Murke** im Südosten ist eine jüngere (Rück-)Entlehnung aus dem Slawischen. **Karotte** stammt aus dem Romanischen, es ist hochsprachlich verbreitet, hat – seltene Ausnahme – in den dt. Mundarten aber kaum eine Basis.
Baschnai im Elsaß ist eine Entlehnung aus dem Frz., wie in vielen Dialekten gilt. Das Wort geht auf lat. *pastinaca* zurück. Botanisch ist *Pastinak(e)* heute eine weiße Art der gelben Rübe. In den deutschen Umgangssprachen werden in Österreich die Typen *Möhre* und *Murke* zugunsten von *Karotte,* das dort als hochsprachlich gilt, aufgegeben.

Die Bezeichnungen für *Kartoffel* in den Mundarten des ehem. dt. Sprachgebiets

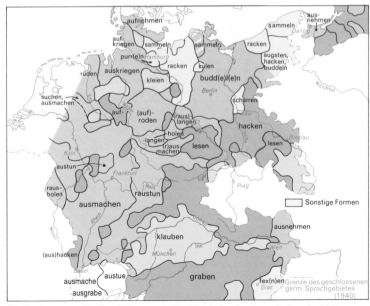

Die Bezeichnungen für *Kartoffeln ernten* in den Mundarten des ehem. dt. Sprachgebiets

Die **Kartoffel**
wurde von den Inkas kultiviert und in großem
Stil angebaut. Sie gelangte auf zwei Wegen
nach Deutschland: über England und Spanien
(im 16. Jh.). Als botanische Rarität blieb sie
lange Zeit Zier- und Gartenpflanze und wurde
erst nach Hungersnöten im 18. Jh. in größerem
Stil auch auf dem Acker angebaut, zuerst in
ärmeren Gegenden wie der Pfalz und dem
Vogtland in Sachsen.
Einer schnelleren Verbreitung stand die damalige Dreifelderwirtschaft (Wechsel von Wintergetreide, Sommergetreide und Brache im dreijährigen Rhythmus) und das Steuersystem der
Naturalabgaben entgegen, das mit der neuen
Frucht neu geordnet werden mußte. Sie setzt
sich schließlich doch durch: in für den Getreidebau ungünstigen Gegenden eher auf den
Druck von unten (den Bauern), in reicheren
Landstrichen eher durch Propaganda und Aufklärung von oben. FRIEDRICH DER GROSSE z. B.
zwang die Bauern mit Dragonern zum Kartoffelanbau.
Trotz ihrer jungen Geschichte ist im deutschen
Sprachgebiet für die Kartoffel eine reiche Synonymik vorhanden; meist handelt es sich um
zweigliedrige Komposita, die die vorher unbekannte Sache mit den zur Verfügung stehenden sprachlichen Mitteln zu erfassen suchen.
Als Grundwort dient dabei in der Regel eine
bekannte Frucht, die im Bestimmungswort eine Spezifizierung erfährt, und zwar in der Regel durch die auffallendste Eigenart der Kartoffel, nämlich die, unter der Erde zu wachsen.
Als Grundwörter dienen: *Birne, Kastanie (Erdkästen* – ein Zeichen dafür, wie klein die Kartoffeln zu dieser Zeit waren), *Apfel, Bohne,
Beere* (aus *Birne*), *Rübe.* Verformungen auf
Grund von Assimilationen, Volksetymologien
und Vermischungen sind häufig. So sind *Apern*
oder *Arpfel* durch Assimilation aus *Erdbirne*
bzw. *Erdapfel* entstanden. Volksetymologische
Umdeutung bei gleichzeitiger Vermischung
zweier Komposita dürfte bei Formen wie *Erdschucke* (aus *Artischocke*), *Ertuffel* (zu Kartoffel) vorliegen.
Entlehnungen aus fremden Sprachen sind:
Kartoffel ist zu it. *taratopholi, taratouphli* zu
stellen, wegen ihrer Ähnlichkeit mit der Trüffel so bezeichnet. Wie das Wort zu einem anlautenden *k* kommt, ist nicht geklärt. In dieser
Form ist es 1742 in Deutschland das erste Mal
belegt.
Schucke ist letztlich auf *Artischocke* zurückzuführen, die vor allem in den Mittelmeerländern
zu Hause ist.
Bulwe, Bulle, ist von poln. *bulba, bulwa* 'Kartoffel' abzuleiten.
Patate in der Form *Potake* stammt aus einer
Indianersprache Haitis, aus der auch noch andere Wörter wie *Tabak, Mais* entlehnt wurden.
In England gilt ein Abkömmling davon: *potato,* ebenso in Teilen Hollands *patat.*
Einfache Wörter stellen folgende Formen dar:
Knolle, Knedel, Bumser, Pudel, Nudel. Sie sind

möglicherweise auch aus zusammengesetzten
Formen, z. B. aus *vogtländische Knollen, Erdbumser* gekürzt, genauso wie die Formen *Tuffel, Tüffel* u. a. aus *Kartoffel.*

Das **Ernten der Kartoffel**
Die Bezeichnungen für das Ernten der Kartoffel zeigen die gleiche Vielfalt im deutschen
Sprachgebiet wie die Frucht selbst. Beziehungen in der Gliederung der Synonyma auf beiden Karten lassen sich aber nicht feststellen.
Die Bezeichnungen für die beiden Begriffe haben sich unabhängig voneinander entwickelt.
Das Ernten der Kartoffel ist ein Vorgang, der
mehrere Arbeitsgänge erfordert. In verschiedenen Gegenden konnten deshalb verschiedene dieser Einzelarbeiten zum Terminus werden, der den ganzen Vorgang bezeichnet. Dabei wird differenziert 1. nach dem Aus-der-Erde-Holens (**graben**); 2. nach dem Werkzeug dazu (**hacken**); 3. nach dem Aus-der-Erde-Holen allgemein (**raustun**). Vielfach setzt
sich 4. auch der Ausdruck für das Einsammeln
(**klauben, lesen**) durch oder sogar 5. der Ort
der Aufbewahrung (**kulen**). 6. Auch die Frucht
gibt ihren Namen her (**herdäpfeln**), und 7. tritt
als allgemeiner Begriff **ernten** dafür ein (*fechsen* zu mhd. *vehsen* 'fangen', 'ernten').
Diese Bezeichnungstypen sind in sich wiederum sprachgeographisch bedingt. So entspricht
obd. *klauben* md. *lesen,* obd. *raustun* md. *ausmachen,* nd. *auskriegen,* md. *kratzen/scharren*
den nd. *kleien/purren/racken.*
Welcher Arbeitsteil zur Bezeichnung für den
Gesamtvorgang wurde, hängt ab von den arbeitstechnischen Voraussetzungen und der sozioökonomischen Struktur des betreffenden
Gebietes. So stiegen in Gebieten, wo nur wenig Kartoffeln angebaut werden und die deshalb ganz in Handarbeit geerntet werden,
Wörter, die den Vorgang des Aus-der-Erde-Holens bezeichnen, wie *graben, scharren* und
hacken zur Bezeichnung des Gesamtvorgangs
auf. Formen wie *ausmachen, raustun* erscheinen in Gegenden mit durchschnittlichem oder
stärkerem Kartoffelanbau, während *lesen* und
klauben nur in intensiven Ackerbaulandschaften erscheinen. Hier erfolgte das Aus-der-Erde-Holen der Früchte schon früh mit eigenen
Pflügen, so daß die Hauptarbeit für den Menschen im Einsammeln der Kartoffeln lag. Eine
Ausnahme hiervon bietet das große Gebiet des
norddt. Ostens. Hier ist die alte Bezeichnung
buddeln geblieben. Hier, wo der Großgrundbesitz dominierte und eine billige Landarbeiterschicht lange erhalten geblieben war, wurden auch die alten Handarbeitstechniken länger angewandt: wenn nicht auf dem Gutshof,
dann doch im Kleinstbesitz des Arbeiters.

Die Bezeichnungen für *Sauerkohl/Sauerkraut* in den Mundarten des ehem. dt. Sprachgebiets

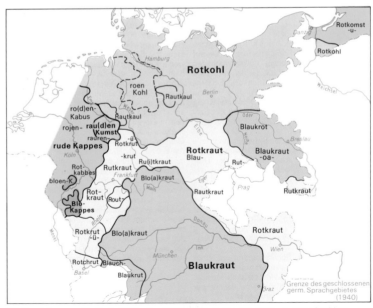

Die Bezeichnungen für *Rotkohl/Blaukraut* in den Mundarten des ehem. dt. Sprachgebiets

Kohl

Schon die Griechen und Römer kannten verschiedene Kohlsorten, die aber mit den uns heute geläufigen nur bedingt vergleichbar sind. Diese sind Züchtungen der mittelalterlichen Klosterkultur. Durch sie haben die Kopfkohlarten die größte Bedeutung erlangt.

Der rote Kopfkohl ist jünger als der weiße; er war die feinere Beilage der festlichen Tafel (als Hochzeitsessen, Leichenmahl beliebt), als Gemüse zum Wild war er typische Oberschichtenspeise. Die Synonymik von 'Rotkraut' wird geprägt durch den Gegensatz der Farbadjektive *rot* und *blau*. Das Rotkraut hat eine Farbe, die genau zwischen rot und blau liegt. Ein Wort für diesen Zwischenton gab es im Mittelalter noch nicht (*lila* gibt es im Dt. erst seit dem 18. Jh., es kam von den Arabern über Spanien zu uns), es gab nur die Volltöne *rot* und *blau*. Die deutschen Landschaften haben sich verschieden entschieden. (Vielleicht war die Art, den Rotkohl zuzubereiten, verschieden: mit oder ohne Essig. Mit Essig wird er eher rot, ohne eher blau.)

Der Weißkohl erhielt seine Bedeutung durch das Einsäuern mit Essig und Salz (bzw. nur Salz), das ihn haltbar und transportabel machte. Die ältere Art ist die, ganze oder geteilte Köpfe einzulegen, erst im 15./16. Jh. kam im Obd. das Hobeln auf. Von diesem Gegensatz der Konservierungstechnik kündet noch der Tiroler Ausdruck *Zettelkraut*, der das Kleingeschnittensein des Sauerkrauts betont. Das Wort *Sauerkraut* setzt sich auch erst mit der neuen Technik im 15./16. Jh. durch, es verdrängt im Obd. das ältere *Kompest*. Gleichzeitig findet mit der verbesserten Konservierungstechnik im Übergang vom Garten- zum großflächigen Feldbau statt.

Das deutsche Sprachgebiet ist geprägt vom Gegensatz südlich *Kraut*, nördlich *Kohl*. Das *Sauerkraut*-Gebiet im Norden beruht auf jüngerer Entwicklung. Der dort sehr intensive Kohlanbau ließ das Verkehrswort dort siegen. Das alte Wort *Sauerkohl* streut aber in Restbelegen noch übers ganze Gebiet. Ähnlich hat sich das alte Wort des Südwestens und Südens *Kabes* nur im Weißkohl noch halten können, gesäuert wurde es von *Kraut* verdrängt.

Kohl zu lat. *caulis* 'Stengel', 'Stiel', 'Kohl' (der im Altertum meist Stengelgemüse war), ahd. *chôlo* ist über roman. *côlis* ins Dt. gelangt.

Kappes/Kabes (seit 11. Jh. belegt) zu mlat. *caputium* (zu lat. *caput* 'Kopf') als Bez. für die neue Art des Kopfkohls. *Kabes* gilt noch (auf der Karte *Sauerkraut* nicht erkennbar) im südl. Alem. und südl. Bair. für 'Weißkraut'. Die Form ist wohl aus it. Dialekten entlehnt.

Komst zu mlat. *compostum* (aus lat. *compositum*), das eingelegte Früchte und Gemüse bezeichnete (im Roman. als *composte* für süß Eingelegtes, im Germ. für sauer Eingelegtes). Im 12. Jh. ist *Kumbost* zuerst in der Bed. 'Sauerkraut' belegt. Es ist bis ins 15./16. Jh. Normalwort für 'Sauerkraut', dessen erster Beleg 1470 fällt. Im Osten bedeutet *Komst* sowohl frischen wie eingemachten Weißkohl. Die *Kumst*-Gebiete in Franken und Thüringen beruhen wohl auf dem Einfluß des Dt. Ordens.

Kraut ist ein altes germanisches Wort, das auch heute noch grüne Blattpflanzen, die nicht Bäume, Sträucher, Gräser sind, bezeichnet. Ahd. *krût* wird meist mit *herba* 'Pflanze' glossiert, vom 12. Jh. an tauchen Übersetzungen mit *olus* für 'Küchenkraut', 'Gemüse', 'Kohl', 'Rüben' auf. Als der Kopfkohl zur wichtigsten Gemüsepflanze überhaupt wurde, ist die Bedeutungsverengung zu 'Weißkraut', bes. in seiner eingemachten Form, geschehen (vgl. Entwicklung bei *Korn*). Bei dieser Übertragung mag auch der Brauch, Rüben u. a. auf die gleiche Art zu konservieren, beigetragen haben. Auch diese werden regional als *Sauerkraut* bezeichnet.

Mus/Moos; hier geht die Bedeutungsentwicklung ähnlich wie bei *Kraut*. Ahd. *muos*, ags. *môs* bedeuten 'Speise', 'Nahrung' ganz allgemein; die häufigste Speise dieser Zeit war Korn/Mehl oder Früchte in Wasser gekocht. Als der Kohl im MA. als Speise der unteren Schichten Bedeutung gewann, konnte für ihn das allg. Wort für 'Nahrung' (nhd. *Mus*) eingesetzt werden.

Die Wortkarte *Kohl* und ihre Interpretation zeigt den Weg von Wort und Sache vom Romanischen zum Germanischen, von wo er weiter zu den Slawen im Osten führt (vgl. slow., tschech., poln. *kapusta* 'Kohl'). Sauerkraut als deutsches Spezifikum ist als Lehnwort in viele Sprachen der Welt eingegangen (vgl. engl. pejorativ *Krauts* für die Deutschen). In den deutschen Umgangssprachen wird vor allem im nördlichen Rheinland *Kappes* zugunsten von *Kohl* aufgegeben, wie überhaupt *Kohl* und *rot-* (statt *blau-*) langsam vordringen.

Forts. v. S. 191

Herbst ist ein gemeingerm. Wort und von daher steht der sprachliche Befund scheinbar gegen TACITUS' Behauptung (vgl. oben). Ahd. *herbist*, asächs. *hervist*, ags. *hærfest*, engl. *harvest* (auch 'Ernte'), anord. *haust* lassen ein germ. **harbista* rekonstruieren. Außerhalb des Germ. sind verwandt: russ. *čerp*, mir. *corrán* 'Sichel', lat. *carpo* 'ich pflücke', griech. *karpós* 'Frucht', womit die südwestdt. Bedeutung ('Wein)ernte' sich als alt erweist und des TACITUS Bericht als richtig. Im Südwesten gilt für die Jahreszeit **Spätjahr/Spätling** (vgl. oben *Frühjahr/Frühling*).

Genauso steht der **Einwärts** im Gegensatz zu *Auswärts* und *Nachjahr* zu *Vorjahr*.

Laubrise ist vor allem in der Schweiz und in Nordbayern verbreitet. Es bezeichnet oft auch nur die Monate Oktober und November, Benennungsmotiv ist der Laubfall (vgl. ahd. *rîsan* 'fallen'; nhd. *rieseln*).

Außelt, Ushalt für 'Frühling' hat seine Entsprechung in **Enhout** 'Herbst'. Das Wort hängt mit dem Verb *halten* zusammen. Vielleicht liegt der Vorgang des Viehaustriebs im Frühjahr und des Eintriebs im Herbst der Benennung zugrunde.

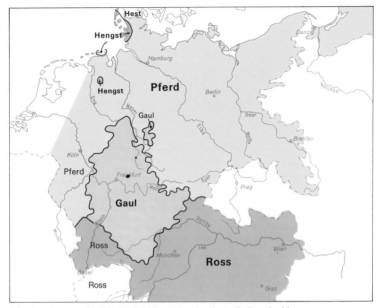

Die Bezeichnungen für *Pferd* in den Mundarten des ehem. dt. Sprachgebiets

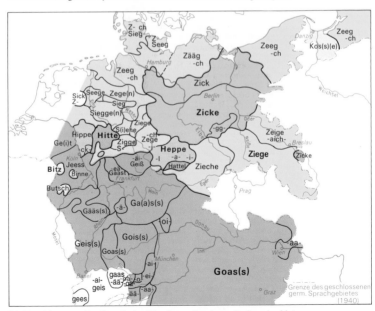

Die Bezeichnungen für *Ziege* in den Mundarten des ehem. dt. Sprachgebiets

Pferd

GEORG WENKER wollte 1876 in seinem Sprachatlas mit dem Wort **Pferd** einen weiteren Beleg für die Grenzen der zweiten Lautverschiebung erheben. Aber seine Rechnung ging nicht auf: es entstand die erste Wortkarte, die praktisch den ganzen deutschen Sprachraum erfaßte. Zwar nimmt *Pferd* den größten Teil des Gebietes ein, doch *Roß* und *Gaul* behaupten ausgedehnte Bereiche.

Dabei muß **Roß** einmal im ganzen Raum gegolten haben, wie uns Ortsnamen und Reliktwörter wie *Roßwespe, rossig* für 'brünstig' (bei der Stute) beweisen (vgl. auch engl. *horse*, nl. *ros*). **Pferd** ist ein Lehnwort aus dem Lateinischen und bedeutete ursprünglich als mlat. *paraverēdus* 'Postpferd auf Nebenlinien' (vgl. kelt. *rēda* 'vierrädriger Reisewagen'). Die Germanen verwendeten das Pferd nur als Reittier, als Zugtier das Rind. Das Pferd ist als Zugtier zuerst im nordgallisch-niederrhein. röm. Provinzialraum von den Germanen gebraucht worden. Daß sich *Pferd* (< *paraverēdus*) vor allem im Norden Deutschlands durchgesetzt hat, mag mit der im Norden Deutschlands (und auch im englischen Bereich sowie in Skandinavien) vorhandenen viel weiteren Ablösung des Rindes als Zugtier zu tun haben. Im Süden Deutschlands hat das Pferd in geringerem Maße das Rind als Gespanntier ersetzt, im roman. Bereich ist der Ochse als Pflugtier sogar noch erhalten.

Das Wort **Gaul** ist seiner Herkunft nach nicht geklärt. Mhd. *gūl* 'Eber', 'Ungetüm', 'männliches Tier' deutet darauf hin, daß *Gaul* ursprünglich nur für das männliche Tier, den Hengst, gegolten haben dürfte. In süddt. Dialekten gibt es noch das Wort *Gaulreiter*, das einen Reiter bezeichnet, der mit einem Hengst zum Bespringen rossiger Stuten durch die Dörfer ritt. Bei Luther ist *Gaul* ein stattliches Pferd. Erst im 15. Jh. tritt das Wort allgemein für 'Pferd' auf. In der Gemeinsprache bezeichnet das Wort heute eher das minderwertige Pferd wie mnl. *güle* '(schlechtes) Pferd', in oberdeutschen Mundarten ist *Gaul* noch als 'stattliches Pferd' oder 'Hengst' anzutreffen.

Hengst selbst ist in fries. Dialekten zur Bezeichnung der Tiergattung geworden. Ahd. *hengist* bedeutete ursprünglich das verschnittene Tier, den Wallach.

In den Umgangssprachen breitet sich *Pferd* als »Normalwort« immer mehr aus, *Gaul* und *Roß* gehen deshalb nicht unter, sie erhalten eine neue, stilistisch zu definierende Bedeutung.

Ziege

Die Geschichte der Bezeichnungen der Hausziege zeigt eine wechselnde Synonymik für männliche und weibliche, für junge, geschlechtsreife und alte Tiere. Auch affektische Benennungen sind bei einem Tier einer solchen Individualität nicht selten. Ein gemeinsames Wort der idg. Sprachen fehlt, doch scheinen die im Dt. vorhandenen Bildungen alle von relativ hohem Alter zu sein.

Die Ziege ist ein Gebirgsbewohner, der es auch in sehr kargen Gegenden aushält. Das entsprechende Haustier (mittlerer Größe) im Norden ist das Schaf. Dadurch, daß das Wort *Ziege* von LUTHER verwendet wird, bleibt es im nhd. Schriftsprache siegreich, obwohl es im deutschen Sprachraum eine relativ geringe Verbreitung besitzt.

Ziege ist nach Ausweis von frühen Quellen und von Ortsnamen fränkisch. Es war südl. der heutigen Geiß-*Ziege*-Grenze bis zu einer Linie Straßburg-Nürnberg-Eger verbreitet. Ahd. *ziga, zickin* (Dim.), *zicchī* (Dim.), ags. *ticcen* 'junger Bock', schwed. mundartlich *ticka* 'weibliches Muttertier von Ziege und Schaf', griech. *diza*, armen. *tik* 'Schlauch' (aus Ziegenleder) führen auf eine idg. Wurzel *dik-, *digh-* 'Ziege'. Frühe ahd. Belege lassen die Annahme wahrscheinlich werden, daß es damals die junge Ziege bezeichnete. Die affektische Prägung *Zicke* ist auch besser mit dem Jungtier zu vereinen.

Der Wandel, daß die Bezeichnung für das Jungtier zum Gattungsnamen wird, ist häufig nachzuweisen: das Jungtier wird in erster Linie gehandelt und behält seine Bezeichnung gleichsam als Namen, auch wenn es schon älter ist. Die Form *Zicke* beruht auf einer affektischen Intensivierung. Auf Entlehnung aus md. Worten im Nd. deutet die überall verschobene Form mit anlautend *z-*.

Geiß zu mhd. *geiz*, asächs. *gēt*, ags. *gāt*, anord. *geit*, got. *gaits* 'Ziege' führen zusammen mit lat. *haedus* 'Ziegenbock' auf ein idg. *ghaidos*. Seine Formen sind in dt. und nordgerm. Raum verbreitet. Seit ahd. Zeit konnte das Wort im md. Raum weite Gebiete für sich erobern.

Hippe, Heppe hat Verwandte in anord. *hafr*, ags. *hæfer*, lat. *caper* 'Ziegenbock' und griech. *kápros* 'Eber'. Die Geminierung des *p* beruht auf affektischer Lautung, denn es ist ein idg. Stamm *kapros* anzusetzen.

Hattel, Hitte beruhen auf einer idg. Wurzel *kat-*: anord. *hadna* 'junge Ziege', lat. *catulus* 'Tierjunges von Katze und Hund', mir. *cadhla* 'Ziege', *hattel* ma. tirolisch 'junge Ziege'.

Bock, das nhd. Wort für den Ziegenbock, ist durch verwandte Formen westlich des Rheins noch vorhanden: *Bitz, Bitsch*. Bermerkenswert ist, daß die germ. Wurzel *bukk-* (ahd. *boc*, asächs. *buck*, ags. *bucca*, anord. *bukkr*) auch ins Romanische eingegangen ist.

Höken (mask.) ist im norddeutschen Osten der junge Ziegenbock. ags. *hæcen* 'Ziegenbock', anord. *hokull* 'Mantel', ahd. *hachul* 'Mantel' führen auf eine idg. Wurzel *quago, *quogo*, aus dem auch das slaw. *koza* 'Ziege' herzuleiten ist. Aus dem Slaw. entlehnt liegt es vor in westpreuß. **Kos(s)(e)**.

In den Umgangssprachen breitet sich *Ziege* aus. Die Typen *Zicke* und *Hippe* gehen stark zurück, auch im dialektalen Geiß-Gebiet wird *Ziege* schon vielfach verwendet.

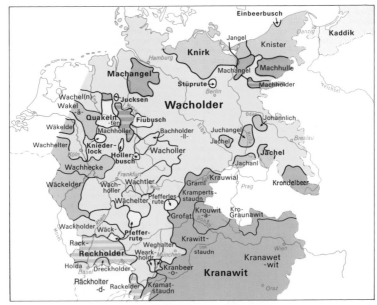

Die Bezeichnungen für *Wacholder* in den Mundarten des ehem. dt. Sprachgebiets

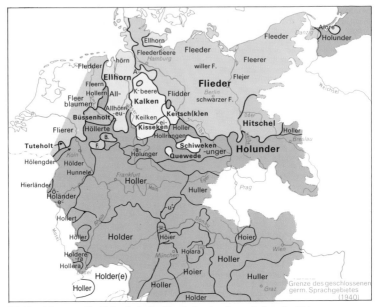

Die Bezeichnungen für *Holunder* in den Mundarten des ehem. dt. Sprachgebiets

Die Bezeichnungen für *pfeifen* in den Mundarten des ehem. dt. Sprachgebiets

Wacholder

Das Material des DWA bringt ca. 300 Synonyme für den *Juniperus communis*, die sich aber auf eine beschränkte Anzahl von Worttypen zurückführen lassen. Der Typ **Wacholder** hat das größte Verbreitungsgebiet. Er gilt als das Wort der Schriftsprache auch in Gegenden, wo er als Pflanze nicht vorkommt.

Er ist schon im Ahd. in verschiedenen Formen belegt: ahd. *wëchalter, wëchaltar, wëcholter, wachalter*. Wie das Bestimmungswort des Kompositums zu deuten ist, ist umstritten, das Grundwort gehört zu einem Suffix germ. *-dra*, das in Baumnamen vorkommt (vgl. engl. *tree* 'Baum' und *Affolter* 'Apfelbaum', *Holunder, Flieder* u.a.). Die Isoliertheit des ersten Gliedes der Zusammensetzung führte mit örtlichen Lautentwicklungen auch zu dessen allmähliche Deformierung (S. 201) und Einfügung in neue, bekannte Wortfamilien: **Reckholder* zu *räuken* 'räuchern', *Weghalter* zu *Weg* und *halten*. Das zweite Synonym mit größerer Verbreitung ist **Kranawit** aus ahd. *chranawita* zu ahd. *witu* 'Holz', der erste Bestandteil könnte mit dt. *Korn* oder *Kern* verwandt sein (vgl. lat. *grānum* 'Kern', 'Korn'). **Kaddik** vor allem in Ostpreußen hängt mit lit. *kadagys* und apreuß. *kadegis* zusammen (vgl. schles. *Kadel* 'Ruß', aslaw. *kaditi* 'räuchern'). **Knirk** und **Knister** sind bisher nicht geklärt. **Einbeere** weist auf schwedischen Einfluß (vgl. schwed. *ēnbär*) und ist Lehnübersetzung zu lat. *juni-perus*.

Jachel/Jachenel, zu wend. *jachlowza* 'Wacholderstrauch', weist auf altslaw. *jahoda* 'Beere'.

Machandel/Machangel ist durch das Märchen von dem 'Machandelboom' berühmt geworden. Etymologisch ist das Wort nicht geklärt.

Holunder

Pflanzennamen werden im Gegensatz zu anderen Wörtern sehr leicht übertragen. Das liegt daran, daß das Volk kein Bedürfnis hat, Nicht-Nutzpflanzen genau zu unterscheiden, und daß viele Pflanzenarten nur regionale Verbreitung besitzen. Bei Neubesiedlung einer Gegend werden deshalb die dort neu angetroffenen Pflanzen mit den Namen ähnlicher in der Heimat vorhandener belegt.

Holunder (*Sambucus nigra*) und seine regionalen Varianten *Holler/Holder* beherrschen den hd. Raum. Bei dem Wort handelt es sich um eine vor-althochdeutsche (ahd. *holuntar*) Zusammensetzung, deren erster Teil in dänisch *hyld*, schwed. *hyll* 'Holunder' noch enthalten ist; zum zweiten Element vgl. Wacholder.

Das erste große Gebiet in der Bezeichnung des Holunders nimmt **Flieder** ein. Hier werden die beiden Baumarten (*Sambucus* und *Syringa*) sehr häufig nicht unterschieden. Um die Weser und Elbe gilt mit **Ell-/Allhorn** ein Name, der dort auch 'Ahorn' und 'Erle' bezeichnet (zu germ. **el* 'gelb', vom Saft), und der zweite Teil ist urverwandt mit lat. *acer* 'spitz' (von den Blättern). Die westfälische Form *Höllerte* ge-
Forts. S. 215

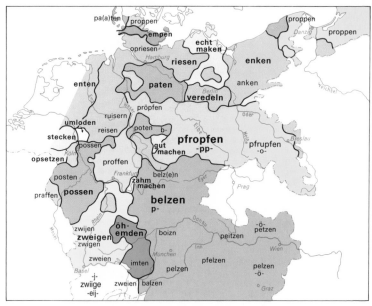

Die Bezeichnungen für *veredeln* in den Mundarten des ehem. dt. Sprachgebiets

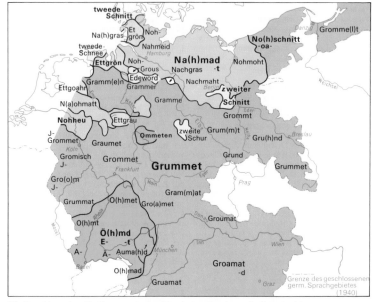

Die Bezeichnungen für *Grummet* in den Mundarten des ehem. dt. Sprachgebiets

Grummet
Ob der zweite Grasschnitt bei den Germanen schon üblich war, ist in der Forschung umstritten. Zwar kannten ihn die Römer schon, doch deuten versch. Zeugnisse darauf hin, daß der zweite Schnitt in Mitteleuropa erst in der Karolingerzeit oder noch später eingeführt wurde. Für den ersten Grasschnitt, das Heu, haben die german. Sprachen und auch die deutschen Dialekte noch ein gemeinsames Wort: ahd. *houwi*, *hẹwi*, ags. *hīeg*, anord. *hey*, got. *hawi*, was auf eine Grundbedeutung 'das Gehauene' zurückführt. In der deutschen Synonymik für 'Grummet' deutet die Tatsache, daß nur Komposita auftreten, die in der Regel erst mhd. belegt sind, für eine späte Bildung.
Grummet, das Wort der Schriftsprache, ist in wechselnden Lautungen am weitesten verbreitet. Mhd. *gruonmāt* ist auf den germ. Stamm *grō-* 'wachsen' zurückzuführen (vgl. ahd. *gruoen*, mhd. *grüejen*, ags. *grōwan*, engl. *grow*, anord. *grōa* 'wachsen, gedeihen'), der auch bei der nhd. Farbbezeichnung *grün* zugrundeliegt. *Grummet* bezeichnet damit zunächst das Abmähen des Grases, das nach der Heuernte wieder gewachsen ist (wurde früher nur abgeweidet) und wird von da auf den gesamten Erntevorgang und den Ertrag ausgebreitet.
Öhmd ist als spätahd. *āmād* zuerst belegt. Die Präposition *ā-* bedeutet 'fort', 'weg' ('das wegbeförderte Gemähte'), der Umlaut wird über Formen wie **amid* erklärt.
Ettgrön gehört in seinem Grundwort zur gleichen Wurzel wie der erste Bestandteil von *Grummet*, *ett-* ist zu ahd. *ita-* 'wieder' zu stellen (S. 201 *itaruchen* 'wiederkäuen'), es hat also die Grundbedeutung 'das, was wieder gewachsen ist'. Von einem Abmähen dessen ist noch nicht die Rede. Das Wort spiegelt den entwicklungsgeschichtlich ältesten Zustand. Ebenso *Ettwort*, das zu asächs. *wurt* 'Wurz', 'Pflanze', 'Kraut' (nhd. *Wurzel*) zu stellen ist. Interessant ist, daß die irische, baltoslawische, finnische und magyarische Bezeichnung für das Grummet von der gleichen Grundbedeutung ausgeht. Die übrigen Synonyme sind durchsichtige, jüngere Bildungen. Die geographische Verteilung legt nahe, daß die Bezeichnungen *Amahd* und *Ettgrön* ehemals größere Worträu-

me gebildet haben, von *Grummet* und *Nachmahd* aber verdrängt worden sind.

veredeln
Das Veredeln von Nutzpflanzen durch Aufpfropfen von Reisern und Okulieren von Augenknospen hat seine Heimat im Zweistromland zwischen Euphrat und Tigris und kam über Griechen und Römer nach Mitteleuropa. Die Abkömmlinge von drei roman. Wörtern nehmen auch heute noch den größten Teil der deutschen Wortflächen ein.
Lat. **impeltare* (aus griech. *péltē* > lat. *pelta*, 'kleiner leichter Schild in Halbmondform') 'okulieren', provenzalisch *empeltar* ist ahd. als *bëlzōn*, *pëlzōn* belegt. Die Entlehnung fand also nach der 2. LV statt. *Pfelzen* im Salzburg. und Oberösterreich ist jüngere Entwicklung.
Lat. *propagare* 'ausdehnen', 'erweitern', 'fortpflanzen' hatte als Nomen *propāgo* 'Ableger', der als ahd. *pfropfo*, *pfroffo* in der gleichen Bed. vorhanden ist. Die verschiedenen Lautformen beruhen auf Doppelformen mit *propp-* und *prop-*, die entweder schon im Romanischen oder während der Übernahme entstanden sind.
Lat. **imputare** (aus *in-putare*) hat die verwickeltsten Übernahme- und Wanderwege und Entwicklungen. Schwäb. *im(p)ten* wurde nach der 2. LV übernommen. *Enken* ist nur über nl. Vermittlung (mnl. *enken* 'propfen') zu denken, nd. *empen*, *enten* assimiliert und kontaminiert jeweils verschieden und betont den ersten Teil (wenn *empen* nicht aus dem Dän. *ympe* < engl. *impian* entlehnt ist) des Wortes, *poten/possen* den zweiten, wobei bei diesem Wort auch schon eine Anlehnung an ein germ. Wort mit der Wurzel **put-* 'stechen', 'stecken' (vgl. engl. *to put*) der Fall sein kann. Nhd. *impfen* (mit LV) hat in den Mundarten keine Entsprechung, es ist in der Bed. 'veredeln' aber alt: ahd. *impfōn*, ags. *impian*, mhd. *impfen*; in der Medizin erhielt es im 18. Jh. als Fachwort eine neue Bed., und durch den langen Streit um die Pockenschutzimpfung wurde es volkstümlich.
veredeln, das Wort der Hochsprache, taucht in unserer Bedeutung erst im 19. Jh. auf, neuere deutsche Bildungen wie *riesen* (zu *Reis*), *zwīgen* (zu *Zweig*) u. a. sind durchsichtig.

Forts. v. S. 213

pfeifen
Das Hervorbringen von Pfeiftönen mit gespitztem Mund 'pfeifen' hat im deutschen Sprachgebiet eine geräumige Synonymik. *Pfeifen* im Süden steht *flöten* im Norden gegenüber; *pfeifen* (erst mhd. belegt *pfīfen*) stammt aus dem Lateinischen *pipāre* 'piepen' und bezeichnete ursprünglich den Laut junger Vögel. Es wurde schon vor der 2. Lautverschiebung entlehnt. Das Verb *flöten* ist vom Substantiv *Flöte* abgeleitet. Über altfrz. *flaüte*, *fleute* und mnl. *fleute*, *floite*, *flüte* gelangt das Wort ins Mhd. als *vloite*, *flöute*. In den Umgangssprachen ist *flöten* stark im Rückgang. Es wird durch *pfeifen* ersetzt.

hört noch zum Stamm von *Holunder; Tuteholt*, *Büssenholt* bezeichnen die runden Stengel der Pflanze, aus denen man Blasrohre bzw. Pfeifen machen kann.
Kisseken, Kalken, Schiweken und ihre Nebenformen lassen sich auf slaw. Ursprünge zurückführen. Poln. *kalina, kalinka* bezeichnen meist rotbeerige Sträucher bzw. Bäume (das Wort ist wahrscheinlich urverwandt mit dem ersten Teil von *Holunder*). *Schiweken* dürfte aus einem ostsorb. *dziviboz* 'wilder Strauch' abgeleitet sein (das Suffix eventuell durch Einfluß vom oben erwähnten *kalinka*).
Hitschel im Schlesischen ist ungeklärt.

Die Bezeichnungen für *Hahn* in den Mundarten des ehem. dt. Sprachgebiets

Die Bezeichnungen für *Sperling* in den Mundarten des ehem. dt. Sprachgebiets

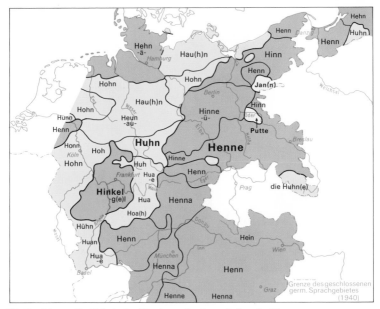

Die Bezeichnung für *Huhn* in den Mundarten des ehem. dt. Sprachgebiets

Sperling

Den größten Teil unserer Karte nimmt **Spatz** ein, das in der nhd. Standardsprache mit anderem stilist. Wert neben *Sperling* steht. Beide sind miteinander verwandt. Ahd. *sparo*, mhd. *spar(w)e*, ags. *spearwa*, engl. *sparrow*, got. *sparwo* sind urverwandt mit griech. *spérgoulos* 'kleiner Vogel'. In der Form *Sperling* ist ein Dim.-Suffix *-ling* (vgl. *Frisch-ling, Enger-ling*) angehängt, in der Form *Spatz* ein Kosesuffix *-izo* (*Hein-izo* zu *Heinz*).

Ostfränkisch *Sperk* (spätahd. *sperch*) ist entweder Kontaminationsform aus *Sperling* oder eine Bildung mit einem bei Tiernamen häufigen Suffix (vgl. *Enterich, Lurch*).

Lüning geht auf ein as. *hliuning* zurück, das zu ahd. *hlūt*, ags. *hlūd* 'laut' zu stellen ist. Die verschiedenen Endungen sind auf Dim.-Suffixe wie *-(l)ing, -ke* zurückzuführen.

Mösch im Rheinischen ist im 11. Jh. zuerst belegt und ist zu lat. *musca* 'Mücke' zu stellen. Diese Bedeutung des ehemaligen lat. *musca* als 'kleiner Vogel' ist in roman. Mundarten weit verbreitet.

Putsch und **Schrupp** wie **Duckser** u. a. sind wohl Spontanbildungen, die sich ausgebreitet haben.

Klött ist zu nl. *kluit* 'Vogel' zu stellen. Bei **Fink** ist der Gattungsname zur Bezeichnung der Art geworden (Bedeutungsverengung).

Schkonner in Schlesien um Breslau wird mit einem Wort *Scharn* 'Mist, Kot' zusammengebracht. Der *Schkonner* wäre dann soviel wie *Schmutzer, Schmutzfink*.

Hahn und Huhn

Die Vorfahren unseres Eierlieferanten, des Huhns, stammen aus Südostasien. Bei den Germanen war es – im Gegensatz zu den Indogerm. – schon Haustier: Das beweisen uns die den germ. Dialekten gemeinsamen Wörter für den *Hahn* und das *Huhn*. Die Karten, die darstellen, wie diese beiden in den deutschen Dialekten bezeichnet werden, sind relativ synonymenarm.

Hahn (ahd., as. *hano*, got., ags. *hana*, anord. *hani*: das Wort wurde schon früh ins Finnische als *kana* entlehnt) ist urverwandt mit lat. *cano* 'ich singe' (vgl. russ. *petuch* 'Hahn' zu *pet* 'singen'). Es weist damit auf die Benennungsmotiv. Im Ablaut zu *Hahn* steht **Huhn,** ahd. *huon*, as. *hōn*, anord. *hȭns(n)*, und **Henne** (nur westgerm.), ahd. *henna, henin*, und bedeutet soviel wie 'die zum Hahn Gehörige'. **Hinkel** beruht auf dem Dim. *huoni(n)-klin*.

Südwestdeutsch **Guller** ist als Schwundstufenform zu einer idg. Wurzel **ghel* 'tönen' (vgl. ahd. *galan* 'singen', 'gellen') zu stellen. Davon als reduplizierende Formen sind abgeleitet **Gockel** und **Gückel** (in der Form *Gickel*).

Die Bezeichnungen für *Mütze* in den Mundarten des ehem. dt. Sprachgebiets

Die Bezeichnungen für *Ahle* in den Mundarten des ehem. dt. Sprachgebiets

Mütze
Die Kopfbedeckungen sind im Deutschen von reicher Synonymik. Die verschiedenartigen Typen, bedingt durch die verschiedensten Verwendungszwecke (vom Stahlhelm bis zum Sombrero), die verschiedensten Modeerscheinungen (vom reichgeschmückten Barett bis zur Schlägermütze) und die verschiedensten Zeichenfunktionen (von der Narrenkappe bis zur sternegeschmückten Generalsmütze) fordern eine solche Synonymik geradezu heraus. Die immer schon Ländergrenzen überschreitende Mode sorgte dafür, daß dieser Wortschatz auch im Deutschen recht international ist.
Die vielen Kopfbedeckungstypen machen eine eindeutige Abgrenzung der vielen Synonyme voneinander sehr schwierig. Ist die Abgrenzung des *Huts* vom *Helm* noch leicht durch das verschiedene Material zu bewerkstelligen, so geht das bei *Haube*, *Mütze* und *Kappe* nicht so ohne weiteres. Die Karte *Mütze* des DWA zeigt diese drei Begriffe als landschaftsbedingte Synonyme. Doch ist man in der Hochsprache geneigt, *Haube* eher als eine etwas altmodische Frauenkopfbedeckung anzusprechen. Im Rheinischen wird zwischen einer *Kappe* mit Schild und der gestrickten Woll-*Mütze* unterschieden.
Mütze ist erst spätmhd. (15. Jh.) in dieser Form belegt: *mutze, mütze*. Dies stammt aus dem seit dem 13. Jh. belegten *almuz, armuz,* dem arab. *al mustakah* 'Pelzmantel mit langen Ärmeln' zugrunde liegt. Solche Kleidungsstücke wurden zunächst von der Geistlichkeit getragen, werden im 14. Jh. auch unter Laien modern, und man bezeichnet im 19. Jh. in Teilen des Alemannischen und Bair. so auch noch ein jackenartiges Bekleidungsstück.
Kappe stammt aus mlat. *cappa*, 'Mantel mit Kapuze' (ahd. *kappa*, mhd. *kappe*), dessen Herkunft ungeklärt ist. Noch im 16. Jh. bezeichnet *Kappe* einen (span.) Überwurfmantel (vgl. die Neuentlehnung *cape* aus dem Engl.). Auch in versch. Mundarten ist das Wort in dieser alten Bed. noch vorhanden. Im Süden wie im Norden wurden die Bezeichnungen mantelartiger Kleidungsstücke auf Kopfbedeckungen übertragen: *Mütze* im Norden, *Kappe* im Süden.
Haube, ahd. *hūba* 'Bischofsmütze', as. *hūva*, ags. *hūfe*, anord. *hūfa* führen auf germ. **hūbōn*. Das läßt darauf schließen, daß die Germanen neben hutartigen (**Hut** ist gemeingerm.) auch mützenartige Kopfbedeckungen besaßen. Mhd. *hūbe* bezeichnet mehreres: eine mützenartige Kopfbedeckung für beide Geschlechter, die Bischofsmütze, die eiserne Kopfbedeckung der Knappen und die von den Rittern unter dem Helm getragene Polsterhaube. In meisten dt. Dialekten ist das Wort heute auf die Frauenkopfbedeckung spezialisiert, außer im Bairischen, wo es auch die von Männern getragene Mütze darstellt.
Klott ist im 15. Jh. aus frz. *calotte* 'Scheitelkäppchen', 'Priestermütze' entlehnt, in dieser Bed. in versch. Dialekten auch noch vorhanden.

Kaskett, Kass aus frz. *casquette* 'Schirmmütze', übers Dänische ins Nordfries. gekommen.
Schlappe, mhd. *slappe* aus mnd. *slappe* 'hinten herunterhängender Nackenschutz aus Leder am Helm' zu nhd. *schlaff*.
Betze, zu mhd. *bezel* 'Haube'. Das Wort geht wahrscheinlich auf eine in meisten roman. Sprachen weiterlebende kelt. Wurzel **pettia* 'abgetrenntes Stück' zurück (vgl. frz. *pièce* Stück, it. *pezza* 'Fetzen', 'Lumpen').
Pool(e), aus dem nl. *pool* 'Pole', 'polnisches Kleidungsstück', 'Mütze mit Pelzbesatz'.
Kippe, Kipse, erst spät belegt, unsicherer Herkunft.

Ahle
Die Ahle oder der Pfriem sind uralte Werkzeuge. Man brauchte sie zum Vorstechen des Leders, um es dann mit der Nadel zusammennähen zu können. Ursprünglich war das Instrument in jedem Haushalt vorhanden, heute findet man es nur noch beim Sattler und Schuster. Und hier gibt es mindestens drei Typen: für dünneres Leder den Pfriem mit einem Heft, um ihn in der Hand zu führen, für dickeres Leder ein Instrument, dessen Griff so gearbeitet ist, daß mit dem Hammer darauf geschlagen werden kann, und drittens einen Pfriem mit einem Nadelöhr vorne an der Spitze, mit dem dicker Schusterdraht durch Löcher in dickem Leder, das mit dem vorigen Instrument geschlagen wurde, geführt werden kann. Diese Typen hat es in früherer Zeit sicher auch gegeben, es ist uns aber nicht möglich, ihnen auch Namen zuzuordnen. Synonyme gäbe es genug.
Heute ist dem Durchschnittssprecher nur mehr ein Instrument bekannt, oft aber zwei Namen dafür: *Pfriem* und *Ahle*, die in der Schriftsprache gleichberechtigt nebeneinander stehen.
Pfriem ist in dieser Form auf das dt. und nl. Sprachgebiet beschränkt, mhd. *pfrieme*, mnd. *prēme*, nl. *priem*, mit anderer Ablautung aengl. *prēon* und schwed. *pryl*.
Älter ist das Wort **Ahle, Else:** ahd. *āla*, mhd. *āle*, ags. *āl, æl* (schon früh ins Balt. entlehnt: lit. *ýla*, apreuß. *ylo*) führen auf germ. **ēlō* zurück. Eine andere Bildung liegt vor in mnd. *else(ne)*, nl. els. Die Entlehnung in romanische Sprachen (S. 49) setzen die Stämme **alesn-, *alisn-* und **alasn-* voraus.
Säule (in den Formen *Suhl, Suggel, Seile* u. a.) zu ahd. *siula*, mhd. *siul*, das in den germ. und idg. Sprachen eine reiche Verwandtschaft hat. Die idg. Wurzel **sjū, *sīu* (Leder) nähen' ergibt sich aus folgenden Formen: ahd. *siuwen*, ags. *siow(i)an*, anord. *sȳja*, got. *siujan* 'nähen', aind. *sīvyati* 'näht', lat. *suō*, aslaw. *šijǫ*, lit. *siūvù* 'nähe'. Es kann sich bei dem Wort aber genau so um eine Entlehnung aus dem Roman. handeln: lat. *sūbūla* 'Ahle' führt zu rumän. *sulă*, südit. *suglia*, venez. *subia*, rätoroman. *sŭvla*, port. *sovela*. Die Lagerung von *Säule* im Süden und Westen macht es wahrscheinlich (S. 48).
Ort ist in der Bed. 'Spitze' gemeingerm.: ahd., mhd. *ort*, asächs., ags. *ord*, anord. *oddr*.

Die Bezeichnungen für *Schornstein* in den Mundarten des ehem. dt. Sprachgebiets

Die Bezeichnungen für *Zündholz* in den Mundarten des ehem. dt. Sprachgebiets

Schornstein

Die Wortgeographie des Schornsteins ist ein Beispiel dafür, wie sich regionale Differenzierung der Mundarten als semantische Differenzierung in der Hochsprache wiederfindet. So ist *Schornstein* das Normalwort der Hochsprache für den Rauchabzug, *Kamin* ist eine offene Feuerstätte in Wohnräumen, *Schlot* bezeichnet den hohen Rauchabzug und *Esse* ist die Feuerstelle des Schmiedes. Im Frühnhd. standen diese Begriffe als Synonyme nebeneinander. Im Laufe der Herausbildung der nhd. Schriftsprache haben sie sich dann auf ihre jetzigen Verwendungsweisen in der Hochsprache spezialisiert.

Der Rauchabzug ist eine verhältnismäßig junge Einrichtung. Nur gemauerte Häuser hatten im MA. einen Schornstein: im gewöhnlichen Bauernhaus zog der Rauch durch die Ritzen des Daches oder ein eigens dafür vorgesehens Rauchloch. Dessen Name war *Luke* (im niederdeutschen Hallenhaus) und *Lie* (im obd. Rauchstubenhaus). *Luke* ist später auch auf den Schornstein übertragen worden. Der Einbau von Schornsteinen in Häuser wurde von obrigkeitlichen Bauordnungen vom 16. bis 19. Jh. durchgesetzt, um die Brandgefahr zu vermindern.

Luke ist verwandt mit nhd. *Lücke* und *Loch* zu ahd. *lühhan*, as., got. *lūkan* 'schließen'.

Kintl für Kamin dürfte eine relativ junge Übertragung sein. *Kintl* bezeichnet heute noch in Teilen der Baierischen das klein gespaltene Herdholz. Ursprünglich diente das offene Feuer sowohl als Beleuchtung wie als Heizung und Kochgelegenheit. Mit der Einführung des geschlossenen Kachelofens in der obd. Stube mußte eine eigene Beleuchtungseinrichtung geschaffen werden: sie bestand aus einer Nische in der Wand mit einem Rauchabzug. Verbrannt wurden hier kleinere gespaltene Holzstücke, meist sehr harzhaltig, *Kintl* (oder Kienspäne). Als neue Lichtspender wie der Öllampe aufkamen und dieser Wandkamin als Beleuchtungsstelle überflüssig wurde, blieb die Bezeichnung für den Rauchabzug.

Harst (in der Form *Harsch(ten)*) bezeichnete ursprünglich den gewölbten Rauchfang, in dem sich der Rauch sammelte, bevor er abgeleitet werden konnte. Ahd. *harst* bedeutet 'Buschwerk', 'Reisig', aber auch 'Röstpfanne'. Von der ersten Bedeutung her ist anzunehmen, daß dieser Rauchfang ursprünglich aus geflochtenem und mit Lehm verschmiertem Material bestand und später, als der Rauchfang verschwand, nur noch für den schlauchartigen Rauchabzug verwendet wurde.

Schwossel(t) ist etymologisch ungeklärt.

Das Wort **Kamin** kam mit dem gemauerten Rauchabzug (lat. *camīnus*) über die Alpen. Ahd. *kemin*, *chemī*. Die nhd. Form *Kamin* ist im 15. Jh. neu aus dem Italienischen (*camino*) entlehnt. *Kamin* bedeutete ursprünglich 'Feuerstelle' und 'Rauchabzug'. Eine *camera caminata* war ein heizbares Zimmer, als *Kemenate* ist das Wort heute noch vorhanden. Die Lautform Ke-

mat bezeichnete zunächst weniger den Herd oder den Schornstein, als das heizbare Zimmer. **Rauchfang** erklärt sich selbst.

Schlot gehört wahrscheinlich zu dem ahd./mhd. schwach belegten *slāte* 'Schilfrohr'. Ahd./mhd. *slāt* ist nicht nur in der Bedeutung 'Kamin', 'Ofenloch' belegt, sondern auch als 'Trockendarre'. Das läßt uns zwei Wege, wie 'Schilfrohr' zur neuen Bedeutung kam, vermuten: entweder über einen geflochtenen runden, mit Lehm bestrichenen und deshalb weniger feuergefährlichen Rauchabzug oder einen in der gleichen Technik hergestellten Rauchfang. *Schlot* war im Mittelalter sehr viel weiter südlich verbreitet.

Feuermauer bedeutet regional nicht nur 'Schornstein', sondern auch die Brandmauer zwischen zwei Häusern bzw. dem stein- und holzgebauten Teil eines Hauses. Vielleicht ist die Bed.-Übertragung von hier aus erfolgt.

Esse und **Feueresse** sind von der 'Feuerstelle' auf den 'Rauchabzug' übertragen worden. Es gehört zur idg. Wurzel **as-* 'brennen'; verwandt damit sind nhd. *Asche*, lat. *ardēre* 'brennen'.

Schornstein gehört zu ahd. *scorren* 'stützen', 'streben', isl. *skorda*, engl. *shore* 'Stütze', 'Strebe'. Der *Schornstein* war zunächst der Stein, der den Rauchfang auf der einen Seite stützte, später die gesamte Feuerstelle.

Zündholz

Das Zündholz in seiner heutigen Form als Sicherheitszündholz setzt sich erst am Anfang des 20. Jhs. durch, nachdem 1903 die Herstellung von Zündhölzern mit leicht entzündlichem Phosphor und Schwefel, die sich an jeder Reibfläche in Brand stecken ließen, verboten worden war. Erst im 19. Jh. waren chemische Feuererzeugungsarten aufgekommen. Trotz des relativ geringen Alters der bezeichneten Sache liegt so reiche Synonymik vor, daß sie auf der Karte nur unvollkommen dargestellt werden konnte.

Die Hauptsynonyme **Zündholz** und **Streichholz** sind beide in die nhd. Standardsprache eingegangen. Wir haben es hier meist mit zusammengesetzten Bildungen zu tun, als deren Grundwort in der Regel eine Material- oder Formangabe *-holz*, *-span*, *-sticken* (~ *Stecken*); im Bestimmungswort finden wir häufig eine Bezeichnung der Bewegung beim Anzünden: *Streich-*, (nd. *strick*), *Riet-* (zu hd. *reißen*). Hier dürfte die neue Art der Feuererzeugung zum Benennungsmotiv geworden sein.

Fixfeuer und **Schnellfeuer** betonen die Schnelligkeit gegenüber den früheren Art, Bildungen mit **Schwefel** (Formen auf *-b-*, *-w-* und *-g-* beruhen auf regionaler Lautentwicklung) deuten auf das Material der alten Zündhölzer.

In den Umgangssprachen ist der reiche Synonymik der Dialekte weitgehend beseitigt: *Streichholz* gilt im größten Teil des Sprachgebiets, erst südlich einer Linie Stuttgart-Ansbach sind *Zündholz*-Meldungen häufiger. In der Schweiz und in Österreich gilt dieser Worttyp aber unangefochten.

Die Bezeichnungen für *Flaschenkorken* in den Mundarten des ehem. dt. Sprachgebiets

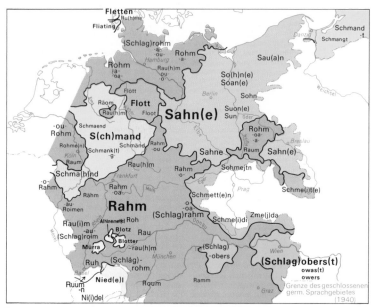

Die Bezeichnungen für *Sahne/Rahm* in den Mundarten des ehem. dt. Sprachgebiets

Flaschenkorken

Die Glasflasche war den Germanen und Römern zwar schon bekannt, sie fand aber keine größere Verbreitung. Die Gefäße der Germanen waren meist aus Holz und aus einem Stück geschnitzt. Erst die Einführung des Weinbaus unter römischem Einfluß brachte komplizierter gebaute Gefäße mit sich, wahrscheinlich auch das doppelbödige Faß, das mit einem runden Holzpflock verschlossen wurde. Bei aufrecht stehenden Gefäßen wie den (auch hölzernen) Flaschen konnte man mit einem weichen Verschluß arbeiten. So waren die römischen Großgefäße, die Amphoren, schon mit Kork verschlossen, der mit Pech versiegelt wurde. Im Norden verwendete man dazu Flachs- oder Hanfabfälle, die mit Wachs abgedichtet wurden. Flaschen gab es auch aus Metall, wie der *Flaschner* für 'Klempner' regional zeigt (vgl. S. 192).

Die Glasflasche wurde in Deutschland vor allem durch französische Weine eingeführt, die früher als die deutschen (vom 15. Jh. an) nicht mehr nur im Faß gehandelt wurden. Damit kam auch die französische Verschlußtechnik mittels Korkrinde nach Deutschland. Erst im 17. Jh. findet die Glasflasche eine weitere Verbreitung. Gleichzeitig setzt ein Aufschwung der Glasindustrie ein. Schon früher war die Korkrinde eingeführt worden und zwar als Material für Schuhe. Ostpreuß. *Korken* für 'Pantoffel' und sporadisch belegtes *Pantoffel(holz)* (für 'Korken') sind sprachliche Zeugen dieser Tatsache.

Die Wortkarte *Flaschenkorken* zeigt im wesentlichen eine Dreiteilung des Gebiets: Nördlich *Pfropfen* steht südlich *Stopfen* gegenüber, im Osten Mitteldeutschlands verbreitet sich *Korken*. Daß dieses Wort eine ältere Nord-Süd-Teilung überlagert, beweisen die nicht seltenen *Pfropfen-* bzw. *Stopfen*-Restmeldungen in diesem Gebiet.

Kork zu lat. *cortex* 'Rinde', das über frz. oder spanische Formen ins Deutsche gelangt.

Pfropfen in dieser Bedeutung erst im 18. Jh. belegt. Es ist vom Verb *propfen* (S. 214) abgeleitet.

Stopfen (mit *Stopsel* und *Stöpsel*) gehört zum Verb *stopfen*, ahd. *stopfōn*, ein Wort, das wohl aus dem Romanischen entlehnt wurde. Vgl. mlat. *stuppare* 'mit Werg zustopfen' (zu lat. *stuppa* 'Werg'), das in seiner Ursprungsbedeutung ältere Verschlußtechniken spiegelt.

Dobb ist verwandt mit nhd. *Topf*, zu einem germ. Stamm *deup-* 'vertiefen', 'einsenken'.

Zapfen aus ahd. *zapho* (mnd. *tappe*, ags, *tæppa*) dürfte ursprünglich für den hölzernen Verschluß eines Holzgefäßes gegolten haben.

Spund zu mhd. *spunt* 'Spundloch', 'Zapfen zum Verschließen von Fässern und Brunnenröhren'. Es ist zu lat. *(ex)punctum* (zu *expungere* 'ausstechen') zu stellen, nordit. *spunto* 'Anstich des Weins' deutet auf eine Bedeutungsübertragung vom Vorgang des Anstechens zum Spund(loch) und seinem Gegenstück, dem Verschlußpfropfen.

Beil ist mit nhd. *Pegel* verwandt, zu mlat. *pagella* 'Flüssigkeitsmaß'. Es bedeutete urspr. das Kerbholz am Faß, das den Inhalt angibt.

Buschong im Elsaß ist neuere Entlehnung aus dem Französischen; vgl. frz. *bouchon* 'Gefäßverschluß', 'Strohwisch' zu einer germ. Wurzel *bosk-* 'Busch'. Die Form **Bausch** ist ebenfalls auf roman. Einfluß zurückzuführen. Dem Wort *schoppa* ('Schopper') liegt ein Verb *schoppen* 'stopfen', 'hineinstecken' zugrunde.

In den in den 70er Jahren aufgenommenen deutschen Umgangssprachen ist (ausgenommen die Schweiz, wo noch *Zapfen* vorkommt) *Korken* über das gesamte Gebiet verbreitet. Die Dialektwörter *Proppen* im Norden und *Bunden* im Südwesten sind zugunsten von *Korken* praktisch aufgegeben.

Sahne/Rahm

In diese Karte des Deutschen Wortatlasses sind verschiedene Dinge eingegangen: einmal der Rahm, der sich als Schicht oben auf der Milch absetzt und der in der Regel zu Butter weiterverarbeitet wurde, und zum anderen der (oft gesüßte und) geschlagene Rahm, der als Delikatesse genossen wird. Gefragt war im Fragebogen des Dt. Wortatlasses nach ersterem und zwar unter dem Stichwort 'süße Sahne'. In der Karte fällt nun auf, daß in den *Rahm*-Gebieten sehr oft mit *Schlagrahm* (bzw. in Österreich mit *Schlagobers*) geantwortet wurde. Hier wurde das Frage-Stichwort als 'Schlagsahne' mißverstanden.

Dies deswegen, weil *Sahne* hier als das soziologisch höherstehende, hochsprachliche Wort mit 'Schlagsahne' (als Speise der höheren Schichten – selbst auf dem Bauernhof gab es sie früher kaum) gleichgesetzt wurde. Auch heute noch bedeutet *Sahne* in süddt. Standardsprache vielfach den Schlagrahm!

Rahm hat im nl. *room* und ags. *rēam* Parallelen, ist aber sonst unerklärt.

Sahne ist wahrscheinlich eine Entlehnung aus dem Romanischen zu afrz. *saïn* 'Fett' zu lat. *sagīna* 'Fett'.

Schmand gehört zu asächs. *smōdi*, ags. *smōþ* 'glatt', 'weich', 'angenehm', 'lindernd' (vgl. engl. *smooth* 'glatt').

Flott gehört zum Verbum *fließen* und hat dessen urspr. Bedeutung von 'auf dem Wasser schwimmen' bewahrt (vgl. nhd. *Flotte*).

Schmetten ist aus dem Tschechischen *smétana* 'Milchrahm' entlehnt. In nhd. *Schmetterling* steckt das gleiche Wort, weil man früher der Überzeugung war, die Hexen würden Rahm stehlen in der Gestalt von Schmetterlingen (vgl. engl. *butterfly*).

Niedel. Seine Herkunft ist dunkel. Es ist wahrscheinlich ein vorromanisches Wort.

Abnemete ist eine Kollektivbildung zum Verbum *abnehmen*.

Blotz, Blotter dürfte onomatopoetisch zum Rumpeln des Butterfasses gebildet sein.

Mirre, Milere ist aus Milchrahm kontaminiert.

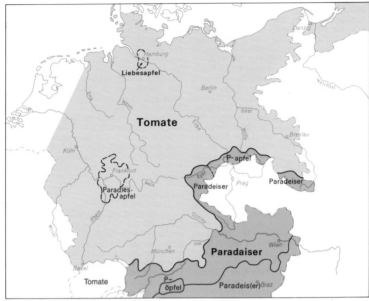

Die Bezeichnungen für *Tomate* in den Mundarten des ehem. dt. Sprachgebiets

Die Bezeichnungen für *Pilz* in den Mundarten des ehem. dt. Sprachgebiets

Die Bezeichnungen für *Gurke* in den Mundarten des ehem. dt. Sprachgebiets

Tomate

Die Tomate war wie die Kartoffel zunächst Zierpflanze und wurde erst im 19. Jh. für die Küche entdeckt. Als Gartenfrucht ist sie in Deutschland erst im 20. Jh. heimisch geworden. Konservative Bauern essen sie bis heute nicht. Sie kommt aus Mexiko und Peru, wo sie *tomatl* heißt. In Deutschland ist sie 1601 im Pl. *Tomates* zuerst belegt.

Sie zeigt wenig Synonyme. Im ehem. Österreich-Ungarn gelten Zusammensetzungen mit *Paradies-*; einer der Fälle, in denen moderne polit. Grenzen auch Mundartgrenzen sind.

Gurke

Die Gurke ist in Indien schon im 3. Jt. v. Chr. nachzuweisen und kommt um 600 v. Chr. von Kleinasien nach Griechenland und von da aus nach Rom. Sie scheint auf zwei Wegen nach Deutschland gekommen zu sein. Einmal von den Romanen, deren Wort aus lat. *cucumer-* im Südwesten gilt, zum anderen wurde sie erst in der Neuzeit vom Osten her durch die Slawen neu eingeführt.

Von ihnen stammt auch das Wort *Gurke* (vgl. poln. *ogórek*, tschech. *okurka*). Die *Umurken-* und *Murken-*Formen sind ebenfalls aus dem Slaw. abzuleiten. Das hochsprachl. *Gurke* ist in den Alpen verbreitet, weil dort die Gurke als wärmeliebende, frostempfindliche Pflanze nicht gedeiht. *Kornischong* im Westen stimmt zu frz. *cornichon* (zu lat. *cornu* 'Horn').

Pilz

In jedem Pilzbuch kann man sehen, daß die verschiedenen Pilze im Deutschen eine reiche Synonymik aufweisen. Im Dt. Wortatlas wurde der allg. Name abgefragt und kartiert.

Pilz, griech. *bólītēs* 'Pilz' kam übers Lateinische (*bōlētus*) noch vor der 2. LV ins Dt.; ahd. *buliz*, mhd. *bülez*, *bülz*. Die nhd. Form ist im Vergleich zum Mhd. unregelmäßig und auf komplizierte Wechselwirkungen von Schreibung und Ausspracheformen zurückzuführen.

Im deutschen Süden ist **Schwamm** das gebräuchliche Wort; ahd. *swam*, anord. *svǫppr* sind urverwandt mit griech. *somphódēs* 'schwammig', 'locker', 'porös'.

Auf Übernamen beruhen Formen wie nordwestdt. **Poggenstaul** (etwa 'Krötenstuhl') u. ä. Vielfach ist auch der Name einer häufig vorkommenden Art zum Namen für den Pilz allgemein geworden. So bei *Rietzke, Reizker* (zu russ. *riskova*, poln. *rydz, rydzek* 'der Rötliche'), *Pfiffer(-ling)* (zu mhd. *pfeffer*, ursprünglich wohl für eine Art mit scharfem Geschmack), *Täubling* (wegen der taubenblauen Farbe verschiedener Arten? vgl. it. *colombina* für diese Art) und *Kochel* (zu it. *cucamele* und frz. *coucoumelle*, Pilzart). Frz. *champignon* 'Pilz allgemein', nicht eine spezielle Art wie im Dt., gehört zu lat. *campania* 'Brachfeld'. Gleiche Bedeutungsentwicklung liegt vor in *Dri(e)schling* (zu *Driesch*) und *Egerling* (oder *Eiderling* zu *Egart*).

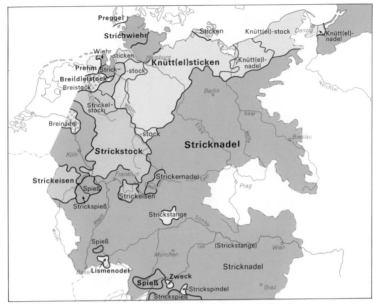

Die Bezeichnungen für *Stricknadel* in den Mundarten des ehem. dt. Sprachgebiets

Die Bezeichnungen für *Meerrettich* in den Mundarten des ehem. dt. Sprachgebiets

Die Bezeichnungen für *Stecknadel* in den Mundarten des ehem. dt. Sprachgebiets

Meerrettich

Der Meerrettich war ursprünglich in Südeuropa zu Hause. *Meerrettich* herrscht im Norden in wechselnden Lautungen. Ahd. *mēr-rätih:* Der Rettich, der übers Meer zu uns gekommen ist. *Rettich* zu lat. *rādix* 'Wurzel'. *Kren* im Südosten ist Entlehnung aus dem Slaw.: aslaw. *chrenu,* tschech. *křen.* In den Umgangssprachen dringt in Südbayern *Meerrettich* vor und verdrängt das ältere *Kren.*

Stricknadel

Das Stricken von Kleidungsstücken ist erst im MA. verbreitet. Das Wort zeigt eine Synonymik, verschieden nach Grund- und Bestimmungswort.

Das Bestimmungswort hat vier Synonyme: **stricken** zu ahd. *stricken, stricchan* 'schnüren', 'heften', 'flechten' (ursprünglich von Stricken und Netzen). **Knitten** *(knitteln)* 'stricken' ist verwandt mit dt. *Knoten* (vgl. engl. *knit* 'stricken'), **brei(d)en** (zu Breinadel, *-stock*) zu mnd. *breiden* 'stricken', ahd. *brettan* 'knüpfen', 'stricken', 'flechten'. Von **lismen** ist die Herkunft nicht bekannt.

Das Grundwort wechselt zwischen *Nadel, Stock, Sticken, Spieß, Eisen, Stange, Spindel* und *-wiehr* (vgl. engl. *wire,* ags. *wīr,* fries. *wīr* 'Draht').

Prehm gehört zu *Pfriem,* nordfries. **Preggel** dürfte etym. mit nhd. *Prügel* zusammenhängen.

Stecknadel

Stecknadeln sind heute die kleinen Nädelchen mit rundem Kopf, die zum Heften von Stoffen vor dem Zusammennähen verwendet werden. Urspr. waren es größere Nadeln, die zum Zusammenhalten von Kleidungsstücken dienten. Im Ahd. ist ihr Name *spenela, spinula,* von lat. *spínula.* Dieser isolierte Worttyp erscheint vielfach verformt und an bekanntere Wörter angeschlossen auf der Synonymenkarte.

Dabei haben in deutschen und romanischen Mundarten unabhängig voneinander parallele Entwicklungen stattgefunden: lat. *spínula* ergab nach dem Ausfall des unbetonten Mittelvokals **spinla* (was durch die ungewöhnliche Konsonantenverbindung *nl* nicht beständig war und beseitigt wurde). Durch vollständige Assimilation des *n* an das *l* entstand *spilla* (um Mainz **Spell,** it. *spilla*), dieses wurde durch Teilassimilation zu *sperl* (bair. *Sperl-* eventuell auch zu hd. fachsprachlich *Spiere* – und provenzalisch *ehpyerlo*) oder durch Vokalisierung des *n spiula (Speel* im dt. Nordwesten und anschließend daran im Picardie *epyül*).

Ob **Spengel** zu frz. *épingle* gehört oder zu dt. *Spange* ist nicht zu entscheiden.

Nd. **Knopnadel** betont die Form, die Neubildung *Stecknadel* die Funktion.

Alem. **Gluf(e),** das dort auch 'Sicherheitsnadel' und 'Brosche' bedeuten kann, ist spätmhd. in der gleichen Form belegt und in seinem Ursprung bisher noch nicht geklärt.

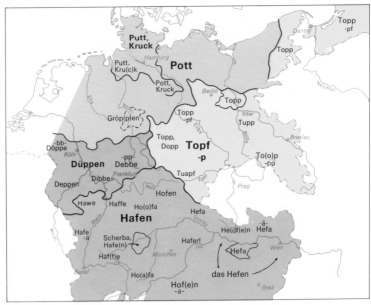

Die Bezeichnungen für *Topf* in den Mundarten des ehem. dt. Sprachgebiets

Die Bezeichnungen für *ziehen* in den Mundarten des ehem. dt. Sprachgebiets

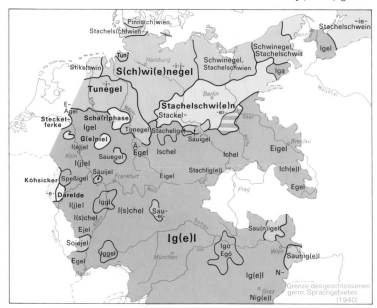

Die Bezeichnungen für *Igel* in den Mundarten des ehem. dt. Sprachgebiets

Topf

Die Karte spiegelt die Synonyme, die heute für den *Kochtopf* (gleich welchen Materials) gebraucht werden. Urspr. war das dt. Sprachgebiet zweigeteilt: dem südl. **Hafen** (ahd. *havan*, urverwandt mit lat. *capere* 'fangen') stand ein nördl. **Grope** (as. *gropo*, verwandt mit nhd. *graben, Grube*), das nur mehr in einem Reliktgebiet vorhanden ist, gegenüber.

Die Form **Hefen** stammt wohl aus *hafin* mit dem Suffix *-īn* für Gefäßnamen wie in ahd. *kęzzīn, eimerīn, bęckīn*.

Topf und **Düppen** haben den gleichen Ursprung (urverwandt mit nhd. *tief*, vgl. auch engl. *dip*) und tauchen erst im 12. Jh. auf. Sie gelten heute im gesamten md. Raum.

In der Trierer Gegend (und im Rheinisch-Hess. in anderen Bedd.) hat sich mit **Aul** das alte lat. *aula* 'Topf' gehalten, ein Zeuge der dort einst blühenden röm. Keramikindustrie. Es ist aus galloroman. *ōlla* ins Ahd. als *ūla*, über mhd. *üle* zu *Aul* geworden. Es war früher sicher weiter verbreitet (vgl. 'Töpfer' S. 192).

Das im 12. Jh. zuerst belegte **Pott**, das heute in ganz Norddeutschland gilt (vgl. engl. *pot*, spätanord. *pottr*) ist aus dem Frz. entlehnt *(pot)*.

ziehen

Dieses Wort wurde im DWA in folgendem Kontext erfragt: »Er soll den Wagen *ziehen*.« Mit Ausnahme von *trecken*, das erst mhd. belegt ist, gehen alle Synonyme in germ. Zeit zu-rück. *Trecken* hat bereits fast den ganzen nd. Sprachraum gegen *ziehen/tehn* erobert. Um Berlin hat hd. *ziehen* an Raum gewonnen (Sogwirkung der Großstadt).

ziehen, ahd. *ziohan*, as. *tiohan*, mnd. *tēn*, ags. *tēon*, got. *tiuhan* führen zu einer Grundform **deuk* 'ziehen', die auch in lat. *dūkō* 'ich ziehe' vorhanden ist.

zerren zu ahd. mhd. *zęrren* 'reißen', mnd. *terren* 'zanken'.

dinsen zu ahd. *dinsan*, mhd. *dinsen* 'reißen', 'sich ausdehnen', got. *atþinsan* 'herbeiziehen', aind. *tams-* 'ziehen', zeugen vom hohen Alter dieses Wortes (nhd. nur noch in *gedunsen*).

luken zu ahd. *lūkan*, ahd. *lūhhan* 'schließen' (vgl. nhd. Luke).

trecken zu mhd. *trecken*, nhd. *trecken* 'treideln', 'ein Schiff ziehen', als Nomen z. B. in *Burentreck* noch vorhanden. Norddt. *Trecker* 'Traktor' ist dem engl. *tractor* nachgebildet.

Igel

Der Igel zeigt Bildungen, die meist auf sein stachliges Fell anspielen: *Stachelschwein, Schwein(Sau)-igel, scharfer Hase, Spießigel, Tunigel (Zaun-), Pinnschwien* (zu *Pinne* 'Stäbchen', 'Stift'), *Därelde* (zu *Dorn*). Aber: *Köhsicker* ('saugt den Kühen die Milch aus').

Igel selbst ist ein Erbwort, das aus idg. **eghi-* abzuleiten ist (lett. *ezis*, aslaw. *ježi*, griech. *echīnos*, ahd. as. *igil*, ags. *igel*).

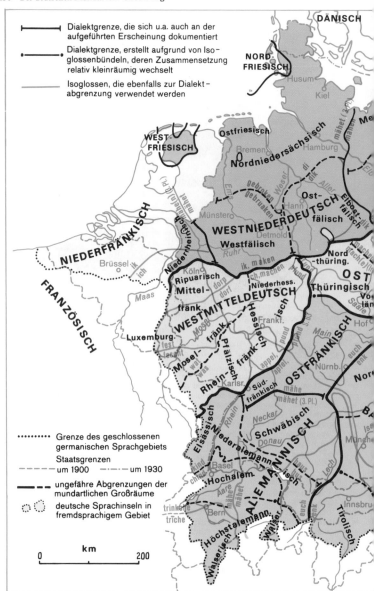

Die Gliederung der mitteleuropäischen Mundarten germanischer Abkunft (Stand: 1900)

SCHWEDISCH

DÄNISCH

Königsberg

Danzig

pommersch

Ost-DEUTSCH

kaschubisch

Niederpreussisch

Hoch-
preussisch

ich,
machen

maken
machen

MASURISCH

nburgisch-
orpommersch

brauder
brober

Stettin

Neiße
Weichsel(ein)

ord- märkisch

STNIEDER-

randenburgisch

märkisch

maken
machen

Berlin

Oder

Poseno

POLNISCH

Weichsel

Mittel-

ittenberg

Südmärkisch

Niederländisch

ber-
sächsisch

SORBISCH

Neiße

Schlesi

Breslau

MITTEL-

Dresden

DEUTSCH

sch

Gebirgs-
schles.

tzgebirgisch

Nordwest-
böhm.

Nordböhmisch

(Art. Akk.)

Elbe

und
pfund
Nord-
mährisch

Bielitz

TSCHECHISCH

Prag

appel

apfel

Schön-
hengst

Moldau

Iglau

Brünn

Ober-

Zips

SLOWAKISCH

airisch

Bud-
weis

Proben

Unter-

Südböhmisch

Südmährisch

Kremmnitz

auder
ruader

Passau

bairisch

Donau

Bösing

SCH-ÖSTERREICHISCH

Wien

Mittel-

gnecht
kchnecht

Ungar. Mittelgebirge

MADJARISCH

Salzburgisch

fest
lescht

Graz

Süd- -bairisch

Schwäb.

Zarz

Türkei

Banat

SLOWENISCH

Drau

Gottschee

Batschka

1 –e für –en in allen Fällen

2 –e für –en als Verbalendung
immer außer
Gerundium (...zu
trinken)

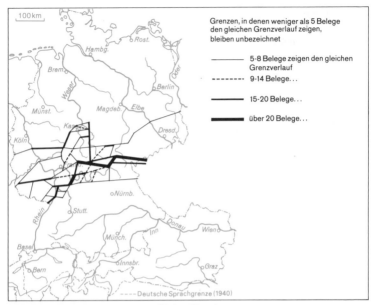

Nord-Süd-Gegensätze im umgangssprachlichen Wortschatz

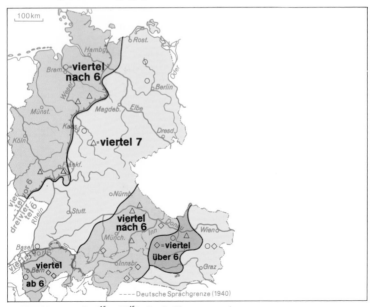

Die Bezeichnungen für 6^{15} und 5^{45} in den dt. Umgangssprachen

Die **Umgangssprachen** sind wegen ihrer großen Variabilität nur sehr schlecht von der Hochsprache/Schriftsprache einerseits und den Dialekten andererseits abzugrenzen. Vor allem im lautlichen Bereich ist im Süden wohl von einem Kontinuum von Dialekt bis zur Hochsprache auszugehen (S. 132, 135), so daß eine Sprachform »Umgangssprache« nur unter großen Schwierigkeiten einzugrenzen ist. Dazu kommt, daß man im Süden unter Umgangssprache etwas anderes versteht als in Norddeutschland und daß Umgangssprache in der Philosophie wieder etwas anderes bedeutet, nämlich »Normalsprache, Alltagssprache« im Gegensatz zur wissenschaftlichen Fachsprache.

Dabei sind die Umgangssprachen sicher die meistverwendete Sprachform, die alten Dialekte verlieren immer mehr Sprecher und Domänen, sie werden verdrängt zugunsten von großräumig regional ausgerichteten Sprachformen, den Umgangssprachen.

Das erste Atlasprojekt, das sich im gesamten deutschen Sprachgebiet mit den Umgangssprachen beschäftigte, war *Jürgen Eichhoffs* ›Wortatlas der deutschen Umgangssprachen (WDU)‹. Er und seine Mitarbeiter führten von 1971–1976 in Orten in der BRD, der ehemaligen DDR, der Schweiz und in Österreich Befragungen durch. Es wurden nur Städte berücksichtigt, nicht das flache Land, weil in ihnen eher die gegenüber dem Dialekt »höhere« Sprachform »Umgangssprache« zu erwarten war. Die Gewährspersonen stammten in der Regel aus der Mittelschicht, sie wurden nicht nach dem eigenen Gebrauch gefragt, sondern nach dem, was im Ort »gewöhnlich«, »üblich« ist. Als Ergebnis wurden 1977/78 125 Karten veröffentlicht, von denen (S. 232 ff.) eine Auswahl geboten wird, um die Geographie der deutschen Umgangssprachen zu verdeutlichen. Im Gegensatz zu den Dialekten zeigen sich größerräumige »landschaftliche Blöcke einheitlichen Wortgebrauchs«. Was im Dialekt kleinräumig gekammert ist, ist in den Umgangssprachen zugunsten von Formen aufgegeben, die eine größere Verbreitung besitzen. Das zeigt eindeutig der Vergleich der Karten des Deutschen Wortatlasses (S. 166 ff.) mit denen des WDU (vgl. S. 186). Auch großflächig verbreitete Dialektwörter erscheinen verschiedentlich in den Umgangssprachen nicht mehr oder sie werden zugunsten benachbarter, offenbar höherwertiger Formen aufgegeben. Das ist vor allem im Norden der Fall, wo der Abstand zwischen Dialekt und Hochsprache besonders groß ist (vgl. S. 134), und ein Wort, das als »dialektal, platt« stigmatisiert ist, es schwer hat, in der dort hochsprachenahen Umgangssprache verwendet zu werden. Sehr viel häufiger als bei den Dialekten (vgl. z. B. S. 221) ist bei den Umgangssprachen zu beobachten, daß die vorkommenden Wortformen auch im Standard, in der Schriftsprache vorhanden sind und hier stilistische oder semantische Varianten bilden.

Der EICHHOFFsche Atlas der deutschen Umgangssprachen zeigt bei ca. ¾ der Karten eine deutliche Nord-Süd-Gliederung. Er zeigt aber auch, daß die Umgangssprachen des Nordens sich sehr viel großräumiger darstellen als die des Südens. Nach M. DURELL sind bei den Wortkarten, in denen ein Nord-Süd-Gegensatz vorhanden ist, folgende Verhältnisse festzustellen: Bei 21 Karten steht eine südliche Form auch nur einer nördlichen gegenüber. Bei 24 sind es mehrere südliche Formen, aber nur eine nördliche; bei nur 7 steht sind die Verhältnisse umgekehrt. Bei 29 Wortkarten sind sowohl im Süden als auch im Norden mehrere Formen vorhanden.

Während bei den Dialekten als Hauptsprachscheide zwischen Norden und Süden allgemein die Grenze der 2. Lautverschiebung (vgl. S. 63, 230) gilt, liegt sie bei den Umgangssprachen sehr viel weiter südlich. Das zeigt sich sehr deutlich auf der oberen Abbildung, der 70 Karten mit relativ klaren Grenzen aus dem EICHHOFFschen Atlas zugrunde liegen. Zwei Dinge sind hier bemerkenswert: Es scheint sich die im Volksmund populäre »Mainlinie« auch sprachlich zu dokumentieren. Und: die zur Zeit der Befragung noch vorhandene Grenze zur DDR zeigt Wirkung.

Zeitangaben: 5.45 Uhr/6.15 Uhr

Heute wird die Zeit selbst bei billigen Uhren mit einer Genauigkeit gemessen, wie es vor einigen Jahrzehnten selbst mit teuren Präzisionsgeräten kaum möglich war. Die digitale Zeitmessung beginnt, die analoge abzulösen. Die erreichte Genauigkeit ist für das tägliche Leben nicht nötig. Kein Mensch wird sich um 17.49 verabreden, höchstens um 17.45 oder 18.00. Normale Sonnen-, Wasser- und Sanduhren hatten in der Regel keine genauere Einteilung als nach Viertelstunden. Mechanische Räderuhren kamen erst im Mittelalter auf, Pendeluhren, die eine ungleich höhere Ganggenauigkeit besaßen, wurden erst im 17. Jh. erfunden. Die Viertelstundengliederung war für das normale Leben völlig ausreichend. Die Bezeichnungen für die Uhrzeit richteten sich an diesen Werten aus; wobei die halbe Stunde und der volle Wert eine besondere Rolle spielten: Man sagt *5 vor/nach halb, 10 vor/nach halb* oder *10 vor/nach 6*, aber kaum: *5 vor Viertel.* Die beiden Karten zeigen die Bezeichnungen für Viertelstundenwerte. Es ergeben sich relativ klare Grenzen: Im Nordwesten mit *viertel vor/nach,* in der Schweiz mit *viertel vor/ viertel ab,* im größten Teil des Restes *dreiviertel 6/viertel 7.* Die Meldungen mit *viertel nach 6* im südlichen Bayern und westlichen Österreich spiegeln eine neuere Entwicklung. Noch vor dem Ersten Weltkrieg, wo KRETSCHMER eine vergleichbare Befragung durchführte, war aus diesem ganzen Gebiet nur wenige Meldungen *viertel nach 6* vorhanden. Hier wurde älteres *viertel auf 7* bzw. *viertel über 6,* das in Österreich noch vielfach vorhanden ist, verdrängt.

kneifen/zwicken

Dominierend sind zwei Typen: *kneifen/kneipen* im Norden und *zwicken* im Süden. Die größte Differenzierung zeigt die Schweiz, wo drei verschiedene Wörter vorkommen. Das ist ein Ausfluß der Tatsache, daß die gesprochene Sprache in der Schweiz sehr dialektnah ist, daß der Abstand zwischen den Dialekten und der deutschen Standardsprache ähnlich groß ist wie in Norddeutschland, und daß Umgangssprachen, die zwischen Mundart und Hochsprache stehen, nur in Ansätzen vorhanden sind. Interessant ist, daß im Niederdeutschen, wo dialektal *kniepen* gilt, in den Umgangssprachen nur *kneifen* (also mit nhd. Diphthongierung und 2. LV), in Obersachsen dialektal *kneipen* auch in der »höheren« Sprachform beibehalten wird, und daß nördlich der Mosel dialektal *petschen* durch *pitschen,* das in den Mundarten nur eine geringe Verbreitung zeigt, abgelöst wird.

Die Bezeichnungen für *kneifen/zwicken* in den dt. Umgangssprachen

fegen/kehren

Die Tätigkeit, die man mit einem Besen ausführt, nennt man im Norden *fegen,* im Süden *kehren,* in der Schweiz *wischen.* Alle drei Wörter sind zwar schon ahd. belegt, sie sind aber an keine außergermanische Sippe anzuschließen. Alle drei Wörter gibt es auch im Standarddeutschen, nur ist ihre Verwendung verschieden: Während *wischen* allgemein für einen Reinigungsvorgang mit einem Lappen verwendet wird, herrschen bei *fegen* und *kehren* regional bedingte individuelle Unterschiede, wenn sie nicht als bedeutungsgleich angesehen werden.

Die Bezeichnungen für *fegen/kehren* in den dt. Umgangssprachen

sich erkälten

Der Gebrauch in Österreich und Südtirol mit *sich verkühlen* hebt sich klar ab vom Rest des deutschsprachigen Gebietes. Bei *er-* bzw. *ver-* in *sich er-* bzw. *ver*kälten liegt ein regionalspezifisches unterschiedliches Wortbildungspräfix vor wie auch in *er-* und *ver*zählen. In den Dialekten gilt in ganz Norddeutschland und in der Mitte *verkühlen*.

arbeiten/schaffen

In den Umgangssprachen und Dialekten des Südens ergeben sich klare Verbreitungsgebiete. In den Umgangssprachen des Südostens bedeutet *schaffen* so viel wie *befehlen (jemandem etwas schaffen)*. *Schaffen* ist ein altes Verb, das auch im Idg. Verwandte hat; *arbeiten* dagegen ist eine Ableitung aus dem etym. schwer anknüpfbaren Wort *Arbeit*, das im Mhd. noch 'Mühsal, Not' bedeutete. Daneben tritt in mhd. Zeit auch schon die heutige Bedeutung auf.

LUTHER hilft entscheidend mit, die positive Bedeutung durchzusetzen.

Die Bezeichnungen für *sich erkälten* und *arbeiten* in den dt. Umgangssprachen

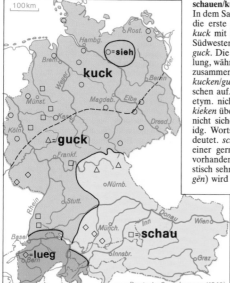

schauen/kucken

In dem Satz »... einmal, ob es noch regnet« war die erste Stelle zu ergänzen. Im Norden gilt *kuck* mit hartem Anlaut, in der Mitte und im Südwesten dasselbe Wort mit weichem Anlaut *guck*. Die Schweiz hat mit *lueg* eine Sonderstellung, während Bayern und Österreich mit *schau* zusammengehen.

kucken/gucken taucht erst im Mittelhochdeutschen auf. Das *k* von kucken wurde wohl vom etym. nicht verwandten niederdt. Dialektwort *kieken* übertragen. Die Herkunft des Wortes ist nicht sicher geklärt. Es ist eventuell zu einer idg. Wortsippe zu stellen, die 'verstecken' bedeutet. *schauen* (aus ahd. *scouwōn*) gehört zu einer germ. Wortsippe, die auch im Griech. vorhanden ist. *Sehen* ist in der Form *sieh* stilistisch sehr hoch stehend. *Lugen* (aus ahd. *luogēn*) wird als Normalwort für 'schauen' nur im Südwesten gebraucht. Seine Herkunft ist unklar.

Die Bezeichnungen für *guck!/schau!* in den dt. Umgangssprachen

Traktor
Die Produktion der in den USA erfundenen
Traktoren begann in Deutschland erst 1921 in
Mannheim durch die Fa. Lanz. Ihr »Bulldog«
war bis nach 1945 der am meisten verbreitete
Schlepper. Das Modell von 1921 hatte durch
einen eigentümlichen Zylinderkopf Ähnlichkeit
mit einer Bulldogge, was ihm den Namen gab.
In Süddeutschland ist *Bulldog* auch noch das
Normalwort der Umgangssprachen, obwohl es
bald vom *Traktor* verdrängt sein dürfte. Das
Wort galt ursprünglich auch im Süden Ostdeutschlands, ist dort inzwischen aber durch
Traktor verdrängt. *Trecker* ist eine Bildung zum
nd. Verb *trecken* 'ziehen' (S. 228), das in Anlehnung an das englische *traktor* (vgl. die engl.
Aussprache wie *Keks* aus engl. *cakes*) entstanden ist. *Traktor* dürfte im gesamten Sprachgebiet das Wort der Zukunft sein, in der Schweiz
mit Betonung auf der zweiten Sil-
be, auch wenn die herstellende
Industrie ihr Produkt unter dem
Namen *(Acker)schlepper* verkauft.

Die Bezeichnungen für *Traktor* in den dt. Umgangssprachen

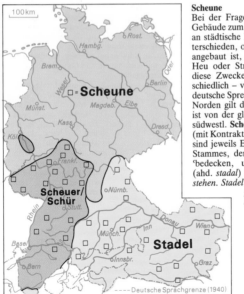

Scheune
Bei der Frage nach dem landwirtschaftlichen
Gebäude zum Aufbewahren von Heu und Stroh
an städtische Nicht-Landwirte wurde nicht unterschieden, ob dieses frei steht oder am Haus
angebaut ist, ob darin auch Geräte oder nur
Heu oder Stroh aufbewahrt werden. Für alle
diese Zwecke gibt es – landschaftlich unter-
schiedlich – verschiedene Bezeichnungen. Das
deutsche Sprechgebiet ist danach dreigeteilt: Im
Norden gilt das schriftsprachliche **Scheune**: Es
ist von der gleichen Wurzel abgeleitet wie das
südwestl. **Scheuer**. Ahd. *scugina,* mhd. *schiune*
(mit Kontraktion) und ahd. *sciura,* mhd. *schiure*
sind jeweils Erweiterungen des gleichen germ.
Stammes, dem wohl eine idg. Wurzel **skeu-*
'bedecken, umhüllen' zugrundeliegt. **Stadel**
(ahd. *stadal*) ist eine Ableitung aus dem Verb
stehen. *Stadel* und *Scheuer* weichen langsam gegenüber dem Standardwort
Scheune zurück.

Die Bezeichnungen für *Stadel/Scheune* in den dt. Umgangssprachen

Dachboden

Das Wort des Standards *Dachboden* gilt fast nur im Südosten, im Norden reicht *Boden* allein aus, um den Raum unter dem Dach zu bezeichnen. Im Rheinland ist **Speicher** das ältere Wort, in Südbayern ist es das neuere. Dieses Wort ist schon sehr früh (ahd. *spîhhari*) aus dem Lateinischen (*spicarium* 'Kornspeicher' zu *spica* 'Ähre') entlehnt, genauso wie viele andere Wörter des Hausbaus wie z. B. *Keller* aus *cellarium* (zu *cella* 'Raum'). Auch das in der Schweiz gegenüber älteren regionalen Bezeichnungen sich durchsetzende **Estrich** (ahd. *astrih*) ist aus lat. *astracus* (nur mlat. belegt) ins Deutsche gekommen. Das Wort geht letztlich auf griech. *óstrakon* 'Tonziegel, Scherbe' zurück, da der Estrich ursprünglich aus diesem Material gemacht wurde. Den großen Einfluß der Römer auf den Hausbau Mitteleuropas läßt auch das vereinzelt gemeldete **Söller** (ahd. *solari*) erkennen, dem ein lat. *solarium* 'flaches Dach, Terrasse' zugrundeliegt. **Bühne** (mhd. *büne*) im Südwesten läßt sich auf einen Stamm mit der Bedeutung 'Brettergerüst, Decke' zurückführen. Ähnlich ist das westfälische **Balken.** Es geht zurück auf die (Holz)konstruktion, auf der der Dachboden ruht.

Die Bezeichnungen für *Dachboden* in den dt. Umgangssprachen

Rechen/Harke

Hier steht nördlich *Harke* gegen südlich *Rechen.* Während die Herkunft von *Harke* (mndl. *harke*) ungeklärt ist, ist *Rechen* (ahd. *rehho*) eine Ableitung aus einem idg. Verbalstamm mit der entsprechenden Bedeutung.

Schaufel

Es gibt hier nur zwei Wortstämme, die miteinander konkurrieren: *Schippe/Schüppe* (ab 15. Jh. belegt) und das ältere *Schaufel* (ahd. *scūvala*). Bei beiden handelt es sich um eine Ableitung zum Verb *schieben.*

Die Bezeichnungen für *Schaufel* und *Rechen/Harke* in den dt. Umgangssprachen

Negerkuß/Mohrenkopf/Schwedenbombe

Der *Negerkuß*, eine industriell hergestellte, mit Schokolade überzogene starre Eiweißmasse auf Waffel, ist noch relativ jung. In Österreich setzte sich der Warenname *Schwedenbombe* durch, im Südwesten wurde die Bezeichung *Mohrenkopf* von einem gefüllten Biskuitgebäck übertragen.

Orange/Apfelsine

Orangen waren schon im Mittelalter bekannt, eine rotgoldene bittere Sorte, die im 11. Jh. in Sizilien angebaut wurde. Erst im 16. Jh. gelangt eine süße Art durch die Portugiesen aus China nach Europa. **Orange** ist im 17. Jh. aus frz. (*pomme d'*)*orange* entlehnt, das wiederum über das Spanische und Arabische aus dem Persischen kommt. **Apfelsine** ist im 18. Jh. aus dem niederdeutschen Wort *Apfelsine* (vgl. ndl. *sinaasappel*) ins Hochdeutsche gekommen. Vorbild: franz. *pomme de Sine* 'Apfel aus China'.

Interessant ist, daß im Süden *Apfelsine* und im Norden *Orange* als das jeweils stilistisch höherwertige angesehen wird. Das jeweils ungewöhnlichere Wort wird für »höhere« Verwendungsweisen reserviert.

Die Bezeichnungen für *Negerkuß* und *Orange* in den dt. Umgangssprachen

Porree/Lauch

Schon im Ahd. gibt es ein aus dem lat. *porrum* entlehntes Wort *phorro* 'Lauch'. Unsere heutige Form ist aber aus dem Französischen neu entlehnt, wo das Wort regional als *porrée* 'Lauch, Mangold' als Nachfolger des lat. *porrum* vorhanden ist. **Lauch** ist als Pflanzenname im Germ. alt und (ohne weitere idg. Verwandte). Er wurde ins Finnische und Slawische entlehnt. **Breitlauch** unterscheidet den 'Porree' von den anderen Laucharten wie Schnitt-, Bär- und Knoblauch. *Lauch* ist auf breiter Front im Vordringen begriffen, *Porree* gilt als »älter«.

Senf

Senf ist ein altes Lehnwort aus dem Lateinischen (*sināpi*), das selbst wiederum aus dem Griechischen entlehnt wurde und auch hier aus einer fremden, unbekannten Sprache stammt. **Mostrich** und **Mostert** (mhd. *mostert*) stammen aus dem Französischen. Sie wurden über mittelndl. *mostaert* aus frz. *moustarde* entlehnt. Dieses gehört zu lat. *mustum* 'junger Wein' (daraus nhd. *Most*), weil die Senfkörner ursprünglich wohl mit Most angesetzt wurden.

Die Bezeichnungen für *Porree/Lauch* und *Senf* in den dt. Umgangssprachen

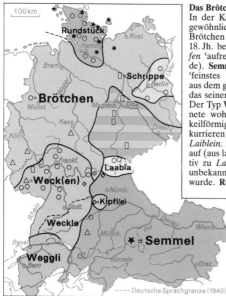

Das Brötchen

In der Karte wurde die Bezeichnung für das gewöhnliche, in dem jeweiligen Ort übliche Brötchen aufgenommen. **Schrippe** (seit dem 18. Jh. bezeugt), gehört zu einem Verb *schripfen* 'aufreißen' (wegen der aufgerissenen Rinde). **Semmel** ist schon ahd. als *semala, simila* 'feinstes Weizenmehl, Brötchen' vorhanden, aus dem gleichbedeutenden lat. *simila* entlehnt, das seinerseits wieder aus dem Orient stammt. Der Typ **Weck(en)** zu ahd. *weggi* 'Keil' bezeichnete wohl ursprünglich (so schon mhd.) ein keilförmiges Gebäck. Im Ostfränkischen konkurrieren die Typen *Wecklein, Kipflein* und *Laiblein.* **Kipf** tritt seit dem 13. Jh. als Brotform auf (aus lat. *cippus* 'Pfahl'). **Laiblein** ist diminutiv zu *Laib,* einem Wort, das wohl aus einer unbekannten Sprache ins Germanische entlehnt wurde. **Rundstück** wird allmählich aufgegeben zugunsten von *Brötchen,* das auch im Norden des *Weck*-Gebietes vordringt, genauso wie *Semmel* im Osten dieses Gebietes.

Die Bezeichnungen für *Brötchen* in den dt. Umgangssprachen

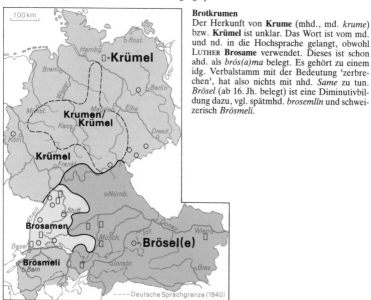

Brotkrumen

Der Herkunft von **Krume** (mhd., md. *krume*) bzw. **Krümel** ist unklar. Das Wort ist vom md. und nd. in die Hochsprache gelangt, obwohl Luther **Brosame** verwendet. Dieses ist schon ahd. als *brös(a)ma* belegt. Es gehört zu einem idg. Verbalstamm mit der Bedeutung 'zerbrechen', hat also nichts mit nhd. *Same* zu tun. *Brösel* (ab 16. Jh. belegt) ist eine Diminutivbildung dazu, vgl. spätmhd. *brosemlîn* und schweizerisch *Brösmeli.*

Die Bezeichnungen für *Krümel/Brösel* in den dt. Umgangssprachen

Das Vormittagsfrühstück (am Arbeitsplatz)
Die Sitte, eine kurze Mahlzeit (meist mit Brot) am Vormittag einzunehmen, ist verbreitet. Während der Norden und die Mitte das relativ einheitlich mit *(zweites) Frühstück* (ursprünglich: 'das in der Frühe gegessene Stück [Brot]' vgl. auch mhd. *morgenbrôt* in der gleichen Bedeutung) bezeichnen, hat der Süden doch einige Varianten: *Vesper* im Südwesten ist Lehnwort aus dem Lateinischen, es bezeichnet auch die Nachmittagszwischenmahlzeit (zur genaueren Geschichte des Wortes vgl. S. 184). **Brotzeit** ist im Prinzip nur im Freistaat Bayern vorhanden und in der ehemals bayerischen linksrheinischen Pfalz. Alle diese Wörter haben etwas mit der Zeiteinteilung zu tun; so auch das vor allem schweizerische *(das) Znüni* ('zu neun [Uhr]') oder das auf Südtirol beschränkte *Halbmittag:* Mahlzeiten hatten früher, wo die genaue Uhrzeit nicht jedermann zur Verfügung stand, sehr viel mehr als heute die Funktion, den Tag zu gliedern.

Die Bezeichnungen für *Vormittagsfrühstück am Arbeitsplatz* in den dt. Umgangssprachen

Krapfen/Pfannkuchen/Berliner
Schon die Tatsache, daß hier in der Überschrift drei Ausdrücke stehen, signalisiert, daß es im Schriftdeutschen kein allgemein anerkanntes Wort für dieses Gebäck gibt: Es ist ein etwa faustgroßes rundes Hefebackwerk, das im Fett schwimmend herausgebacken, mit Marmelade gefüllt, ist und im Süden vornehmlich zur Faschingszeit, im Norden zu Silvester beliebt ist/war. *Kräppel* und *Krapfen* stammen aus einer Wurzel: vgl. ahd. *krapfo*, was 'Haken, Kralle' bedeutet, wohl nach der ursprünglichen Form dieses oder eines vergleichbaren Gebäcks, von dem dann die Bezeichnung übertragen wurde. *Berliner* ist eine Kurzform zu *Berliner Pfannkuchen* (vgl. *Frankfurter* aus *Frankfurter Würstchen*). *Pfannkuchen* bezeichnet im Süden einen flach herausgebackenen Fladen, vergleichbar dem *Omelette,* der, in Streifen geschnitten, auch gern in der Suppe gegessen wird.

Die Bezeichnungen für *Krapfen/Berliner/Pfannkuchen* in den dt. Umgangssprachen

Die Bezeichnungen für *Stechmücke* in den dt. Umgangssprachen

Die Stechmücke

Jenes lästige Insekt, das heute in den Städten schon selten geworden ist, wird im Norden, in der Mitte und in der Schweiz einfach als *Mükke, Mugge* bezeichnet, ein Wort, das im Süden für eine kleine Fliege oder für die gewöhnliche Stubenfliege steht, in der Regel für ein Tier, das nicht die Eigenschaft des Stechens besitzt. Es ist ein altes Erbwort aus dem Indogermanischen, das wohl ursprünglich 'Mückenschwarm' bedeutete. *Schnake* ist nicht so weit zurückzuverfolgen, doch weisen verwandte Wörter in Richtung 'Spitze', so daß wohl das Benennungsmotiv mit ihrer Eigenschaft zu stechen zusammenhängen dürfte. Niederdeutsch *Schnake, Snake* 'Ringelnatter' (vgl. engl. *snake* 'Schlange') ist nicht damit verwandt. Die in Österreich verbreitete *Gelse* hängt mit einem bair. Verb *gelsen* 'summen' zusammen (vgl. nhd. *gellen*) nach dem Fluggeräusch dieser Tiere, das besonders in der Nacht nicht zu überhören ist. Die Form *Staunze* ist etymologisch unklar.

Die Bezeichnungen für *Ferse/Hacke* in den dt. Umgangssprachen

Die Ferse

Für Süddeutsche ist die *Hacke* in erster Linie ein Bodenbearbeitungsgerät. Auch Gebildete erfahren – wenn sie nicht beim Militär waren – sehr spät, daß Hacke in der Wendung *die Hakken zusammenschlagen* die 'Ferse' bedeutet und nicht z. B. den Absatz des Schuhs. Entgegen der üblichen Tendenz verdrängt das südliche Wort *Ferse* das nördliche *Hacke*. Das zeigen die nicht seltenen *Ferse*-Meldungen im Norden. Interessant ist die Instabilität des grammatischen Geschlechts: sowohl bei *Hacke* wie auch bei *Ferse* gibt es Gebiete, wo die beiden maskulin sind. *Hacke* ist etymologisch unklar und ist sicher nicht mit dem nhd. Verb *hacken* verwandt. *Ferse* (ahd. *fers(a)na*) läßt sich zwar weiter zurückverfolgen, doch macht es Schwierigkeiten, dazugehörige idg. Parallelwörter zu finden.

Die Grußformel

Die Karte stellt die Grußformel »beim Betreten eines Geschäftes (am Nachmittag)« dar. *Guten Tag* war auch in Süddeutschland die ältere Form und ist vielfach im Dialekt noch gebräuchlich. Sie wurde erst im 19. Jh. von dem von der Kirche geförderten *Grüß Gott* verdrängt, das auf dem Dorf zunächst nur gegenüber Amtspersonen (Pfarrer, Lehrer) gebraucht wurde. Die *Guten-Tag*-Belege im *Grüß Gott*-Gebiet können von daher einerseits Relikte eines älteren Sprachzustandes sein, andererseits Neuerung der Hochsprache. Das *Moin* an der Küste stammt aus *(Guten) Morgen*, das schweizerische *Grüezi* aus *(Gott) grüß eu(ch)*. Auch in der Schweiz ist *Guten Tag* vielfach die ältere Formel. Die Belege für *guten Nachmittag* in Tirol spiegeln wohl ebenfalls die alten dialektalen Verhältnisse.

Der Gruß »beim Betreten eines Geschäfts (am Nachmittag)« in den dt. Umgangssprachen

Verschiedenes

Hier auf dieser Karte sind verschiedene Dinge versammelt. Einmal die geographische Verteilung zweier Wendungen: südlichem *daheim* steht nördliches *zu Hause* gegenüber, südlichem *nimmer* nördliches *nicht mehr*. Der Süden hat in ein Wort zusammengezogen, was im Norden mit einer Wortgruppe ausgedrückt wird. Vergleichbar damit nördlich *nach Hause*/südlich *heim* und die Bezeichnungen für *voriges Jahr* (S. 180) und *dieses Jahr* (S. 181). Zum anderen zwei Phänomene der Aussprache: das Vorkommen von *j* für anlautenden G-Laut *(Gans, groß)* und von *sch* nach *r* in *der Erste*. Als Drittes ist die Geographie des »Plastiks« dargestellt: Die ostdeutschen Gebiete heben sich klar vom Westen ab, aber auch dort herrscht eine gewisse Unsicherheit hinsichtlich des grammatischen Geschlechts.

Einige geographisch verteilte Phänomene in den dt. Umgangssprachen

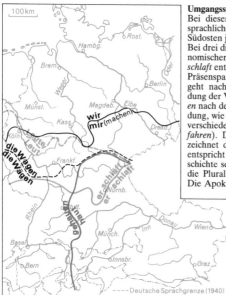

Zur Morphologie in den dt. Umgangssprachen

Umgangssprachliche Morphologie

Bei diesen Erscheinungen aus der umgangssprachlichen Morphologie stellt der Süden bzw. Südosten jeweils die hochsprachefernere Form. Bei drei dieser Formen hat der Süden die »ökonomischere« Variante. Der umlautlose Typ *er schlaft* entspricht auch den übrigen Formen des Präsensparadigmas. Die Partizipform *gehaut* geht nach der schwachen, regelmäßigen Bildung der Vergangenheitsform, die Form *gehauen* nach der starken relativ unregelmäßigen Bildung, wie sie bei sehr viel weniger Verben nach verschiedenen Mustern vorkommt (*fahren/gefahren*). Der Umlaut im Plural *Wägen* kennzeichnet diesen Plural eindeutig. Diese Form entspricht damit der in der deutschen Sprachgeschichte seit dem Mhd. vorhandenen Tendenz, die Pluralkennzeichnung auszubauen (S. 110). Die Apokope (*Leut/Leute*) zeigt sich nicht nur in den Dialekten (S. 159) sondern auch in den Umgangssprachen des Südens, während sie im Norden bei vergleichbarer dialektaler Basis nicht zum Tragen kommt.

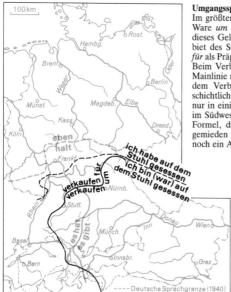

Zur Syntax in den dt. Umgangssprachen

Umgangssprachliche Syntax

Im größten Teil des Südens verkauft man eine Ware *um* einen bestimmten Betrag, sonst *für* dieses Geld. Viele Meldungen von *für* im Gebiet des Südostens deuten daraufhin, daß das *für* als Präposition allmählich das *um* verdrängt. Beim Verb *sitzen* wird das Perfekt südlich der Mainlinie nicht mit *haben* gebildet, sondern mit dem Verb *sein*, eine Bildung, die sprachgeschichtlich älter ist. Die Form mit *war* kommt nur in einigen Orten des Fränkischen vor. Nur im Südwesten sagt man *es hat* für *es gibt*, eine Formel, die in der Schriftsprache weitgehend gemieden wird. Schließlich ist auf der Karte noch ein Adverb dargestellt, das den Satzinhalt kommentiert. Für die Karte wurde es im folgenden Kontext abgefragt: *Der Zug fährt erst in einer Stunde, da muß ich ... so lange warten.* Die Modalpartikel drückt hier aus: 'Das ist so, da muß man sich fügen, es bleibt nichts anderes übrig'.

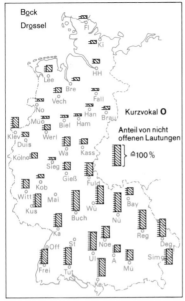

Karte 1

Karte 2

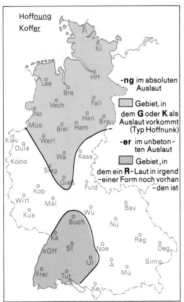

Karte 3

Karte 4

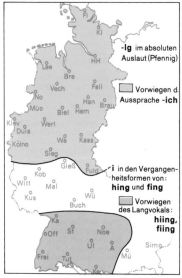

Karte 5

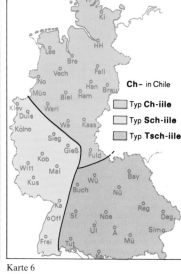

Karte 6

Aussprache des Standarddeutschen

Die 1898 entwickelte ›Deutsche Bühnenaussprache‹ von Siebs als Richtlinie für die »ruhige verstandesmäßige Rede« (S. 110) war zunächst nur für die Bühne geschaffen, wurde aber auch außerhalb der Bühne zur Norm (Titel 1969: Deutsche Aussprache).

In den 60er Jahren erschien in der DDR ein neues ›Wörterbuch der deutschen Aussprache‹ und 1974 das Duden-Aussprachewörterbuch mit neuen Regeln. Außerdem bekam der Siebs eine neue zusätzliche Norm, die »gemäßigte Hochlautung«. Damit stehen derzeit vier Aussprachevorschriften nebeneinander.

Dem entspricht die noch größere Vielfalt des tatsächlich gesprochenen Standarddeutschen. Auch bei gebildeten Sprechern, die in ruhiger, bewußter Vorlesesprache sich um sorgfältige Artikulation bemühen können, tritt innerhalb der ehemaligen Bundesrepublik (die bisher einzig untersucht ist) eine Vielzahl von geographisch bedingten Aussprachevarianten auf.

Die sechs Karten stellen nur einen kleinen Ausschnitt der vorhandenen Variation dar. Einen einheitlichen Standard gibt es auch bei ausgebildeten Berufssprechern nicht.

Karte 1 zeigt die Aussprache des kurzen o-Lautes in Wörtern wie Bock und Drossel. Die Aussprachewörterbücher schreiben offene Aussprache vor. Ein Großteil der Sprecher weicht davon ab in Richtung geschlossener Aussprache, im Süden mehr als im Norden. Im »Normalfall« (= unser Beispiel) kommen ca. 47% dieser Abweichung vor, vor (Zoll, Gold) ca. 74%, vor r (Borste, Sorte) aber nur 9%.

Karte 2 zeigt das Vorkommen von vorderem gerolltem Zungenspitzen-r gegenüber mehr gerieben-tem gerolltem Zäpfchen-r im Wortanlaut. Erst mit der Ausgabe des Siebs von 1958 wird das Zäpfchen-r als dem Zungenspitzen-r gleichwertig anerkannt. Außerdem zeigt die Karte die Aussprache des Artikels das mit kurzem a-Laut (in der Mitte und im Norden) gegenüber langem a-Laut (im Süden).

Karte 3 stellt die Aussprache von auslautend -ng in Wörtern wie Ding und Täuschung dar. Die nach den Aussprachewörterbüchern »falsche« Aussprache ist die mit einem auslautenden g- bzw. k-Laut des Typs Hoffnunk. Das auslautende -er in Wörtern wie Fenster und Dauer wird nur im Südwesten mit einem schwachen r-Laut realisiert. Der größte Teil des Gebiets zeigt vokalische Aussprache (ɐ bzw. ə), wie die meisten Wörterbücher fordern.

Karte 4 zeigt die Aussprache des von den meisten Wörterbüchern als stimmhaft geforderten anlautenden s-Laut in Wörtern wie Sichel und Sohn. Nur im Norden wird diese Stimmhaftigkeit auch realisiert.

Karte 5 stellt die Aussprache der Endsilbe -ig in Wörtern wie Pfennig oder wenig dar. Die normrichtige Aussprache als Pfennich oder wenich wird vor allem im Norden realisiert. Im Süden/Westen werden die i-Laute in den Vergangenheitsformen hing und fing entgegen den Vorschriften der Aussprachewörterbücher mit Langvokal als hing und fing gesprochen.

Karte 6 zeigt die Aussprache den ch-Lautes im Wort Chile. Die drei Varianten ergeben klar verteilte Gebiete.

Literatur (in Auswahl)

Hier wird eine Anzahl wichtiger Werke, auf deren Grundlage dieser Atlas erarbeitet wurde, geboten. Mit ihrer Hilfe läßt sich leicht weiterführende Literatur auffinden.

Sprachwissenschaft

1. Bergmann, R., Pauly, P., Schlaefer, M.: Einführung in die deutsche Sprachwissenschaft. Heidelberg 1981
2. Bausinger, Hermann: Deutsch für Deutsche. Dialekte, Sprachbarrieren, Sondersprachen. Frankfurt/M. 1972
3. Bußmann, Hadumod: Lexikon der Sprachwissenschaft. 2. Aufl. München 1990
4. Gipper, Helmut: Gibt es ein sprachliches Relativitätsprinzip? Untersuchungen zur Sapir-Whorf-Hypothese. Frankfurt/M. 1972
5. Hörmann, Hans: Psychologie der Sprache. Berlin/Heidelberg 1967
6. Jensen, Hans: Die Schrift in Vergangenheit und Gegenwart. Berlin (Ost) 1958[2]
7. Krahe, Hans: Einleitung in das vergleichende Sprachstudium. Innsbruck 1970
8. Lehmann, Winfred P.: Einführung in die historische Linguistik. Heidelberg 1969
9. Leisi, Ernst: Der Wortinhalt. Seine Struktur im Deutschen und Englischen. Heidelberg 1971[4]
10. Lockwood, W. B.: Indogermanische Sprachwissenschaft. Tübingen 1982
11. Porzig, Walter: Das Wunder der Sprache. Bern und München 1962[3]
12. Schubiger, Maria: Einführung in die Phonetik (Sammlung Göschen 1217/17 a) Berlin 1970
13. Whorf, Benjamin Lee: Sprache – Denken – Wirklichkeit. Beiträge zur Metalinguistik und Sprachphilosophie. Hamburg 1963
14. Zimmer, Dieter E.: So kommt der Mensch zur Sprache. Über Sprachwert, Sprachentstehung und Sprache und Denken. Zürich 1986

Sprachgeschichte

15. Bach, Adolf: Geschichte der deutschen Sprache. Heidelberg 1965[8]
16. Bach, Adolf: Deutsche Namenkunde. Bände I, II, III. 2. Aufl. Heidelberg 1952–1956
17. Beck, Heinrich (Hg.): Germanenprobleme in heutiger Sicht. Berlin, New York 1986
18. Beranek, Franz J.: Jiddisch. In: Deutsche Philologie im Aufriß, hg. v. W. Stammler. 1966[2], Sp. 1955–1999
19. Besch, Werner: Sprachlandschaften und Sprachausgleich im 15. Jh. Studien zur Erforschung der spätmhd. Schreibdialekte und zur Entstehung der nhd. Schriftsprache. (Bibliotheca Germanica 11) München 1967
20. Die Deutsche Sprache, hg. v. Erhard Agricola, Wolfgang Fleischer und Helmut Protze unter Mitwirkung von Wolfgang Ebert.
21. Deutsche Wortgeschichte, hrg. v. Friedrich Maurer und Heinz Rupp, 3. Aufl. 1974, 1978 (3 Bände)
22. Eggers, Hans: Deutsche Sprachgeschichte. 2 Bde. Hamburg 1986
23. Fleischer, Wolfgang: Die deutschen Personennamen. Geschichte, Bildung und Bedeutung. (Wissenschaftliche Taschenbücher Bd. 20) Berlin 1964

24. Frings, Theodor: Grundlegung einer Geschichte der deutschen Sprache. Halle (Saale) 1957
25. Goossens, Jan: Niederdeutsch. Sprache und Literatur. Eine Einführung. Bd. 1 Sprache. Neumünster 1973
26. Handbuch zur niederdeutschen Sprach- und Literaturwissenschaft, hg. v. G. Cordes und D. Möhn. Berlin 1983
27. Hartweg, Frederic/Wegera, Klaus Peter: Frühneuhochdeutsch. Eine Einführung in die deutsche Sprache des Spätmittelalters und der frühen Neuzeit. Tübingen 1989 (= Germ. Arbeitshefte 33)
28. Henzen, Walter: Schriftsprache und Mundarten. Bern 1954[2]
29. Henzen, Walter: Deutsche Wortbildung. Tübingen 1957[2]
30. Keller, R. E.: Die deutsche Sprache und ihre historische Entwicklung. Hamburg 1986
31. Krahe, Hans: Sprache und Vorzeit. Heidelberg 1954
32. Lessiak, Primus: Beiträge zur Geschichte des deutschen Konsonantismus (= Schriften der phil. Fak. der deutschen Univ. Prag Bd. 14) Brünn, Prag, Leipzig, Wien 1933
33. Moser, Wellmann, Wolf: Geschichte der deutschen Sprache, Band 1. Althochdeutsch – Mittelhochdeutsch von Norbert Richard Wolf. Heidelberg 1981
34. Penzl, Herbert: Geschichtliche deutsche Lautlehre. München 1969
35. Polenz, Peter von: Geschichte der deutschen Sprache. Berlin 1970[7]
36. Polenz, Peter von: Dt. Sprachgeschichte vom Spät-MA bis zur Gegenwart. Bd. I. Berlin 1991
37. Schmitt, L. E. (Hg.): Kurzer Grundriß der germanischen Philologie bis 1500. Bd. 1: Sprachgeschichte. Berlin 1970
38. Schmidt, Wilhelm: Geschichte der deutschen Sprache. Berlin 1970[2]
39. Schwarz, Ernst: Germanische Stammeskunde. Heidelberg 1956
40. Schwarz, Ernst: Deutsche Namenforschung. Bd. I. Ruf- und Familiennamen, Bd. II. Orts- und Flurnamen. Göttingen 1949/50
41. Sprachgeschichte. Ein Handbuch zur Geschichte der deutschen Sprache und ihrer Erforschung. Hg. v. W. Besch, O. Reichmann, St. Sonderegger. Berlin, New York 1984, 1985 (2 Bde.)
42. Weissberg, Josef: Jiddisch. Eine Einführung. Bern, Frankfurt 1988
43. Wells, C. J.: Deutsch: eine Sprachgeschichte bis 1945. Tübingen 1990

Neuhochdeutsch

44. Bock, Irmgard: Das Phänomen der schichtspezifischen Sprache als pädagogisches Problem (= Erträge der Forschung Bd. 8). Darmstadt 1972
45. Braun, Peter: Tendenzen in der deutschen Gegenwartssprache. 2. Aufl. 1987
46. Carstensen, Broder: Englische Einflüsse auf die deutsche Sprache nach 1945. Heidelberg 1965
47. Fleischer, Wolfgang: Wortbildung der deutschen Gegenwartssprache. Leipzig 1971[2]
48. Glück, Helmut/Sauer, Wolfgang: Gegenwartsdeutsch. Stuttgart 1990

49. Koß, Gerhard: Namenforschung. Eine Einführung in die Onomastik. Tübingen 1990
50. Lexikon der germanistischen Linguistik, hg. v. Hans Peter Althaus, Helmut Henne und Herbert Ernst Wiegand. Tübingen 1980[2]
51. Löffler, Heinrich: Germanistische Soziolinguistik. Berlin 1985
52. Meier, Helmut: Deutsche Sprachstatistik. Bd. I und II. Hildesheim 1964
53. Seibicke, Wilfried: Die Personennamen im Deutschen. Berlin 1982

Dialektologie

54. Bach, Adolf: Deutsche Mundartforschung. Ihre Wege, Ergebnisse und Aufgaben. Heidelberg 1969[3]
55. Deutsche Wortforschung in europäischen Bezügen, hg. von L. E. Schmitt. Bde. 1–6. Gießen 1968 ff.
56. Dialektologie. Ein Handbuch zur deutschen und allgemeinen Dialektforschung. Hg. v. W. Besch, U. Knoop, W. Putschke, H. E. Wiegand. Berlin, New York 1982, 1983 (2 Bde.)
57. Goossens, Jan: Strukturelle Sprachgeographie. Eine Einführung in Methodik und Ergebnisse. Heidelberg 1969
58. Hard, Gerhard: Zur Mundartgeographie. Ergebnisse, Methoden, Perspektiven (= Beihilfe zu ›Wirkendes Wort‹ 17) Düsseldorf 1966
59. Löffler, Heinrich: Probleme der Dialektologie. Eine Einführung. Darmstadt 1974
60. Niebaum, Hermann: Dialektologie. Tübingen 1983
61. Rohlfs, Gerhard: Romanische Sprachgeographie. München 1971
62. Ruoff, Arno: Grundlagen und Methoden der Untersuchung gesprochener Sprache (= Idiomatica. Bd. 1. Veröffentlichung der Tübinger Arbeitsstelle ›Sprache in Südwestdeutschland‹) Tübingen 1973
63. Schirmunski, V. M.: Deutsche Mundartkunde. Vergleichende Laut- und Formenlehre der deutschen Mundarten. Berlin 1962
64. Wiesinger, Peter: Phonetisch-phonologische Untersuchungen zur Vokalentwicklung in den deutschen Dialekten. 2 Bde. Berlin 1970
65. Wiesinger, Peter/Raffin, Elisabeth: Bibliographie zur Grammatik der deutschen Dialekte 1800–1980. Bern und Frankfurt 1982. Fortsetzung von 1981–1985 Bern und Frankfurt 1987
66. Wortgeographie und Gesellschaft. Festgabe für L. E. Schmitt zum 60. Geburtstag, hg. v. W. Mitzka. Berlin 1968

Wörterbücher und Atlanten

67. Atlas der Dt. Volkskunde, hg. v. H. Harmjanz und E. Röhr. Berlin 1936 ff.
68. Deutscher Kulturatlas, hg. v. Gerhard Lüdtke und Lutz Mackensen. 6 Bde. Berlin u. Leipzig 1928–1936
69. Deutscher Sprachatlas (DSA), bearbeitet von F. Wrede, B. Martin und W. Mitzka. Lieferung 1–23. Marburg 1927–56
70. Deutscher Wortatlas (DWA), hg. v. Walther Mitzka, Ludwig Erich Schmitt und Reiner Hildebrandt. Bde. 1–22. Gießen 1951–80
71. Eichhoff, Jürgen: Wortatlas der deutschen Umgangssprachen. Bern und München 1977, 1978. 2 Bde.
72. Grimm, Jacob/Grimm, Wilhelm: Deutsches Wörterbuch. Leipzig 1854–1954. Neudruck München 1984
73. Hotzenköcherle, Rudolf: Sprachatlas der deutschen Schweiz. Bde. I–VI. Bern 1962–1988
74. Kluge, Friedrich: Etymologisches Wörterbuch der deutschen Sprache. 22. Auflage bearbeitet von Elmar Seebold. Berlin 1989
75. König, Werner: Atlas zur Aussprache des Schriftdeutschen in der Bundesrepublik Deutschland. 2 Bde. München 1989
76. Lexer, Matthias: Mittelhochdeutsches Taschenwörterbuch. Stuttgart 1959[29]
77. Paul, Hermann: Deutsches Wörterbuch. 6. Auflage bearb. v. W. Betz. Tübingen 1966
78. Pfeifer, Wolfgang (Hg.): Etymologisches Wörterbuch des Deutschen. Berlin 1989
79. Schützeichel, Rudolf: Althochdeutsches Wörterbuch. Tübingen 1989[4]

Abbildungsnachweis

Alle Abbildungen wurden (mit einer Ausnahme S. 195) für diesen dtv-Atlas neu gezeichnet. Die Vorlagen bzw. Datenquellen sind im folgenden Verzeichnis aufgeführt. Die halbfette Zahl bezieht sich auf die Seite der Abbildung, die Zahl nach dem Doppelpunkt ist die Nummer des Titels im Literaturverzeichnis. Wo keine Quelle angegeben ist, handelt es sich um allgemein verbreitete graphische Darstellungen.
10: F. Schmidt: Zeichen und Wirklichkeit, Stuttgart 1966/**12:** Vf./**14o.:** 59; 14m., **u.:** Vf./**18u.,** **19o.:** 12; H. H. Wängler: Grundriß einer Phonetik des Deutschen. Marburg 1967²/**20m.:** 20; **u.:** Vf./**22:** Vf./**24o.:** G. Lepschy: Die strukturale Sprachwissenschaft, München 1969; E. Coseriu: Probleme der strukturellen Semantik, Tübingen 1973/**24u.:** L. Weisgerber: Von den Kräften der deutschen Sprache Bd. 1, 1953ff.; Vf./**26:** W. Schmidt: Die Sprachfamilien und Sprachkreise der Erde, Heidelberg 1926/**28:** Deutsches Museum, München, Vf./**30:** 6/**32:** H. Degering: Die Schrift. Tübingen 1952³/**34:** G. F. Meier und B. Meier, Handbuch der Linguistik und Kommunikationswissenschaft, Bd. 1, Berlin 1976/**36:** J. Diercke: Weltatlas, Braunschweig 1969¹⁴⁵/**38o.:** 30/**38u.:** 8/**40o.:** H. Vermerer: Einführung in die linguistische Terminologie. Darmstadt 1971/**40u.:** W. P. Lehmann in: 41/**42o.:** E. Sprockhoff in: Festschrift H. Hirt, hg. v. H. Arntz, Heidelberg 1936/ **42u.:** W. P. Schmid: Alteuropäisch und Indogermanisch. Akad. der Wiss. Mainz 1968/**44:** Vf./ **46o.:** 39,20/**46u.:** 20, Vf./**48,49:** 61/**50o.:** W. Krause, Runen, Berlin 1970/**50u.:** K. J. Hutterer: Die germanischen Sprachen. Budapest 1975/**52o.:** 15/**52u.:** F. Maurer, Nordgermanen und Alemannen, Bern 1952/**54:** 20/**56o.:** J. Hartig in: 41/**56 u.l.:** M. Lehnert, Altenglisches Elementarbuch, Berlin 1965⁶/**56 u.r.:** S. Guthenbrunner: Hist. Laut- und Formenlehre des Altisländischen, Heidelberg 1951/**58o.,** **u.:** 24/**60o.:** 30/**60u.:** Vf. und H. Haarmann: Soziologie und Politik der Sprachen Europas, München 1975/**62:** Vf./**64o.:** 38, Vf./**64m.:** W. H. Veith in: Zeitschrift für Dialektologie und Linguistik 35. Jg. 1988/**64u.:** P. Waibel: Die Mundarten ... des ehemaligen Fürstbistums Speyer. Heidelberg 1932/**66o.:** 36/**66u.:** H. Fischer: Schrifttafeln zum althochdeutschen Lesebuch, Tübingen 1966/**68 o.l.:** 20/**68 o.r.,** **u.l.:** 15/**68 u.r.:** K. F. Freudenthal: Arnulfingisch-Karolingische Rechtswörter, Göteborg 1949/**70o.,** **m.:** 24/**70u.:** W. Betz: Deutsch und Lateinisch. Bonn 1965²/**72o.:** Vf./**72u.:** 22/**74o.:** 20/**74u.:** 15/**76o.:** Paul/Moser/Schröbler: Mhd. Grammatik, Tübingen 1963/**76u.:** 20/**76u.:** W. Sanders: Sachsensprache, Hansesprache, Plattdeutsch. Göttingen 1982/**80, 82:** K. Kunze in: Festschrift K. Ruh, hg. v. Peter Kesting, München 1975/**84o.:** Vf./**84u.:** W. Kleiber in: Alemann. Jahrbuch 1973/75, Bühl (Baden) 1976, Vf./**86:** Vf./**88:** F. J. Beranek in: Deutsche Philologie im Aufriß, hg. v. W. Stammler, Berlin 1966ff./**90o.:** Vf./**90u.:** 68/**92o.:** 24/**92u.:** Vf./**94, 95, 96:** 19/**98 o.l.:** F. Tschirch: Geschichte der dt. Sprache, Berlin 1966/**98 o.r.,** **m.,** **u.,** **99o.:** 1/**98u.:** Stopp in: Sprachwissenschaft 3 (1978)/**101:** D. Josten: Sprachvorbild und Sprachnorm im Urteil des 16. und 17.Jhs. Frankfurt/Bern 1976, Vf./**102o.:** A. Gabrielsson in: Handbuch zur niederdeutschen Sprach- und Literaturwiss. hg. v. G. Cordes und D. Möhn, Berlin 1983/**102m.:** wie 98 o.l., 68/**102u.:** Niederländisch. Hg. v. der flämischniederländischen Stiftung Stichting Ons Erfdeel v.z.w., 1981/**104:** W. H. Veith in: Der Deutschunterricht 1986/**108:** W. Mentrup: Die Groß- und Kleinschreibung im Deutschen ..., Tübingen 1979/**110:** R. Bergmann/P. Pauly: Neuhochdeutsch, Vf./**112:** Vf./**114,** 115: 52/**116:** 52, E. Mittelberg: Wortschatz und Syntax der Bild-Zeitung, Marburg 1967, H. Wagner: Die deutsche Verwaltungssprache der Gegenwart, Düsseldorf 1970, A. Ruoff: Häufigkeitswörterbuch gesprochener Sprache, Tübingen 1981/**118o.:** 52/**118u.:** K. B. Lindgren in: Sprache Gegenwart Geschichte, Düsseldorf 1968/**120:** H. Wolf in: Zeitschrift für Mundartforschung 34 (1967)/**122:** E. Schlottke: Mitteldeutschland, München 1970/**124 o.l.:** 16/**124 o.r.:** 20/**124m.:** H. Walter in: Der Sprachdienst 21 (1977)/**124u.:** 49, Vf./**126o.:** 40/**126u.:** 20/**128:** 16/**130o.:** 20/**130u.:** 16/**132o.:** 2, Vf./ **132m.:** 2, Vf./**132u.:** Vf. W. F. Mackey in: C. H. Williams: Language in Geographic Context, Clevedon, Philadelphia 1988/**134o.:** Vf./**134u.:** Allensbach Umfrage/ **136o.:** 2, Umfrage H. Bauer Verlag. Visionen. München 1991/**136m.:** M. Wandruszka, Die Mehrsprachigkeit des Menschen. München 1979/**136u.:** B. Boesch in: Wirkendes Wort, Sammelband I, Düsseldorf 1962/**138m.:** H. Friebertshäuser in: 56/**138m.:** 54/**138 u.l.:** F. Maurer: Vorarbeiten und Studien zur ... südwestdeutschen Sprachgeschichte, Stuttgart 1965/**138 u.r.:** 54/**140o.:** G. Moser: Studien zur Dialektgeographie des Staudengebietes .... Marburg 1936/**140m.:** 64/**140 u.l.:** 69/**140 u.r.:** H. Aubin, Th. Frings, J. Müller: Kulturströmungen und Kulturprovinzen in den Rheinlanden, Bonn 1926/**142o.:** 24/**142m.:** wie 140 u.r./**142u.:** 28/**144o.:** W. G. Moulton in: Zeitschrift für Mundartforschung 28 (1961)/ **144u.:** D. Zürrer: Wortfelder in der Mundart von Gressoney. Frauenfeld 1977/**146o.:** 15, 24/**146u.:** L. E. Schmitt: Untersuchungen zu Entstehung und Struktur der nhd. Schriftsprache I, Köln/Graz 1966; 64, P. Wiesinger in: 56/**147:** K. B. Lindgren: Die Ausbreitung der Nhd. Diphthongierung bis 1500. Helsinki 1951, Vf./**148o.:** 64, P. Wiesinger in: 56/**148u.:** Seminararbeit M. Stenkhoff, R. Walter, Südwestdt. Sprachatlas; Sprachatlas von Bayerisch-Schwaben, Vf./**150:** 69, P. Wiesinger in: 56/**151:** 57/**152o.:** 69, L. E. Schmitt wie 146u./**152u.:** L. E. Schmitt wie 146u./**153:** P. Wiesinger in: 56/**154:** Martha Shrier in: Language 41, 1965/**155:**

69, 24/**156:** 69/**157:** O. Bremer in: Großer Brockhaus Bd. 4. Leipzig 1930; E. Seebold in: 56/**158o.:** 24/**158u.:** 69/**159:** 69/**160:** 69, 24/**161:** 73, Bd. 3/**162o.:** H. Speerschneider: Studien zur Syntax der Mundarten im östlichen Thüringer Wald, Marburg 1959/**162u.:** E. Ternes in: Zeitschrift für Dialektologie und Linguistik 55, 1988/**163:** F. Maurer: Untersuchungen über die deutsche Verbstellung, Heidelberg 1926/**164, 165:** 69/**166o.:** 70/**166u.:** 70, 73/**167:** E. E. Müller in: Festschrift R. Hotzenköcherle. Bern 1963/**168 bis 170o.:** 70/**170u. bis 172o.:** 70, 73/**172u.:** 70/**173o.:** 70/**173u.:** 70, 73/**174o.:** 70/**174u.:** 70, 73/**175:** 70/**176o.:** 69/**176u.:** 70/**177:** W. Mitzka in: Zeitschrift für Dialektologie und Linguistik 37, 1970/**178:** M. Durell: Die semantische Entwicklung der Synonymik für warten. Marburg 1962/**180:** P. v. Polenz in: Hess. Blätter für Volkskunde 51/52, 1960/**181:** 70, 73/**182o.:** G. Stötzel: Die Bezeichnungen zeitlicher Nähe in der Wortgeographie von 'dies Jahr' und 'voriges Jahr'. Marburg 1963, 70, 73/**182u.:** 70/**183:** 70/**184o.:** G. Wiegelmann: Alltags- und Festspeisen, Marburg 1967, 73/**184u.:** 70, G. Wiegelmann wie 184o., D. Wünschmann: Die Tageszeiten, Marburg 1964/**186o.:** 70, A. Avedisian in: 55, Bd. 2, 73/**186u.:** 71/**187:** 69, H. Fischer, Geographie der schwäbischen Mundart, Tübingen 1895; E. Kranzmayer: Die Namen der Wochentage ... Wien und München 1929/**188 o.l.:** 70, 73/**188 o.r.:** 67/**188u.:** 70, 73/ **189:** 24 (Mittwoch), E. Kranzmayer wie 187/(Donnerstag), 73/**190o.:** 70, 73/**190u.:** M. Tallen in: 55 Bd. 2/**191:** wie 190u./**192o.:** 70/**192u. und 193o.:** 70, 73/**194:** 70/**195:** Forschungsinstitut für deutsche Sprache. Deutscher Sprachatlas. Marburg/Lahn/**196o.:** 70, A. Schönfeldt: Räumliche und hist. Bezeichnungsschichten ... des Fleischers, Marburg 1965/**196u.:** A. Schönfeldt wie 196o./**198o.:** 70/**198u.:** 70, R. Müller: Die Synonymik von ›Peitsche‹. Marburg 1962/**200o.:** 70, W. Neubauer in: 55, Bd. 1/**200u.:** 70/**201:** wie S. 200o./**202:** H. Höing in: 55, Bd. 1/**203 bis 204:** 70/**206:** 70, 73/**208o.:** 70, B. Reitz in: 55, Bd. 4, 73/**208u.:** 70/**210o.:** 69, 20, 73/**210u.:** 70, K. Rein in: 55, Bd. 1, 73/**212 bis 214o.:** 70, 73/**214u. bis 218:** 70/**220o.:** 70, G. Schilling: Die Bezeichnungen für den Rauchabzug im dt. Sprachgebiet, Gießen 1963/**220u. bis 229:** 70/**222u.:** auch 73/**230, 231:** 69, 70, Vf./**232o.:** M. Durrell in: Festschrift G. Bellmann, Marburg 1989/**232u. bis 243:** 71/**244 und 245:** 75.

Register

Sachregister

Personenregister

Verzeichnis der Sprachkarten